COZINHA VEGETARIANA

A SOJA

NO SEU DIA-A-DIA

1002 RECEITAS

Hambúrgueres, Croquetes, Almôndegas, Salsichas, Maionese, Farinha, Leite, Iogurte, Tofu, Missô, etc.

Caroline Bergerot
(Sefira)

Cozinha Vegetariana

A SOJA

NO SEU DIA-A-DIA

1002 receitas

Hambúrgueres, Croquetes, Almôndegas, Salsichas,
Maionese, Farinha, Leite, Iogurte, Tofu, Missô, etc.

Editora Cultrix
São Paulo

Fotos da Capa:
Paulo Gustavo Bergerot

Para contatos com a autora: Caixa Postal 22902 CEP: 74916-970 GO

O primeiro número à esquerda indica a edição, ou reedição, desta obra.
A primeira dezena à direita indica o ano em que esta edição, ou reedição, foi publicada.

Edição	Ano
1-2-3-4-5-6-7-8	03-04-05-06-07-08

EDITORA PENSAMENTO-CULTRIX LTDA.
Rua Dr. Mário Vicente, 368 — 04270-000 — São Paulo, SP
Fone: 6166-9000 — Fax: 6166-9008
E-mail: pensamento@cultrix.com.br
http://www.pensamento-cultrix.com.br

Impresso em nossas oficinas gráficas.

SUMÁRIO

INTRODUÇÃO

*Eng. Luis Madi**

O Brasil, país jovem, precisa de sua juventude para marcar presença no mundo através de processos inovadores.

Foi com imensa satisfação que conheci Caroline Bergerot e, ao avaliar *seus* trabalhos, tem-se a clareza da preocupação com a saúde humana e, principalmente, com o desenvolvimento sustentável de nossa sociedade.

A soja é um importantíssimo alimento funcional, utilizada pelos chineses há mais de 5.000 anos. Apresenta em sua composição componentes com efeito benéfico sobre a saúde, incluindo isoflavonas, galactossacarídeos, fitoesteróis, fitatos, saponinas, inibidores de protease, óleos insaturados, proteínas, vitaminas do complexo B, fibras e minerais como ferro, cálcio, fósforo e potássio. Muitos estudos têm demonstrado que o consumo de produtos derivados da soja reduz o risco de doenças como câncer de esôfago, pulmão, próstata, mama e cólon, doenças cardiovasculares, osteoporose, diabetes, ateroesclerose, mal de Alzheimer e sintomas da menopausa. O potencial de aplicação dessa oleaginosa como alimento funcional é tão grande que o Instituto Nacional de Saúde americano investe cerca de US$ 7,5 milhões por ano em pesquisas na área. Em 1999 a Food and Drug Administration (FDA), agência dos EUA que regulamenta os remédios e os alimentos, divulgou um documento reconhecendo que o consumo de 25g diárias de proteínas de soja contribui para a prevenção de doenças cardíacas e pode reduzir o nível de colesterol no sangue.

A soja é também um produto estratégico para o Brasil, respondendo por 36% de todo o alimento exportado pelo país, com um faturamento de aproximadamente U$ 14 bi/ano. No entanto, é muito pouco utilizada internamente, onde apenas o óleo e a proteína isolada apresentam um consumo expressivo pela população.

O ITAL foi pioneiro no desenvolvimento de produtos que pudessem despertar o interesse dos brasileiros pelo consumo desse grão, dentre eles o leite de soja e a soja frita. Por isso, é com grande satisfação que recebemos este livro.

Ao ler *A Soja no Seu Dia-a-Dia*, percebe-se que é possível trazer esse produto, tão cobiçado no mercado, para o cotidiano dos brasileiros. Com receitas inovadoras e atrativas, Caroline Bergerot (Sefira) surpreende e, com certeza, contribuirá para elevar a qualidade da cozinha brasileira e melhorar a saúde da população.

*Luis Madi é Engenheiro de Alimentos — diretor geral do ITAL (Instituto de Tecnologia de Alimentos / Campinas)

APRESENTAÇÃO

*Dr. José Maria Campos (Clemente)**

O Brasil situa-se hoje entre os 3 maiores produtores de soja, ao lado dos EUA e da Argentina. Juntos alcançaram o recorde de quase 160 milhões/ton. de grãos, o que corresponde a 85% da última safra mundial de 2002/2003, de aproximadamente 190 milhões/ton. Seguindo uma tendência geral, a maior parcela dessa fabulosa quantia é direcionada para a elaboração de rações para a pecuária e de outros produtos não-alimentícios. Nessa conversão protéica, sete quilos de grãos de soja são usados para se produzir um quilo de carne animal, de uso restrito a uma minoria privilegiada economicamente. A soja, um dos grãos sagrados para os orientais, é uma planta quase completa em termos de nutrientes, e em sua composição encontramos proteínas de alto valor biológico, quase todos os aminoácidos essenciais, hidratos de carbono de grande poder nutritivo, óleos insaturados, vitaminas e sais minerais, entre outros. Apesar de seu imenso valor, somente 2% da produção mundial (em torno de 4 milhões/ton.) participa de forma direta da alimentação humana. Hoje, uma boa parte da população da Terra passa fome ou sofre pela carência de proteínas e calorias em suas dietas, e isso não se deve apenas à baixa produção de alimentos, mas principalmente ao egoísmo e ao desamor entre os seres humanos, à vigência de maus hábitos alimentares, à má distribuição de bens agrícolas e a tantas outras distorções próprias da natureza humana inferior.

Para ajudar a mitigar esse quadro tão negativo, torna-se, portanto, urgente e necessário que esse valioso e versátil grão seja consumido em maior escala, por todas as suas propriedades nutricionais e terapêuticas e por sua grande diversidade de usos. Até agora isso se dá apenas sob a forma de leite, farinha, óleo e molho de soja, *tofu*, missô, tempê e grãos secos, produtos mais tradicionais da culinária oriental. Um dos méritos deste novo livro de Caroline Bergerot (Sefira) é o de quebrar certos preconceitos culinários a respeito da soja e de apresentá-la de forma atraente e saborosa para que passe a fazer parte do dia-a-dia do cardápio de muito mais gente e possa ser apreciada cada vez mais. As 1002 receitas simples e nutritivas descritas e provadas por ela não deveriam permanecer limitadas apenas ao âmbito pessoal ou a círculos familiares. Elas poderiam ser incluídas efetivamente nas merendas escolares, nos cardápios de creches, orfanatos, asilos e outras instituições similares, em programas oficiais de combate à fome e em amplas formas de divulgação em massa desse tão precioso grão. Assim, este livro poderia prestar um serviço ainda maior, para a melhoria do estado de nutrição e de saúde de muito mais pessoas.

---

* Dr. José Maria Campos (Clemente) é formado pela Faculdade de Medicina da Universidade Federal de Minas Gerais. Na Alemanha e Suíça dedicou-se à Antroposofia e especializou-se em Pediatria, no Hospital de Herdecke. Hoje, no Brasil, dedica-se inteiramente à pesquisa de medicamentos e procedimentos que possa auxiliar o homem nessa importante fase de transição planetária.

Para a evolução superior da humanidade e da Terra e para o reequilíbrio do ser humano com os outros reinos naturais é imperiosa a necessidade dele ir abandonando arraigados hábitos de alimentação carnívora e ir assumindo cada vez mais uma dieta vegetariana predominante. A soja, complementada por cereais e outros vegetais, é um grão muito nutritivo que facilita essa transição entre formas alimentares. Possui o dobro de proteínas da carne, quatro vezes as dos ovos e doze vezes as do leite. Possui quase 20% de óleos não saturados, vitaminas A, E, K e muitas do grupo B, e grande quantidade de elementos e sais minerais, como fósforo, cálcio, ferro, magnésio, cobre e outros. Seus diversificados componentes são poderosos agentes regeneradores orgânico-celulares, em especial das funções e da estrutura do sistema nervoso. Constitui uma das fontes mais ricas em lecitina, elemento essencial para a vida celular sadia. As proteínas da soja são também eficazes eliminadores de radicais livres, por conterem um potente antioxidante, e seus fitoestrógenos ajudam a modular o ciclo hormonal feminino.

A soja, além dessas reconhecidas qualidades nutritivas e energéticas, apresenta ainda grande potencial curativo, revitalizante e regenerador, que se expressa sobretudo quando usada em banhos de imersão, pedilúvios ou em aplicações tópicas. Por meio desses banhos dá-se a absorção direta, através da pele, de suas correntes vivificadoras e regeneradoras. A pele é um grande órgão sensorial e é capaz de estabelecer sintonia vibratória com tais correntes, o que favorece sua assimilação e incorporação. Assim seus impulsos vitais passam a dinamizar as atividades plasmadoras e reconstrutoras do organismo humano e se transformam em hábeis instrumentos por meio dos quais um impulso curativo pode tomar forma. Torna-se, pois, auxílio precioso quando se querem restaurar os padrões sadios de um organismo debilitado. Na minha prática médica aprendi a valorizar esse excepcional grão, usando-o também sob forma de banhos nutritivos junto com outros complementos*. Em enfermidades degenerativas e consumptivas, em quadros de desnutrição protéico-calórica, de debilitação e desvitalização do organismo, principalmente nos intervalos das aplicações de quimioterapia e/ou radioterapia dos tratamentos de câncer, esses banhos mostraram-se de extrema valia e de grande poder regenerador. É eficaz ainda como apoio geral aos processos de regeneração celular-cerebral, por favorecer a formação de neurotransmissores, essenciais para o correto fluxo das informações em todo o organismo, para a manutenção dos mecanismos nervosos de regulação e para se obterem nervos sadios.

A soja constitui, pois, um tema inesgotável, expressão viva da própria fonte primordial de onde provém. Podemos chamá-la de planta nutriz por excelência, por ser síntese do potencial criador que representa, pois é capaz de despertar na matéria sua vitalidade essencial. Seu uso culinário apresenta-se bem consolidado neste livro infindável, de 1002 receitas. Como planta nutriz proporciona importantes elementos para a regeneração dos corpos físicos e sua adaptação aos grandes impulsos que a consciência humana recebe hoje, principalmente nos que se abrem para transformação de si mesmos. Neste final de ciclo que vivemos, a soja revela suas qualidades latentes e sutis, como alimento e também como poderoso instrumento de harmonização e cura.

* Vide os livros *Curas pela Química Oculta, Terapêuticas para a Regeneração Celular* e outros, do mesmo autor, publicados pela Editora Pensamento.

PREFÁCIO

*Dr. George Guimarães**

Assim como aquilo que escutamos é o resultado daquilo que falamos e aquilo que obtemos é o resultado daquilo que empenhamos, nossa saúde é, em grande parte, o resultado daquilo que comemos. Esta é uma daquelas leis que não se pode mudar ou contornar. A alimentação é certamente o fator mais importante na manutenção da saúde e prevenção de doenças, não apenas pela grandeza de seu impacto, mas porque é um fator que podemos controlar. Também podemos escolher a cidade onde moramos, o ambiente onde trabalhamos, mas estas são escolhas que fazemos algumas vezes na vida, exigindo, muitas vezes, uma grande mudança. Já a alimentação é uma escolha que fazemos algumas vezes por dia.

Sendo, portanto, a escolha de maior impacto na saúde, a mais fácil de se fazer e a que fazemos com maior freqüência, devemos tirar todo o proveito desta opção à qual temos o direito diariamente, pois ela depende apenas de nossa determinação e comprometimento.

E o que motiva a nossa determinação? O resultado que esperamos obter é um fator motivacional. Aqueles que estão dispostos a aprender sobre a importância que a alimentação tem na longevidade, qualidade de vida, bem-estar e produtividade certamente encontrarão grande motivação. Quem não quer viver alguns anos a mais? Não apenas por mais tempo, sofrendo das doenças que afligem a sociedade moderna, mas viver mais com mais saúde? Isto deve ser motivação suficiente para despertar a determinação para fazer uma mudança e assumir um compro*missô* com a saúde. Esta é a natureza instintiva de todos os seres vivos – viver mais e melhor – e nós humanos temos esta natureza também.

É claro que também estamos sujeitos a outras regras de nossa condição animal, como a busca por alimentos ricos. E as indústrias de alimentos sabem disso há muito tempo, oferecendo alimentos que atendem ao instinto de comer com prazer, não ao instinto de comer para viver com saúde. Refiro-me aqui aos alimentos altamente industrializados, engenhados para causar uma sensação gustatória além daquela a que nos acostumamos durante a evolução. Estas "novas" sensações, possíveis graças ao uso de tecnologias avançadas, são erroneamente percebidas pelos sentidos como algo bom e se sobrepõem à busca original por sobrevivência e qualidade de vida.

Além disso, a afluência social da qual muitas culturas em nossa sociedade desfrutam propiciou a disponibilização massiva de alimentos ricos (carnes, ovos e laticínios), antes escassos. Esta disponibilidade aumentada desvirtua a busca natural por sobrevivência, causando uma falsa sensação de prosperidade biológica. Ao suprirem o corpo com energia concentrada e acompanhados de sabores estimulantes, o corpo entende que as chances de sobrevivência aumentaram. Mas logo os efeitos deletérios deste consumo, especialmente na quantidade e freqüência praticadas hoje, se manifestam.

*George Guimarães é Nutricionista, especializado em dietas vegetarianas (www.nutriveg.com.br).

Portanto, dadas as características de nossa sociedade atual, que abunda em alimentos exageradamente ricos e industrializados, é mais importante do que nunca estarmos conscientes daquilo que comemos. A busca instintiva por alimentos deve ser regulada pela consciência, selecionando entre aquilo que é saudável e aquilo que, apesar de aprazível, pode ser prejudicial à saúde.

Alguns alimentos tornam-se símbolos de civilizações e comportamentos. A soja é destes alimentos que estão imbuídos de grande valor cultural. É símbolo de civilizações orientais que representam longevidade e qualidade de vida. No Ocidente, certamente é um símbolo de cultivo da saúde. Para aqueles que optam por utilizá-la em substituição total à carne animal, representa segurança, devido a sua riqueza nutricional. Já para aqueles que fazem uso dela como um ingrediente adicional à dieta habitual, representa um cuidado com a saúde. E não é à toa, pois seu repertório de qualidades é vasto, conforme o leitor constatará nos capítulos iniciais apresentados pela autora.

Embora o consumo de soja seja mais freqüente entre os vegetarianos, a soja é um alimento que beneficia a todos. Substituindo a carne animal em uma dieta onívora, limita a ingestão exagerada de alguns nutrientes, como a gordura saturada e o colesterol. Já a sua inclusão freqüente em uma dieta vegetariana ajuda a garantir a ingestão de ferro, proteína e outros nutrientes que merecem atenção especial neste estilo alimentar. Outras substâncias presentes na soja, como os fitoquímicos e as fibras, são benéficas para todos, vegetarianos ou não.

Freqüentemente escutamos "não coma isto, não coma aquilo, não coma açúcar, evite gorduras!", mas poucas vezes escutamos o que comer, vez ou outra na forma de "dietas" milagrosas, talvez. Eu prefiro uma abordagem mais positiva e duradoura. Eu gosto de ouvir de pessoas especializadas em alimentação saudável sobre o que comer ao invés de apenas o que não comer. E é isto que Caroline Bergerot (Sefira) vem fazendo em seu trabalho desde a publicação de seu primeiro livro *Cozinha Vegetariana*, que se tornou um best-seller com todo mérito.

Desenvolver receitas nutritivas e saborosas não é das tarefas mais fáceis, já que os estímulos e sabores aos quais a maioria de nós está acostumada provêm do uso de ingredientes ricos em gorduras, refinados, industrializados e que contêm sabores artificiais. A realização de desenvolver um livro com 1002 receitas (suficiente para cozinhar durante três anos sem repeti-las!) utilizando apenas ingredientes naturais, com foco na soja, é mais uma conquista da autora e certamente agradará a todos os gostos. Uma conquista a ser celebrada por todos os que procuram uma alimentação saudável, porque mais importante do que saber o que não comer, é saber o que comer, e mais importante ainda é saber como preparar estes alimentos!

Todo estilo alimentar (vegetarianismo, crudivorismo, macrobiótica ou a dieta ocidental habitual) está sujeito a riscos por deficiência ou por excesso alimentar. Seja o excesso de proteínas, gorduras saturadas e colesterol da dieta ocidental habitual ou o risco de, por exemplo, ingerir pouco ferro em uma dieta vegetariana, fazer as escolhas corretas é a chave para gozar do máximo benefício que cada estilo alimentar é capaz de oferecer.

CONVERSA INICIAL

São muito comuns, nos dias atuais, os modismos, e por uma série de circunstâncias, eles atingem todas as áreas da nossa vida, afetando, queiramos ou não, o nosso dia-a-dia. Isso atinge muito mais Ocidente do que Oriente, onde seus fundamentos, sua educação e sua tradição oferecem uma certa inércia às mudanças — não falamos daquelas decorrentes da alta tecnologia, mas sim, sobre conceitos profundos que estão dentro de cada um de nós.

No Oriente, há mais de 5 mil anos, os grãos que eram considerados sagrados (soja, trigo, arroz e cevada), o são até hoje. A sabedoria oriental é profunda e, de certa forma, desconcertante para nós ocidentais, pois busca acima de tudo o equilíbrio. Apesar da interferência do capitalismo ocidental que joga pesado no Oriente na implantação de famosas lanchonetes *fast-food*, juntamente com os não menos famosos refrigerantes, um percentual esmagador ainda não abandonou seus hábitos alimentares.

Talvez nossa jovem cultura, de poucos séculos, tenha que experienciar modismos nesse início para poder atingir a sabedoria milenar do Oriente: estamos nos referindo, neste caso, à alimentação.

Quando os ocidentais, mais precisamente os americanos do norte e do sul, decidiram prestar atenção no corpo, buscando ficar parecidos com seus ídolos, seja de cinema, de televisão, ou modelos da passarela, os regimes começaram a cair como chuva numa tarde tropical.

Se a moda dita a magreza excessiva, vamos emagrecer; se a moda é sermos exageradamente musculosos, vamos malhar... e assim por diante, até atingir casos extremos e perigosos.

Vemos determinados alimentos fazendo parte de um regime hoje e depois saindo de cena, ou porque não funcionaram, ou porque o efeito colateral não foi suportado. Existe sempre uma dieta na moda e a volubilidade do consumismo está cada vez mais ágil, pois disto depende sua sobrevivência, atingindo em cheio a área da alimentação.

Atualmente a grande maioria de nós, seja por acesso a informações, por experiências vividas ou mesmo por sensibilidade intuitiva, temos noções sobre os alimentos sadios, que são benéficos, e os que não o são. Tanto sabemos que, ao fazermos uma refeição, já temos alguma idéia das conseqüências e até do medicamento que poderá combatê-las (e que provavelmente já esteja no bolso!). A própria propaganda desses remédios já diz: "abuse quanto quiser, depois tome isto ou aquilo"; porém às vezes alguma seqüela fica, e isto poderá manifestar-se de imediato, ou muitos anos mais tarde, como, por exemplo, sob a forma de um câncer, de uma doença cardiovascular, obesidade, etc. Isso poderia nos levar a refletir... Será que nossos hábitos alimentares não estão sendo facilmente manipulados por diferentes e múltiplos interesses, que poderiam estar nos afastando de um caminho naturalmente mais saudável? Pensando nisso poderíamos rever alguns conceitos:

Atualmente fala-se muito dos benefícios e vantagens da soja, que realmente é um alimento muito rico. Básica no Oriente, a soja vem sendo largamente consumida nos países de primeiro mundo e, principalmente, é muito importante para os vegetarianos; contudo, gostaríamos de alertar que assim como uma andorinha não faz verão, a soja, para que possa desenvolver toda sua potencialidade, necessita de outros alimentos vegetais que a complementarão de uma forma bastante positiva.

Seguindo a mesma linha de raciocínio, também podemos dizer que uma alimentação, por mais perfeita que seja, necessita de outros fatores que são os hábitos comportamentais, tais como combater o ócio — praticando exercícios físicos, mentais e, por que não, espirituais — não fumar, evitar bebidas alcoólicas, ser comedido na ingestão de óleos e gorduras, mesmo sendo de origem vegetal; a decisão de se evitar produtos industrializados e produtos refinados, optando sempre por produtos naturais, também é muito importante; e ainda, um dos aspectos principais, respeitar o ritmo do seu corpo.

Sabemos que estas mudanças às vezes se tornam uma tarefa difícil, pois nossos dias são inundados por propagandas e convites contrários, mas, quando percebemos que existem caminhos melhores, e que podemos optar por eles, uma grande sensação de liberdade nos toca e fortalece; e quando constatamos o quanto podem ser saborosos esses novos hábitos, mais ainda somos estimulados em nossas mudanças.

O PORQUÊ DESTE LIVRO

Com essa imensa variedade de alimentos que a natureza nos oferece, tais como frutas, verduras, grãos, legumes, raízes, sementes, ervas, etc., podemos fazer combinações entre elas quase que infinitas. Estas combinações, quando feitas com muito discernimento e um bom embasamento técnico, nos permitem elaborar receitas balanceadas, saborosas e práticas, capazes de suprir todas as necessidades nutricionais do organismo.

Cabe a nós, responsáveis por essa área, saber atender as necessidades díspares desse nosso país, tão mesclado de culturas, com condições climáticas quase que extremas, e ainda com diferenças sociais, étnicas e econômicas. Todas essas condições geram hábitos diferentes, principalmente no que se refere à alimentação.

Nossa intenção quando apresentamos as receitas, tanto deste livro, quanto dos outros da coleção "COZINHA VEGETARIANA", é a de possibilitar a utilização de uma grande variedade de produtos. Com isto, no momento da seleção da uma determinada receita, devem ser levados em conta fatores como: época do ano, preferência por este ou aquele tempero, custo de elaboração, etc., facilitando também àqueles que fazem dietas especiais, que auxiliam no tratamento de certas doenças, escolherem as receitas mais adequadas, junto com seu médico ou nutricionista.

Assim sendo, estaremos aqui enfocando a soja, que neste cenário tem um papel importantíssimo, não somente pela sua imensa versatilidade, capaz de se transformar em diversos produtos, mas que ainda, juntamente com outros vegetais, irá compor um cardápio nutricionalmente completo.

Além de tantas boas qualidades encontradas na soja, temos que enfatizar ainda suas propriedades terapêuticas, fazendo dela um excelente auxiliar no tratamento de algumas doenças, e para isso estaremos transmitindo relatos de profissionais da área da saúde, que acreditamos ser de grande valia sob o ponto de vista informativo.

De nossa parte estaremos usando a soja junto com outros produtos, especiarias e temperos, que certamente farão você apreciá-la. Não queremos, ou melhor, não é nossa intenção sugerir que você se alimente tão-somente de soja, ou venha a consumi-la, centralizando nela o foco de sua dieta. Queremos, sim, mostrar sua versatilidade, para que possa ser incluída de várias maneiras na sua refeição, associada a muitos outros vegetais.

Assim, você terá um balanceamento de nutrientes e composição de sabores, capazes de atender o que se espera de uma boa cozinha.

Este livro auxiliará você a entender melhor a "Tabela de Composição Química dos Alimentos", que consta em praticamente todos os produtos industrializados, e de uma forma leve e descomplicada, comentaremos também sobre o colesterol, gorduras, calorias, etc.

UM BREVE HISTÓRICO SOBRE A SOJA

Atribuem-se aos chineses os primeiros cultivos de soja, cerca de 2000 a.C. Denominada "grão sagrado", a soja era usada na alimentação e principalmente na terapia, pois era considerada remédio para uma vasta gama de doenças. Até hoje a soja é tida no Oriente como um alimento básico. Dos inúmeros relatos históricos citamos:

"Grãos de soja foram trazidos do Japão em 1692 para a Europa por botânicos alemães." "Em 1739 foram plantadas mudas de soja no Jardim Botânico de Paris."

Referências são feitas ao vegetariano Benjamim Franklin (1706-1790) como sendo um dos entusiastas do vegetarianismo que, após ter conhecido o *tofu* (queijo de soja), interessou-se em importar sementes de qualidade para a preparação deste produto. No Brasil, a mais antiga referência é de um plantio experimental na Bahia, em 1882, por Gustavo D'Utra. Devido à falta de conhecimento na sua preparação, a soja demorou algum tempo para que fosse aceita no Ocidente, na alimentação humana, sendo contudo largamente utilizada na alimentação do gado, devido aos bons resultados.

Outro vegetariano, Henry Ford (fabricante de automóveis), na década de 30, juntamente com seus cientistas, começou a desenvolver alimentos alternativos a partir da soja, visando a substituição de produtos animais. [4]

Hoje, certamente sem saber, você consome soja em biscoitos, sopas prontas, alimentos para bebês, massas prontas, achocolatados, etc. Os não-vegetarianos também a consomem, pois ela é adicionada às carnes, hambúrgueres e embutidos industrializados. As lanchonetes tipo *fast-food* fazem larga utilização de produtos de soja, adicionando-a aos seus produtos. Se você fizer uma pesquisa nas prateleiras dos supermercados, ficará surpreso com a quantidade de produtos que contêm soja.

UM POUQUINHO DE FILOSOFIA

Não existe qualquer religião ou linha filosófica que negue que nossa passagem por esta vida tenha como finalidade a vivência de experiências, visando nossa evolução. Para que existam experiências, é necessário que existam tentativas de se fazer uma determinada coisa de forma diferente, e destas experiências selecionamos as positivas das negativas fazendo nossas opções. É bom lembrar que positivo e negativo são conceitos pessoais.

Faz parte de nossa tarefa cotidiana quebrar os grilhões que nos prendem a conceitos que estão muitas vezes arraigados desde o início dos tempos.

A alimentação é um desses conceitos que evoluem muito lentamente. Nossos pré-históricos antepassados dependiam da caça para sobreviver e a comiam crua. Logo perceberam que poderiam assá-la ou cozinhá-la. Note-se que esta caça não necessariamente eram animais — o próprio homem também servia de alimento, e demorou milhares de anos para que a humanidade viesse a repugnar este costume. Assim, paulatinamente, através de sua evolução, o homem vai descobrindo e deixando para trás certos hábitos, até então aceitos, passando a adquirir outros, às vezes mais saudáveis, tanto no aspecto da alimentação quanto no da moral.

Sem nos determos para discutirmos o que é certo e o que é errado, podemos perceber que hoje temos uma humanidade doente. "Doença é um modo desarmônico de viver." [24]

Esta desarmonia pode ser manifestada, por exemplo, desde uma dor de cabeça, dor de estômago, ou até mesmo uma doença incurável.

Existe uma diferença entre *estar* doente e *ser* doente. *Estar* doente significa que há ocasiões em que, independentemente de nossos cuidados ou nossa vontade, adquirimos uma virose, um resfriado, uma disfunção gastrointestinal, decorrentes de ingestão de alimentos contaminados, etc. *Ser* doente é estar consciente de uma falha e perseverar nela. Há pessoas que possuem hábitos deletérios, tais como drogas, fumo, álcool, desobediência ou falta de ritmo — que é a cadência natural do corpo e da mente — maus hábitos alimentares, etc.

Os três primeiros são mais fáceis de se observar e entender, pois são óbvios. Quanto ao ritmo e à alimentação, às vezes são encarados como errôneos e perigosos conceitos modernos de viver e então podemos compará-los a uma doença crônica, difícil de ser tratada. Neste ponto é que os medicamentos entram para ficar, a fim de sustentar determinados hábitos ou modos de vida, que positivamente contribuem para o crescimento alucinante da indústria farmacêutica.

Se observarmos, grande parte do mal que nos ameaça é oriundo dos maus hábitos, inclusive alimentares. Doenças cardíacas, obesidade, câncer, diabetes, doenças no estômago, fígado, rins, etc., poderiam ser atenuadas e até certo ponto curadas se o paciente tivesse um ritmo de vida adequado e uma boa alimentação. Porém, repetimos que o conceito de certo e errado, bom e mal, felicidade e infelicidade, varia de pessoa para pessoa — o que respeitamos. Porém, se em algum ponto partilhamos da mesma idéia, ótimo! pois soluções existem, basta cada um selecionar o que é melhor para si, e se você acha que a alimentação é um dos caminhos a ser trilhado, vamos fazê-lo juntos. É delicioso prepararmos conscientemente um alimento. Experimente: arregace as mangas de sua vontade, faça o melhor possível, erre quantas vezes for necessário, vista-se de alegria, permeie-se de amor. Faça com que tudo isso flua pelas suas mãos, que são canais de energia, passando essa disposição e entusiasmo para o alimento que você irá preparar.

POR QUE NOS ALIMENTARMOS DE SOJA?

Poderíamos dizer que a soja é um vegetal de "bom senso", pois é muito equilibrada no que se refere às suas propriedades nutricionais:

· O feijão de soja contém mais proteína que qualquer outra leguminosa, e seus produtos são excelentes fontes protéicas não animais;

· É uma boa fonte de fibra alimentar. A soja tem influência direta na retenção do cálcio no organismo [25];

· Quando consumida com outros vegetais, pode fornecer uma boa quantidade de aminoácidos, podendo fornecer quantidades equivalentes a dos alimentos de origem animal [13];

· Sua gordura (óleo) possui baixo teor de gorduras saturadas e alto teor de gorduras poliinsaturadas, que são essenciais ao nosso organismo (ômega 6 e ômega 3);

· Não contém colesterol;

· É uma boa fonte de micronutrientes (vitaminas e sais minerais);

· A versatilidade da soja faz dela um produto importante para a preparação dos mais variados tipos de prato.

Quando enfocamos a soja sob o aspecto biológico, verificamos que ela tem um desempenho altamente positivo, pois aliado ao que foi dito anteriormente, ela é rica em fitoestrógenos, que são substâncias semelhantes ao estrógeno, e estão associados a:

· Redução do risco de câncer;

· Auxílio em tratamentos de osteoporose causada por deficiência hormonal, doenças cardiovasculares, diabetes, etc.;

· Alívio do desconforto da menopausa.

Apesar da soja ter todas estas propriedades de uma forma equilibrada, e de sua versatilidade, é necessário que ela participe de receita, incluindo a maior variedade possível dos outros vegetais, para que haja uma complementação nutricional.

INFORMAÇÃO NUTRICIONAL		
PORÇÃO DE X GRAMAS		
	QUANTIDADE POR PORÇÃO	% VDR
Valor calórico		
Proteínas		
Gorduras totais		
Gorduras saturadas		
Gorduras monoinsaturadas		
Gorduras poliinsaturadas		
Carboidratos		
Colesterol		
Fibra alimentar		
Vitaminas		
Sais minerais		

Esta tabela apresenta a constituição básica dos alimentos, que são os macronutrientes (proteínas, gorduras e carboidratos) e os micronutrientes (vitaminas e sais minerais)

O SIGNIFICADO DE CADA ITEM DA TABELA:

VALOR CALÓRICO

O conteúdo energético dos alimentos é medido em calorias. Caloria é definida como sendo a quantidade de energia necessária para elevar em 1° C a temperatura de 1 ml de água a 15° C [40]. A energia total requerida por uma pessoa é a soma de sua atividade física, do efeito térmico, que é a energia gasta para manter a energia do corpo (pode variar dependendo das variações climáticas) e da taxa metabólica basal, que é a energia gasta para manter as funções corporais durante as 24 horas do dia. A necessidade de ingestão de produtos energéticos está distribuída da seguinte maneira: [26]

58% de carboidratos
12% de proteínas
10% de gorduras saturadas
10% de gorduras poliinsaturadas
10% de gorduras monoinsaturadas

Cada um desses componentes fornece diferentes quantidades de calorias, a saber:
Carboidrato: 4 kcal/g
Proteína: 4 kcal/g
Gordura: 9 kcal/g

Verificamos que o conteúdo de energia da gordura é maior que a soma da energia da proteína e do carboidrato. O excesso de calorias fornecido pela gordura e carboidrato não é eliminado, ficando depositado em camadas adiposas no corpo.

A quantidade de calorias diária é em média de 2.500 kcal para homens e 2.100 kcal para mulheres, dependendo, como já foi dito, de vários fatores tais como idade, atividade física, condições climáticas, etc.[6]

As principais fontes de energia que o corpo consome são as gorduras e os carboidratos. A proteína só é consumida pelo organismo em casos especiais, pois a função principal da proteína é outra.

PROTEÍNA

A primeira função da proteína ingerida é fornecer material construtor para o crescimento e manutenção do tecido corporal. [13]

Quando ingerimos uma proteína ela é "quebrada" ou separada em aminoácidos, que são então transformados novamente em proteínas mais adequadas para atender às necessidades do corpo. [4]

CLASSIFICAÇÃO DOS AMINOÁCIDOS

Os aminoácidos são classificados em essenciais e não-essenciais. Os essenciais são aqueles que o organismo não produz para atender às necessidades metabólicas. Esses aminoácidos devem fazer parte da sua alimentação. São eles a treonina, triptofano, histidina, lisina, isoleucina, metionina, valina, fenilalanina e leucina.[29]

Os aminoácidos não-essenciais são aqueles que o corpo é capaz de sintetizar para atender às necessidades metabólicas.

Existe um padrão de consumo de aminoácidos para adultos que têm uma vida normal. É lógico que este padrão pode variar em função de dietas especiais utilizadas tanto no tratamento de algumas doenças quanto nas direcionadas para desportistas, devido ao balanceamento especializado. Em ambos os casos, é imprescindível o acompanhamento de um profissional da área de saúde. Este padrão também vai variar de acordo com a faixa etária (infância, fase adulta, terceira idade).

O padrão de consumo significa miligramas de aminoácidos por grama de proteína, que varia de alimento para alimento.

Em certas plantas, por exemplo, temos uma pequena quantidade de um determinado aminoácido; em outras, este mesmo aminoácido aparece em grandes quantidades.

Quando ingerimos uma boa quantidade de vegetais que contêm proteínas, existe um balanceamento natural, fazendo com que as exigências do corpo sejam satisfeitas.

Como neste livro estamos tratando da soja, podemos dizer que a soja contém os nove aminoácidos essenciais que podem produzir uma proteína de qualidade. [4]

Quando queremos dizer que uma coisa não muito conhecida é boa, temos que compará-la a uma outra mais conhecida. Sendo assim, relacionaremos a farinha de trigo e o ovo com o *tofu* (queijo de soja) no que se refere à quantidade de aminoácidos por grama de proteína. O ovo foi escolhido por ser considerado o produto de origem animal que mais contém proteínas.

AVALIAÇÃO DA QUALIDADE PROTÉICA

mg de aminoácido / g de proteína

AMINOÁCIDO	PADRÃO	TOFU	TRIGO	OVO
Triptofano	11	15,6	12,7	12,2
Treonina	34	40,8	28,0	48,0
Isoleucina	28	49,6	35,1	54,6
Valina	35	50,4	44,1	85,4
Histidina	19	29,1	21,4	23,7
Lisina	58	65,8	26,2	71,8
Metionina	25	26,6	41,2	54,4
Fenilalanina	63	82,1	75,6	94,0
Leucina	66	76,0	67,4	85,4

Fonte: Report of Joint Fao/Who Expert Consulation, Food and Nutricion Paper 51, Rome, 1991

Por esta tabela verificamos que, embora o ovo contenha mais aminoácidos por grama de proteína do que o *tofu*, ambos estão acima do padrão. Lembramos ainda que o ovo além de ser o alimento animal com maior teor de proteína, também é considerado um dos alimentos com maior quantidade de colesterol, enquanto o *tofu* não contém colesterol, assim como qualquer outro alimento de origem vegetal.

As proteínas, ao contrário das gorduras e dos carboidratos, não são armazenadas no corpo, isto significa que não adianta ingerir mais proteína do que o organismo possa absorver. Desta forma alimentos protéicos devem ser ingeridos diariamente para atender às necessidades. [27]

Na velhice há maior necessidade de certos aminoácidos essenciais, principalmente a lisina e a metionina. Derivados da soja apresentam alto teor desses aminoácidos. [29]

Alto consumo de proteína animal pode acarretar efeitos danosos, como excesso de perda de cálcio do corpo, e que permite um declínio da função renal. [28] Isto significa que a dieta de alto teor de proteína animal aumenta a excreção urinária de cálcio. [(30) (3)]

Entendemos como balanceamento a quantidade ingerida de cálcio, comparado com sua perda, e vemos que não se trata da quantidade de alimento mas de sua qualidade e também do momento mais adequado.

O leite de vaca e seus derivados, por exemplo, são ricos em cálcio, porém contêm alto teor de proteína animal. Se o leite de vaca for ingerido nas refeições, ou perto delas, existe a possibilidade do zinco ser arrastado pelo cálcio. A mesma observação é feita para a absorção do ferro. Um copo de leite, um pedaço de queijo, ou mesmo a ingestão de suplementos de cálcio podem reduzir em 50% a absorção de ferro, caso sejam ingeridos na refeição. [16]

Lembramos mais uma vez sobre a importância de uma alimentação variada, da forma que é feita no vegetarianismo, onde são utilizados inúmeros vegetais.

Vegetais tais como a soja (com sua vasta gama de subprodutos), lentilhas, grão-de-bico, espinafre, brócolis, nozes, sementes, aveia integral, farinha de trigo integral, arroz integral, etc., podem oferecer todas as proteínas que seu corpo precisa para atender às necessidades diárias. [16]

Uma mistura de proteínas exclusivamente vegetais pode fornecer uma adequada e equilibrada taxa de aminoácidos, especialmente se alguma forma de proteína de soja estiver incluída. O valor da variedade na dieta é, portanto, evidente. [13]

CONTEÚDO PROTÉICO NOS DERIVADOS DE SOJA

SUBSTÂNCIA ALIMENTAR (100g)	PROTEÍNAS (g)
Missô	12,50
Leite industrializado de soja	6,20
Leite de soja em pó	41,80
Farinha industrializada de soja	43,40
Shoyo (molho de soja)	5,60
Tofu (queijo de soja)	26,70
Soja cozida	14,00

**fonte: Tabela de Composição Química dos Alimentos – Guilherme Franco, Ed. Atheneu*

GORDURAS E ÓLEOS

A gordura atua no organismo como uma fonte de energia e ajuda a manter a temperatura do corpo por meio de uma camada adiposa sob a pele. Envolve também os órgãos internos como uma forma de proteção, além de outras funções importantes.[13]

Na alimentação a gordura é essencial para a digestão e também ajuda a transportar ao organismo as vitaminas lipossolúveis (A, D, E e K). A gordura dos alimentos fornece os ácidos graxos essenciais (ômega 3 e ômega 6).[13]

Na preparação dos alimentos as gorduras fornecem sabor, maciez e textura. As dietas deficientes em gorduras não podem fornecer calorias suficientes, sendo este um dos motivos da desnutrição.

Uma quantidade discreta de gordura contribui com a melhoria da palatabilidade do alimento e produz maior saciedade, comparado a uma refeição constituída somente de carboidratos.

Enfatizamos no entanto que apesar do que foi dito acima, as quantidades ingeridas devem ser balanceadas e adequadas, sem ultrapassar limites. Quando ingerida em excesso a gordura não é queimada, sendo armazenada como tecido adiposo, aumentando, desta forma, o peso corporal.

O que significa saturada, poliinsaturada e monoinsaturada?

Cada carbono na cadeia de ácido graxo possui quatro locais de ligação.

Em um ácido graxo saturado, todos os locais de ligação não ligados ao carbono estão "saturados" com hidrogênio.

O ácido graxo monoinsaturado contém apenas uma ligação dupla.

Os ácidos poliinsaturados contêm 2 ou mais ligações duplas.

Certos óleos poliinsaturados podem tornar-se saturados por processos industriais (margarinas).[3]

Gorduras são lípides do grupo glicerídeos e são formadas de unidades básicas chamadas de ácidos graxos. Para facilitar este tipo de trabalho vamos chamar simplesmente de gorduras, pois é desta forma que aparece na maior parte dos rótulos de produtos alimentares disponíveis no mercado.[13]

CLASSIFICAÇÃO DAS GORDURAS

As gorduras podem ser classificadas quanto ao seu grau de saturação, a saber: saturadas, monoinsaturadas e poliinsaturadas.

· **Gorduras saturadas:** são as gorduras de cadeia longa, são as mais pesadas, e são sólidas à temperatura ambiente e, quando ingeridas em excesso, tendem a elevar o nível de colesterol no sangue.

As principais fontes dessa gordura são de origem animal como:

- leite de vaca, manteiga, creme de leite, queijos, etc.;
- gorduras hidrogenadas (margarinas);
- gordura de coco, azeite de dendê, cacau, óleo de palma.

As gorduras saturadas também estão presentes, excepcionalmente em altos percentuais, em alguns vegetais conforme citado acima.

· **Gorduras monoinsaturadas:** são as gorduras que se apresentam líquidas à temperatura ambiente; por este motivo são chamadas de óleo. A maior fonte de gorduras (ou óleos) monoinsaturados são os vegetais. Dentre eles citamos:

- óleos de oliva e canola;
- azeitona, abacate;
- avelãs, pistache, amêndoa, macadâmia, noz-pecã, etc.

As gorduras monoinsaturadas são mais saudáveis que as saturadas, pois não aumentam os níveis de colesterol no sangue.[16]

· **Gorduras poliinsaturadas:** nesta classificação estão as gorduras consideradas essenciais. O nutriente é essencial se o organismo não consegue fabricá-lo e então precisa obtê-lo pela dieta, porque a falha resultaria numa doença específica. [13]

Os ácidos graxos ômega 6 ajudam a abaixar os níveis de colesterol no sangue e os ácidos graxos ômega 3 ajudam a abaixar a pressão sangüínea. [16]

As únicas gorduras (ácidos graxos) poliinsaturadas reconhecidas como essenciais são 3: ácido linoléico (ômega 6), ácido linolênico (ômega 3) e ácido araquidônico.

As principais fontes de ácido linolênico (ômega 3) em vegetais são:

- Óleos de soja, canola e linhaça;
- Feijão de soja, *tofu* (queijo de soja);
- Sementes de linhaça, nozes;
- Vegetais e folhas verdes;
- Germe de trigo.

As principais fontes de ácido linoléico (ômega 6) em vegetais são:

- Óleos de soja, milho, girassol e gergelim;
- Sementes de girassol, gergelim e abóbora;
- Nozes.

A deficiência do ácido linoléico (ômega 6) no organismo pode causar:

- Retardo no crescimento, lesões da pele (queda de cabelos, escamações), eczemas, insuficiência reprodutora, fígado gorduroso, polidipsia (sede excessiva), prejuízo no aprendizado, prejuízo da visão. [26]

MARGARINA: AJUDA OU ATRAPALHA?

Os óleos vegetais poliinsaturados (soja, milho, etc.) quando submetidos a um processo industrial chamado hidrogenação tornam-se cremosos.

A hidrogenação pode variar de intensidade dependendo da consistência final desejada. Isto faz com que parte do óleo que era insaturado torne-se saturado, o que chamamos de ácidos graxos trans. “Estudos químicos epidemiológicos sugerem que maiores ingestões de ácidos graxos trans estão associadas ao risco aumentado de doença cardíaca coronária, câncer e outras doenças orgânicas.” [31]

Hoje as gorduras hidrogenadas estão presentes na maioria dos produtos industrializados tais como bolos, biscoitos, chocolates, sopas prontas, etc.

Devemos tomar cuidado, não somente com a margarina que passamos no pão, mas também com a quantidade total de margarinas e gorduras hidrogenadas que estão contidas nos produtos industrializados, ricos em óleos saturados. Neste livro existe a sugestão do emprego de margarina nas receitas: use-a moderadamente e escolha um produto de boa qualidade, que será, certamente, mais saudável que a manteiga de leite de vaca.

Atenção! Nem todas as margarinas são derivadas somente de óleos vegetais. Algumas poucas, espantosamente, contêm gelatina e até gordura animal. [33]

Use uma margarina de marca confiável e leia sempre os rótulos.

Atenção:

Substitua, sempre que possível, a gordura de origem animal por uma de origem vegetal, mas cuidado: apesar de os vegetais apresentarem um tipo de gordura mais saudável, continua sendo gordura. Qualquer dúvida, consulte um profissional da área da saúde.

COLESTEROL

O colesterol é uma substância vital no metabolismo humano. É um importante componente das membranas celulares de todos os animais. Ele é necessário para a produção da bile, hormônios sexuais e vitamina D, sendo abundante no cérebro e nos nervos.

O colesterol é sintetizado pelo fígado humano e pelo dos animais, sendo atribuído no tecido animal, nas carnes, glândulas e gema de ovo. [13]

Por este motivo o colesterol só é encontrado em alimentos de origem animal. Vegetais não possuem colesterol (pois obviamente não possuem fígado).

Nosso corpo sintetiza cerca de 800 mg/dia, por este motivo não necessitamos ingerir colesterol na dieta. [16]

Técnicos de saúde recomendam a ingestão máxima de 300 mg/dia, que é a quantidade que o organismo consegue absorver sem maiores prejuízos. [13 in16]

Para termos idéia do que isso significa, 1 ovo contém cerca de 460 mg de colesterol [29], que já é mais do que o recomendado.

Com isto deduzimos que "se uma pessoa não consome colesterol algum, o organismo ainda assim sintetizará o suprimento necessário." [13]

Sugerimos portanto, àqueles que praticam uma dieta onívora, lacto vegetariana ou ovo lacto vegetariana, estarem atentos a não ultrapassarem as quantidades de ingestão de colesterol nas dietas, pois um dia isso poderá trazer danos à saúde.

Tipos de colesterol: de uma forma simplificada, podemos dizer que existem dois tipos de colesterol: o LDL (low density lipoprotein) e o HDL (hight density lipoprotein). O LDL ou colesterol de baixa densidade é considerado o mau colesterol — pois se acumula na corrente sangüínea causando danos às artérias e obstruindo-as. Esta obstrução é chamada de aterosclerose (deposição de ateromas nas paredes das artérias).

Altos níveis de LDL são associadas às doenças cardíacas. [4]

O HDL, ou colesterol de alta densidade, considerado o bom colesterol, conduz o mau colesterol para o fígado onde é eliminado do corpo.

Acredita-se ainda que o HDL, ou bom colesterol, remove o colesterol das paredes arteriais, prevenindo doenças cardíacas. [4]

Baseado neste estudo, o FDA (Food And Drug Administration) em 1999 aprovou que os fabricantes de produtos alimentícios imprimissem nos rótulos de seus produtos que 25g de proteína de soja por dia, como parte de uma dieta baixa em gorduras saturadas e colesterol, podem reduzir o risco de doenças cardíacas.

Os inativos e obesos têm a tendência de apresentar elevados níveis de LDL, enquanto atletas têm níveis mais alto de HDL. [26]

As gorduras poliinsaturadas, como óleos de soja, milho, gergelim, girassol etc., reduzem o colesterol total do sangue quando substituem as gorduras saturadas. As gorduras monoinsaturadas, como o óleo de oliva e óleo de canola, reduzem somente o LDL, que é o mau colesterol, não reduzindo o HDL. [26]

Os ácidos graxos insaturados encontrados em óleos vegetais constituem um fator importante para reduzir a hipercolesterolemia, dentro de seu uso racional. [29]

O QUE SÃO LIPOPROTEÍNAS E COLESTEROL TOTAL?

Lipídeos sangüíneos (colesterol, triglicerídeos e fosfolipídeos) são transportados no sangue ligados às proteínas. Estas partículas complexas chamadas lipoproteínas, variam na composição, tamanho e densidade. O papel fisiológico das lipoproteínas inclui o transporte lipídico para as células para fornecimento de energia.

As cinco classes de lipoproteínas — quilomícrons,
Lipoproteínas de densidade muito baixa (VLDL);
Lipoproteínas de densidade intermediária (IDL);
Lipoproteínas de baixa densidade (LDL) e
Lipoproteínas de alta densidade (HDL) — são constituídas de quantidades variadas de triglicerídeos, colesterol, fosfolipídeo e proteína.

Cada classe de lipoproteína representa uma continuidade de partículas. A proporção proteína/gordura determina a densidade; assim as partículas com maior quantidade de gorduras são mais densas (por exemplo, as HDL têm mais proteína do que as LDL).

Colesterol total: a medida do colesterol total e o colesterol contido em todas as frações lipoprotéicas.

60 a 70% do total são carreados na LDL
20 a 30% na HDL
10-15% na VLDL

Devido à facilidade de sua medição, o colesterol total, tanto em pesquisas epidemiológicas passadas, quanto em exames atuais, é o primeiro lipídeo sangüíneo medido para avaliar o risco.[3]

Populações que consomem dietas com alto conteúdo de gorduras saturadas têm níveis de colesterol sangüíneo e doenças de artéria coronária aumentados, que é um forte preditor da mortalidade.

É VERDADE QUE AS GORDURAS SATURADAS SE TRANSFORMAM EM COLESTEROL?

Não. Esta confusão existe porque tanto as gorduras (glicerídeos) quanto o colesterol (esteróide) fazem parte de um grupo de substâncias chamadas de lipídeos simples. Porém suas funções no organismo são diferentes.

As gorduras (glicerídeos) constituem uma reserva de energia para os seres vivos, além de outras funções importantes.

O colesterol (esteróides) é uma categoria especial de lipídeos simples. Ele é matéria-prima, para a produção de hormônios, tanto masculinos como femininos. Faz parte também das membranas celulares, além de permitir a formação de algumas vitaminas e sais biliares. Cabe enfatizar que nosso fígado e córtex supra-renal produzem quantidade suficiente de colesterol para as necessidades do corpo. Ingestões de até 300 mg por dia, o organismo ainda pode eliminar — mais do que esta quantidade pode acarretar problemas arteriais e cardíacos além de outras doenças. Como vemos, estas duas substâncias têm características diferentes. Porém, dietas ricas em gorduras saturadas e em colesterol elevam o LDL (mau colesterol), pela redução de seus receptores no fígado.[34]

Assim sendo, o fígado não recebendo o LDL significa que menos LDL será removido da corrente sangüínea, aumentando dessa forma os níveis de colesterol no sangue, comprometendo também a atuação do HDL (bom colesterol) que tem como função retirar o LDL da corrente sangüínea, levando-o para o fígado, onde é eliminado.[3]

Lembramos que as maiores fontes de gorduras saturadas e as únicas fontes de colesterol são as gorduras animais e derivadas do leite.

RESUMINDO...

Todas as dietas destinadas a reduzir o colesterol plasmático devem conter baixas quantidades de gorduras saturadas.[26]

Tem sido amplamente recomendado pelos profissionais da área da saúde que os ácidos poliinsaturados devem substituir a gordura saturada da dieta.[26]

As principais fontes de gorduras saturadas são os laticínios, carnes e alguns poucos óleos vegetais como o de coco e o de palma.[26]

As gorduras poliinsaturadas são encontradas em vários óleos vegetais, incluindo, milho, açafrão, girassol, etc.[26]

CARBOIDRATOS

Os carboidratos são uma excelente fonte de energia para o corpo. Têm efeito sobre os hormônios e manutenção dos níveis de insulina. Porém, quando consumidos em excesso, aumentam a produção de insulina, convertem-se em gorduras, podendo causar obesidade.

Os carboidratos são digeridos pelo corpo, transformados em glicose e desta forma absorvidos pela corrente sangüínea. É sob a forma de glicose que atua como "combustível" para o corpo.

Os carboidratos podem ser classificados de uma forma simplificada em: monossacarídeos, dissacarídeos e polissacarídeos (amidos e fibras).

· Monossacarídeos: os principais são a glicose e a frutose. São encontrados nas frutas, milho doce, mel, xarope de milho, etc. São de fácil digestão;

· Dissacarídeos: os principais são a sacarose (glicose + frutose) também conhecida como açúcar de mesa, maltose (glicose + glicose), lactose (glicose + galactose) e outros. São encontrados na cana-de-açúcar, beterraba doce, melaço, leite e seus produtos, cereais matinais, cervejas e bebidas maltadas. São de fácil digestão;

· Polissacarídeos: o amido é o melhor exemplo de carboidrato complexo, não possuindo sabor adocicado. Os amidos de diferentes fontes tais como a batata, o milho, o arroz e outros, são todos polímeros da glicose. Necessitam de cozimento para aumentar a digestibilidade, a palatabilidade e a textura. Nesta categoria encontram-se os feijões, batatas, ervilhas, trigo, milho e vegetais em geral.

· Sobre as **fibras** (polissacarídeos não amidos) falaremos adiante.

Recomenda-se que pelo menos a metade de nossa energia venha de alimentos que contenham amido; sugere-se ainda um aumento no consumo de carboidratos, particularmente vegetais, frutas e cereais. [9]

Opte sempre pelos grãos integrais e as frutas, sempre que possível com a casca.

Afinal, o açúcar de mesa faz mal?

O açúcar de mesa (sacarose) possui alguns inconvenientes, tais como a formação da cárie dentária, sendo pobre em outros nutrientes. Quando adicionado a uma sobremesa faz com que venhamos a comer mais, pela alta palatabilidade. Isto de uma forma crônica e progressiva pode levar à obesidade.

FIBRAS (Polissacarídeos não amido):

Atualmente é feita muita propaganda sobre a fibra alimentar. A razão disso é que os estudos científicos têm-nos mostrado que uma dieta rica em fibras pode prevenir uma série de doenças do coração, câncer, diabetes, obesidade, hipertensão, etc.

As fibras dietéticas são carboidratos não digeríveis, e não fornecem energia ao corpo.

Fibras são encontradas somente em vegetais

Podemos dizer de uma forma bem simples que fibra é a parte indigesta dos vegetais e que ajuda a limpar o organismo. [10]

Na realidade o que a fibra faz é absorver a água (de 10 a 15 vezes o seu peso) durante sua passagem pelo intestino, aumentando o volume da matéria fecal e estimulando os músculos intestinais. Isto faz com que esta matéria transite com maior facilidade e rapidez pelo organismo, agregando a ela durante o percurso muitas substâncias causadoras de doenças. [10]

É devido a essa ação limpadora que a fibra tem um importante papel na prevenção de doenças cardiovasculares, na redução dos níveis de colesterol, prevenção do câncer de colo retal, que é feito pela absorção de compostos tóxicos, tais como os carcinógenos, redução da formação de hemorróidas, etc.

A Organização Mundial da Saúde (WHO – World Health Organization) propõe a ingestão de até 40 g de fibras por dia, que devem ser obtidas naturalmente de cereais, pães integrais, frutas e legumes.

Se no entanto a pessoa não seguir uma dieta que contenha vegetais, não deve tomar alguma suplementação de fibras sem o auxílio de um médico ou nutricionista.

Quantidades excessivamente altas de fibras podem diminuir a absorção de vitaminas lipossolúveis.

Na dieta vegetariana não existe a preocupação com a ingestão de fibras, pois a alimentação diária, bem variada, já fornece naturalmente, não somente as fibras, mas todos os nutrientes necessários ao corpo, quando corretamente balanceada (de 20 a 35 g por dia, em média [26]).

Sugestões para o aumento de consumo de fibras:

Apresentamos a seguir algumas sugestões para que você possa ingerir naturalmente a quantidade necessária de fibras sem a necessidade de suplementação:

Cereais:

Prefira sempre os integrais (sem beneficiamento), sob a forma de farinhas ou grão inteiro, tais como arroz, trigo, aveia, farelo de cereais, germens, farinha de milho, etc.

Leguminosas:

Soja (dar preferência aos grãos torrados ou sob a forma de *okara*), feijão, lentilhas, vagem, etc.

Frutas:

Evite descascá-las, sempre que possível (no caso da casca ser comestível), tendo sempre o cuidado de lavá-las muito bem. Evite também retirar as sementes (no caso de serem comestíveis). Exemplos:

- Maçã: não retirar a casca, somente as sementes;
- Maracujá: prefira sob a forma de suco batido no liquidificador sem retirar as sementes. Se necessário coe em peneira grossa;
- Mamão: descascá-lo e procurar ingerir com sementes.
- Abacaxi: descascá-lo, sem retirar o miolo;
- Goiaba: não retirar a casca; também sob a forma de suco, batendo-a no liquidificador;
- Melancia: retirar a casca; também sob a forma de suco batido com as sementes;
- Laranja e tangerina: ingerir de preferência com o bagaço e algumas sementes;
- Morango, pêssego, nectarina, etc.: consumir com casca;
- Frutas secas: ingerir nas sobremesas e lanches e também batidas com frutas frescas, para adoçar os sucos. Ex.: ameixa, figo, banana, uva, damasco, etc.

Sementes:

Alguns tipos de sementes, tais como linhaça, gergelim, girassol, maracujá, mamão, abóbora: mastigar bem, usá-las sob a forma de farelo, torradas, ou bater no liquidificador em sucos e vitaminas, para que, além do benefício da fibra, aproveite-se também o benefício dos nutrientes contidos em seu interior.

Raízes:

Cenoura, nabo, beterraba, rabanete, etc., use-as com casca, porém lavando-as muito bem com uma escova. Utilizar sempre suas folhagens, bem picadas ou trituradas, em sucos, bolos, risotos, sopas, farofas, etc.

Folhagens:

Procure sempre as folhas menos novas, de verde mais intenso e mais fibrosa, aproveitando, sempre que possível, os talos. Ex.: couve, espinafre, folhas de brócolis, de couve-flor, repolho, agrião, etc.

Talos:

Os talos são mais bem utilizados, ou seja, mais fácil de prepará-los, quando passados por um multiprocessador.

São muito usados na cozinha vegetariana, não somente pelo seu aproveitamento, mas também pelo seu alto valor nutricional e agradável sabor.

A SOJA E A SAÚDE

FITOQUÍMICOS

Os alimentos de origem vegetal contêm não apenas os principais componentes (por exemplo: proteínas, gorduras, carboidratos, fibras, vitaminas e sais minerais) mas também grande número de compostos não nutrientes chamado fitoquímicos (da palavra grega *phytos* = planta).

Os fitoquímicos são compostos químicos biologicamente ativos, de ocorrência natural em alimentos vegetais, sendo que nas plantas atuam como sistema de defesa natural para as suas hospedeiras, protegendo-a de infecções e invasões microbianas.

As fontes alimentares de fitoquímicos incluem frutas, leguminosas, folhagens, grãos integrais, nozes, sementes, fungos, ervas e condimentos. [1,2,3]

Como exemplo podemos citar as ligninas, que são fitoquímicos encontrados principalmente nas sementes de linhaça, farelo de trigo, farinha de centeio, trigo-sarraceno, aveia e cevada, e que estão sendo o enfoque de pesquisas anticâncer e fitoestrogênicas. [7]

FITOQUÍMICOS DA SOJA

A princípio, o valor da soja na nutrição humana foi atribuído ao seu alto teor de proteína de boa qualidade. [18 e 19]

As pesquisas evoluíram e hoje, quando se ouve falar sobre os benefícios que a soja traz à saúde, além da proteína, certamente a isoflavona será também citada. [4]

Realmente, dentre os fitoquímicos da soja, importantes para a saúde, os fitoestrógenos são os mais estudados, e dentre os fitoestrógenos destacam-se as isoflavonas (genisteína e daidzeína). [6]

· **Isoflavonas**

São substâncias complexas encontradas em feijões e outras leguminosas, especialmente na soja e seus produtos derivados, por possuir uma estrutura química similar ao hormônio estrógeno, embora sejam mais fracas que o hormônio produzido pelo corpo. A soja funciona como estrógeno fraco (agonista) e como antiestrógeno (antagonista).[5]

A explicação provável para o efeito desses compostos semelhantes ao estrogênio é que podem bloquear a ação de outros estrogênios mais tóxicos, presentes no meio ambiente, talvez ocupando os sítios de recepção desses estrogênios nas células. Como seu efeito de estrogênio é cerca de cem vezes mais fraco do que o estrogênio produzido pelo organismo, o resultado concreto de uma alimentação rica em fitoestrógenos parece diminuir a carga de estrogênio do organismo e nos proteger contra as prejudiciais substâncias químicas destruidoras de hormônios. [10]

Conteúdo de Isoflavona em Alimentos de Soja

Alimento de soja	Mg de Isoflavona em 100 g de alimento
Óleo de soja	0
Hot-dog de soja	15
Broto de soja	41
Grãos de soja cozidos	55
Grãos de soja torrados	128
Leite de soja	10
Shoyo	2
Tofu firme (tipo mori-nu)	28
Missô	43
Iogurte de soja	16
Farinha de soja (integral)	199
Proteína de soja	97

**Fonte: 1999 USDA Iowa University Database on Isoflavone Content Food*

Enquanto não existe uma regulamentação governamental com relação ao consumo de isoflavonas, pesquisadores da China e Japão, onde a tecnologia de pesquisa da soja é mais avançada, recomendam a quantidade de 60 mg por dia. [4]

Pesquisas demonstram que em função do grande consumo de soja entre os orientais (no Japão, 23 kg de *tofu* por pessoa/ano), estes povos apresentam menores níveis de colesterol, menor risco ao câncer de colo retal [35], menor risco ao câncer de próstata nos homens, menor risco de câncer de mama nas mulheres, menor risco de osteoporose nas mulheres, além de ser uma alternativa às mulheres que não fazem reposição hormonal. [36,37]

Os fitoestrógenos encontrados em alimentos de soja também atuam como antioxidantes. [8]

· Antioxidantes

Os antioxidantes têm como função neutralizar os efeitos dos radicais livres, que são produzidos normalmente pelo corpo e que são potencialmente prejudiciais, se não forem neutralizados. Tem-se atribuído aos radicais livres um papel relevante nas doenças cardiovasculares, câncer e no envelhecimento. [9]

Existem literalmente centenas de antioxidantes, sendo que os mais conhecidos são as vitaminas A, C e D. As provas do efeito protetor oferecido pela ingestão de quantidades ideais desses nutrientes anticancerígenos são esmagadoras. [10]

Os fitoestrógenos da soja podem ser úteis na prevenção do câncer de mama, câncer de cólon, câncer de próstata, efeitos pré e pós menopausa, osteoporose, doenças vasculares, obesidade, além de outras doenças.

Alertamos mais uma vez que a soja eventualmente pode ser útil no tratamento das doenças mencionadas e que, na realidade, o sinergismo dos nutrientes vegetais é o fator essencial para que os benefícios apareçam. Aconselhe-se com seu médico.

A SOJA E A PREVENÇÃO DO CÂNCER

Os grãos de soja contêm grande quantidade de fitoestrógenos que podem ter um efeito protetor. A alimentação tradicional no Oriente é particularmente rica em isoflavonas. Acredita-se que os fitoestrógenos bloqueiam sítios receptores de estrogênios, reduzindo dessa forma os níveis de estrogênio ativo.

Qualquer que seja o mecanismo em ação, os fitoestrógenos têm sido freqüentemente associados à redução do risco de câncer.

As mulheres que fazem uma alimentação rica em soja correm menos riscos de ter câncer de mama, enquanto os homens correm um risco substancialmente menor de câncer de próstata.

A genisteína e a dadzeína (isoflavonas) estão sendo motivo de pesquisa. Descobriu-se que as japonesas geralmente correm menor risco de ter câncer de mama do que as mulheres ocidentais e que possuem níveis mais altos de isoflavonas no organismo. [10]

Um estudo recente indicou que o consumo regular de soja por um período prolongado, que exponha os tecidos a essas duas isoflavonas, aumenta seu efeito de proteção. [11]

Outros estudos ilustraram o papel de outros fitoquímicos presentes na soja — a isoflavona equol e a lignana enterolactona — na redução de câncer de mama. [12]

Os pesquisadores acreditam também que a soja protege, em parte, inibindo o desenvolvimento de novos vasos sangüíneos e, dessa forma, privando as células cancerosas de alimento. Assim, temos que a soja tanto pode evitar o desenvolvimento de cânceres relacionados a hormônios, como pode inibir a evolução de tumores. [10]

A ingestão ideal de isoflavonas para a prevenção de câncer é de cerca de 5 mg / dia, o que equivale a uma porção de 340 g de leite de soja ou uma porção de *tofu*. [10]

DOENÇAS CARDIOVASCULARES

Algumas providências podem e devem ser tomadas para a prevenção de uma série de doenças, tais como a prática regular de exercícios, não fumar, evitar bebidas alcoólicas, controlar o peso corporal, ter um ritmo saudável de vida, ter uma vida intelectual ativa, etc., além de uma alimentação saudável. Dentre os vários itens que constituem uma alimentação saudável, a soja é um deles.

O colesterol tem sido amplamente implicado nas doenças vasculares como sendo um grande fator de risco no desenvolvimento da aterosclerose, na qual as placas de gordura, contendo colesterol, alojam-se nas paredes dos vasos sangüíneos. Se essa placa forma um coágulo de sangue e estreita as artérias principais que alimentam o músculo cardíaco, um ataque cardíaco está engatilhado. [13]

A substituição dietética de alimentos animais, com elevado teor de gorduras saturadas, por alimentos vegetais, com alto teor de gorduras poliinsaturadas, bem como uma redução total de gordura na alimentação, tem produzido uma redução de colesterol no sangue. [14]

Lembramos ainda que são nos ácidos graxos (ou gorduras) poliinsaturados que são encontrados os ácidos linoléico (ômega 6) e linolênico (ômega 3), os quais podem reduzir o colesterol. [4]

O efeito da proteína de soja em reduzir o colesterol tem sido reconhecido há mais de 30 anos. [15]

A proteína de soja pode reduzir o colesterol total e o colesterol LDL (mau colesterol). Em pacientes com alto colesterol, substituindo-se toda ou uma grande parte da proteína ingerida por proteína de soja, pode-se obter uma queda substancial do colesterol total. [16]

A soja ainda contém fibras, que também ajudam a reduzir o colesterol. [4]

MENOPAUSA

Os sintomas desconfortáveis de ondas de calor, suor noturno, sono interrompido, mudanças repentinas de humor, comuns na pós-menopausa, são atribuídos à diminuição de produção de estrogênio pelo organismo. Outras conseqüências também podem advir, como a osteoporose. [37]

A reposição hormonal tem sido associada atualmente ao câncer de mama e mais recentemente tem-se atribuído a ela um agravamento nas doenças mentais, eventualmente podendo acelerar problemas de demência em idades mais avançadas. De qualquer maneira é imprescindível que a decisão final sobre a reposição hormonal seja dada por um médico especialista no assunto, que irá pesar os prós e os contras de cada pessoa.

Pesquisas recentes têm mostrado que mulheres japonesas, cujas dietas típicas incluem a proteína de soja, apresentam menos severos os sintomas da menopausa quando comparadas com as mulheres ocidentais. [4]

Em doses de 50 a 60 g por dia de proteína de soja há uma redução significativa de 40%, no mínimo, de ondas de calor. [21 in 6]

OSTEOPOROSE

O organismo mantém um nível de cálcio no sangue por um complexo sistema do balanceamento. Tem ainda a capacidade de alternar a proporção de cálcio absorvido dos alimentos com aquele eliminado pela urina. Deve sempre existir um saldo positivo desse balanceamento, principalmente nos períodos de crescimento, amamentação e lactação, períodos esses nos quais, se necessário, deve haver uma suplementação. Entre os 30 e 40 anos de idade, começa a existir a tendência do saldo ficar negativo.

A perda de cálcio começa a acelerar no período da menopausa na mulher. No entanto, o seu modo de vida através desses períodos pode maximizar o ganho de cálcio e minimizar sua perda.

A ingestão de cálcio na alimentação é somente um dos itens a serem considerados. Existe uma grande quantidade de nutrientes que interagem com o cálcio e que podem auxiliar na sua absorção ou na perda pela urina. A vitamina D tem um papel-chave no auxílio da absorção de cálcio. O boro, um mineral encontrado nos vegetais, frutas, nozes, legumes, sementes de linhaça, podem também ter um papel importante na absorção do cálcio. [38]

Além da dieta, o exercício físico é de maior importância: tomar sol nos períodos mais amenos do dia, caminhar, andar de bicicleta ou correr, pelo menos três vezes por semana, são fatores importantíssimos que ajudam na retenção de cálcio no corpo.

O excesso de proteína animal (já comentado no capítulo de proteínas) ou o excesso de sal podem causar uma substancial perda de cálcio, assim como outros fatores, tais como álcool, fumo, alto consumo de cafeína (café, chá e alguns refrigerantes), e longos períodos de sedentarismo. [38]

Quando se digere proteína, o organismo libera ácidos na corrente sangüínea; o cálcio, extraído basicamente do esqueleto, ajuda a neutralizar estes ácidos. Diversos estudos revelaram que quanto maior a quantidade de proteína consumida, maior a quantidade de cálcio excretada. [39]

A ligação entre proteína e perda de cálcio pode explicar parte da alta incidência de fraturas ósseas nas pessoas que ingerem grandes quantidades de carne vermelha, como, nos Estados Unidos e norte da Europa. [39]

O balanceamento de hormônios no corpo também tem um papel importantíssimo no tratamento da osteoporose. Por exemplo, o estrogênio ajuda a manter a estrutura óssea, atuando na sua conservação. A reposição hormonal nesse caso é o que mais tem sido feita, porém, como já mencionado, pode haver riscos nesse tipo de tratamento.

Hoje, as pesquisas têm focalizado com interesse plantas que contêm fitoestrógenos e produtos feitos a partir da soja, mais precisamente o *tofu*, sugerindo que esses produtos têm tido efeito positivo sobre a saúde dos ossos das mulheres chinesas e japonesas.[16]

Um estudo feito na University of Illinois, em mulheres pós menopausa, que consumiram proteína de soja com 90 mg de isoflavonas todos os dias durante 6 meses, constatou que tinham, depois desse período, maior densidade mineral óssea. [4]

Mas... o que é mesmo osteoporose?

Osteoporose é uma doença caracterizada pela deterioração do tecido ósseo que eventualmente deixa os ossos frágeis e susceptíveis a fraturas. Em ossos saudáveis, as células ósseas chamadas osteoblastos criam o tecido ósseo e outras, chamadas osteoclastos, que, de uma certa forma, decompõem o tecido ósseo.

A queda dos níveis de estrogênio que ocorre na menopausa pode romper esta dinâmica. Assim sendo, as novas células ósseas (osteoblastos) diminuem sua produção, mas os osteoclastos continuam a degradar o osso, resultando numa perda óssea que podem deixar os ossos fracos e quebradiços. [4]

RECEITAS BÁSICAS DE PREPARAÇÃO DE PRODUTOS DE SOJA

Neste capítulo vamos abordar as receitas básicas que irão compor as diversas receitas contidas neste livro.

Seguem as quinze receitas que consideramos básicas:

Receita nº 1 — Cozimento do grão de soja
Receita nº 2 — Koji de soja e arroz
Receita nº 3 — Leite de soja
Receita nº 4 — Shoyo
Receita nº 5 — Tofu
Receita nº 6 — Iogurte de soja
Receita nº 7 — Yuba (ou Purô)
Receita nº 8 — Brotos de soja
Receita nº 9 — Okara
Receita nº 10 — Missô
Receita nº 11 — Grãos torrados de soja e farinha de soja
Receita nº 12 — Farinha de soja
Receita nº 13 — Maionese de soja
Receita nº 14 — Maionese de tofu
Receita nº 15 — Tempeh

Outros produtos de soja

Sugerimos que estes produtos de soja sejam adquiridos em supermercados, empórios naturais ou mercearias de produtos orientais:

- Soja texturizada
- Proteína de soja
- Óleo de soja
- Lecitina
- Salsicha de soja
- Bife de soja

RECEITA NÚMERO 1
COZIMENTO DO GRÃO DE SOJA

PREPARAÇÃO

- 5 copos de soja
- água

Levar uma panela grande com água ao fogo alto e, assim que estiver fervendo, adicionar os grãos de soja. Cozinhar por 5 minutos.

Escorrer a água, lavar os grãos em água corrente fria e deixá-los de molho em uma tigela cheia de água fria, por uma noite (aproximadamente 8 horas).

Escorrer os grãos, retirar ao máximo as cascas.

Cozinhar a soja por aproximadamente 1 hora em panela comum, ou por aproximadamente 30 minutos em panela de pressão.

Retirar a panela do fogo e utilizar os grãos nas receitas sugeridas.

RECEITA NÚMERO 2
KOJI DE SOJA E ARROZ

- **7 kg de soja**
- **4 kg de arroz integral**
- **2 colheres de sopa de *koji* (cultura inoculante, que ajuda no processo de fermentação, encontrado em empórios japoneses)**

Para o preparo do *koji*, lavar o arroz, a soja e o trigo e deixá-los de molho por uma noite.

No dia seguinte, cozinhar os grãos em panelas separadas até estarem macios, porém firmes.

Escorrer a água e espalhar os grãos, secando-os com pano limpo.

Em uma tigela, misturar os grãos e adicionar o *koji*. Virar tudo em um saco de pano e manter em 30° C por 12 horas. Para isto, utilizar caixas térmicas. Reservar uma mesa, ou outra superfície lisa que possa ficar disponível para o preparo do *koji* por 72 horas.

Sobre essa mesa, colocar um cobertor, e por cima um pano limpo de algodão. Espalhar os grãos, cobrir com uma camada de pano de algodão e outra de cobertor, de forma a manter a temperatura de 30° C. Deixar por 12 horas.

Após este período, os grãos devem estar com uma camada de cor creme sobre a superfície e com odor agradável.

Verificar a cada 12 horas a temperatura, mantendo-a sempre a 30° C. Repetir esta operação por 4 vezes, somando um total de 72 horas. O *koji* está pronto.

RECEITA NÚMERO 3
LEITE DE SOJA

O leite de soja é preparado a partir do grão de soja, sendo um ótimo substituto do leite de vaca e uma forma muito fácil de incorporar a soja na sua dieta.

O leite de soja tem baixos teores de gorduras saturadas, não contém colesterol e é uma opção conveniente aos que são intolerantes à lactose e àqueles que, por algum motivo, não consomem produtos derivados de animais.

Em países industrializados como, por exemplo, os da Europa e nos Estados Unidos, é encontrada normalmente em supermercados uma grande variedade de marcas de leite de soja, disponíveis nas mesmas embalagens que o leite de vaca, sendo que cada marca apresenta diversas opções (integral, desnatado, enriquecido com vitaminas e sais minerais, etc.), tal como o leite de vaca.

No Brasil ainda existem pouquíssimas marcas que comercializam o leite de soja na forma líquida. Na forma de pó existe maior variedade, e muitos de excelente qualidade. O único ponto que precisa ser melhorado é o preço ao consumidor que ainda é muito alto (comparado ao leite comum).

O leite de soja pode ser consumido da mesma forma que o leite de vaca. Pode-se fazer misturas com chocolate, frutas (o que é popularmente chamado de vitaminas), misturá-lo ao café ou adicioná-lo ao cereal matinal.

Na cozinha, o leite de soja pode participar de todas as receitas substituindo o leite animal. A seguir, daremos uma tabela de comparação entre o leite de vaca e o leite de soja.

Tipo de Leite (100g)	Kcal	Glicídeos (g)	Proteínas (g)	Lipídeos (g)	Colesterol (mg)	Cálcio (mg)	Fósforo (mg)	Ferro (mg)
Leite de vaca in natura	63,0	5,0	3,10	3,50	12	114	102	0,10
Leite de soja industrializado	114	14,4	6,20	4,10	0	40	105	1,20

**fonte: Tabela de Composição Química dos Alimentos – Guilherme Franco, Ed. Atheneu*

PREPARAÇÃO

(Rendimento: 6,5 litros de leite)

- **5 xícaras de soja crua (rende aproximadamente 13 xícaras pós-inchada)**
- **26 xícaras de água fervente (a proporção é de 2 xícaras de água para 2 de soja inchada)**

Lavar e deixar a soja de molho por 12 horas.

Escorrer, retirar as cascas dos grãos já inchados, esfregando-os entre as mãos, e enxaguar no escorredor.

Caso fiquem alguns ou muitos grãos com a casca aderida, não tem importância. Bater a soja inchada no liquidificador com a água fervente, até a mistura estar homogênea.

Dividir a quantidade sugerida em três etapas.

Passar a mistura por uma peneira, pressionando a massa para retirar a maior quantidade de líquido possível.

Coar o leite em um saco de tule (ou pano de prato bem limpo) e reservar a massa retida para a preparação do *okara* (vide receita número 9).

Cozinhar o leite extraído em fogo médio até começar a levantar bolhas (o leite de soja sobe como o leite de vaca comum!).

Retirar a panela do fogo e aguardar 1 minuto. Levar a panela ao fogo médio novamente, por 10 minutos, mexendo continuamente para manter a homogeneidade do leite. Após este tempo o leite estará pronto. Esfriá-lo à temperatura ambiente e repor a água perdida no processo, completando com água previamente fervida. A quantidade final deverá ser de 6,5 litros (mesma quantidade inicial de água). Conservar o leite em refrigerador.

RECEITA NÚMERO 4
SHOYO

- **20 kg de *koji* de soja e arroz**
- **20 kg de sal marinho**
- **40 l de água não clorada ou fervida**

Misturar todos os ingredientes em um recipiente esterilizado. Manter em temperatura ambiente, tampado e mexer com colher de pau, duas vezes ao dia, durante um mês.

Após esse período, mexer uma vez a cada três dias, durante três meses.

Deixar descansando por mais 10 meses mexendo a cada dois meses.

Após esses seis meses, engarrafar o *shoyo*, que estará pronto para uso.

RECEITA NÚMERO 5
TOFU

O *tofu* é um dos mais importantes produtos derivados do grão da soja pelo seu alto valor nutritivo, pela sua versatilidade na preparação das receitas, desde as mais simples até as mais sofisticadas, podendo ainda auxiliar no tratamento de algumas doenças.

No Brasil o *tofu* pode ser adquirido em supermercados ou lojas de produtos orientais. Atualmente já fabricamos um *tofu* de boa qualidade, que coexiste nas prateleiras com o *tofu* importado.

Em países asiáticos o *tofu* é consumido, entre tantos outros motivos, pelo seu valor nutritivo, seja complementando com seus aminoácidos, o arroz, ou mesmo substituindo o ovo — tanto assim que no Japão o *tofu* tem o apelido de "ovo quadrado". No Brasil ainda se tem a tendência de chamar o *tofu* de queijo de soja, tanto que ele é consumido como uma substituição ao queijo de origem animal.

O *tofu* tem a característica de absorver facilmente o aroma e o sabor dos temperos e das especiarias,

Tabela Comparativa entre Tofu, Queijo e Ovo

Substância alimentar (100g)	Kcal	Proteínas (g)	Lipídeos (g)	Colesterol (mg)
Tofu (queijo de soja)	200,4	26,7	10,4 (insaturados)	0
Queijo de minas	299,0	17,5	27,8	101
Ovo de galinha inteiro cru	150,9	12,3	11,3	463

**fonte: Tabela de Composição Química dos Alimentos – págs. 138,145,163,164 - Guilherme Franco, Ed. Atheneu*

bem como os outros ingredientes da receita. Esta característica, aliada aos vários tipos de textura e consistência, fazem do *tofu* um ingrediente muito flexível no preparo de receitas.

Existem basicamente quatro tipos de *tofu*, no que se refere à sua consistência, podendo entretanto existir diferença de nomenclatura de marca para marca.

São eles:

Tofu **extrafirme:** tende a não se desmanchar quando preparado, conservando seu formato, isto porque ele contém pouca água, e em função disso, é o tipo de *tofu* de mais alto valor protéico. Contém também alto teor de gorduras poliinsaturadas (que são as gorduras essenciais). Quando cortado em pequenos cubos, presta-se maravilhosamente para espetinhos grelhados, para compor saladas, para sopas, que juntamente com *croûtons*, enriquecerão suas receitas;

Tofu **firme:** também pode ser usado da mesma maneira que o extrafirme, porém já tem a tendência de se desmanchar em algumas utilizações, como no espetinho. Este é o tipo de *tofu* que é considerado muitas vezes como padrão para cálculos percentuais de calorias, proteínas, gorduras, etc. Pode ser usado em sopas, ensopados, pastas cremosas, aperitivos, etc.

Tofu **macio:** bem mais úmido que os anteriores, tendo uma consistência, depois de amassado, que se assemelha à ricota. Usa-se em inúmeras receitas e para a preparação de molho e pastas temperadas. De uma forma geral substitui a ricota;

Tofu **cremoso**: tem uma consistência delicada, semelhante a um requeijão cremoso, pois no seu processo de preparação ele não é prensado contra a peneira. É muito usado para sobremesas, substituindo o creme de leite. Pode ser usado em molhos, como por exemplo em estrogonofes, macarrão, etc.

Aconselhamos àqueles que não conhecem o *tofu* e queiram prepará-lo em casa, que antes disso adquiram o *tofu* já pronto para que haja uma referência. Compre sempre o melhor produto disponível.

Nas receitas onde o *tofu* está presente como protagonista ou coadjuvante, estaremos usando esta nomenclatura que acabamos de descrever.

O congelamento do ***tofu*****:** é feito normalmente nos tipos extrafirme e firme, com a finalidade de dar maior consistência na preparação da receita. Ele tende a ter uma consistência mais elástica, assemelhando-se mais à carne animal, e tem a tendência de conservar as suas dimensões originais.

Procedimento caso pretenda usar o *tofu* cortado em pequenos quadradinhos (espetinhos, saladas, sopas, ensopados, etc.): recomenda-se cortá-lo em formatos desejados, levar ao congelador, acondicionado em uma travessa.

Deixar de 3 a 12 horas.

Antes de usar, deixar descongelando sobre um papel absorvente.

PREPARAÇÃO

- **5 xícaras de soja crua (rende aproximadamente 13 xícaras pós-inchada)**
- **26 xícaras de água fervente (a proporção é de 2 xícaras de água para 2 de soja inchada)**
- **1/2 xícara de sumo de limão diluído em 1/2 xícara de água***

Lavar e deixar a soja de molho por 12 horas.

Escorrer, retirar as cascas dos grãos já inchados, esfregando-os entre as mãos, e enxaguar no escorredor. Caso fiquem alguns ou muitos grãos com a casca aderida, não tem importância. Bater a soja inchada no liquidificador com a água fervente, até a mistura estar homogênea. Dividir a quantidade sugerida em três etapas. Passar a mistura por uma peneira, pressionando a massa para retirar a maior quantidade de líquido possível.

Coar o leite em um saco de tule (ou pano de prato bem limpo) e reservar a massa retida para a preparação do *okara* (vide receita número 9).

Cozinhar o leite em fogo médio até começar a levantar bolhas (o leite de soja sobe como o leite de vaca comum!). Retirar a panela do fogo e aguardar 1 minuto. Levar a panela ao fogo médio novamente, por 10 minutos, mexendo continuamente para manter a homogeneidade do leite. Após este tempo o leite estará pronto.

Retirar a panela do fogo e ir adicionando o sumo de limão, mexendo sem parar. Após 10 minutos o coalho deve estar formado. Virar o leite talhado dentro de uma forma comum de preparação de queijo**. Caso não possua este tipo de fôrma, improvise com um escorredor de macarrão (ou peneira) forrado com tule.

Usando um ou outro tipo de fôrma, a massa de *tofu* que ficou retida no tule deverá ser pressionada para a retirada do soro. Esta pressão deve ser feita durante o tempo que achar necessário para que fique com a consistência desejada. Quanto mais pressionado, mais firme.

Quando o *tofu* esfriar, conservá-lo em geladeira, dentro de um recipiente com água suficiente para cobri-lo e uma pitada de sal.

Obs.: para preparar o *tofu* cremoso, não deve ser feita pressão sobre a massa. Deixe simplesmente escorrer o soro, e retire quando o *tofu* estiver com consistência de coalhada de leite animal.

* Em vez de limão, pode ser usado o vinagre na mesma quantidade, ou 8 colheres de sobremesa de sal amargo.

** As formas para a preparação de queijo disponíveis no mercado já possuem um forro que é um tipo de tela fina, além de uma tampa que serve para pressionar, com peso.

RECEITA NÚMERO 6
IOGURTE DE SOJA

PREPARAÇÃO

- **5 copos de soja crua (rende aproximadamente 13 xícaras pós-inchada)**
- **26 copos de água fervente (a proporção é de 2 xícaras de água para 2 de soja inchada)**
- **4 colheres de sopa de sumo de limão diluído em 1/2 xícara de água**

Lavar e deixar a soja de molho por 12 horas.

Escorrer, retirar as cascas dos grãos já inchados, esfregando-os entre as mãos, e enxaguar no escorredor. Caso fiquem alguns ou muitos grãos com a casca aderida, não tem importância. Bater a soja inchada no liquidificador com a água fervente, até a mistura estar homogênea.

Dividir a quantidade sugerida em três etapas.

Passar a mistura por uma peneira, pressionando a massa para retirar a maior quantidade de líquido possível. Coar o leite em um saco de tule (ou pano de prato bem limpo) e reservar a massa retida para a preparação do *okara* (vide receita número 9). Cozinhar o leite em fogo médio até começar a levantar bolhas (o leite de soja sobe como o leite de vaca comum!). Retirar a panela do fogo e aguardar 1 minuto. Levar a panela ao fogo médio novamente, por 10 minutos, mexendo continuamente para manter a homogeneidade do leite. Após este tempo o leite estará pronto. Desligar o fogo e imediatamente colocar o suco de limão, lentamente, mexendo sem parar. Transferir o leite ainda quente para um vasilhame, de vidro preferencialmente, cobrindo-o e colocando em local isolado termicamente, como por exemplo numa caixa de isopor.

Retirar após 12 horas o iogurte pronto, e mantê-lo em geladeira.

RECEITA NÚMERO 7
YUBA ou PURÔ

O *yuba*, no Brasil conhecido como *purô*, é preparado a partir da nata formada pelo leite de soja, logo após seu processo de esfriamento em temperatura ambiente.

No processo caseiro de preparação, a quantidade de *purô* é muito pequena. Para processos semi-industriais, quando preparados por equipamentos, a quantidade é bem maior.

Em países onde existe um alto consumo de soja e seus derivados, existem disponíveis as folhas de *yuba* que são vendidas num formato semelhante a uma pizza pequena. Mesmo assim descreveremos o processo de preparação e utilização.

PREPARAÇÃO

Retirar a nata do leite de soja recém-preparado. Juntá-la num recipiente e mexer com uma colher até ficar homogêneo. Em uma frigideira grande aquecida, espalhar uniformemente este creme. Retirar quando estiver com aspecto seco, porém ainda flexível.

Existem várias utilizações para esta folha que fica semelhante a um crepe.

Uma é cortar o *yuba* em quadradinhos de 3 cm e fritar em óleo quente. Retirar, borrifar sal e condimentos ou açúcar e canela e deixar sobre papel absorvente; outra é utilizá-lo como panqueca ou crepe.

RECEITA NÚMERO 8
BROTOS DE SOJA

PREPARAÇÃO

- **2 copos de soja crua**
- **água filtrada**

Colocar a soja em uma tigela, cobri-la com água filtrada e deixar de molho durante a noite inteira (cerca de 8 horas). Escorrer a água e lavar os grãos.

Colocar os grãos em um vidro grande, com tampa, e fechar a boca com pano de tule ou tela.

Virar de cabeça para baixo, deixando-o inclinado para que a água possa escorrer e haja ventilação.

Por 4 ou 5 vezes ao dia, retirar a tampa, lavar os grãos e virar novamente de cabeça para baixo.

Após 4 dias nesse processo, retirar o pano e deixar por mais um dia, com o vidro aberto, sempre enxaguando.

Encher uma panela com água e levá-la ao fogo alto. Assim que estiver fervendo, mergulhar os brotos e cozinhá-los por 20 minutos.

Escorrer e conservá-los em geladeira até o momento de consumir.

RECEITA NÚMERO 9
OKARA

O *okara* nada mais é do que a parte sólida que ficou retida no pano de filtragem no processo de preparação do leite de soja.

A fibra de soja pode ser obtida de outras maneiras, porém o *okara* é a mais simples, e pode ser feito em qualquer cozinha.

O *okara* sendo uma fibra, pode ser usado em granolas, hambúrgueres, bolos, biscoito, adicionado ao feijão, etc.

PREPARAÇÃO

No processo de preparação do leite de soja (receita número 3), partimos do produto que ficou retido na peneira e no pano, após o processo de filtragem do leite.

Retirar este bagaço de soja e espalhar em uma assadeira. A camada deverá ser no máximo de 2 cm, pois se for muito grossa a secagem não será uniforme e a parte interna da massa ficará úmida enquanto que a parte externa queimada.

Colocar a assadeira em forno com temperatura baixa, deixando a porta ligeiramente aberta, para permitir a saída do ar úmido do interior do forno;

Quando a massa estiver quebradiça, retirar do forno e deixar esfriar dentro da própria assadeira à temperatura ambiente. Retirar da assadeira, quebrar com as mãos, esfarelando-a até estar como uma farinha grossa.

Se quiser uma maior homogeneidade da farinha, bata no liquidificador bem seco e passe por uma peneira grossa.

Colocar o *okara* em recipiente, de preferência um vidro, bem fechado para não perder sua característica crocante.

RECEITA NÚMERO 10
MISSÔ

O *missô* é um produto básico e, por que não dizer, indispensável na cozinha oriental, principalmente na japonesa.

É uma pasta salgada, feita a partir do feijão de soja misturada com outro grão (pode ser arroz, cevada, trigo ou milho), sal e *koji*. Esta pasta é utilizada para dar sabor aos molhos, sopas, massas, etc.

Possui valor protéico e altos teores de cálcio, fósforo e ferro, principalmente se compararmos a outros tipos de temperos, utilizados na cozinha não vegetariana, como o caldo de carne e o caldo de galinha concentrados:

Substância alimentar (100g)	Kcal	Carboidratos (g)	Proteínas (g)	Gorduras (g)	Cálcio (mg)	Fósforo (mg)	Ferro (mg)
Missô	199	25,10	12,5	6,4	80	170	5,6
Caldo de carne concentrado	17	0	2,0	1,0	2	19	0,9
Caldo de galinha concentrado	78	0	2,7	7,6	15	15	0,87

**fonte: Tabela de Composição Química dos Alimentos – págs. 117 e 136 - Guilherme Franco, Ed. Atheneu*

Se perguntarmos a cem japonesas qual a melhor receita de *missô*, certamente não teremos duas idênticas.

Isso porque os tipos de *missô* podem variar de acordo com sua preparação, com os ingredientes utilizados e com seu tempo de preparação (que pode variar de 3 meses a 3 anos), que é um processo fermentativo.

Existem disponíveis no mercado vários tipos, sendo facilmente encontrados. A primeira identificação pode ser feita pela cor. Os de coloração mais clara ou amarelados são mais adocicados, mais suaves e menos salgados. Os de coloração escura apresentam um sabor mais forte e são os mais consumidos no Japão.

Apesar de nas receitas estarmos dando orientações na utilização do *missô*, é sempre bom observarmos que:

Antes de incluir o *missô* na preparação da receita, convém diluí-lo previamente em um pouco de água para que ele possa ser melhor distribuído (1 colher de sopa de *missô* para 5 colheres de sopa de água, ou conforme a especificação da receita);

Como o *missô* é muito salgado, deixe para adicionar o sal à sua receita após ter colocado o *missô*. A partir disso ajuste a quantidade de sal ao seu paladar;

Evite ferver o *missô*, para que não perca suas propriedades; sempre que possível, adicione-o ao final do cozimento do alimento.

Escolhemos uma receita bem simples onde utilizamos a soja com o trigo, a um tempo de fermentação mínima de 5 meses.

PREPARAÇÃO

- **20 kg de grãos de soja deixadas de molho por uma noite**
- **10 kg de *koji* de soja e arroz**
- **4,5 kg de sal marinho**
- **2 kg de *missô* pronto**
- **água do cozimento da soja**

Para o *missô*, levar ao fogo os grãos de soja deixados de molho e escorridos, até estarem macios. Escorrer a água reservando-a e passar os grãos de soja em um triturador ou moedor. Em uma tigela grande misturar a soja triturada, o sal diluído em 1 litro da água do cozimento da soja, o *missô* (diluído também na água do cozimento da soja em quantidade suficiente para tornar um creme), e o *koji*. Mexer bem até obter uma massa pastosa.

Em uma vasilha bem grande jogar porções de massa, tampar com um plástico e por cima um peso (pedra, madeira) e tampar. Após 30 dias retirar o peso, mexer, tampar, sem o peso e deixar em repouso por 1 ano.

Obs: Um dos maiores fatores que garantem o sucesso do *missô* é a higienização. Recomenda-se esterilizar todos os utensílios, mesas e bancadas onde ficarão estendidos os grãos e manter sempre as mãos limpas.

RECEITA NÚMERO 11
GRÃOS TORRADOS DE SOJA e FARINHA DE SOJA

PREPARAÇÃO

- **2 copos de soja crua**
- **sal**
- **condimentos opcionais**

Lavar e deixar a soja de molho por 12 horas.

Escorrer, retirar as cascas dos grãos já inchados, esfregando-os entre as mãos, e enxaguar no escorredor.

Caso fiquem alguns ou muitos grãos com a casca aderida, não tem importância.

Se preferir deixá-los como um *snack,* adicionar sal sobre os grãos inchados e levá-los ao forno. Se quiser adicionar algum condimento como raiz-forte, páprica, pimenta, deixar os grãos inchados de molho no tempero durante 30 minutos.

Torrar os grãos em forno preaquecido a 200° C, por 40 minutos, mexendo a cada 10 minutos com colher de pau.

Retirar e deixar esfriar à temperatura ambiente, conservando-os em potes com boa vedação.

FARINHA DE SOJA A PARTIR DOS GRÃOS TORRADOS

Após torrar os grãos inchados, triturá-los no liquidificador e peneirar em seguida. Neste caso os grãos torrados deverão estar sem sal e sem temperos.

RECEITA NÚMERO 12
FARINHA DE SOJA

É produzida a partir do grão de soja torrado. Esta farinha é mais densa e úmida que a farinha de trigo comum. Recomenda-se sempre usá-la em conjunto com a farinha de trigo.

As receitas com farinha de soja ficam mais pesadas e se conservam por mais tempo, além de aumentar o conteúdo protéico do alimento. Em países tidos como grandes consumidores de soja existem dois tipos de farinha: a farinha integral, da qual o óleo não foi extraído, e a *defatted* (onde foi retirada grande parcela do óleo).

Nas nossas receitas, entretanto, estaremos nos referindo pura e simplesmente à farinha comum de soja.

A farinha integral é ideal para panquecas, crepes, e seu valor alimentício é citado nas literaturas como um ótimo substituto para o ovo, assim como o *tofu*.

PREPARAÇÃO

· **4 copos de soja crua**

Lavar os grãos de soja e colocá-los em uma assadeira. Levar ao forno preaquecido a 200° C e deixar por cerca de 35 minutos, mexendo a cada 5 minutos com colher de pau.

Retirar do forno quando os grãos começarem dourar. Aguardar que fiquem mornos para então passar por um triturador ou mesmo pelo liquidificador bem seco.

Peneirar a farinha obtida e conservá-la em recipiente bem vedado.

Proteína vegetal texturizada

Também chamada de PVT, é feita a partir da farinha de soja. Possui pouco sabor e é usada como um substituto à carne, na indústria de alimento, por seu baixo custo e alto valor nutritivo.[4]

Pelo fato de sua produção ser um tanto quanto trabalhosa, exigindo equipamentos especiais (se quisermos ter um ótimo produto), sugerimos que a mesma seja adquirida pronta.

Existem vários tipos no mercado e no transcorrer do livro serão apresentadas as várias formas de sua utilização, bem como o tipo mais adequado para cada receita. Seus tamanhos são variados, encontrando-se em cubos grandes e em flocos miúdos, em coloração escura e clara.

RECEITA NÚMERO 13
MAIONESE DE SOJA

PREPARAÇÃO

· 2 copos de leite de soja
· 3 colheres de sopa de sumo de limão
· 1 colher de sobremesa de sal
· Óleo de soja gelado
· Temperos como alho, cebola, azeitona, orégano, mostarda (variar de acordo com o sabor desejado para a maionese)

Adicionar todos os ingredientes, com exceção do óleo, no copo do liquidificador e bater.
Com o liquidificador ainda funcionando, adicionar o óleo no centro do creme até atingir uma consistência firme.

RECEITA NÚMERO 14
MAIONESE DE TOFU

PREPARAÇÃO

· 450 g de *tofu* firme ou extrafirme
· 1/2 copo de leite de soja gelado
· 4 colheres de sopa de vinagre
· 1 colher de café de alho espremido
· 1 cebola média picada
· 5 colheres de sopa de azeite de oliva ou óleo
· 1 colher de sobremesa de sal
· temperos a gosto

Adicionar todos os ingredientes, com exceção do óleo, no copo do liquidificador e bater.
Com o liquidificador ainda funcionando, adicionar o azeite, ou óleo, aos poucos, até atingir uma consistência firme e cremosa. Manter em geladeira até o momento de servir.

RECEITA NÚMERO 15
TEMPEH

GENERALIDADES

O *tempeh* é um produto preparado a partir dos grãos de soja descascados, submetidos a um processo de fermentação.

Os grãos são reunidos formando uma espécie de bolo o qual é recoberto e interligado por um fungo branco (*risophus oligoporus*).

Quando comprado pronto, vem em embalagens quadradas tipo longa vida, semelhante ao *tofu*.

Sua textura macia e firme faz dele um bom substituto para a carne, podendo ser frito, grelhado, utilizado em sopas, etc. Tem alto teor de proteína, rico em cálcio e, como o *tofu*, tem grande capacidade de absorver os sabores dos ingredientes e temperos que compõem a receita.

PREPARAÇÃO

- **1 kg de grão de soja**
- **1 colher de sopa de *Risophus oligoporus***
- **4 colheres de sopa de sumo de limão coado**

Lavar e deixar a soja de molho por uma noite.

Escorrer, retirar as cascas dos grãos já inchados, esfregando-os entre as mãos, e enxaguar no escorredor. Caso fiquem alguns ou muitos grãos com a casca aderida, não tem importância.

Levar uma panela grande com água ao fogo alto e quando ferver adicionar os grãos de soja. Ferver por 1 minuto e em seguida enxaguar em água fria.

Colocar a soja em uma panela, cobrir os grãos com água e deixar em fogo médio até ferver. Adicionar o sumo de limão e cozinhar por 1 hora.

Escorrer os grãos, secá-los e espalhar em um pano de prato limpo. Quando estiver com temperatura de 40° C, virar dentro de uma bacia e inocular a cultura.

Virar a mistura em uma forma de *tofu* ou bandeja com furos, cobrir com um tule para permitir a passagem do ar. Deixar dentro de uma caixa térmica (por ex., isopor), mantendo a temperatura em torno de 30° C.

Manter por 12 horas nessas condições, quando então começará o aparecimento de pontos brancos entre os grãos. Depois de 24 horas estará recoberto por uma camada branca. Após certo tempo, além da camada branca existirão pontos escuros, sinal de que o *tempeh* está pronto.

SALADAS

SALADA COM BERINJELA RECHEADA DE SOJA

(4 a 6 pessoas)

- 3 berinjelas grandes
- 1 copo de feijão de soja cozida e amassada
- 1 colher de sopa de alho esmagado
- 1 colher de sopa de pimentão verde picadinho
- 3 colheres de sopa de salsa fresca picada
- 3 colheres de sopa de talo de erva-doce fresco picado
- rodelas de tomate
- folhas de alface

Molho de Cebola e Páprica para Salada
- 1/4 de xícara de caldo de limão amarelo
- 2 colheres de sopa de cebola desidratada
- 5 colheres de sopa de azeite de oliva
- 4 colheres de sopa de *shoyo* sabor *champignon*
- 1 colher de sobremesa rasa de semente de mostarda
- 1 colher de café de páprica doce

Misturar os ingredientes do molho e deixar coberto por 5 minutos.
Colocar as berinjelas diretamente na chama do fogão e virar para que toste por inteiro. Retirar quando estiverem enrugadas e escuras.
Descascar as berinjelas e cortá-las em fatias finas.
Temperar o feijão cozido e amassado com o alho, a salsa fresca picada e a erva-doce. Misturar bem até estar homogêneo. Espalhar um pouco do recheio sobre as fatias, e enrolá-las como um rocambole. Proceder assim sucessivamente até o término das fatias e do recheio.
Arrumar uma travessa com folhas limpas de alface, as rodelas de tomate e as berinjelas recheadas e enroladinhas. Regar com o molho e servir em seguida.

SALADA COM GRÃO DE SOJA

(4 a 6 pessoas)

Molho de Vinho Branco para Salada
- 1/4 de copo de vinho branco seco
- 1 colher de sopa de alho desidratado
- 5 colheres de sopa de azeite de oliva
- 1/2 colher de sobremesa de sal
- 1 colher de sobremesa de ervas finas desidratadas

Salada
- 2 copos de grãos de soja cozidos
- 3 tomates sem sementes picados
- 1 pimentão vermelho picado
- 1 maçã verde descascada, sem o miolo e picada em pedaços pequenos
- 1 cebola roxa picada

Misturar todos os ingredientes do molho em uma tigelinha e esperar 10 minutos para então regar a salada e servi-la.
Misturar os ingredientes da salada delicadamente e arrumar em uma saladeira.

SALADA COM TOFU E MANGA

(4 a 6 pessoas)

Molho de Caju para Salada
- 4 cajus grandes
- 2 colheres de sopa de vinagre balsâmico
- 4 colheres de sopa de óleo de soja ou azeite de oliva
- 1 colher de chá de folhas de manjericão roxo picadas
- 1 colher de chá de sal

Salada
- 2 batatas grandes descascadas e raladas
- 150 g de *tofu* cortado em filetes
- 1 copo de manga cortada em filetes
- 1 talo de salsão cortado em rodelas finas
- 1 pimentão amarelo cortado em rodelas finas
- 10 folhas de rúcula cortadas em tiras finas

Cortar o caju em rodelas, colocá-las em um pano limpo e espremer para retirar o sumo. Colocar em uma tigela, adicionar os demais ingredientes do molho e mexer delicadamente. Reservar em geladeira até o momento de servir.
Levar uma panela pequena ao fogo, com água, e assim que estiver fervendo adicionar a batata ralada. Deixar ferver por 5 minutos. Escorrer a água da batata utilizando uma peneira e em seguida passar água fria.
Misturar todos os ingredientes da salada em uma tigela, mexer delicadamente e arrumar em uma travessa. Regar com o molho e servir em seguida.

SALADA COM TOFU E RÚCULA

(4 a 6 pessoas)

- 2 copos de *tofu* cortado em quadrados pequenos
- 1/2 copo de abacaxi picado
- 1 maço de rúcula picada bem fina
- 1 pé de alface cortado bem fino
- 1/2 copo de tomate seco temperado

Molho Tradicional para Salada
- 1/4 de copo de sumo de limão
- 1 colher de chá de alho fresco espremido
- 1 colher de sopa de cebola desidratada
- 6 colheres de sopa de azeite de oliva
- 2 colheres de sopa de *shoyo*

Misturar os ingredientes da salada delicadamente e arrumar em uma saladeira.
Misturar todos os ingredientes do molho em uma tigelinha e esperar 10 minutos para então regar a salada e servi-la.

SALADA CREMOSA

(4 a 6 pessoas)

Creme de Tofu para Salada
- 150 g de *tofu* macio
- 4 colheres de sopa de sumo de limão
- 2 colheres de sopa de molho amarelo de mostarda
- 4 colheres de sopa de azeite de oliva extravirgem
- 1 dente de alho pequeno
- 1/2 colher de sobremesa de sal

Salada
- 1/2 xícara de grão de soja cozido
- 1 xícara de maçã ralada
- 5 colheres de sopa de azeitonas verdes picadas
- 5 colheres de uvas passas sem semente
- 1/2 pimentão amarelo cortado em fatias finíssimas
- 1/2 xícara de tomate seco temperado cortado em fatias finas
- 1/2 cebola roxa fatiada bem fina

Colocar o *tofu* no liquidificador, adicionar os demais ingredientes e bater até ficar cremoso. Virar o creme em uma tigela e manter em geladeira até o momento de servir.
Em uma tigela grande, misturar delicadamente os ingredientes da salada. Adicionar o creme preparado e mexer novamente.
Manter a salada em geladeira por 20 minutos antes de servi-la.

SALADA DE ALCACHOFRA RECHEADA

(4 a 6 pessoas)

Molho Ralo para Salada
- 5 colheres de sopa de azeite de oliva extravirgem
- 1/2 xícara de vinagre de vinho tinto
- 1 colher de chá de tempero do tipo *chimichurri*
- 1 colher de sopa de salsa picada
- 2 colheres de chá de sal
- 1/2 colher de chá de pimenta-do-reino moída

Salada
- 4 fundos de alcachofra cozidos
- 2 xícaras de soja cozida e moída
- 1 cebola batidinha
- 2 dentes de alho espremidos
- 3 colheres de sopa de uvas passas claras sem semente
- 1 colher de sobremesa de *missô* do tipo claro
- 1 colher de sopa de salsa fresca picada
- 1 pimentão vermelho cortado em rodelas finas
- folhas de alface-crespa
- batata palha a gosto

Misturar os ingredientes do molho em uma tigela e mexer delicadamente. Reservar.
Em uma tigela colocar a soja cozida e moída e misturar a cebola, o alho, a salsa, a uva passa e o *missô*.
Fazer uma cavidade suave em cada fundo de alcachofra, retirar a polpa e adicionar à soja temperada.
Rechear as alcachofras com a soja.
Forrar uma travessa com as folhas de alface e por cima as rodelas de pimentão. Dispor as alcachofras recheadas e regar com o molho. Servir em seguida.

SALADA DE BATATA COM MAIONESE DE TOFU

(4 a 6 pessoas)

- 1 kg de batatas
- 300 g de *tofu* cremoso
- 2 colheres de sopa de suco de limão coado
- 2 colheres de sopa de glicose de milho
- 1 colher de sopa de *shoyo* claro
- 2 colheres de chá de mostarda de Dijon
- 1 colher de sobremesa de orégano desidratado
- 1/2 copo de maçã descascada e picada
- 3 colheres de sopa de uvas passas sem caroço
- 1/2 copo de cebola roxa picadinha
- 5 colheres de sopa de azeitonas picadas
- 90 ml de azeite de oliva
- 1 colher de chá de sal
- salsa fresca picada

Lavar as batatas com escova e deixar com a casca. Colocá-las em uma panela grande com água e sal. Ferver por 20 minutos, ou até as batatas estarem macias. Escorrer a água e deixar as batatas esfriarem. Cortá-las em cubinhos iguais e colocá-los em uma tigela.
Colocar o *tofu*, o suco de limão, a glicose de milho, o *shoyo* e a mostarda no liquidificador e bater até estar homogêneo. Manter o aparelho ligado e adicionar o óleo em fio.
Colocar a maionese sobre as batatas e misturar delicadamente, juntando a maçã, a cebola e as passas.
Arrumar em uma travessa e enfeitar com a salsa fresca.

SALADA DE BATATA COM MISSÔ

(4 pessoas)

- 1 kg de batatas cortadas em cubinhos
- 150 g de *tofu* cremoso
- 2 colheres de sopa de pasta de *missô* branco
- 1 dente de alho
- 2 colheres de sopa de leite de soja
- 1 colher de sopa de vinagre de arroz
- 1/2 colher de chá de óleo de gergelim
- 2 rodelas fininhas de cebola
- 1 colher de sopa de gergelim tostado
- 1 pitada de sal
- cebolinha verde picada

Colocar as batatas em uma panela com água e uma pitada de sal. Ferver por 25 minutos, em fogo alto, até estarem macias. Escorrer a água e deixar que esfriem. Colocá-las em uma tigela.
Colocar no liquidificador o *tofu*, a pasta de *missô*, o alho esmagado, o leite de soja, o vinagre de arroz e as batatas até estar homogêneo.
Colocar a mistura batida sobre as batatas, adicionar as cebolas e mexer delicadamente.

SALADA DE BETERRABA

(4 a 6 pessoas)

Molho Doce com Iogurte para Salada
- 1 copo de iogurte de soja
- 4 colheres de sopa de molho de mostarda
- 6 colheres de sopa de molho tipo *catchup*
- 1 colher de sobremesa rasa de alho desidratado
- 1 colher de chá de folhas frescas de orégano
- 1 pitada de sal
- 1 pitada de pimenta-do-reino moída na hora

Salada
- 1 copo de salsicha de soja cortada em tiras curtas e finas
- 1/2 xícara de beterraba ralada bem fina
- 1/2 xícara de repolho ralado bem fino
- 1/2 xícara de cenoura ralada bem fina
- 1/2 xícara de chicória cortada em tiras bem finas
- 4 colheres de sopa de cebolinha verde picada

Misturar os ingredientes do molho em uma tigela e mexer até estar um creme homogêneo. Manter em geladeira até o momento de servir.
Misturar todos os ingredientes da salada em uma tigela, adicionar o molho e mexer suavemente. Colocar a salada em potes individuais e servir em seguida.

SALADA DE BRÓCOLIS COM MOLHO DE ABÓBORA

(4 a 6 pessoas)

Molho de Abóbora para Salada
- 2 copos de abóbora de pescoço ralada
- 1/2 copo de maionese de soja
- 1/2 cebola picadinha
- 1 colher de chá de alho desidratado
- 1 colher de café de caldo de vegetais
- 1 colher de chá de sal
- 3 colheres de sopa de vinagre de vinho branco
- 3 colheres de sopa de vinho branco
- 2 colheres de sopa de óleo de girassol

Salada
- 1 pé de brócolis japonês cortado em raminhos iguais
- 1 copo de *tofu* cortado em cubinhos
- 1 copo de abacaxi cortado em cubinhos
- 4 folhas de alface cortadas em tiras finas
- 2 folhas de agrião cortadas em tiras finas
- 1/2 copo de minitomates
- sal a gosto

Colocar a abóbora ralada em uma panela, cobrir com água e cozinhar em fogo brando até estar macia. Retirar a panela do fogo e bater a abóbora no liquidificador juntamente com a água que a cozinhou. Passar o creme obtido por uma peneira.
Misturar o creme de abóbora com os demais ingredientes do molho, mexendo delicadamente até estar um molho homogêneo e manter em geladeira.

Cozinhar os raminhos de brócolis com sal a gosto até estarem macios, porém sem estarem desmanchando. Escorrer a água e reservar.
Misturar em uma tigela as folhas de alface picadas com as de agrião. Juntar os cubinhos de *tofu*, os de abacaxi e os tomatinhos. Arrumar a salada em uma travessa, colocar os ramos de brócolis harmoniosamente.
Cobrir a salada com o molho e servi-la em seguida.

SALADA DE BROTO DE SOJA

(4 a 6 pessoas)

Salada
- 3 copos de brotos de soja
- 1/2 copo de uva rubi sem caroço e picada
- 1 copo de batata palha
- 2 copos de alface finamente cortada
- 4 minicebolas picadas

Molho de Ervas Finas para Salada
- 1/4 de copo de vinagre
- 1 colher de sopa de ervas finas desidratadas
- 5 colheres de sopa de *shoyo*
- 5 colheres de sopa de azeite de oliva
- 1 colher de café de alho fresco esmagado

Misturar os ingredientes da salada delicadamente e arrumar em uma saladeira.
Misturar todos os ingredientes do molho e esperar 10 minutos para então regar a salada e servi-la.

SALADA DE BROTO DE SOJA E COGUMELO

(4 a 6 pessoas)

Molho Prezzemolo para Salada
- 200 g de *tofu* macio picado
- 1/2 xícara de salsa crespa picada
- 1 dente de alho
- 3 colheres de sopa de óleo de canola
- 1 colher de sopa de *missô* do tipo claro diluído em 4 colheres de sopa de água filtrada
- 2 colheres de sopa de azeite de oliva
- 1 colher de vinagre de maçã

Salada
- 1 xícara rasa de broto de soja
- 1 xícara de cogumelo fresco picado
- 2 laranjas descascadas e cortadas em quadradinhos iguais
- 3 colheres de sopa de castanha-do-pará picada
- folhas de alface americana

Colocar o azeite de uma frigideira e fritar, por 10 minutos, a salsa com o alho espremido, em fogo brando.
Retirar do fogo e, assim que estiver morno, colocar no liquidificador, adicionando os demais ingredientes. Bater até ficar cremoso.
Virar o creme em uma tigela e manter em geladeira até o momento de servir.
Untar e aquecer uma chapa própria para grelhar e adicionar as fatias de cogumelo. Dourar dos dois lados.
Forrar uma travessa com folhas de alface. Misturar o broto de soja com os quadradinhos de laranja e arrumar em cima das folhas. Espalhar as castanhas picadas e regar a salada com o molho. Servi-la em seguida.

SALADA DE CENOURA

(4 a 6 pessoas)

Molho de Iogurte e Azeitonas para Salada
- 1 copo de *tofu* picado
- 2 colheres de sopa de molho de mostarda
- 1 colher de sopa de molho tipo *catchup*
- 4 azeitonas chilenas picadas
- 2 colheres de sopa de azeite de oliva extravirgem

Salada
- 2 copos de cenoura fatiada bem fina
- 4 endívias cortadas bem fininhas
- 1 colher de chá de sal

Bater todos os ingredientes do molho no liquidificador até estar um creme homogêneo. Manter em geladeira até o momento de servir.

Cozinhar as rodelas finas de cenoura em água e sal até estarem macias, sem se desmanchar. Escorrer a água, passar em água fria e misturar com a endívia picada. Regar a salada com o molho reservado e servi-la em seguida.

SALADA DE CHUCHU

(4 a 6 pessoas)

Molho de Iogurte e Frutas para Salada
- 2 copos de iogurte de soja
- 1/2 xícara de abacaxi picado
- 4 colheres de sopa de sumo de laranja
- 3 colheres de sopa de vinagre balsâmico
- 2 colheres de sopa de vinho branco seco
- 1/4 de xícara de azeite de oliva extravirgem
- 1 dente de alho bem picadinho
- 1 colher de chá de sal

Salada
- 2 chuchus médios cortados em cubinhos e cozidos em água e sal
- 150 g de *tofu* firme cortado em cubinhos
- 1/2 copo de cenoura crua ralada
- 1/2 copo de beterraba crua ralada
- 1/2 copo de abóbora crua ralada

Bater todos os ingredientes do molho no liquidificador, colocar em uma tigela e reservar em geladeira até o momento de utilizar.
Após cozinhar o chuchu, escorrer a água quente e deixar os cubinhos de *tofu* em uma tigela com água fria por 5 minutos. Escorrer.
Em uma travessa redonda, fazer uma borda com a cenoura ralada, outra com a beterraba e outra com a abóbora.
No centro, dispor os cubos de *tofu* e chuchu.
Regar a salada com o molho preparado e servi-la em seguida.

SALADA DE COUVE-DE-BRUXELAS

(4 a 6 pessoas)

Molho Picante para Salada
- 1 copo de iogurte de soja
- 1 colher de chá de molho de *chilli*
- 2 dentes de alho
- 4 colheres de sopa de azeite de oliva
- 3 colheres de sopa de vinagre balsâmico
- 1 colher de sopa de mostarda de Dijon
- 1 colher de sopa de folhas picadinhas de tomilho fresco
- 1 colher de chá de sal

Salada
- 2 copos de couve-de-bruxelas fresca cozida em água e sal
- 3 copos de *radicchio* cortado bem fininho
- 1 copo de broto de soja
- 2 tomates maduros tamanho médio cortados em tiras

Colocar o iogurte de soja em uma tigela e adicionar os demais ingredientes. Mexer delicadamente até estar um molho bem homogêneo.
Manter em geladeira até o momento de servir.
Após cozinhar a couve-de-bruxelas, escorrer a água e mergulhar em água fria.
Espalhar sobre uma travessa o *radicchio* finamente cortado. Dispor a couve-de-bruxelas cozida no centro e em volta o broto de soja.
Enfeitar a salada com as tiras de tomate e cobri-la com o molho preparado.
Servir em seguida.

SALADA DE COUVE-FLOR

(4 a 6 pessoas)

Molho de Alcaparra para Salada
- 1 xícara de maionese de soja
- 1 colher de sopa de alcaparras
- 2 dentes de alho
- 1 colher de sopa de cebola desidratada
- 3 colheres de sopa de azeite de oliva
- 3 colheres de sopa de vinagre balsâmico

Salada
- 1 pé médio de couve-flor, cortado em raminhos
- 1/2 xícara de soja cozida
- 1 aipo cortado em rodelas
- 1 cebola roxa cortada em fatias bem finas
- 1 colher de sobremesa de sementes de papoula
- sal a gosto

Bater a maionese de soja com os demais ingredientes até estar um molho homogêneo. Não adicionar sal, pois as alcaparras são bem salgadas.
Deixar o molho na geladeira até o momento de servir.
Cozinhar os raminhos de couve-flor com sal a gosto até estarem macios, porém firmes. Escorrer a água quente e em seguida colocar os raminhos numa tigela cheia de água fria, por 5 minutos. Escorrer a água, arrumar os raminhos de couve-flor em uma travessa, espalhar a soja, as rodelas de aipo e cebola.
Regar a salada com o molho preparado e salpicar as sementes de papoula por cima. Servir em seguida.

SALADA DE FEIJÃO-BRANCO

(4 a 6 pessoas)

- 450 g de feijão-branco cozido
- 400 g de *tofu* firme cortado em cubos
- 4 cebolinhas picadas
- 8 rabanetes picados
- 1/2 xícara de salsão picado
- 1 colher de sopa de *missô* diluído em 4 colheres de sopa de água filtrada

Molho de Tofu e Mostarda para Salada
- 200 g de *tofu* macio
- 1/4 de xícara de suco de limão coado
- 1 colher de chá de açúcar mascavo
- 1 colher de chá de sal
- 1 cebola bem picada
- 1/2 colher de chá de mostarda em pó

Bater os ingredientes do molho no liquidificador e reservar em geladeira.
Deixar os cubos de *tofu* de molho no *missô* diluído por meia hora. Misturar cuidadosamente todos os ingredientes, adicionando por último o *tofu*.
Dispor em uma saladeira e cobrir com o molho de mostarda.

SALADA DE MACARRÃO

(4 a 6 pessoas)

Molho Chinês para Salada
- 2 copos de iogurte de soja
- 1 colher de chá de casca de limão ralada
- 4 colheres de sopa de suco de laranja
- 2 colheres de sopa de sumo de limão
- 5 colheres de sopa de azeite de oliva extravirgem
- 1 colher de chá de alho desidratado
- 1 colher de chá de pimenta-do-reino verde
- 1 colher de chá de sal

Salada
- 1 copo de macarrão em formato de arroz
- 1/2 xícara de rabanete ralado em tiras grandes
- 1 pimentão amarelo cortado em fatias finíssimas
- 1 cebola roxa fatiada bem fina
- 1 copo de laranja cortada em cubos

Bater no liquidificador todos os ingredientes do molho até estar um creme homogêneo. Manter em geladeira até o momento de servir.
Cozinhar o macarrão pelo tempo que a embalagem recomenda. Escorrer e misturar com os ingredientes restantes. Regar a salada com o molho reservado e servi-la em seguida.

SALADA DE MACARRÃO E VEGETAIS

(6 pessoas)

Molho Chinês para Salada
- 100 g de *tofu* macio
- 3 colheres de sopa de vinagre balsâmico
- 1/4 de xícara de azeite de oliva extravirgem
- 1 dente de alho bem picadinho
- 1 colher de sopa de salsa picada
- 1 colher de chá de sal
- 1/2 colher de chá de pimenta-do-reino moída na hora

Salada
- 1 e 1/2 xícara de macarrão cru
- 1 e 1/2 xícara de pontas de aspargo (reservar as partes fibrosas para sopas)
- 2 xícaras de tomatinhos cortados ao meio
- 1/2 xícara de pimentões vermelhos cortados em tiras e grelhado
- 6 folhas frescas de manjericão rasgadas
- 4 colheres de sopa de cebolinha verde picada
- 2 colheres de sopa de azeitonas chilenas picadas
- 100 g de *tofu* extrafirme ou firme, cortado em tiras
- 1 colher de sopa de *missô* diluído em 5 colheres de sopa de água
- 4 colheres de sopa de pinhão cozido e picado
- 1 colher de chá de óleo de soja

Colocar em uma panela grande com água o macarrão e cozinhar seguindo as instruções de tempo da embalagem. Escorrer a água e virar a massa em uma saladeira, juntamente com os aspargos.
Aquecer uma frigideira com 1 colher de chá de óleo de soja. Adicionar o pimentão e grelhar até começar a dourar.
Colocar o *tofu* em uma tigela e cobri-lo com o *missô* diluído e deixar por 20 minutos.
Colocar sobre a massa e os aspargos, o pimentão, o *tofu*, a cebola, o manjericão, os tomates e o pinhão picado.
Misturar o *tofu*, o vinagre e o azeite. Adicionar o alho, a salsa e a pimenta. Cobrir e deixar em geladeira até a hora de servir.

SALADA DE PALMITO

(4 a 6 pessoas)

Molho de Tofu e Ervas Finas para Salada
- 100 g de *tofu* macio
- 5 colheres de sopa de vinagre balsâmico
- 7 colheres de sopa de azeite de oliva extravirgem
- 3 colheres de sopa de cebola picada
- 1 colher de chá de ervas finas desidratadas
- 1 colher de sopa de coentro picado
- 1 colher de chá de sal

Salada
- 2 copos de palmito cortado em rodelas
- 4 colheres de sopa de alho-poró cortado em rodelas
- 150 g de *tofu* cortado em cubinhos

Bater o *tofu* no liquidificador com o vinagre e o azeite. Colocar o creme obtido em uma tigela e adicionar os demais ingredientes do molho. Mexer delicadamente até estar um creme homogêneo. Manter em geladeira até o momento de servir.
Em uma travessa dispor as rodelas de palmito e os cubos de *tofu*. Espalhar por cima o alho-poró. Regar a salada com o molho preparado e servi-la em seguida.

SALADA DE SOJA

(4 a 6 pessoas)

Molho de Iogurte e Ervas Frescas para Salada
- 2 xícaras de iogurte de soja
- 2 colheres de salsa fresca picada
- 1 colher de sobremesa de folhas frescas de tomilho picadas
- 2 colheres de sopa de vinagre balsâmico
- 3 colheres de sopa de azeite de oliva extravirgem
- 2 dentes de alho esmagados
- 1 colher de chá de sal

Salada
- 2 copos de soja cozida
- 2 tomates maduros picados
- 1 cebola roxa picada
- 1 colher de chá de sal
- 1 copo de uvas roxas inteiras
- 6 folhas de alface inteiras

Misturar os ingredientes do molho em uma tigela e mexer até estar um creme homogêneo. Manter em geladeira até o momento de servir.
Passar a soja cozida por um moedor. Em seguida colocá-la em uma tigela e misturar o tomate picado, a cebola e o sal, mexendo bem.
Dispor em uma travessa as folhas de alface, a soja temperada e em volta as uvas inteiras. Regar a salada com o molho já preparado e servi-la em seguida.

SALADA DE SOJA FRESCA

(4 a 6 pessoas)

- 1 copo de grãos de soja cozidos
- 1 cenoura média ralada bem fina
- 1/4 de repolho ralado bem fino
- 1/2 copo de manga descascada e picada
- folhas frescas de alface
- 6 folhas frescas de espinafre

Molho com Mostarda para Salada

- 1/4 de copo de vinagre de maçã
- 1 colher de sobremesa de orégano desidratado
- 6 colheres de sopa de azeite de oliva
- 1/2 colher de sobremesa de sal
- 1 colher de sopa de molho de mostarda

Misturar os ingredientes da salada delicadamente e arrume em uma saladeira.
Misturar todos os ingredientes do molho em uma tigela e esperar 10 minutos para então regar a salada e servi-la.

SALADA DE TOFU COM MOLHO CHINÊS

(4 a 6 pessoas)

Molho Chinês para Salada

- 100 g de *tofu* macio
- 3 colheres de sopa de vinagre balsâmico
- 1/4 de xícara de azeite de oliva extravirgem
- 1 dente de alho bem picadinho
- 1 colher de sopa de salsa picada
- 1 colher de chá de sal
- 1/2 colher de chá de pimenta-do-reino moída na hora

Salada

- 24 pontas de aspargos grandes frescos (utilizar as partes fibrosas para sopas)
- 1 pimentão amarelo cortado em fatias finíssimas
- 2 tomates maduros tamanho médio, fatiados
- 1 cebola roxa fatiada bem fina
- 150 g de *tofu* extrafirme ou firme, cortado em cubinhos

Cortar o *tofu* em cubinhos e arrumá-los em uma tigela. Levar ao *freezer*, deixando por no mínimo 3 horas (o ideal seria 12 horas).
Descongelar o *tofu* sobre papel absorvente.
Aquecer uma panela com água pela metade, e quando estiver fervendo junte delicadamente os aspargos. Abaixar o fogo e deixar por 10 minutos, ou até estarem macios. Retirar do fogo e escorrer.
Dispor os aspargos no centro de um prato oval, harmoniosamente arrumar os tomates e os pimentões em volta dos aspargos. Colocar por cima a cebola e o *tofu*.
Misturar o *tofu*, o vinagre e o azeite. Adicionar o alho, a salsa e a pimenta. Cobrir e deixar em geladeira até a hora de servir.

SALADA DE TOMATE RECHEADO

(4 a 6 pessoas)

- 4 tomates grandes e maduros, porém firmes
- 1 pé de alface-americana
- 1 copo de minimilho em conserva

Recheio para Tomate
- 1 copo de *tofu* amassado com um garfo
- 1 colher de sobremesa de alho desidratado
- 1/2 copo de salsa fresca picada bem miúda
- 4 colheres de sopa de azeitonas picadas
- 2 colheres de sopa de *missô* diluído em água
- 4 colheres de sopa de castanha de caju picada
- 3 minicebolas cruas bem picadinhas

Molho com Hortelã e Pimenta para Salada
- 1/4 de copo de vinho branco seco
- 1 colher de sopa de hortelã fresca picada
- 5 colheres de sopa de azeite de oliva
- 1/2 colher de sobremesa de sal
- 3 colheres de sopa de vinagre de maçã
- 1 colher de café de pimenta-do-reino moída na hora

Encha uma panela com água e levar ao fogo alto. Assim que estiver fervendo mergulhe os tomates e deixar que fervam por 4 minutos. Retirá-los e mergulhar em água fria.
Cortar-lhes a tampa e, com muito cuidado, retirar as sementes (polpa).
Misturar os ingredientes do recheio e colocar dentro dos tomates. Arrumar em uma saladeira as folhas de alface, os tomates recheados e os minimilhos.
Misturar todos os ingredientes do molho em uma tigelinha e esperar 10 minutos para então regar a salada e servi-la.

SALADA DE VAGEM TORTA

(4 a 6 pessoas)

Molho Doce de Tomate para Salada
- 10 tomates grandes, maduros
- 2 colheres de sopa de açúcar
- 3 folhas de manjericão fresco
- 1/2 colher de sobremesa de sal
- 3 colheres de sopa de vinagre
- 3 colheres de sopa de vinho branco

Salada
- 1 prato raso de vagem torta fresca
- 150 g de *tofu* extrafirme ou firme, cortado em fatias finas
- folhas frescas de manjericão
- 1 cebola fatiada bem fina

Lavar os tomates, colocá-los em uma panela com sal e açúcar e deixar em fogo alto por 15 minutos, sem adicionar água.
Retirar a panela do fogo, bater os tomates cozidos (juntamente com a água formada na panela) com os demais e em seguida peneirar.
Conservar em geladeira até o momento de servir.
Após cozinhar as vagens, escorrer a água e mergulhá-las em água fria.
Arrumar em uma travessa as rodelas de tomate. Em cima de cada uma dispor uma fatia de *tofu*. Ao centro arrumar as vagens e por cima de toda a salada espalhar as folhas de manjericão e a cebola fatiada.
Cobrir a salada com o molho a gosto e servi-la em seguida.

SALADA RÁPIDA DE ENDÍVIA

(4 a 6 pessoas)

Salada
- 5 endívias
- 2 copos de broto de soja
- 1/2 copo de amêndoa laminada

Molho de Acerola para Salada
- 1 xícara de acerolas frescas
- 1/2 cebola fatiada bem fina
- 2 colheres de sopa de vinagre balsâmico
- 1 colher de sobremesa de óleo de gergelim
- 1 colher de sobremesa de azeite de oliva extravirgem
- 1 dente de alho bem picadinho
- 1 colher de chá de sal

Colocar as acerolas em um pano limpo e espremer, recolhendo o suco extraído. Reservar.
Em um pilão espremer a cebola e o alho, adicionando o óleo de gergelim e o vinagre.
Juntar todos os ingredientes do molho em uma tigela, acrescentando o sumo de acerola e o alho e cebola espremidos. Manter o molho em geladeira até o momento de servir.
Rasgar as endívias, com as mãos limpas, em pedaços médios. Arrumar em uma travessa. Espalhar os brotos de soja e por cima as amêndoas laminadas.
Regar a salada com o molho e servi-la em seguida.

SALADINHA DE PEPINO

(4 a 6 pessoas)

Molho Salgado para Salada
- 5 colheres de sopa de *shoyo*
- 1 colher de sobremesa de azeite de oliva
- 1 colher de chá de sementes de mostarda
- 3 colheres de sopa de vinagre balsâmico
- 1 colher de sopa de folhas frescas de hortelã cortadas em tiras finas

Salada
- 4 pepinos japoneses cortados em tiras finas
- 2 xícaras de *tofu* cortado em cubo
- 1 xícara de morangoscortados em tiras finas

Misturar os ingredientes do molho em uma tigela e deixar em repouso por 20 minutos antes de utilizá-lo.
Colocar as rodelas de pepino e os quadrados de *tofu* em uma tigela e regar com o molho. Deixar em repouso por 20 minutos, adicionar as fatias de morango e servir em seguida.

TABULE

(4 a 6 pessoas)

- 150 g de folhas de salsa
- 1 copo de soja torrada e picada
- 2 colheres de sopa de hortelã fresca picadinha
- 1 cebola roxa pequena picadinha
- 3 tomates, sem sementes, cortados em cubinhos
- 400 g de grão-de-bico cozidos em panela de pressão por 40 minutos e escorridos
- 3 colheres de sopa de sumo de limão coado
- 2 colheres de sopa de azeite de oliva extravirgem
- sal a gosto
- pão sírio para acompanhar

Picar a salsa em tamanho não muito pequeno.
Colocar a soja torrada e picada de molho em 1/2 copo de água fervente, por 3 minutos, ou até que toda a água tenha sido absorvida.
Adicionar a salsa, a hortelã, a cebola, o tomate e o grão-de-bico. Regar com o limão, o azeite de oliva e sal a gosto. Servir com pão sírio.

TABULE DE ALFACE COM MOLHO VINHO E MANJERICÃO

(6 a 8 pessoas)

- 1 xícara de trigo para quibe
- 1/2 xícara de *tofu* firme picado
- 2 colheres de grãos de soja cozidos e triturados
- 2 copos de alface finamente cortada
- 2 colheres de sopa de hortelã fresca picadinha
- 1 cebola picadinha

Molho para Tabule com Vinho e Manjericão

- 1 colher de sopa de vinagre
- 2 colheres de sopa de vinho branco seco
- 1 dente de alho espremido
- 4 colheres de sopa de folhas de manjericão finamente picadas
- 4 colheres de sopa de azeite de oliva extravirgem
- 1 colher de chá de sal
- 1 colher de chá de pimenta-do-reino moída na hora

Colocar em uma tigela todos os ingredientes do molho, cobrir e deixar na geladeira por 2 horas.
Colocar o trigo para quibe de molho em água por uma noite.
Escorrer a água e espremer com as mãos para retirar o máximo de água possível. Colocar em uma tigela, misturar os ingredientes delicadamente.
Adicionar o molho preparado e deixar na geladeira por 2 horas antes de servir.

TABULE DE BROTO DE SOJA E RÚCULA AO MOLHO DOCE

(6 a 8 pessoas)

- 1 xícara de broto de soja cozido
- 2 copos de rúcula sem os talos cortada em tiras finas
- 1/2 xícara de trigo para quibe
- 1 pimentão amarelo cortado em tiras pequenas e finas
- 1 salsão cortado em tiras pequenas e finas
- 1/2 xícara de cebolinha verde picada
- 1/2 xícara de salsa fresca picada
- 4 colheres de sopa de hortelã fresca picadinha
- 5 colheres de sopa de castanha-do-pará picada

Molho Doce para Tabule

- 4 colheres de sopa de vinagre de arroz
- 4 colheres de sopa de azeite de oliva extravirgem
- 1 colher de sopa de óleo de gergelim
- 1 colher de sopa de xarope de *maple*
- 1 colher de chá de alho desidratado
- 1 colher de sobremesa de ervas finas desidratadas
- 1 colher de chá de sal

Colocar em uma tigela todos os ingredientes do molho, cobrir e deixar na geladeira por 2 horas.
Colocar o trigo para quibe de molho em água por uma noite.
Escorrer a água e espremer com as mãos para retirar o máximo de água possível. Colocar em uma tigela, misturar os ingredientes delicadamente.
Adicionar o molho preparado e deixar na geladeira por 2 horas antes de servir.

TABULE DE CHICÓRIA, OKARA E CENOURA

(4 a 6 pessoas)

- 1 xícara de trigo para quibe
- 1 xícara de *okara*
- 2 copos de chicória finamente cortada
- 1 xícara de cenoura crua ralada
- 1/2 xícara de cebola picada
- 4 colheres de sopa de nozes picadas
- 3 colheres de sopa de hortelã fresca picadinha

Molho para Tabule com Pimenta-da-jamaica

- 5 colheres de sopa de sumo de limão coado
- 5 colheres de sopa de azeite de oliva extravirgem
- 3 colheres de sopa de caldo de laranja
- 3 colheres de sopa de *shoyo* escuro
- 1 colher de sobremesa de cebola desidratada
- 1 colher de café de pimenta-da-jamaica

Colocar em uma tigela todos os ingredientes do molho, cobrir e deixar na geladeira por 2 horas.

Colocar o trigo para quibe de molho em água por uma noite.
Escorrer a água e espremer com as mãos para retirar o máximo de água possível. Colocar em uma tigela, misturar os ingredientes delicadamente.
Adicionar o molho preparado e deixar na geladeira por 2 horas antes de servir.

TABULE DE PEPINO E MOLHO DE ROMÃ

(6 a 8 pessoas)

- 1 xícara de trigo para quibe
- 1 xícara de soja cozida e triturada
- 1 xícara de pepino japonês picadinho
- 6 minicebolas picadinhas
- 3 colheres de sopa de hortelã fresca picadinha
- 3 colheres de sopa de coentro fresco picadinho
- 1 colher de sopa de gergelim torrado

Molho para Tabule com Xarope de Romã
- 5 colheres de sopa de vinagre de maçã
- 1 maçã pequena descascada e ralada
- 1/2 colher de café de xarope de romã
- 6 colheres de sopa de azeite de oliva extravirgem
- 1 colher de chá de alho desidratado
- 1 colher de sobremesa de *zattar*
- 1 colher de chá de sal

Colocar em uma tigela todos os ingredientes do molho, cobrir e deixar na geladeira por 2 horas.
Colocar o trigo para quibe de molho em água por uma noite.
Escorrer a água e espremer com as mãos para retirar o máximo de água possível. Colocar em uma tigela, misturar os ingredientes delicadamente.
Adicionar o molho preparado e deixar na geladeira por 2 horas antes de servir.

TABULE DE TOFU, REPOLHO E NABO

(4 a 6 pessoas)

- 1 xícara de *tofu* picadinho
- 1 xícara de repolho roxo ralado
- 1/2 xícara de trigo para quibe
- 1/2 xícara de nabo ralado
- 1 colher de sobremesa de semente de girassol descascada e torrada
- 5 colheres de sopa de hortelã fresca picadinha

Molho para Tabule
- 5 colheres de sopa de sumo de limão coado
- 6 colheres de sopa de azeite de oliva extravirgem
- 1 cebola ralada
- 1 colher de sopa de salsa fresca picada
- 1 colher de chá de sal

Colocar em uma tigela todos os ingredientes do molho, cobrir e deixar na geladeira por 2 horas.
Colocar o trigo para quibe de molho em água por uma noite.
Escorrer a água e espremer com as mãos para retirar o máximo de água possível. Colocar em uma tigela, misturar os ingredientes delicadamente.
Adicionar o molho preparado e deixar na geladeira por 2 horas antes de servir.

TÂMARA COM BATATA

(4 pessoas)

- 400 g de batatas descascadas, cortadas em quatro e cozidas
- 400 g de tâmaras sem caroço cortadas ao meio
- 1 xícara de salsão cortado em tiras
- 1/4 de xícara de grãos de soja cozidos
- 1 cebola cortada em tiras finas
- 2 rodelas grandes de abacaxi pérola cortadas em tiras finas
- 1 pé de alface
- 1 pitada de sal

Molho de Tahine com Passas para Salada
- 1 xícara de *tahine*

- 1 xícara de *tofu* firme amassado com garfo
- 1/2 xícara de cenoura ralada bem fina
- 1 colher de sopa de sumo de limão
- 2 colheres de uvas passas sem sementes
- 1 pitada de sal
- 1 colher de chá de pimenta-do-reino moída

Para a preparação do molho, misturar delicadamente todos os ingredientes em uma vasilha, até ficar homogêneo. Manter em geladeira até o momento de servir.
Em uma saladeira, colocar as batatas já frias, o salsão, a soja, a cebola, o sal e o abacaxi e misturar suavemente. Regar com o molho, enfeitar com as tâmaras e as folhas de alface e servir em seguida.

TIRAS DE COGUMELO SHIIMEJI COM BROTOS DE SOJA
(6 a 8 pessoas)

- 800 g de cogumelos *shiimeji* lavados, aferventados e cortados em tiras
- 1 xícara de broto de soja
- 1 pimentão verde cortado em tiras finas
- 1 pimentão amarelo cortado em tiras finas
- 1 pimentão vermelho cortado em tiras finas
- 1 xícara de salsão cortado em tiras finas
- 10 aspargos frescos, cozidos
- 8 cerejas em calda (sem a calda)
- 16 azeitonas pretas sem caroço
- 2 colheres de sopa de *shoyo* sabor *champignon*
- 1 pitada de sal

Molho Francês para Salada

- 6 colheres de sopa de azeite de oliva
- 2 colheres de sopa de vinagre
- 1 colher de sopa de iogurte de soja
- 2 colheres de chá de mostarda de Dijon
- 1 colher de chá de açúcar mascavo
- 1 colher de chá de sal
- 1 colher de chá de pimenta-do-reino moída na hora

Colocar em uma tigela todos os ingredientes do molho, cobrir e deixar na geladeira por 2 horas.
Em uma tigela colocar os cogumelos de molho no *shoyo* por 30 minutos.
Em uma saladeira colocar os pimentões, o salsão, os brotos de soja, os aspargos e os cogumelos.
Espalhar por cima as azeitonas e as cerejas.

SOPAS

CREME DE ABOBRINHA

(4 a 6 pessoas)

- 5 copos de abobrinha picada
- 4 colheres de sopa de margarina
- 1/2 xícara de coentro fresco picado
- 4 colheres de sopa de alho espremido
- 1 cebola cortada em rodelas
- 2 colheres de sopa de azeitona verde picada
- 2 tomates descascados e sem sementes cortados em tiras
- 4 xícaras de leite de soja fervente
- 4 xícaras de água fervente
- 2 colheres de sobremesa de caldo de vegetais em pó
- 1 colher de chá de açafrão
- 1 colher de sobremesa rasa de sal
- 3 colheres de sopa de farinha de trigo

Croûton com Ervas Finas e Gergelim para Acompanhar Sopa

- 4 fatias de pão de fôrma
- 4 colheres de sopa de margarina amolecida
- 1 colher de sopa de gergelim cru
- 1 colher de chá de ervas finas desidratadas
- 1 pitada de páprica picante em pó
- 1 pitada de sal

Em uma panela larga, derreter a margarina, dourar a cebola, o alho, adicionar o coentro, a azeitona, a abobrinha, o sal e o açafrão. Mexer com colher de pau e refogar por 10 minutos, ou até a abobrinha estar macia.
Reservar 1 concha rasa da abobrinha refogada e juntar a farinha de trigo. Manter o fogo baixo, sempre mexendo com colher de pau. Quando começar a dourar a farinha, adicionar o leite fervente aos poucos até obter uma mistura cremosa. Bater tudo no liquidificador e voltar à panela. Adicionar a água, o caldo de vegetais, a abobrinha reservada e o tomate.
Manter o fogo baixo e cozinhar por 25 minutos. Servir quente.
Misturar a margarina amolecida com os demais ingredientes e mexer até estar homogêneo.
Passar a margarina temperada nas duas faces das fatias de pão, cortá-las em quadradinhos e em seguida colocar em uma frigideira aquecida. Manter o fogo baixo por 10 minutos, deixando dourar dos dois lados.
Servir os *croûtons* acompanhando sopas.

CREME DE ALCACHOFRA

(6 a 8 pessoas)

- 500 g de fundo de alcachofra picado
- 1 cebola cortada em rodelas finas
- 3 colheres de sobremesa de caldo de vegetais em pó
- 4 colheres de sopa de margarina
- 1/2 xícara de *tofu* macio
- 3 colheres de sopa de salsa fresca picada
- 1 colher de sobremesa rasa de sal
- 2 colheres de sopa de farinha de trigo
- 3 colheres de sopa de nozes picadas
- pimenta-do-reino a gosto
- leite de soja fervente

Bolinho de Grão-de-bico para Acompanhar Sopa

- 1 xícara de grão-de-bico cozido e amassado com um garfo
- 3 colheres de sopa cheias de farinha de trigo
- 1 colher de sobremesa de fermento químico em pó
- 1 colher de sobremesa de *missô*
- 1 colher de sopa de salsa picada
- 1 colher de sopa de cebola picadinha
- 1 colher de chá de sementes de papoula
- óleo para fritar

Em uma panela larga, derreter a margarina, dourar a cebola e adicionar a farinha de trigo e o sal. Manter o fogo baixo, sempre mexendo com colher de pau. Quando começar a dourar a farinha, adicionar o leite fervente aos poucos até ficar uma mistura cremosa. Bater no liquidificador.
Voltar o creme ao fogo, adicionar a água e o caldo de vegetais, a alcachofra, a salsa, a noz picada e a pimenta-do-reino.
Manter o fogo baixo por 15 minutos e servir a sopa em seguida.
Misturar em uma tigela o grão-de-bico amassado com os demais ingredientes, deixando para o fim o fermento.

Aquecer óleo em uma frigideira larga e fritar às colheradas a massa, formando os bolinhos.
Retirar com escumadeira quando estiverem dourados e escorrê-los em papel absorvente.
Servi-los quentes, acompanhando sopas.

CREME DE ALHO-PORÓ E SALSA

(6 a 8 pessoas)

- 1/2 xícara de alho-poró picadinho
- 5 colheres de sopa de salsa fresca picada
- 1 cebola cortada em rodelas finas
- 3 colheres de sopa de margarina
- 3 colheres de sopa rasas de farinha de trigo
- 3 copos de água fervente
- 3 colheres de sopa de caldo de vegetais em pó
- 1/2 xícara de *tofu* cremoso
- 1/2 xícara de leite de soja quente
- 1 colher de sobremesa rasa de sal

Croûton Adocicado para Acompanhar Sopa

- 3 colheres de sopa de farinha de trigo
- 2 colheres de sopa de água
- 1 colher de sopa de *shoyo*
- 1 colher de chá de açúcar mascavo
- 1 colher de sopa de óleo
- 1 colher de sobremesa de fermento químico em pó

Derreter a margarina e fritar a cebola e o alho-poró. Adicionar a salsa picada e a farinha de trigo e manter por 5 minutos em fogo alto, sempre mexendo com colher de pau.
Colocar a água, o caldo de vegetais e o leite de soja e assim que levantar fervura deixar em fogo baixo por 20 minutos. Colocar o *tofu* cremoso, mexer por 5 minutos e servir a sopa.
Misturar os ingredientes em uma tigela, deixando para o fim o fermento. Trabalhar a massa com as mãos por 5 minutos, abri-la com um rolo de madeira e cortar em quadradinhos.
Assar em forno quente por 15 minutos e servir os *croûtons* junto com a sopa quente.

CREME DE ASPARGOS SIMPLES

(6 a 8 pessoas)

- 1 xícara de leite de soja
- 1 xícara de *tofu* macio
- 1 colher de sopa rasa de caldo de vegetais em pó
- 3 colheres de sopa de farinha de trigo
- 1 vidro de aspargos em conserva

Croûton de Cebola para Acompanhar Sopa

- 2 pães tipo de *hot-dog*, cortados em fatias finas
- 3 colheres de sopa de margarina
- 1 pitada de sal
- 1 colher de sopa de cebola desidratada

Bater no liquidificador o leite de soja com o *tofu*, o caldo de vegetais e a farinha de trigo, até a mistura ficar homogênea.
Levar o creme ao fogo alto até iniciar a fervura. Diminuir o fogo e mexer constantemente com colher de pau.
Quando a sopa estiver cremosa, adicionar os aspargos picados e ferver por mais 5 minutos. Retirar do fogo e deixar em repouso por 1 hora.
Aquecer antes de servir.
Derreter a margarina, fritar por 1 minuto a cebola desidratada e adicionar as rodelas de pão de modo a não ficarem superpostas. Deixar dourar dos dois lados, retirar do fogo e servir acompanhando sopas.

CREME DE BETERRABA

(6 a 8 pessoas)

- 4 beterrabas lavadas com escovinha
- 2 xícaras de feijão de soja cozido
- 1 batata bem grande ou 2 médias
- 2 colheres de sopa de caldo de vegetais em pó
- 1 e 1/2 litro de água fervendo
- 1 colher de sobremesa de sal
- 4 colheres de sopa de margarina
- 2 cebolas roxas picadinhas
- 1 colher de sopa de alho fresco esmagado

- 4 colheres de sopa de salsa fresca picada
- 4 colheres de sopa de *shoyo*
- 1 copo de leite de soja

Croûton Simples para Acompanhar Sopa

- 3 fatias de pão de fôrma
- 2 colheres de sopa de margarina
- 2 colheres de sopa de folhas frescas de manjericão
- 2 pitadas de sal

Cozinhar 3 beterrabas lavadas, sem descascá-las, juntamente com a batata.

Descascar e picar a beterraba crua reservada, e levá-la ao liquidificador juntamente com as beterrabas sem as cascas e as batatas cozidas. Usar a água do cozimento até cobrir.

Separadamente bater os feijões de soja cozidos com água fervente e peneirar.

Refogar na margarina os temperos e quando estiverem dourados adicionar o caldo de legumes e o de soja, o caldo de vegetais em pó, o *shoyo*, o restante da água e o copo de leite de soja.

Manter o fogo brando, com a panela semitampada, mexendo de vez em quando, por aproximadamente 35 minutos. Servir a sopa bem quente.

Cortar as fatias de pão em cubinhos.

Derreter a margarina em uma frigideira larga. Fritar as folhas de manjericão por 5 minutos e adicionar os cubos de pão e o sal. Dourar dos dois lados e servir quente, acompanhando a sopa.

CREME DE BETERRABA COM VINHO

(6 a 8 pessoas)

- 400 g de beterraba cozida, sem pele e picada
- 1 cebola cortada em pedaços pequenos
- 3 xícaras de água quente
- 2 colheres de sobremesa cheias de caldo de vegetais
- 1/4 de xícara de vinho branco seco
- 5 colheres de sopa de *tofu* cremoso
- 1/2 colher de sobremesa rasa de sal
- 1 colher de sopa cheia de farinha de trigo
- 4 colheres de sopa de margarina
- leite de soja fervente
- pimenta-do-reino moída na hora a gosto
- 2 colheres de sopa de salsa fresca picada

Cogumelos para Acompanhar Sopa

- 4 copos de cogumelo-paris cortado em cubinhos
- 1 colher de sopa de alho desidratado
- 1 colher de sobremesa de salsa desidratada
- 1 colher de sopa de azeite de oliva
- 2 colheres de sopa de *shoyo*

Em uma panela larga, derreter a margarina, dourar a cebola e adicionar a farinha de trigo e o sal. Manter o fogo baixo, sempre mexendo com colher de pau, e quando começar a dourar a farinha, adicionar o leite fervente, aos poucos, até obter uma mistura cremosa. Bater no liquidificador e voltar à panela. Acrescentar a água quente, o caldo de vegetais, a beterraba e o vinho. Cozinhar por 20 minutos, ou até a beterraba estar macia.

Aquecer uma chapa própria para grelhar e dourar os cogumelos por igual. Servi-los quentes, acompanhando elegantemente as sopas cremosas. Apresente-os em pequenas porções individuais que poderão ser consumidas com pão ou torradas, ou colocados, aos poucos, sobre a sopa.

CREME DE BRÓCOLIS

(6 a 8 pessoas)

- 4 copos de brócolis picado
- 3 colheres de sopa de margarina
- 1 xícara de alho-poró picado
- 3 colheres de sopa de salsa fresca picada
- 3 xícaras de leite de soja fervente
- 3 xícaras de água fervente
- 2 colheres de sobremesa de caldo de vegetais em pó
- 2 colheres de sopa de farinha de trigo branca
- 1 colher de sobremesa rasa de sal

Croûton com Orégano e Chimichurri para Acompanhar Sopa

- 3 fatias de pão de fôrma
- 3 colheres de sopa rasas de margarina amolecida
- 1 colher de chá de orégano
- 1 colher de chá de *chimichurri*
- 1 pitada de sal

Em uma panela larga, derreter a margarina, dourar o alho-poró e adicionar o brócolis, a salsa e o sal. Assim que o brócolis estiver macio, reservar 1 concha rasa de brócolis refogado e juntar a farinha de trigo. Manter o fogo baixo, sempre mexendo com colher de pau. Quando começar a dourar a farinha, adicionar o leite fervente aos poucos até obter uma mistura cremosa. Bater tudo no liquidificador, adicionar a água e o caldo de vegetais e levar à panela, colocando o brócolis reservado. Manter o fogo baixo e cozinhar por 20 minutos.
Misturar a margarina amolecida com os demais ingredientes e mexer até estar homogêneo.
Passar a margarina temperada nas duas faces das fatias de pão, cortá-las em quadradinhos e em seguida colocar em uma frigideira aquecida. Manter o fogo baixo por 10 minutos, deixando dourar dos dois lados.
Servir os *croûtons* acompanhando sopas.

CREME DE CARÁ

(6 a 8 pessoas)

- 3 copos de cará cozido e picado
- 4 colheres de sopa de margarina
- 1 cebola cortada em pedaços pequenos
- 2 colheres de sopa de farinha de trigo
- leite de soja fervente
- 1 colher de sopa rasa de caldo de vegetais em pó
- 2 colheres de sopa de salsa fresca picada
- 1 xícara de tomate descascado, sem sementes e picado
- 1 colher de sobremesa rasa de sal

Croûton de Cardamomo para Acompanhar Sopa

- 4 fatias de pão de fôrma
- 5 colheres de sopa de margarina amolecida
- 2 colheres de sopa de salsa desidratada
- 1 colher de café de sementes de cardamomo
- 1 colher de sopa de alho espremido

Em uma panela larga, derreter a margarina, dourar a cebola e adicionar a farinha de trigo e o sal. Manter o fogo baixo, sempre mexendo com colher de pau. Quando começar a dourar a farinha, adicionar o leite fervente aos poucos até obter uma mistura cremosa.
Bater no liquidificador 1 xícara do creme obtido com 1 xícara de cará cozido, o caldo de vegetais e voltar à panela, adicionando a outra xícara de cará, a salsa e o tomate.
Manter o fogo baixo por 15 minutos e servir a sopa em seguida.
Misturar em uma tigela os temperos com a margarina, mexendo até estar homogêneo. Passar sobre as fatias de pão (de ambos os lados) e em seguida colocar em frigideira quente. Manter o fogo baixo ao virar dourar dos dois lados. Retirar da frigideira, cortar em quadradinhos e servir imediatamente, acompanhando a sopa.

CREME DE CASTANHA

(4 a 6 pessoas)

- 1 xícara de castanha portuguesa cozida e picada
- 1/2 xícara de cenoura crua picada
- 2 colheres de sopa de pimentão verde picado
- 350 g de pasta de castanha
- 4 minicebolas picadinhas
- 2 colheres de sopa de purê de tomate
- 1 colher de chá de *shoyo* escuro
- 2 xícaras de água fervente
- 1 colher de sopa rasa de caldo de vegetais em pó
- 250 g de tomate pelado em lata
- 4 colheres de sopa de salsa picada
- 1 colher de chá de sal
- 2 colheres de sopa de *tofu* cremoso
- 2 colheres de sopa de azeite de oliva

Bolinho de Cogumelo para Acompanhar Sopa

- 1 copo de cogumelo tipo portobello fresco, fatiado
- 1 colher de chá de sal
- 1 colher de chá de alho desidratado
- 1 colher de sobremesa de cebolinha verde picada
- 3 colheres de sopa de farinha de trigo integral
- 8 colheres de sopa de leite de soja
- 1 colher de sopa de margarina
- 1 colher de sobremesa de fermento químico em pó
- 1 colher de sopa de castanha-do-pará picada

Colocar o azeite em uma panela larga e dourar a cebola. Adicionar a cenoura, o pimentão, a pasta de castanha, o tomate pelado, o purê de tomate e mexer delicadamente. Adicionar a água fervente, o caldo de vegetais e o sal. Misturar bem e cozinhar por 20 minutos em fogo baixo.
Bater a sopa no liquidificador e voltar à panela para reaquecer, colocando o *shoyo* e experimentando para verificar o sal.
Ao servir, adicionar o *tofu* e a salsa picada.
Preaquecer o forno a 180° C.
Misturar em uma tigela os cogumelos com os demais ingredientes.
Formar bolinhos com as mãos, arrumá-los em uma assadeira untada e assar por 20 minutos.
Retirar do forno quando os bolinhos estiverem dourados e servi-los quentes, acompanhando sopas.

CREME DE CEBOLA

(6 a 8 pessoas)

- 1 copo de cebola picada
- 1 copo de *tofu* em cubinhos
- 1 cebola roxa grande cortada em rodelas finas
- 4 colheres de sopa de margarina
- 2 xícaras de água fervente
- 2 xícaras de leite de soja fervente
- 1 colher de sopa de caldo de vegetais em pó
- 2 colheres de sopa cheias de farinha de trigo
- 1 colher de sobremesa rasa de sal

Bolinho de Tomate Seco para Acompanhar Sopa

- 1/2 copo de tomate seco picado
- 1 colher de chá de sal
- 1 colher de chá de *zattar*
- 2 colheres de sopa de farinha de trigo branca
- 1 colher de sopa de maisena
- 10 colheres de sopa de leite de soja
- 1 colher de sopa de azeite
- 1 colher de sobremesa de fermento químico em pó

Em uma panela larga, derreter 3 colheres de margarina, dourar a cebola picadinha e adicionar a farinha de trigo e o sal. Manter o fogo baixo, sempre mexendo com colher de pau. Quando começar a dourar a farinha, adicionar o leite fervente aos poucos até obter uma mistura cremosa. Bater no liquidificador, juntamente com a água fervente e o caldo de vegetais, e reservar.
Colocar 1 colher de margarina em outra panela e dourar as rodelas de cebola e os cubos de *tofu*. Adicionar o creme já batido e manter o fogo alto até levantar fervura. Abaixar o fogo e cozinhar por 15 minutos.
Servir a sopa quente.
Preaquecer o forno a 180° C.
Misturar em uma tigela o tomate seco picado com os demais ingredientes.
Formar bolinhos com as mãos, arrumá-los em uma assadeira untada e assar por 20 minutos.
Retirar do forno quando os bolinhos estiverem dourados e servi-los quentes, acompanhando sopas.

CREME DE CENOURA

(6 a 8 pessoas)

- 3 copos de cenoura picada
- 4 colheres de sopa de margarina
- 1/2 xícara de salsão picado
- 5 minicebolas cortadas em tiras
- 3 colheres de sopa de alho espremido
- 1/2 pimentão amarelo
- 3 xícaras de leite de soja fervente
- 4 xícaras de água fervente
- 1/2 xícara de *tofu* cremoso
- 1 colher de sopa de caldo de vegetais em pó
- 1 colher de sobremesa rasa de sal
- 3 colheres de sopa de farinha de trigo

Croûton com Semente de Linhaça para Acompanhar Sopa

- 4 fatias de pão integral
- 4 colheres de sopa de margarina amolecida
- 1 colher de sobremesa de semente de linhaça
- 1 pitada de *curry*
- 1 colher de chá de cebolinha verde picadinha
- 1 colher de chá de salsa fresca picadinha
- 1 colher de chá de ervas finas
- 1 pitada de sal

Em uma panela larga, derreter a margarina, dourar a cebola, o alho, o salsão, o pimentão, a cenoura e o sal. Mexer com colher de pau e refogar por 10 minutos, ou até a cenoura estar macia.
Reservar 1 concha rasa da cenoura refogada e juntar a farinha de trigo. Manter o fogo baixo, sempre mexendo com colher de pau. Quando começar a dourar a farinha, adicionar o leite fervente aos poucos até obter uma mistura cremosa. Bater no liquidificador o *tofu* e voltar à panela. Adicionar a água, o caldo de vegetais e a cenoura reservada.
Manter o fogo baixo e cozinhar por 25 minutos.
Servir quente.
Misturar a margarina amolecida com os demais ingredientes e mexer até estar homogêneo.
Passar a margarina temperada nas duas faces das fatias de pão, cortá-las em quadradinhos e em seguida colocar em uma frigideira aquecida. Manter o fogo baixo por 10 minutos, deixando dourar dos dois lados.
Servir os *croûtons* acompanhando sopas.

CREME DE COGUMELO

(6 a 8 pessoas)

- 3 copos de cogumelos frescos picados
- 4 dentes de alho
- 8 colheres de sopa de margarina
- 1 cebola cortada em pedaços pequenos
- 1 xícara de *tofu* macio
- 3 xícaras de leite de soja fervente
- 3 xícaras de água fervente
- 3 colheres de sopa de farinha de trigo
- 1 colher de sopa rasa de caldo de vegetais em pó
- 1 colher de sobremesa rasa de sal
- 1 colher de café rasa de noz-moscada ralada
- 2 colheres de sopa de tomilho fresco picado

Croûton Básico para Acompanhar Sopa

- 2 pães do tipo francês cortados em cubos
- 2 colheres de sopa cheias de margarina
- 1 pitada de sal

Em uma panela larga, derreter 4 colheres de sopa de margarina, dourar a cebola e adicionar a farinha de trigo, o sal e a noz-moscada. Manter o fogo baixo, sempre mexendo com colher de pau. Quando começar a dourar a farinha, adicionar o leite de soja fervente aos poucos até obter uma mistura cremosa.
Bater tudo no liquidificador, juntamente com o *tofu* e o caldo de vegetais e reservar.
Derreter 4 colheres de sopa de margarina e dourar o alho juntamente com o cogumelo picado, sempre mexendo. Assim que estiver macio, adicionar o creme já batido e a água.
Manter em fogo alto até levantar fervura e então abaixar o fogo, adicionar o tomilho picado e deixar por 15 minutos.
Servir a sopa quente.
Derreter a margarina em uma frigideira larga, adicionar os cubos de pão e o sal. Mexer com colher ou garfo de madeira, salpicando o sal, e manter o fogo baixo até estarem bem crocantes (cerca de 20 minutos).
Servir os *croûtons* quentes, acompanhando sopas.

CREME DE COUVE-FLOR

(6 a 8 pessoas)

- 1 pé médio de couve-flor com os talos bem picados e os ramos inteiros
- 4 colheres de sopa de margarina
- 1/2 xícara de salsão picado
- 1/2 xícara de pimentão vermelho picadinho
- 1/2 xícara de cebola picada
- 1 colher de sopa de alho picado
- 4 xícaras de leite de soja fervente
- 5 xícaras de água fervente
- 1/2 xícara de *tofu* cremoso
- 2 colheres de sobremesa de caldo de vegetais em pó
- 1 colher de sobremesa rasa de sal
- 3 colheres de sopa de farinha de trigo

Croûton Picante para Acompanhar Sopa

- 3 pães do tipo francês cortados em cubos
- 1 colher de café de pimenta calabresa desidratada
- 4 colheres de sopa de azeite de oliva
- 1 colher de sobremesa de cebolinha verde desidratada
- 1 pitada de sal

Em uma panela larga, derreter a margarina, dourar a cebola, o alho, o salsão, o pimentão, a couve-flor e o sal. Mexer com colher de pau e refogar por 10 minutos, ou até a cenoura estar macia.

Reservar 1 concha rasa da couve-flor refogada e juntar a farinha de trigo na panela. Manter o fogo baixo, sempre mexendo com colher de pau. Quando começar a dourar a farinha, adicionar o leite fervente aos poucos até obter uma mistura cremosa. Bater no liquidificador o *tofu* e voltar à panela. Adicionar a água, o caldo de vegetais e a couve-flor reservada.

Manter o fogo baixo e cozinhar por 25 minutos.

Servir quente.

Colocar o azeite de oliva em uma frigideira bem grande, adicionar os temperos, mexer com uma colher de pau e juntar os cubos de pão. Manter o fogo baixo e mexer de vez em quando até estarem dourados.

Servir os *croûtons* acompanhando sopas.

CREME DE ERVILHA

(6 a 8 pessoas)

- 2 copos de ervilhas secas
- 4 colheres de sopa de margarina
- 1/2 xícara de cebolinha verde picada
- 1 colher de sopa de caldo de vegetais em pó
- 1 alho-poró picadinho
- 1 colher de sobremesa de sal
- 3 colheres de sopa de *shoyo*
- 4 copos de água quente

Croûton com Alho para Acompanhar Sopa

- 2 pães do tipo francês, cortados em rodelas finas
- 1 colher de sobremesa de alho espremido
- 1 colher de sopa de margarina
- sal a gosto

Lavar a ervilha, colocar em uma panela, cobrir com água e levar ao fogo, com a panela semitampada. Cozinhar até os grãos estarem macios, adicionando mais água sempre que estiver secando.

Bater no liquidificador a ervilha cozida com a água do cozimento e passar por uma peneira.

Derreter a margarina em uma panela larga, refogar a cebolinha e o alho-poró por 10 minutos e juntar o creme de ervilha, o caldo de vegetais, o *shoyo*, o sal e o leite de soja quente.

Deixar a sopa em fogo brando por 25 minutos e servi-la bem quente.

Colocar as rodelas de pão em uma assadeira e assar em forno com temperatura baixa, por 15 minutos. Derreter a margarina, dourar o alho e espalhar sobre as torradas e assar novamente por mais 10 minutos, com sal a gosto.

Servir os *croûtons* quentes, acompanhando a sopa.

CREME DE ERVILHA COM ABÓBORA

(4 a 6 pessoas)

- 2 copos de ervilhas secas
- 2 copos de abóbora *kambutiá* ralada
- 5 colheres de sopa de cebolinha verde picada
- 2 colheres de sopa de salsa fresca picada
- 1 pitada de alecrim desidratado
- 2 colheres de sopa de margarina
- 2 colheres de sopa de flocos grossos de aveia integral
- 2 colheres de sobremesa de *missô*
- 1/2 xícara de molho de tomate
- 1/2 colher de sobremesa de sal
- 2 e 1/2 xícaras de leite de soja quente
- 1 colher de sobremesa de caldo de vegetais em pó

Croûton Super Diferente

- rodelas de baguete
- 2 colheres de sopa de margarina
- 1 pitada de alecrim desidratado
- 1 pitada de sal
- vinho branco

Derreter a margarina, refogar a cebolinha, a salsa e o alecrim, acrescentar a aveia, a ervilha crua, a abóbora ralada, o sal e o *missô*. Deixar em fogo médio por 10 minutos, mexendo com colher de pau.

Adicionar o molho de tomate, mexer por mais 5 minutos, diluir o caldo de vegetais no leite de soja quente e juntar à panela. Deixar em fogo brando, com a panela semitampada, por 40 minutos, ou

até que a ervilha esteja desmanchando.
Bater a sopa no liquidificador, passar por uma peneira e servir em seguida.
Colocar as rodelas de pão em uma tigela e borrifar vinho branco, deixando-as úmidas.
Derreter a margarina e fritar por 3 minutos o alecrim, adicionar as rodelas de pão, um pouco de sal e deixar em fogo baixo até dourar de um lado. Virar uma por uma, dourar do outro lado e retirar do fogo.
Servir os *croûtons* com a sopa quente, mergulhando-os nos pratos individualmente.

CREME DE ESPINAFRE

(6 a 8 pessoas)

- 1 maço de espinafre picado, sem os talos duros, aferventados por 5 minutos e escorridos
- 1/2 xícara de broto de soja
- 4 colheres de sopa de margarina
- 1 cebola roxa grande picada
- 2 colheres de sopa de alho picado
- 4 colheres de sopa de salsa fresca picada
- 2 colheres de sopa de cebolinha verde picada
- 4 xícaras de leite de soja fervente
- 5 xícaras de água fervente
- 1/2 xícara de *tofu* cremoso
- 2 colheres de sopa de caldo de vegetais em pó
- 1 colher de sobremesa rasa de sal
- 3 colheres de sopa de farinha de trigo

Croûton Capre para Acompanhar Sopa

- 3 pães do tipo francês cortados em fatias finas
- 1 colher de sopa de alcaparras picadas
- 1 colher de sopa de folhas de manjericão roxo picadas
- 4 colheres de sopa de azeite de oliva
- 1 colher de sopa de cebola desidratada
- 1 pitada de sal

Em uma panela larga, derreter a margarina, dourar a cebola, o alho, a salsa, a cebolinha, o broto e o espinafre. Mexer com colher de pau e refogar por 10 minutos, ou até a cenoura estar macia.
Reservar 1 concha rasa do refogado e juntar a farinha de trigo na panela. Manter o fogo baixo, sempre mexendo com colher de pau. Quando começar a dourar a farinha, adicionar o leite fervente aos poucos até obter uma mistura cremosa. Bater no liquidificador o *tofu* e voltar à panela. Adicionar a água, o caldo de vegetais e o refogado reservado.
Manter o fogo baixo e cozinhar por 25 minutos.
Servir quente.
Em uma tigela, colocar o azeite de oliva e os temperos. Deixar em repouso por 20 minutos.
Colocar as fatias de pão em uma assadeira, uma ao lado da outra. Levar ao forno baixo por 35 minutos.
Retirar quando estiverem começando a dourar.
Colocar um pouco do molho preparado sobre cada torrada e servir acompanhando sopas.

CREME DE LENTILHA

(6 a 8 pessoas)

- 1/2 xícara de cebola roxa picada
- 3 dentes de alho espremidos
- 1 xícara de lentilhas cruas
- 1 xícara de ervilhas secas
- 1 batata média descascada e picada
- 1 colher de sopa rasa de ervas finas desidratadas
- 3 colheres de sopa cheias de caldo de vegetais em pó
- 1 colher de chá de sal
- 2 colheres de sopa de *shoyo*
- 1 xícara de *tofu* cremoso
- 6 xícaras de água fervente
- 2 colheres de sopa de óleo

Croûton de Amêndoa para Acompanhar Sopa

- 5 colheres de sopa de farinha de trigo
- 5 colheres de sopa de amêndoas laminadas
- 1 colher de chá de sal
- 2 colheres de sopa de margarina amolecida

Aquecer o óleo e dourar a cebola, o alho e então adicionar a lentilha, a ervilha, a batata picada e as ervas finas. Mexer por 3 minutos. Diluir o caldo de vegetais na água fervente e juntar à panela, assim como o sal e o *shoyo*. Mexer com colher de pau, e assim que levantar fervura diminuir o fogo. Manter a panela semitampada e deixar cozinhar por 45 minutos.

Bater toda a sopa no liquidificador e passar por uma peneira.
Voltar ao fogo para reaquecer, adicionando o *tofu* cremoso e servi-la imediatamente, acompanhada por *croûtons*.
Colocar a farinha de trigo em uma tigela e misturar os demais ingredientes, deixando por último a margarina. Trabalhar a massa com as mãos por 5 minutos. Formar bolinhas iguais, arrumá-las em uma assadeira untada e assar por 15 minutos em forno a 200° C. Retirar do forno quando os *croûtons* estiverem começando a dourar e servir junto com a sopa.

CREME DE MANDIOCA

(6 a 8 pessoas)

- 2 copos de mandioca cozida
- 4 colheres de sopa de margarina
- 1 xícara de cebolinha verde picada
- 1 pimentão vermelho picado
- 2 tomates grandes descascados e sem sementes
- 2 colheres de sopa de salsa fresca picada
- 6 xícaras de leite de soja fervente
- 2 colheres de sopa rasas de caldo de vegetais em pó
- 2 colheres de sopa de leite de coco
- 1 colher de sobremesa rasa de sal

Croûton com Alho-poró para Acompanhar Sopa

- 2 pães do tipo francês cortados em fatias finas
- 4 colheres de sopa de alho-poró picado
- 1 colher de sopa de óleo
- 2 gotas de limão
- 3 colheres de sopa de margarina amolecida
- 1 colher de chá de sal
- 1 colher de sobremesa de semente de papoula

Derreter a margarina, dourar a cebolinha, adicionar o pimentão, o tomate, a salsa e o sal. Bater a mandioca cozida no liquidificador com um pouco de leite de soja, passar por uma peneira e colocar na panela, com o restante do leite, o caldo de vegetais e o leite de coco. Deixar em fogo alto até levantar fervura e então cozinhar em fogo baixo por 30 minutos. Servir quente.
Bater no liquidificador o alho-poró com o óleo, o sal e o limão. Virar em uma tigela, adicionar a margarina e a semente de papoula. Mexer até ficar cremoso e homogêneo. Passar o creme obtido sobre as fatias de pão e arrumá-las em uma assadeira. Assar por 10 minutos, em forno preaquecido, à temperatura de 180° C.
Servir os *croûtons* acompanhando sopas.

CREME DE MILHO VERDE

(6 a 8 pessoas)

- 5 espigas de milho verde (usar os mais maduros e amarelos)
- 5 copos de água
- 3 copos de leite de soja
- 4 colheres de sopa de cebolinha verde picada
- 2 colheres de sopa de salsa crespa picada
- 1 copo de *tofu* em cubinhos
- 1 pitada de sal
- pimenta-do-reino moída na hora a gosto
- 1 colher de sopa de óleo

Croquete de Milho Verde para Acompanhar Sopa

- 2 xícaras de bagaço de milho
- 4 colheres de sopa de água
- 3 colheres de farinha de trigo
- 1 colher de sopa de fermento químico em pó
- 1 colher de chá de sal
- 2 colheres de sopa de cebola picada
- óleo de milho para fritar

Com uma faca afiada retirar os grãos da espiga de milho e batê-los com água no liquidificador. Passar por uma peneira, reservar o caldo obtido para a sopa, e o bagaço para o bolinho.
Em uma panela larga, colocar o óleo, refogar a cebolinha e a salsa. Adicionar o caldo do milho, o leite de soja e o sal e mexer continuamente com colher de pau.
Assim que começar a engrossar, adicionar os cubinhos de *tofu*. Servir quente, com pimenta-do-reino a gosto.
Misturar os ingredientes em uma tigela e fritar às colheradas em óleo quente até dourar. Retirar com escumadeira e escorrer em papel absorvente. Servir acompanhando a sopa.

CREME DE PALMITO

(6 a 8 pessoas)

- 2 copos de palmito cortado em rodelas
- 4 colheres de sopa de margarina
- 1 cebola cortada em pedaços pequenos
- 1 xícara de *tofu* macio
- leite de soja fervente
- 1 colher de sopa rasa de caldo de vegetais em pó
- 3 colheres de sopa de farinha de trigo
- 2 colheres de sopa de salsa fresca picada
- 1 colher de sobremesa rasa de sal

Farinha Amanteigada

- 4 colheres de sopa de farinha de rosca
- 4 colheres de sopa de margarina
- 1 colher de café de sal

Croûton de Missô para Acompanhar Sopa

- 3 fatias de pão integral cortadas em quadradinhos
- 1 colher de sopa de *missô*
- 5 colheres de sopa de água filtrada
- 2 colheres de sopa de azeite de oliva
- 1 colher de sopa de salsa desidratada
- 1 colher de chá de sementes de endro

Em uma panela larga, derreter a margarina, dourar a cebola e adicionar a farinha de trigo e o sal. Manter o fogo baixo, sempre mexendo com colher de pau. Quando começar a dourar a farinha, adicionar o leite fervente aos poucos até obter uma mistura cremosa. Bater tudo no liquidificador, com 1 xícara de palmito picado, o caldo de vegetais e o *tofu*. Voltar à panela, adicionar a outra xícara de palmito picadinho e a salsa.Manter o fogo baixo por 15 minutos.Separadamente, dourar a farinha de rosca na margarina derretida, em uma frigideira, mexendo com colher de pau e salgando ligeiramente.
Misturar em uma tigela o *missô* com a água, o azeite, a salsa e as sementes de endro.
Arrumar os quadradinhos de pão em uma assadeira e cobri-los com a mistura de *missô*. Levar ao forno baixo por 30 minutos, ou até estarem dourados.
Retirar os *croûtons* do forno e servi-los quentes, acompanhando sopas. Servir a sopa bem quente, polvilhada com farinha de rosca amanteigada.

CREME DE TOFU E COUVE-FLOR

(6 a 8 pessoas)

- 1/2 pé de couve-flor com os raminhos separados (guardar os talos)
- 2 copos de leite de soja
- 1 copo de *tofu* mole
- 1/2 copo de cenoura picada
- 2 cebolas roxas inteiras
- 1 batata-doce média descascada
- 1/2 copo de aipo picado
- 4 dentes de alho espremidos
- 1/2 copo de salsa fresca picada
- 1/4 de copo de coentro fresco picado
- 4 colheres de sopa de margarina
- 1 colher de sobremesa rasa de sal
- água fervendo

Bolinho de Castanha-do-pará para Acompanhar Sopa

- 4 colheres de sopa de farinha de trigo
- 1 colher de sopa de castanha-do-pará picada
- 1 colher de chá de alho espremido
- 1 colher de café de sal
- 1/2 colher de café de pimenta-malagueta espremida
- 1 colher de sopa cheia de margarina amolecida
- 1 colher de sobremesa de fermento químico em pó

Colocar em uma panela a cenoura, os talos da couve-flor, as cebolas, a batata-doce, o aipo e o sal. Cobrir com água fervendo, tampar a panela e deixar cozinhar até estarem macios. Bater no liquidificador e em seguida passar por uma peneira.
Em outra panela, colocar a margarina, refogar o alho, a salsa, o coentro e o sal. Adicionar os raminhos de couve-flor, mexer e tampar a panela até estarem macios. Colocar o creme já batido de legumes, mantendo o fogo alto. Bater no liquidificador o *tofu* com o leite de soja e adicionar à panela.
Manter o fogo alto por mais 15 minutos e então retirar a panela do fogo, acondicionar a sopa em uma sopeira e servi-la em seguida, ainda quente.
Colocar a farinha de trigo em uma tigela e misturar o sal e os demais ingredientes. Adicionar também a margarina e trabalhar a massa com as mãos por 5 minutos.

Formar bolinhas iguais, arrumá-las em uma assadeira untada e assar por 15 minutos em forno a 200° C. Retirar do forno quando os *croûtons* estiverem começando a dourar e servir junto com a sopa.

CREME DE TOMATE

(6 a 8 pessoas)

- 4 colheres de sopa de margarina
- 1 cebola cortada em pedaços pequenos
- 1/2 xícara de salsão picado
- 2 colheres de farinha de trigo
- 1/2 colher de sobremesa de sal
- 3 xícaras de leite de soja fervente
- 3 xícaras de água fervente
- 2 colheres de sobremesa de caldo de vegetais
- 400 g de tomates pelados em lata
- 4 colheres de sopa de purê de tomate
- 1 colher de sopa de *shoyo*
- 1 colher de chá de manjericão fresco picado
- pimenta-do-reino moída na hora a gosto
- 1/4 de xícara de *tofu* cremoso
- 2 colheres de salsa fresca picada para servir

Tofu para Acompanhar Sopa

- 2 copos de cubinhos de *tofu*
- 1 colher de chá de sal
- 1 colher de sopa de cebola desidratada
- óleo de milho para fritar

Em uma panela larga, derreter a margarina, dourar a cebola e adicionar o salsão e dourar por 3 minutos. Colocar a farinha de trigo e o sal e manter o fogo baixo, sempre mexendo com colher de pau até dourar a farinha. Adicionar o leite fervente aos poucos até obter uma mistura cremosa. Bater com *mix*, batedeira manual ou liquidificador, caso tenha formado grumos.
Adicionar à panela a água, o caldo de vegetais, os tomates, o manjericão, o purê de tomate, o sal, a pimenta e o *shoyo*.
Cozinhar em fogo brando por 15 minutos.
Retirar do fogo, deixar reservado por 15 minutos e então bater no liquidificador.
Voltar o creme à panela, juntar o *tofu* cremoso e mexer suavemente. Aquecer sem deixar ferver e adicionar a salsa picada.
Colocar os cubinhos de *tofu* em uma tigela e temperá-los com o sal e a cebola.
Colocar em uma frigideira uma quantidade de óleo suficiente para cobrir os cubinhos. Aquecer em fogo alto e mergulhar o *tofu*. Deixar que dourem para então retirar e escorrer em papel absorvente. Servir com sopas cremosas.

MINESTRONE

(6 a 8 pessoas)

- 1 xícara de feijões de soja cozidos
- 1 batata média descascada e picada
- 1 xícara de raminhos de couve-flor
- 1/2 xícara de cogumelo tipo *shiimeji* separado do ramo, sem picar
- 1/2 xícara de cenoura picadinha
- 1/2 xícara de nabo picadinho
- 2 tomates sem sementes e sem pele, picados
- 1/2 xícara de pimentão vermelho picado
- 1/2 xícara de pimentão amarelo picado
- 1 xícara de ervilhas frescas
- 1 xícara de *tofu* firme cortado em cubos
- 2 colheres de sopa de óleo
- 1 colher de sopa de óleo de gergelim
- 1/2 xícara de cebola roxa cortada em rodelas finas
- 1/2 xícara de erva-doce cortada em rodelas finas
- 3 dentes de alho espremidos
- 6 xícaras de água fervente
- 2 colheres de sopa cheias de caldo de vegetais em pó
- 1 colher de sobremesa cheia de araruta diluída em 1/2 copo de água
- 3 colheres de sopa de *shoyo*
- 1/2 colher de sobremesa de sal

Croûton da Jamaica para Acompanhar Sopa

- 4 pães do tipo francês cortados em cubos
- 4 colheres de sopa cheias de margarina
- 1 colher de café de pimenta-da-jamaica
- 1 colher de chá de salsa desidratada
- 1 colher de chá de sal

Diluir o caldo de vegetais nas 6 xícaras de água quente e reservar.
Aquecer os óleos, dourar a cebola, o alho e os pimentões e em seguida adicionar os demais ingredientes, exceto a araruta diluída e o caldo reservado.
Mexer delicadamente, com colher de pau, tampar a panela e deixar em fogo baixo por 10 minutos.
Adicionar o caldo de vegetais e deixar em fogo alto.
Quando levantar fervura, manter o fogo baixo e cozinhar por 30 minutos. Acrescentar a araruta diluída e mexer em fogo alto por 5 minutos.
Servir o minestrone quente, com *croûtons*.
Derreter a margarina em uma frigideira larga, adicionar a pimenta-da-jamaica e a salsa, mexer e acrescentar os cubos de pão e o sal.
Mexer com colher ou garfo de madeira e manter o fogo baixo até estarem bem crocantes (cerca de 20 minutos).
Servir os *croûtons* quentes, acompanhando sopas.

MINESTRONE COM TOMATES E BROTO DE SOJA

(6 a 8 pessoas)

- 5 tomates grandes e maduros descascados e sem sementes
- 2 copos de cogumelo salmão picado
- 2 copos de broto de soja
- 1/2 xícara de grãos de milho tirados da espiga (crus)
- 1/2 xícara de abóbora picadinha
- 1/2 xícara de chuchu picadinho
- 3 colheres de sopa de salsa fresca picada
- 4 colheres de sopa de coentro picado
- 4 colheres de sopa de cebolinha verde picada
- 3 colheres de sopa de óleo
- água fervente
- 1 colher de sobremesa cheia de farinha araruta diluída em 1/2 copo de água
- 4 colheres de sopa de *shoyo* sabor *champignon*
- 1 colher de sopa de *missô*
- 60 g de macarrão do tipo espaguete

Croûton de Pimenta Verde para Acompanhar Sopa

- 4 fatias de pão de fôrma
- 3 colheres de sopa de margarina amolecida
- 1 colher de sopa de pimenta-do-reino verde (do tipo macia) amassada com garfo
- 1 colher de sobremesa de salsa desidratada
- 1 colher de café de sal

Aquecer o óleo, refogar os temperos e adicionar os demais ingredientes, exceto a araruta diluída e a água.
Após 15 minutos, colocar água quente suficiente para cobrir os legumes, mantendo o fogo baixo por 30 minutos. Adicionar o macarrão quebrado em pedaços pequenos.
Deixar em fogo alto por 10 minutos, adicionar a araruta diluída e mexer por mais 5 minutos.
Servir o minestrone em seguida.
Misturar a pimenta, a salsa e o sal à margarina e mexer bem. Passar sobre as fatias de pão.
Cortar as fatias de pão em quadradinhos pequenos e assar em forno a 180° C, por 20 minutos, ou até estarem dourados.
Servir os *croûtons* quentes, acompanhando a sopa.

SOPA COM FUBÁ

(6 a 8 pessoas)

- 1 copo de feijões de soja cozidos
- 2 copos de *tofu* cortado em cubos
- 1/2 xícara de abóbora de pescoço picada
- 1 batata média picada
- 1/2 xícara de coentro fresco picado
- 1/2 xícara de cebolinha verde picada
- 2 bulbos de erva-doce cortados bem finos
- 4 tomates descascados e sem sementes picados
- 1 colher de sobremesa rasa de sal
- 1 colher de sopa de *missô*
- 2 colheres de sopa de azeite de oliva
- 1 colher de chá de caldo de vegetais em pó
- 1 litro de água quente

Croûton com Zattar para Acompanhar Sopa

- 2 colheres de sopa de farinha de trigo integral
- 1 colher de sopa de maisena
- 1 colher de sopa de farinha de glúten

- 1 colher de café de sal
- 1 colher de chá de *zattar*
- 1 colher de sopa de gergelim
- 1 colher de sopa cheia de margarina amolecida

Colocar o azeite de oliva em uma panela e fritar o coentro, a cebolinha e a erva-doce. Refogar por 15 minutos os grãos de soja, o *tofu*, a abóbora, a batata e o tomate. Adicionar o caldo de vegetais, o sal e manter em fogo baixo por 40 minutos. Adicionar o *missô* e servir em seguida.
Colocar a farinha de trigo em uma tigela e misturar os demais ingredientes, deixando para o fim a margarina. Trabalhar a massa com as mãos por 5 minutos. Formar bolinhas iguais, arrumá-las em uma assadeira untada e assar por 15 minutos em forno a 200° C. Retirar do forno quando os *croûtons* estiverem começando a dourar e servir junto com a sopa.

SOPA COM NABO E CENOURA

(6 a 8 pessoas)

- 1/2 xícara de cenoura picada
- 1/2 xícara de nabo picado
- 1/2 xícara de batata descascada e picada
- 1 xícara de feijões de soja cozidos
- 1 cebola picada
- 1/4 de xícara de alho-poró
- 1 colher de sopa de azeite de oliva
- 3 e 1/2 xícaras de água fervente
- 2 colheres de sobremesa de caldo de vegetais em pó
- 2 colheres de sopa de *shoyo*
- 2 colheres de sopa de salsa crespa fresca picada

Croûton com Gergelim Preto para Acompanhar Sopa

- 5 colheres de sopa de farinha de trigo
- 4 colheres de sopa de água
- 1 colher de chá de sal
- 1 colher de sopa de azeite de oliva
- 1 colher de sobremesa de fermento químico em pó
- 1 colher de sobremesa de gergelim preto

Fritar a cebola e o alho no azeite quente, por 3 minutos. Adicionar os demais ingredientes, manter o fogo alto até iniciar fervura. Abaixar o fogo e deixar a sopa cozinhar por 35 minutos.
Servir a sopa quente, decorada com um raminho de salsa crespa crua.
Misturar os ingredientes em uma tigela, deixando para o fim o fermento. Trabalhar a massa com as mãos por 5 minutos, abri-la com um rolo de madeira e cortar em quadradinhos. Assar em forno quente por 15 minutos e servir os *croûtons* junto com a sopa.

SOPA DE ABOBRINHA COM MACARRÃO

(6 a 8 pessoas)

- 60 g de macarrão tipo farfale miúdo
- 400 g de abobrinha cortada em cubinhos
- 2 colheres de sopa de *tofu* cremoso
- 2 colheres de sopa de azeite de oliva
- 1 cebola cortada em pedaços pequenos
- 4 dentes de alho cortados em fatias finas
- 3 xícaras de água quente
- 1 colher de sopa rasa de caldo de vegetais em pó
- 1/4 de xícara de vinho branco seco
- 1/2 colher de sobremesa rasa de sal
- 1 colher de chá de orégano fresco
- 2 colheres de sopa de cebolinha verde picada

Croûton Sírio para Acompanhar Sopa

- 2 copos de minipães sírios
- 1 colher de sopa de *tahine*
- 3 colheres de sopa de água filtrada
- 1 colher de chá de *missô* do tipo claro
- 1 colher de sopa de salsa picada
- 1 colher de café de alho espremido
- 1 colher de sopa de azeite de oliva

Em uma panela larga, aquecer o azeite e dourar a cebola e alho. Adicionar a abobrinha e cozinhar por 5 minutos, juntar a água quente, o caldo de vegetais em pó, o vinho branco, o sal e o orégano. Cozinhar por 20 minutos em fogo brando. Adicionar o macarrão e deixar em fogo alto até estar macio. Antes de servir colocar o *tofu* e a cebolinha, mexer delicadamente e abrir os pães ao meio e colocar em uma assadeira grande.

Misturar em uma tigela o *tahine* com os demais ingredientes mexendo até obter um creme homogêneo. Deixar em repouso por 10 minutos. Espalhar o molho sobre as metades de pão e assar em forno baixo por 10 minutos.
Retirar os *croûtons* do forno e servi-los quentes, acompanhando sopas.

SOPA DE ABOBRINHA E CENOURA

(6 pessoas)

- 3 xícaras de abobrinha picada
- 1 e 1/2 xícara de cenoura picada
- 1 batata grande descascada e picada
- 1 xícara de *tofu* macio
- 1 cebola média picada
- 1/2 xícara de salsão picado
- 1 dente de alho espremido
- 1 colher de chá de sal
- 4 xícaras de água
- 2 colheres de sobremesa de caldo de vegetais em pó
- 1 colher de sobremesa de *missô*
- 2 colheres de sopa de cebolinha verde picada para servir

Croûton de Aneto para Acompanhar Sopa
- 2 pães francês cortados em rodelas finas
- 4 colheres de sopa de óleo
- 1 colher de sobremesa de folhas frescas de aneto
- 1 colher de chá de alho desidratado
- 1 pitada de sal

Diluir o caldo de vegetais na água e levar, em uma panela grande, ao fogo alto.
Adicionar a abobrinha, a cenoura e a batata, juntamente com o alho, a cebola e o sal. Assim que ferver manter o fogo baixo por 30 minutos, com a panela tampada. Retirar do fogo e deixar reservado por 10 minutos. Bater tudo no liquidificador, adicionando o *tofu* e bater até obter uma sopa homogênea.
Voltar a sopa para a panela para aquecê-la.
Retirar do fogo, colocar em sopeira e misturar o *missô*.
Ao servir, salpicar um pouco de cebolinha picada em cada prato.

Colocar o óleo em uma frigideira grande, adicionar os temperos e mexer com colher de pau para misturar.
Adicionar as rodelas de pão e manter o fogo baixo.
Virar as torradas para que dourem dos dois lados.
Retirar do fogo e servir com sopas.

SOPA DE BATATA COM ABOBRINHA

(4 a 6 pessoas)

- 1 batata grande descascada e picada
- 1 xícara de abobrinha picadinha
- 1/4 de xícara de *tofu* cremoso
- 1 xícara de cebola picada
- 3 colheres de sopa de óleo de milho
- 5 xícaras de água quente
- 3 colheres de sopa caldo de vegetais em pó
- 3 dentes de alho picados
- 1 colher de chá de alecrim desidratado
- 1/2 colher de sobremesa de sal

Croûton de Tomilho para Acompanhar Sopa
- 2 pães franceses cortados em cubinhos
- 3 colheres de sopa de margarina
- 1 colher de sopa de folhas frescas de tomilho picadas
- 1 colher de chá de semente de mostarda
- 1 colher de sobremesa de *missô*

Levar uma frigideira grande ao fogo e aquecer o óleo. Dourar a cebola e o alho e em seguida adicionar a batata. Fritar por 5 minutos, mexendo sempre com colher de pau. Adicionar o caldo de vegetais diluído na água, o sal, a abobrinha e o alecrim. Assim que iniciar a fervura, manter 20 minutos em fogo baixo.
Bater toda a sopa no liquidificador, juntamente com o *tofu*, e voltar à panela para reaquecer.
Colocar a margarina em uma frigideira bem larga e assim que derreter adicionar o tomilho picado, o *missô* e a semente de mostarda. Mexer com colher de pau para misturar bem.
Colocar os cubinhos de pão e dourar dos dois lados, em fogo baixo.
Servi-los quentes.

SOPA DE BATATA COM ALHO-PORÓ

(4 a 6 pessoas)

- 2 batatas grandes descascadas e picadas
- 1/2 xícara de *tofu* cremoso
- 3 xícaras de água quente
- 2 colheres de sobremesa de caldo de vegetais
- 4 colheres de sopa de alho-poró picado
- 2 colheres de sopa de salsa
- 1 colher de chá de páprica doce
- 1 pitada de sal
- 2 colheres de sopa de *shoyo*

Croûton de Manjericão para Acompanhar Sopa

- 4 fatias de pão integral
- 3 colheres de sopa de azeite de oliva
- 1 pitada de sal
- 1 colher de sopa de manjericão desidratado
- pimenta-do-reino moída na hora a gosto

Diluir o caldo de vegetais na água quente.
Levar uma panela ao fogo, com apenas 2 xícaras do caldo diluído, adicionar o sal, o alho-poró, as batatas, a páprica e a salsa. Deixar ferver por 25 minutos em fogo baixo.
Retirar do fogo e quando estiver morno bater no liquidificador, juntamente com o *tofu*. Voltar a sopa à panela e adicionar o caldo de vegetais restante e o *shoyo*.
Servir a sopa com os *croûtons* quentinhos.
Cortar as fatias de pão em quadradinhos de 3 cm, arrumá-los em uma assadeira e levar ao forno a 180° C, por 10 minutos, ou até que estejam douradas.
Colocar o azeite em uma frigideira grande, juntamente com os demais ingredientes. Quando estiver bem quente adicionar as torradinhas, de modo que fiquem em contato com o azeite. Dourar por 5 minutos de cada lado, sempre em fogo baixo.

SOPA DE BATATA COM BRÓCOLIS

(6 a 8 pessoas)

- 450 g de brócolis cortado em raminhos
- 1 copo de batata descascada e picada
- 1 xícara de *tofu* firme
- 1 cebola picada
- 2 dentes de alho picadinhos
- 4 colheres de sopa de azeite de oliva
- 3 xícaras de água quente
- 2 colheres de sopa de caldo de vegetais em pó
- 1 colher de sobremesa rasa de sal
- 1 xícara de *tofu* cremoso

Croûton Grelhado para Acompanhar Sopa

- 3 fatias de pão de fôrma cortadas em tiras
- 1 colher de sopa de azeite de oliva
- 1 colher de sopa de *shoyo*
- 1 colher de chá de *chimichurri*
- 1 colher de chá de manjerona desidratada

Colocar o azeite em uma panela larga, e dourar a cebola e o alho. Adicionar os ramos de brócolis, a batata picada e o *tofu* e mexer com colher de pau delicadamente. Após 5 minutos, adicionar o caldo de vegetais diluído na água quente e o sal. Manter em fogo baixo e cozinhar por 30 minutos.
Servir a sopa quente, acompanhada de *croûtons*.
Misturar em uma tigela todos os ingredientes, exceto as tiras de pão, e deixar em repouso por 20 minutos.
Aquecer uma chapa de grelhar, colocar os pães e colocar um pouco de molho sobre cada tira. Dourar dos dois lados e servir acompanhando sopas.

SOPA DE BATATA E COENTRO

(6 a 8 pessoas)

- 250 g de batatas descascadas e picadas
- 3 colheres de sopa de azeite de oliva
- 4 dentes de alho espremidos
- 3 xícaras de água
- 1 colher de sopa rasa de caldo de vegetais em pó
- 1 xícara de *tofu*
- 1 xícara de leite de soja frio
- 1 colher de sopa de *missô*
- 1/2 xícara de coentro fresco picado

Croûton de Semente de Girassol para Acompanhar Sopa

- 3 colheres de sopa de farinha de trigo
- 1/2 xícara de semente de girassol triturada no liquidificador seco
- 2 colheres de sopa de água
- 1 colher de chá de sal
- 2 colheres de sopa de óleo
- 1 colher de sobremesa de fermento químico em pó

Aquecer o azeite e dourar o alho. Adicionar a batata e a água e ferver por 15 minutos, ou até as batatas estarem macias. Bate-las no liquidificador com o caldo de vegetais e o *missô* e voltar ao fogo baixo. Separadamente misturar o *tofu* com a farinha e o leite de soja até estar homogêneo e então juntar à sopa. Cozinhar por 10 minutos, adicionar o coentro picado e servir em seguida.
Misturar os ingredientes em uma tigela, deixando para o fim o fermento. Trabalhar a massa com as mãos por 5 minutos, abri-la com um rolo de madeira e cortar em tirinhas.
Assar em forno quente por 15 minutos e servir os *croûtons* junto com a sopa quente.

SOPA DE ERVILHAS FRESCAS

(6 a 8 pessoas)

- 400 g de ervilhas frescas
- 2 colheres de sopa de margarina
- 1 colher de sopa de óleo de milho
- 1/2 xícara de feijões de soja cozidos
- 2 cebolas picadas
- 5 colheres de sopa de alho-poró cortado em rodelas finas
- 1 colher de sobremesa de *shoyo*
- 1/2 xícara de salsão picado
- 3 e 1/2 xícaras de água quente
- 2 colheres de sobremesa de caldo de vegetais em pó
- 1/2 colher de sobremesa de sal
- 2 colheres de sopa de coentro fresco picado

Bolinho de Nabo para Acompanhar Sopa

- 1/2 copo de nabo branco ralado
- 1 colher de chá de sal
- 1 colher de sopa de cebolinha verde picada
- 6 azeitonas pretas
- 2 colheres de sopa de farinha de trigo integral
- 8 colheres de sopa de leite de soja
- 1 colher de sobremesa de fermento químico em pó
- óleo para fritar

Em uma panela larga, derreter a margarina e o óleo, dourar a cebola e o alho. Adicionar os grãos de soja e fritar por mais 2 minutos. Acrescentar o *shoyo*, o salsão, as ervilhas, o coentro e o sal e mexer por 4 minutos. Adicionar o caldo de vegetais diluído na água quente.
Tampar a panela e cozinhar por 20 minutos, ou até os vegetais e a ervilha estarem macios.
Servir a sopa em seguida, com bolinhos fritos.
Misturar em uma tigela o nabo ralado com os demais ingredientes, deixando para o fim o fermento.
Aquecer óleo em uma frigideira larga e fritar os bolinhos.
Retirar com escumadeira quando estiverem dourados e escorrê-los em papel absorvente.
Servi-los quentes, acompanhando sopas.

SOPA DE FEIJÃO E SOJA

(4 a 6 pessoas)

- 1 e 1/2 xícara de feijão-preto já refogado (aproveitar do dia anterior)
- 1 xícara de feijão de soja cozido
- 3 xícaras de água fervente
- 2 colheres de sopa de caldo de vegetais em pó
- 4 colheres de sopa de cebolinha verde picada
- 3 dentes de alho espremidos
- 4 colheres de sopa de coentro fresco picado
- 4 colheres de sopa de macarrão em formato pequeno
- 1/2 colher de sobremesa de sal
- 2 colheres de sopa de *shoyo*
- 2 colheres de sopa de óleo

Croûton de Pimentão para Acompanhar Sopa

- 4 colheres de sopa de farinha de trigo
- 2 colheres de sopa de pimentão vermelho picado o menor possível
- 1 colher de café de sal
- 1/2 colher de café de pimenta-malagueta espremida
- 2 colheres de sopa de margarina amolecida

Bater o feijão-preto e o feijão de soja com 1 xícara de água fervente e em seguida passar por uma peneira. Reservar.
Diluir o caldo de vegetais nas 2 xícaras e água fervente. Reservar.
Em uma panela colocar o óleo e fritar a cebolinha e o alho. Colocar o creme dos feijões, o caldo de vegetais diluído, o sal, o *shoyo* e manter em fogo baixo por 30 minutos.
Adicionar o macarrão e o coentro e ferver em fogo alto por 10 minutos.
Servir a sopa ainda quente.
Colocar a farinha de trigo em uma tigela e misturar o sal e o pimentão. Adicionar a margarina e trabalhar a massa com as mãos por 5 minutos.
Formar bolinhas iguais, arrumá-las em uma assadeira untada e assar por 15 minutos em forno a 200° C.
Retirar do forno quando os *croûtons* estiverem começando a dourar e servir junto com a sopa.

SOPA DE LEGUMES

(6 a 8 pessoas)

- 1/4 de xícara de grãos de soja cozidos
- 1/4 de xícara de *tofu* cremoso
- 1 xícara de cogumelos frescos picados
- 1 xícara de cebola picada
- 1 xícara de abobrinha picada
- 1/2 xícara de cenoura picada
- 1/2 xícara de brócolis picado
- 1/2 xícara de alho-poró picado
- 5 colheres de sopa de azeite de oliva
- 5 xícaras de água quente
- 3 colheres de sopa de caldo de vegetais em pó
- 2 colheres de sopa de *shoyo*
- 1 colher de chá de sal
- pimenta-do-reino a gosto

Croûton com Ervas Finas para Acompanhar Sopa

- 2 pães do tipo francês cortados em cubos pequenos
- 4 colheres de sopa cheias de margarina
- 1 colher de sopa de ervas finas desidratadas
- 1 pitada de sal

Em uma panela larga, aquecer o azeite, dourar a cebola e após 5 minutos os cogumelos e a soja. Deixar mais 5 minutos e acrescentar o *shoyo*, a abobrinha, a cenoura, o brócolis e o alho-poró. Mexer com colher de pau e manter em fogo baixo por 10 minutos.
Diluir o caldo de vegetais na água quente e juntar à panela e manter o fogo alto até levantar fervura. Tampar a panela e cozinhar 20 minutos em fogo brando. Colocar metade dos legumes em uma tigela, amassá-los com um garfo e voltar à panela. Juntar o *tofu*, o sal, a pimenta-do-reino e aquecer a sopa antes de servir.
Derreter a margarina em uma frigideira, colocar as ervas, mexer com colher de pau e adicionar os cubos de pão. Manter o fogo baixo e mexer de vez em quando até os *croûtons* estarem dourados. Servi-los quentes, acompanhando sopas.

SOPA DE MACARRÃO

(6 a 8 pessoas)

- 60 g de macarrão tipo farfale
- 400 g de abobrinhas cortadas em cubinhos
- 2 colheres de sopa de *tofu* cremoso
- 2 colheres de sopa de azeite de oliva
- 1 cebola cortada em pedaços pequenos
- 4 dentes de alho cortados em fatias finas
- 3 xícaras de água quente
- 1 colher de sopa rasa de caldo de vegetais em pó
- 1/4 de xícara de vinho branco seco
- 1/2 colher de sobremesa rasa de sal
- 1 colher de chá de orégano fresco
- 2 colheres de sopa de cebolinha verde picada

Croûton Basílico para Acompanhar Sopa

- 4 pães do tipo francês cortados em rodelas finas
- 5 colheres de sopa de azeite de oliva
- 4 colheres de sopa de folhas frescas de manjericão
- 1 colher de chá de sal
- 1 colher de sobremesa de cebola picadinha
- 1 colher de sobremesa de alho esmagado
- 1 pitada de sal

Em uma panela larga, aquecer o azeite e dourar a cebola e alho. Adicionar a abobrinha e cozinhar por 5 minutos, juntar a água quente, o caldo de vegetais em pó, o vinho branco, o sal e o orégano. Cozinhar por 20 minutos em fogo brando. Adicionar o macarrão e deixar em fogo alto até estar macio.
Antes de servir colocar o *tofu* e a cebolinha, mexendo delicadamente.
Esmagar em um pilão os temperos com o azeite de oliva. Deixar em repouso por 1 hora.
Espalhar o molho sobre as fatias finas de pão e levar ao forno a 180° C, por 25 minutos, ou até estarem douradas.
Servir os *croûtons* acompanhando sopas.

SOPA DE MILHO VERDE

(4 a 6 pessoas)

- 2 xícaras de milho fresco retirado da espiga (se possível ralado)
- 1/2 xícara de feijões de soja cozidos
- 1 xícara de cebola picada
- 1/2 xícara de aipo picado
- 2 xícaras de água fria
- 2 xícaras de água fervente
- 1 colher de sopa cheia de caldo de vegetais em pó
- 1 xícara de pimentão vermelho picado
- 1 colher de sobremesa de folhas frescas de manjericão picadas
- 4 colheres de sopa de *shoyo*
- 3 colheres de sopa de óleo

Croûton de Gergelim para Acompanhar Sopa

- 2 colheres de sopa de farinha de trigo
- 2 colheres de sopa de gergelim torrado
- 1 colher de chá de fermento químico em pó
- 1 colher de café de sal
- 1 colher de sopa de margarina amolecida

Aquecer o óleo e dourar a cebola, junto com o pimentão e o aipo.
Bater a soja e o milho com as 2 xícaras de água fria no liquidificador e passar por peneira. Adicionar o manjericão e o *shoyo*.
Diluir o caldo de vegetais na água fervente e juntar à panela. Manter o fogo baixo por 35 minutos. Retirar do fogo e servir em seguida, ainda quente, acompanhada de *croûtons*.
Colocar a farinha de trigo em uma tigela e misturar o gergelim e o sal, deixando por último a margarina. Trabalhar a massa com as mãos por 5 minutos. Formar bolinhas iguais, arrumá-las em uma assadeira untada e assar por 15 minutos em forno a 200° C. Retirar do forno quando os *croûtons* estiverem começando a dourar e servir junto com a sopa.

SOPA DE SHIIMEJI E PLEUROTUS

(6 a 8 pessoas)

- 150 g de cogumelos do tipo *shiimeji* fresco
- 150 g de cogumelos do tipo *pleurotus* fresco
- 1 colher de sopa de *shoyo* sabor *champignon*
- 2 colheres de sopa de margarina
- 1 cebola cortada em pedaços pequenos
- 2 dentes de alho espremido
- 1 colher de sopa de farinha de trigo integral
- 1/2 colher de chá de noz-moscada ralada
- 3 xícaras de água quente
- 1 colher de sobremesa de caldo de vegetais em pó
- 1 colher de sobremesa de manjericão roxo picado
- 2 colheres de sopa de salsa fresca picada
- 4 colheres de sopa de *tofu* cremoso com algumas gotas de limão

Bolinho de Champignon para Acompanhar Sopa

- 1 copo de *champignon* em conserva de tamanho pequeno
- 3 colheres de sopa de farinha de trigo branca
- 1/2 xícara de água fria
- 1 colher de sobremesa de fermento químico em pó
- 1 colher de sobremesa de gergelim
- 1 colher de cebola desidratada
- 1 pitada de sal
- óleo para fritar

Aquecer uma frigideira de ferro e grelhar os cogumelos. Espalhar o *shoyo* quando começarem a dourar, e aguardar o *shoyo* ser absorvido. Reservar.
Derreter a margarina em outra panela e dourar a cebola e o alho. Juntar os cogumelos grelhados e fritar por mais 1 minuto, sempre mexendo com colher de pau. Adicionar a farinha de trigo e a noz-moscada, deixar mais 2 minutos.
Diluir o caldo de vegetais na água quente e colocar lentamente sobre os cogumelos, mexendo lentamente até levantar fervura. Tampar a panela, colocar o manjericão, abaixar o fogo e cozinhar por mais 15 minutos, mexendo de vez em quando.
Servir colocando 1 colher de *tofu* cremoso e salsa picada.
Misturar em uma tigela a farinha de trigo com a água, o sal, o gergelim, a cebola e o fermento. Mexer bem, adicionar o *champignon* e fritar no óleo quente às colheradas, cuidando para retirar um por vez. Retirar com escumadeira quando estiverem dourados e escorrer em papel absorvente.

SOPA DE SOJA E TOMATE SECO

(4 a 6 pessoas)

- 450 g de grãos de soja cozidos
- 1 xícara de tomate seco picadinho
- 1 xícara de salsão picado
- 5 colheres de sopa de azeite de oliva
- 1 cebola cortada em pedaços pequenos
- 1 colher de chá de alho desidratado
- 4 xícaras de água fervente
- 2 colheres de sobremesa de caldo de vegetais em pó
- 1 folha de louro
- 1 colher de café de pimenta-do-reino verde amassada com um grafo
- 3 tomates descascados e sem sementes
- 3 colheres de sopa de salsa fresca picada
- 3 colheres de sopa de folhas frescas de manjericão picadas
- 1 colher de sobremesa rasa de sal

Croûton de Pão Sírio para Acompanhar Sopa

- 8 minipães sírios
- 3 colheres de sopa de margarina
- 1 colher de café alecrim desidratado
- 1 colher de chá de sal

Colocar o azeite em uma panela larga, e dourar a cebola e o alho. Adicionar o salsão e fritar mais 3 minutos. Colocar os feijões de soja cozidos e deixar por mais 5 minutos. Diluir o caldo de vegetais na água quente e adicionar à panela, assim como a pimenta, o louro, o sal, o tomate seco, o tomate fresco, tampar a panela e cozinhar por 20 minutos em fogo baixo.
Acrescentar a salsa e o manjericão e servir em seguida.
Derreter a margarina em uma frigideira bem larga, colocar o alecrim e, após 1 minuto adicionar as rode-

las de pão. Salpicar o sal e deixar em fogo baixo por 10 minutos, virando-as para dourar dos dois lados. Servir os *croûtons* quentes, acompanhando sopas.

SOPA DE TOFU E ALCAPARRA

(4 a 6 pessoas)

- 350 g de *tofu* firme cortado em cubos
- 1 cebola cortada em fatias
- 1 alho-poró picado
- 1 cenoura em fatias
- 1 colher de sopa de alcaparras
- 1 colher de sobremesa de raiz-forte em pó diluída em 1/2 copo de água
- 1 colher de sopa de caldo de vegetais em pó
- 1 e 1/2 litro de água
- 4 colheres de sopa de *missô* escuro
- 1/2 xícara de cebolinha verde picada
- 1/2 repolho pequeno cortado em quadradinhos

Croûton com Salsa e Azeitona para Acompanhar Sopa

- 3 fatias de pão de fôrma descascado e cortado em cubinhos
- 4 colheres de sopa de azeite de oliva
- 2 colheres de sopa de azeitonas pretas picadas
- 1 colher de sopa de salsa fresca picadinha
- 1 colher de sopa de *shoyo*
- 2 colheres de sopa de sumo de limão

Ferver a água em uma panela e adicionar o caldo de legumes, a cebola, o alho-poró, as alcaparras e a cenoura. Cozinhar em fogo médio por 15 minutos, em fogo baixo. Adicionar o repolho e a raiz-forte diluída e deixar por mais 10 minutos em fogo médio.

Colocar o *missô* com a panela já fora do fogo, juntar com a cebolinha verde e o *tofu* e servir imediatamente.

Colocar o azeite em uma frigideira bem larga e fritar a salsa e a azeitona. Adicionar o *shoyo*, o sumo de limão e os cubos de pão.

Mexer com colher de pau para misturar bem e dourar dos dois lados, em fogo baixo. Servi-los quentes, junto com sopas.

ARROZ E RISOTOS

ARROZ BRANCO COM PVT

(5 pessoas)

Arroz
- 2 copos de arroz branco
- 1 copo de PVT do tipo clara deixada de molho em água quente por 15 minutos
- 4 colheres de sopa de alho-poró
- 4 colheres de sopa de cebolinha verde picada
- 2 colheres de sopa de folhas frescas de manjericão picadas
- 2 tomates picados
- 2 colheres de sopa de óleo
- 4 copos de água quente
- 1/2 xícara de manga cortada em fatias finas
- 2 colheres de sopa de *shoyo*
- 1/2 colher de chá de sal

Grão-de-bico para Acompanhar Arroz
- 1 xícara de grão-de-bico deixado de molho por uma noite
- 3 xícaras de água
- 1 lata de tomate em conserva picado
- 2 colheres de sopa de óleo
- 1 cebola cortada em rodelas finas
- 3 colheres de sopa de *shoyo*
- 3 colheres de salsa fresca picada

Escorrer a PVT e espremer com as mãos limpas para retirar o máximo de água.

Colocar o óleo em uma panela larga, e fritar o alho, a cebola e o manjericão. Passados 5 minutos adicionar a PVT, o tomate picado, a manga, o sal e o *shoyo*. Mexer com colher de pau por 15 minutos, adicionar o arroz cru, mexer mais 5 minutos e então adicionar a água.

Manter o fogo médio por 25 minutos, ou até os grãos estarem macios e secos.

ARROZ BRANCO COM SALSICHA

(5 pessoas)

Arroz
- 2 copos de arroz branco cru
- 1 lata de salsicha de soja cortadas em tiras
- 1 cebola roxa cortada em tiras finas
- 2 copos de *shiitake* fresco cortado em tiras finas
- 2 colheres de sopa de óleo
- 4 copos de água quente
- 1 colher de chá de sal

Milho Doce para Acompanhar Arroz
- 2 xícaras de grãos de milho retirados da espiga
- 3 colheres de sopa de salsa fresca picada
- 2 colheres de sopa de margarina
- 1 colher de sobremesa rasa de açúcar
- 1 pitada de sal

Colocar o azeite de oliva em uma panela larga, fritar a cebola e quando estiver dourada adicionar o *shiitake,* a salsicha e o sal. Mexer com colher de pau por 10 minutos aproximadamente. Adicionar o arroz cru e mexer por mais 5 minutos. Juntar a água quente, tampar a panela e manter o fogo médio até o arroz estar macio e seco.

Derreter a margarina em uma panela larga, fritar a salsa, adicionar os grãos de milho e temperar com o sal e o açúcar. Tampar a panela e manter o fogo médio por 15 minutos, ou até o milho estar macio. Retirar do fogo e servir em uma travessa para acompanhar o arroz.

ARROZ BRANCO COM SOJA

(5 pessoas)

Arroz
- 2 copos de arroz branco cru
- 1 copo de soja cozida
- 3 colheres de sopa de óleo
- 4 copos de água quente
- 1 colher de chá de sal

- 1 colher de sobremesa de caldo de vegetais em pó
- 4 dentes de alho espremidos

Palmito para Acompanhar Arroz

- 2 copos de rodelas de palmito
- 2 colheres de sopa de *shoyo*
- 2 colheres de sopa de azeite de oliva
- 1 colher de sopa de vinagre de vinho tinto
- 1 colher de tempero tipo *chimichurri*
- 1 colher de chá de sal

Aquecer o óleo, fritar o alho e em seguida o arroz cru. Adicionar a soja, o caldo de vegetais e fritar por 5 minutos. Juntar a água fervendo, tampar a panela e manter o fogo médio por 30 minutos, ou até os grãos estarem macios e secos. Retirar a panela do fogo e deixá-la tampada por mais 10 minutos antes de arrumar em uma travessa.

Colocar as rodelas de palmito em uma tigela. À parte misturar os temperos e regar as rodelas de palmito.

Aquecer uma chapa própria para grelhar e colocar as rodelas de palmito temperadas. Dourar dos dois lados e em seguida arrumar em volta do arroz, já na travessa.

ARROZ COM ABOBRINHA ITALIANA E TOFU

(6 pessoas)

Arroz

- 2 copos de arroz integral
- 4 copos de água
- 2 copos de abobrinha italiana cortada em cubos
- 2 copos de *tofu* firme cortado em cubinhos
- 5 minicebolas cortadas em quadrados
- 1 colher de sopa de alho desidratado
- 1 colher de sobremesa de açafrão em pó
- 1 colher de sopa de folhas frescas de tomilho
- 2 colheres de sopa de sal
- 1 colher de sopa de margarina

Ninhos de Batata para Acompanhar o Arroz

- 1 batata grande descascada e ralada
- 1 colher de sobremesa de molho de *chilli*
- 1 colher de chá de sal
- óleo para fritar

Misturar em uma tigela a batata ralada com o molho de *chilli* e o sal e fritar às colheradas no óleo quente. Retirar com escumadeira e escorrer em papel absorvente.

Derreter a margarina na panela de pressão, fritar os pedaços de cebola, o alho desidratado, o tomilho e o açafrão. Adicionar a abobrinha, o *tofu* e o sal. Mexer, tampar a panela e deixar em fogo brando por 10 minutos. Adicionar o arroz, manter o fogo alto, sempre mexendo, por 10 minutos. Adicionar a água, fechar a panela e deixar em fogo médio por 40 minutos aproximadamente.

Apagar o fogo e retirar a pressão da panela antes de abri-la.

Colocar o arroz em uma travessa e servir com os ninhos de batata.

ARROZ COM AÇAFRÃO

(5 pessoas)

Arroz

- 1 xícara de arroz do tipo agulhinha
- 1/4 de xícara de soja cozida
- 2 colheres de sopa de óleo
- 1 cebola média picada
- 1 colher de sopa de levedo de cerveja
- 2 e 1/2 xícaras de água quente
- 2 colheres de sobremesa de caldo de vegetais
- 1/2 colher de chá de açafrão
- 3/4 de xícara de milho doce
- sal e pimenta-do-reino a gosto

Batata-doce para Acompanhar o Arroz

- 2 batatas-doces médias cozidas cortadas em fatias grossas
- 1 colher de sopa de gergelim torrado
- 3 colheres de sopa de açúcar mascavo
- 4 colheres de sopa de caldo de laranja
- 2 colheres de sopa cheias de margarina

Levar uma frigideira média, em fogo médio, aquecer o óleo e fritar a cebola até dourar.

Adicionar o arroz e fritar por 2 minutos. Acrescentar a água, o caldo de vegetais e o levedo de cerveja. Aumentar o fogo e assim que ferver redu-

zir o fogo, adicionar o açafrão, a soja cozida em grão e o milho doce. Ferver por 5 minutos.
Colocar toda a mistura de arroz em um pirex ou fôrma refratária, cobrir com tampa ou papel-alumínio e levar ao forno a 200° C por 10 ou 15 minutos.
Para servir, encher forminhas com o arroz e desenformar sobre o prato individual.
Derreter a margarina e em seguida derreter o açúcar mascavo, sempre mexendo com colher de pau.
Espalhar as fatias de batata-doce cozida em uma travessa e em seguida espalhar o açúcar derretido e o caldo de laranja.
Salpicar gergelim e levar ao forno quente por 20 minutos. Servir em seguida, acompanhando o arroz.

ARROZ COM BERINJELA E ABOBRINHA

(4 pessoas)

Arroz
- 1 xícara de arroz integral
- 1/4 de xícara de grão cozido de soja
- 4 xícaras de água

Cobertura de Berinjela e Abobrinha
- 1 berinjela cortada em cubinhos
- 2 colheres de sopa de óleo de milho
- 1 cebola picadinha
- 2 dentes de alho amassados
- 1/2 colher de chá de gengibre ralado
- 1 colher de café de manjericão desidratado
- 2 abobrinhas cortadas em cubinhos
- 1 pimentão verde cortado em quadradinhos
- 2 cenouras cortadas em tiras finas
- 1/2 xícara de milho doce em lata
- 1 colher de sopa de purê de tomate
- 2 colheres de sopa de *shoyo*
- 2 cenouras cortadas em cubinhos
- 1 pimentão vermelho picado
- 1/4 de xícara de margarina
- 1/4 de xícara de soja cozida
- 1 xícara de grão-de-bico cozido
- 1/2 xícara de vinho branco
- 4 colheres de sobremesa de caldo de vegetais em pó

Tofu ao Molho de Chutney para Acompanhar Risoto
- 200 g de *tofu* cortado em quadradinhos
- 2 colheres de sopa de óleo de milho
- 2 colheres de sopa de *shoyo*
- 2 colheres de sopa de *chutney* de manga

Em uma panela de pedra, colocar o arroz cru, a soja cozida e a água fria. Levar ao fogo alto e quando levantar fervura abaixar o fogo. Manter a panela semitampada por 40 minutos, ou até o arroz estar macio e seco. Retirar do fogo e reservar.
Colocar o *tofu* cortado em cubinhos em um prato e regar com 2 colheres de sopa de *shoyo*.
Levar uma frigideira ao fogo médio, adicionar 2 colheres de sopa de óleo de milho e fritar os cubos de *tofu*. Fritar por 5 minutos de cada lado. Retirar do fogo e reservar.
Na hora de servir colocar 2 colheres de *chutney* sobre o *tofu*.
Temperar a berinjela com sal e deixá-la em uma peneira por 20 minutos. Lavar em água corrente e deixe escorrendo.
Em uma frigideira média, em fogo médio, aquecer o óleo e fritar a cebola e o alho por 3 minutos. Adicionar a berinjela, a abobrinha, o pimentão, a cenoura, o manjericão sempre mexendo com colher de pau. Após 10 minutos acrescentar o milho, o purê de tomate e o *shoyo*. Cozinhar por 15 minutos até os vegetais estarem macios.
Servir o arroz, sobre ele a mistura de vegetais, e o *tofu* em cubos como guarnição.

ARROZ COM CASTANHAS E NOZES

(4 pessoas)

Arroz
- 1 xícara de arroz agulhinha
- 1/4 de xícara de soja cozida
- 2 colheres de sopa de óleo
- 1 cebola média picada
- 1 colher de sopa de levedo de cerveja
- 2 e 1/2 xícaras de água
- 1 colher de sopa cheia de caldo de vegetal em pó
- 1/2 colher de chá de açafrão em pó
- 3/4 de xícara de milho doce
- 1 xícara de castanha cozida e descascada
- 1/4 de xícara de uvas passas sem caroço
- 1/4 de xícara de nozes picadas
- 2 colheres de sopa de salsa fresca picada

Tomates Grelhados para Acompanhar Risoto
- 3 tomates médios
- 6 colheres de sopa de sumo de laranja
- 2 colheres de sopa de cebolinha verde picada
- 1 colher de chá de sal
- 1 colher de café de pimenta-dedo-de-moça picada

Em uma panela, em fogo médio, aquecer o óleo e dourar a cebola. Adicionar o arroz e fritar por 2 minutos. Colocar a água, o caldo de vegetais, o levedo de cerveja e manter o fogo alto até ferver.
Abaixar o fogo, adicionar o açafrão, a soja cozida em grão e o milho. Ferver por 5 minutos.
Adicionar a castanha, as passas, as nozes e a salsa fresca.
Transferir para um pirex ou fôrma refratária e levar ao forno a 200° C por 10 a 15 minutos.
Colocar o sumo de laranja em uma tigela e adicionar a cebolinha, o sal e a pimenta. Deixar em repouso por 20 minutos.
Cortar os tomates em rodelas, espalhar o molho sobre cada uma e grelhar em chapa quente, cuidando para que doure dos dois lados.
Arrumar os tomates grelhados na travessa do arroz.

ARROZ COM COMINHO

(4 pessoas)

Arroz
- 1 e 1/2 xícara de arroz agulhinha
- 4 cebolas tipo pirulito cortadas em tiras finas
- 2 colheres de sopa de óleo
- 1 colher de sopa de margarina
- 1/2 colher de chá de semente de cominho
- 3 cravos-da-índia
- 1/2 colher de chá de sal
- 1 pedaço pequeno de canela em pau
- 1 folha de louro
- 2 e 1/2 xícaras de água quente
- 1 colher de sobremesa de caldo de vegetais em pó

Abobrinhas Grelhadas para Acompanhar Risoto
- fatias de abobrinha
- 2 colheres de sopa de alho-poró picado
- 1 colher de sopa de óleo de gergelim
- 3 colheres de sopa de *shoyo*
- 2 colheres de sopa de vinagre
- 1 pitada de pimenta calabresa

Levar uma frigideira oriental tipo *wok* ao fogo médio. Aquecer o óleo de milho e dourar a cebola. Escorrer em papel absorvente e reservar.
Deixar o arroz de molho por 10 minutos. Trocar a água e deixar de molho por mais 10 minutos. Escorrer a água.
Em uma panela média, derreter a margarina, fritar por um minuto o cominho, o cravo, a canela e o louro. Adicionar o arroz, deixar por 2 minutos e em seguida adicionar o sal, a água e o caldo de vegetais. Aumentar o fogo e quando ferver tampar a panela e abaixar o fogo. Cozinhar por 15 minutos, ou até todo o líquido ter sido absorvido pelo arroz.
Retirar a folha de louro e a canela, espalhar o arroz em uma travessa e por cima colocar a cebola frita.
Colocar o *shoyo* em uma tigela e adicionar o alho, o óleo, o vinagre e a pimenta. Deixar em repouso por 20 minutos.
Cortar as abobrinhas em fatias, espalhar o molho

sobre cada uma e grelhar em chapa quente, cuidando para que doure dos dois lados.
Arrumar as fatias de abobrinha grelhadas sobre o arroz.

ARROZ COM SÁLVIA

(4 pessoas)

Arroz
- 1 copo de arroz arbório cru
- 1 colher de grão de soja picado e tostado
- 2 e 1/2 copos de água quente
- 3 colheres de sopa de uvas passas
- 3 colheres de sopa de cebola picadinha
- 1 colher de sopa de óleo de milho
- 1 colher de sopa de salsa desidratada
- 1/2 colher de chá de folhas de sálvia picadas
- 1 colher de café rasa de canela em pó
- 2 colheres de sobremesa de *missô*

Bolinho de Batata para Acompanhar o Arroz
- 1 xícara de purê de batata
- 1 colher de café de sal
- 1 colher de sobremesa de orégano desidratado
- 2 colheres de sopa de farinha de trigo branca
- 1 colher de sopa de maisena
- 1 colher de sobremesa de fermento químico em pó
- 1 colher de café de alho desidratado
- óleo para fritar

Em uma panela média, em fogo baixo, colocar o óleo de milho e quando estiver quente adicionar a cebola e fritá-la por 3 minutos. Adicionar em seguida a água, a uvas passas, a salsa picada, a sálvia, a canela e a soja picada.
Deixar ferver e então adicionar o arroz. Quando levantar fervura abaixar o fogo e manter a panela tampada. Cozinhar por 40 minutos, até a água secar.
Retirar do fogo, afofar o arroz com um garfo e deixar a panela coberta por 5 minutos antes de servir.
Misturar o purê de batatas com todos os temperos e o sal. Adicionar a farinha de trigo e a maisena. Por último colocar o fermento químico.
Formar bolinhos iguais com as mãos e fritá-los em óleo quente. Retirar quando estiverem dourados e escorrer em papel absorvente.

ARROZ COM SEMENTE DE MOSTARDA-PRETA

(4 pessoas)

Arroz
- 1 xícara de arroz integral
- 2 colheres de sopa de óleo de milho
- 1 xícara de bife de soja fatiado como que desfiado
- 1 colher de sopa de sementes de mostarda-preta
- 1/2 colher de chá de *curry* em pó
- 1/2 colher de chá de açafrão
- 2 colheres de sopa de *shoyo*
- 2 e 1/2 xícaras de água
- 1 colher de chá de casca de limão ralada

Farofa de Batata Palha para Acompanhar Arroz
- 1 xícara de batata palha
- 2 xícaras de farinha de mandioca tipo biju
- 4 colheres de sopa de uvas passas sem sementes
- 3 colheres de sopa de margarina

Deixar o arroz de molho por 20 minutos e em seguida escorrer.
Aquecer o óleo em fogo médio, adicionar a semente de mostarda e o *curry*, fritando ligeiramente. Juntar o arroz, o açafrão, o *shoyo* e a água e manter o fogo alto até começar a ferver. Tampar a panela e abaixar o fogo, deixando por 20 minutos, ou até que o líquido tenha sido absorvido e os grãos estejam macios. Retirar a panela do fogo, misturar a casca de limão mexendo delicadamente e colocar em uma travessa todo o arroz.
Derreter a margarina, dourar a farinha em fogo baixo sempre mexendo com colher de pau. Assim que começar a dourar, adicionar a batata e as passas. Mexer e colocar em uma travessa à parte para acompanhar.

ARROZ COM TOFU E ERVILHAS SECAS

(4 pessoas)

Arroz

- 1 e 1/2 xícara de arroz branco
- 1 e 1/2 xícara de ervilha seca deixada de molho por uma noite e escorrida
- 200 g de *tofu* firme cortado em quadradinhos
- 1/3 de xícara de margarina
- 1 pitada de noz-moscada
- 1 pitada de sal
- 1 colher de chá de páprica doce
- 2/3 de xícara de leite de soja
- 3 colheres de sopa de salsa fresca picada
- 1 colher de sopa de grãos de soja torrados
- 1 colher de sopa de margarina para após o cozimento
- água quente

Pepino para Acompanhar Arroz

- 1 xícara de pepino caipira cortado em rodelas finas
- 1 xícara de melancia cortada em cubos
- 4 minicebolas cortadas em rodelinhas
- 1 colher de café de sal
- 1 colher de café de pimenta-do-reino moída

Molho para Acompanhar Arroz

- 1 xícara de *tofu* cremoso
- 1 colher de sopa de *tahine* concentrado
- 1 colher de sopa de cebolinha verde
- 1 colher de sopa de óleo de gergelim
- 1 colher de sopa de azeite de oliva
- 3 colheres de sopa de sumo de limão
- 1 colher de chá de sal

Em uma panela grande derreter a margarina e fritar a cebola por 5 minutos, sempre mexendo com colher de pau.

Adicionar as ervilhas escorridas, o arroz e água quente suficiente para cobrir. Assim que começar a ferver contar 35 minutos. Adicionar o *tofu*, a noz-moscada, o sal, a páprica, o leite de soja e salsa. Mexer bem e cozinhar por mais 5 minutos. Servir quente.

Cortar o pepino em rodelas. Salpicar-lhes sal e pimenta-do-reino e deixá-los escorrer em um peneira por 20 minutos.

Dispor em uma travessa as rodelas de pepino, os cubos de melancia e por cima as rodelas de cebola.

Colocar o *tofu* no liquidificador, ligar e ir adicionando os demais ingredientes até estar cremoso.

Regar a travessa de pepino e servir junto com o arroz.

ARROZ ESPANHOL

(4 pessoas)

Arroz

- 1 xícara de arroz tipo agulhinha
- 3 colheres de sopa de azeite de oliva
- 1/4 de xícara de soja cozida
- 1/2 xícara de cebola picada
- 1 colher de chá de açafrão
- 1 colher de chá de *curry* em pó
- 1 colher de chá de sal
- 1 colher de chá de *chilli* em pó
- 1/2 xícara de pimentão verde picado
- 2 dentes de alho esmagados
- 1/2 xícara de azeitonas verdes sem caroço
- 2 tomates sem sementes e sem casca
- 2 xícaras de água quente
- 1 e 1/2 colher de sopa de caldo de vegetal
- 1/2 xícara de milho doce em lata
- 1/2 xícara de ervilhas frescas

Torrada para Acompanhar Risoto

- 3 fatias de pão de fôrma cortadas em quadradinhos
- 3 colheres de sopa de azeite de oliva
- 1 colher de café de páprica picante
- 1 pitada de sal

Creme de Abacate Salgado para Acompanhar Risoto

- 1 abacate maduro amassado
- 1 tomate grande e maduro descascado e sem sementes, picadinho
- 2 colheres de sopa de cebolinha verde picada
- 1 colher de sopa de salsa fresca picada
- 3 colheres de sopa de sumo de limão
- 2 colheres de chá de *missô*
- 1 colher de sopa de azeitonas pretas picadas

Aquecer o azeite de oliva em uma frigideira bem larga. Colocar a páprica e o sal, misturar com uma colher de pau e arrumar as quadradinhos de pão. Manter o fogo baixo por 20 minutos, virar os quadradinhos e dourar do outro lado por mais 15 minutos, sempre em fogo baixo.

Em uma tigela colocar o abacate amassado. Ir adicionando os ingredientes e ao mesmo tempo ir misturando com um garfo.

Em uma frigideira oriental tipo *wok*, colocar o azeite de oliva e fritar a cebola até estar dourada. Adicionar o arroz e fritar por 2 minutos. Acrescentar o açafrão, o *curry*, o sal, o *chilli*, o pimentão e a azeitona. Cozinhar por 5 minutos e adicionar o caldo de vegetais diluído na água quente. Ferver por 5 minutos, adicionar o tomate, o milho e as ervilhas.

Transferir para um pirex ou fôrma refratária e levar ao forno a 200° C por 40 minutos.

Colocar o arroz em uma travessa, por cima colocar as torradinhas e cobrir com o molho de abacate.

ARROZ FRITO

(2 a 4 pessoas)

- 250 g de *tofu* cortado em cubos (colocar o *tofu* cortado em uma tigela, congelar por 3 horas, sendo que o ideal seria por 12 horas. Retirar e deixar descongelar sobre papel absorvente)
- 1 cebola grande cortada em rodelas finas
- 2 aipos cortados em fatias finas
- 1 pimentão amarelo cortado em quadradinhos
- 2 xícaras de arroz cozido
- 1/2 xícara de cebolinha picada
- 2 colheres de sopa de óleo de milho
- 2 colheres de sopa de *shoyo* escuro

Colocar em uma frigideira 1 colher de sopa de óleo e fritar os cubos de *tofu* por 5 minutos. Adicionar o *shoyo* aos poucos até ser absorvido pelo *tofu*. Tampar a frigideira e reservá-la.

Em outra frigideira colocar 1 colher de sopa de óleo e dourar a cebola. Adicionar o aipo e o pimentão e fritar por 5 minutos. Adicionar o arroz cozido e fritar por 5 minutos.

Arrumar em uma travessa o *tofu*, por cima dispor o arroz e para decorar espalhar cebolinha verde picada. Servir quente.

ARROZ INTEGRAL COM BROTO DE SOJA

(6 pessoas)

Arroz

- 2 copos de arroz integral
- 1 copo de broto de soja
- 5 dentes de alho espremidos
- 1/2 xícara de coentro fresco picadinho
- 1 colher de chá de cominho em pó
- 4 copos de água fria
- 1 colher de sobremesa de sal

Tomates Recheados para Acompanhar Arroz

- 6 tomates pequenos
- 1/2 xícara de *shiitake* seco passado no processador
- 2 colheres de sopa de molho de tomate
- 2 colheres de sopa de pão de fôrma amassado (amassá-los com as mãos limpas)
- 1 colher de sobremesa de alho desidratado
- 2 colheres de sopa de salsa fresca picada
- 3 colheres de sopa de azeite de oliva
- 1/2 colher de sobremesa de sal
- 1 colher de sopa de margarina

Colocar o arroz na panela de pedra com os demais ingredientes, inclusive a água fria. Levar ao fogo alto e assim que ferver manter o fogo baixo por 35 minutos, ou até o grão estar macio e seco.

Virar o arroz em uma travessa.

Lavar bem os tomates, cortar uma tampa na parte superior de cada um e retirar-lhes as sementes.

Misturar os demais ingredientes e rechear os tomates. Assar por 15 minutos em forno alto.

Espalhar os tomates recheados na travessa do arroz e servir em seguida.

ARROZ INTEGRAL COM MILHO E PVT

(6 pessoas)

Arroz

- 1 copo de arroz integral cru
- 2 copos de grãos de milho crus (recém tirados da espiga)
- 1/2 xícara de castanha de caju picadinha
- 2 copos de água fria
- 2 dentes de alho cortados em pedaços

PVT para Arroz

- 1 xícara de PVT do tipo miúda
- 1 cebola roxa cortada em rodelas finas
- 1 pimentão vermelho cortado em rodelas finas
- 1 talo de erva-doce em rodelas finas
- 3 colheres de sopa de óleo
- 1 colher de chá de sal
- 2 colheres de sopa de *shoyo* escuro
- água fervente

Lavar o arroz integral e colocar numa panela de pedra com os grãos de milho, a castanha de caju, o alho e a água fria.

Levar a panela ao fogo alto e mantê-la semitampada por 40 minutos aproximadamente, ou até a água secar e os grãos estarem macios.

Manter a panela tampada por 15 minutos, fora do fogo.

Para o preparo da PVT, cobri-la com água fervente e deixar de molho por 15 minutos. Escorrer em uma peneira e pressionar a PVT para retirar o máximo possível de água.

Aquecer o óleo em uma frigideira larga, dourar as rodelas de cebola e em seguida o pimentão e a erva-doce. Juntar a PVT, o *shoyo* e o sal.

Espalhar o arroz cozido numa travessa e por cima dispor a PVT temperada. Servir em seguida.

ARROZ INTEGRAL COM PVT

(5 pessoas)

Arroz

- 1 copo de arroz integral deixado de molho por uma noite e escorrido
- 1/2 copo de PVT do tipo miúda e escura
- 1 cebola ralada
- 1 dente de alho espremido
- 1/2 copo de cenoura ralada
- 3 colheres de sopa de azeite de oliva
- 1/2 xícara de azeitona chilena
- 2 e 1/2 copos de água quente
- 1 colher de chá de sal

Tomate Temperado para Acompanhar Arroz

- 3 tomates maduros cortados em fatias no sentido do comprimento
- 1 colher de chá de orégano desidratado
- 1 colher de sopa de *shoyo*
- 1 colher de sopa de molho de mostarda
- 1 colher de sopa de molho de *catchup*
- 1 colher de sopa de maionese de soja
- 1 colher de café de alho desidratado

Colocar o azeite de oliva em uma panela larga, fritar a cebola e o alho, adicionar a PVT seca e mexer com colher de pau.

Acrescentar à panela a cenoura, azeitona e o sal, fritar por mais 10 minutos e então colocar o arroz.

Mexer por 10 minutos e adicionar a água quente.

Mexer e deixar com a panela semitampada em fogo baixo, por 30 minutos, ou até o arroz estar macio.

Arrumar as fatias de tomate em uma travessa.

Misturar em uma tigela todos os molhos e temperos, mexendo até tornar-se um creme homogêneo.

Deixar reservado por 10 minutos e então regar os tomates e servi-los acompanhando o arroz.

ARROZ INTEGRAL COM SALSICHA VEGETAL

(5 pessoas)

Arroz
- 1 copo de arroz integral
- 2 copos de salsicha vegetal picada
- 1/2 pimentão vermelho cortado em quadradinhos
- 1/2 pimentão amarelo cortado em quadradinhos
- 1/2 pimentão verde cortado em quadradinhos
- 1 cebola roxa cortada em quadradinhos
- 1 colher de chá de açafrão
- 1 colher de sobremesa de sementes de papoula
- 3 copos de água
- 1 colher de sopa de azeite de dendê
- 1 colher de sopa de óleo de milho
- 1 colher de chá de sal

Bolinho de Mandioca para Acompanhar o Arroz
- 2 xícaras de mandioca crua descascada e ralada
- 2 colheres de sopa rasas de farinha de trigo
- 1 colher de sobremesa rasa de fermento químico em pó
- 2 colheres de sopa de azeitona chilena picada
- 1 colher de sopa de cebolinha verde picada
- 1 colher de chá de caldo de vegetais em pó
- 1 colher de chá de sal
- óleo para fritar

Colocar o óleo e o azeite de dendê em uma panela e levar ao fogo alto. Fritar os quadradinhos de pimentão e a cebola por 10 minutos. Acrescentar a salsicha, o açafrão, a semente de papoula e o sal. Fritar por mais 5 minutos.
Colocar o arroz e a água. Tampar a panela, manter o fogo médio por aproximadamente 35 minutos, ou até os grãos de arroz estarem macios e secos. Retirar a panela do fogo e deixá-la tampada por 10 minutos, antes de colocar o arroz em uma travessa.
Colocar óleo em uma frigideira grande e levá-la ao fogo alto.
Colocar a mandioca ralada em uma tigela e adicionar os temperos, o sal, a azeitona, a farinha de trigo. Mexer bem e adicionar por último o fermento.
Formar bolinhos iguais e mergulhar um a um no óleo quente.
Retirar com escumadeira quando estiverem dourados e escorrer em papel absorvente.
Espalhar os bolinhos por cima do arroz antes de servir.

ARROZ INTEGRAL COM SOJA MOÍDA

(5 pessoas)

Arroz
- 1 copo de arroz integral
- 1 copo de soja cozida e moída
- 2 colheres de sopa de castanha de caju picadinha
- 4 colheres de sopa de cebolinha verde picada
- 2 colheres de sobremesa de alho desidratado
- 2 copos de água fria
- 1 colher de chá de sal

Batata para Acompanhar Arroz
- 1 xícara de batata ralada em rodelas finas
- 1 cebola cortada em rodelas finas
- 3 copos de chicória cortada bem fininha
- 2 colheres de sopa de margarina
- 1 colher de café de pimenta-do-reino moída
- 1/3 de copo de leite de soja
- 1/2 colher de sobremesa de sal

Colocar o arroz na panela de pedra com os demais ingredientes, inclusive a água fria. Levar ao fogo alto e assim que ferver manter o fogo baixo por 35 minutos, ou até o grão estar macio e seco.
Virar o arroz em uma travessa.
Derreter a margarina em uma panela, colocar as rodelas de batata e tampar. Manter fogo médio por 5 minutos. Adicionar as rodelas de cebola, a chicória, a pimenta, o leite de soja e o sal. Tampar a panela e deixar em fogo médio por 15 minutos e depois mais 5 minutos com panela destampada.
Espalhar a batata em volta do arroz preparado (já na travessa) e servir em seguida.

ROZ INTEGRAL FÁCIL

(4 pessoas)

Arroz
- 2 copos de arroz integral
- 1/2 copo de grãos de soja já cozidos
- 5 copos de água fria
- 1 colher de chá de sal
- 1 colher de sopa de alho desidratado
- 2 colheres de sopa de *shoyo*

Croquete de Cenoura para Acompanhar Arroz
- 1/2 xícara de cenoura ralada
- 1/2 xícara de PVT deixada de molho em água
- 1 cebola ralada
- 1 colher de chá de sal
- 2 colheres de sopa de salsa fresca ralada
- óleo para fritar

Aquecer o forno a 200° C.
Lavar e escorrer o arroz integral, misturar com os demais ingredientes, exceto a água. Mexer bem e colocar em um pirex que tenha tampa ou em uma travessa refratária coberta com papel-alumínio.
Adicionar a água, levar ao forno e deixar até o arroz da superfície começar a aparecer. Manter o pirex, ou a fôrma, tampada, até o arroz estar macio.
Aguardar 10 minutos fora do forno e ainda tampado antes de servir o arroz.
Misturar os ingredientes, formar bolinhos com as mãos e fritá-los em óleo quente, cuidando para dourar dos dois lados. Retirar com uma escumadeira e escorrer em papel absorvente. Espalhar por cima do arroz e servir.

ARROZ RÁPIDO COM VEGETAIS

(4 pessoas)

Arroz
- 1 xícara de arroz integral
- 1/4 de xícara de soja cozida
- 2 e 1/2 xícaras de água quente
- 1 colher de sobremesa de caldo de vegetais em pó
- 1 copo de seleta de legumes congelados
- 1/4 de xícara de tomate seco picado

Batata Sauté
- 4 batatas médias descascadas e cortadas em quatro partes
- 4 colheres de margarina
- 2 colheres de sopa de salsa fresca picada
- 1 colher de sopa cheia de *chutney* de manga

Levar uma panela de pedra, cozinhar o arroz com a água e o caldo de vegetais, por 20 minutos. Adicionar a seleta de legumes, a soja e cozinhar por mais 5 minutos. Acrescentar o tomate seco, mexendo suavemente. Colocar o arroz em uma travessa e servir.
Cozinhar as batatas em uma panela com água suficiente por 15 minutos, a contar depois de iniciada a fervura.
Levar uma frigideira grande ao fogo médio, derreter a margarina, fritar a salsa e fritar as batatas por 15 minutos, cuidando para que dourem por igual.
Retirar as batatas, polvilhar sal e espalhar por cima o *chutney* de manga.

ARROZ SELVAGEM COM ALCACHOFRA

(5 pessoas)

Arroz
- 1 copo de arroz selvagem
- 1 colher de sopa de óleo
- 2 e 1/2 copos de água quente
- 1 colher de chá de sal

Refogado de Alcachofra para Acompanhar Arroz
- 2 xícaras de fundo de alcachofra
- 1 xícara de molho de tomate temperado
- 3 colheres de sopa de salsa fresca picada
- 2 colheres de sopa de alho fresco espremido
- 1 colher de chá de caldo de vegetais em pó
- 3 colheres de sopa de castanha-do-pará picadinha
- 3 colheres de sopa de azeite de oliva

Base de Tofu para Arroz
- 250 g de *tofu*
- 1 pimentão vermelho
- 1/3 de copo de leite de soja
- 1/2 colher de sobremesa de sal
- 1 colher de sopa de margarina

Colocar o arroz na panela de pressão junto com a água e o sal e cozinhar por 30 minutos em fogo brando, a começar a contar a partir do início da pressão.
Aquecer o azeite de oliva, dourar o alho, adicionar a salsa e os cubinhos de alcachofra e refogar por 10 minutos. Adicionar os demais ingredientes e deixar em fogo brando por 15 minutos. Retirar a panela do fogo e deixar reservada.
Aquecer o forno a 200° C.
Bater todos os ingredientes no liquidificador, adicionando mais leite se necessário para o funcionamento do aparelho.
Espalhar o creme obtido em uma fôrma refratária grande, de modo a forrar o fundo. Assar por 40 minutos.
Espalhar o arroz por cima do *tofu* assado e por cima o refogado de alcachofra.
Servir em seguida.

ARROZ SELVAGEM COM BIFE DE SOJA

(5 pessoas)

Arroz
- 2 copos de arroz selvagem deixado de molho por uma noite e escorrido
- 3 colheres de sopa de óleo
- 5 copos de água quente
- 1 colher de chá de sal
- 1 lata de bife vegetal cortado em tiras finas
- 1 pimentão vermelho cortado em tiras finas
- 3 colheres de sopa de alho-poró picado
- 1 copo de abacaxi cortado em tiras
- 3 colheres de sopa de talo de erva-doce cortado em tiras finas
- 1 colher de sobremesa de caldo de vegetais em pó

Farofa de Escarola para Acompanhar Risoto
- 4 copos de escarola fresca cortada bem fininha
- 2 xícaras de farinha de mandioca do tipo biju
- 2 colheres de sopa de margarina
- 3 colheres de sopa de salsa fresca picadinha
- 1 colher de chá de sal

Aquecer o óleo em uma panela tipo *wok* e fritar as tiras de pimentão por 10 minutos. Adicionar o alho-poró, a erva-doce, o sal e o bife. Deixar em fogo alto por mais 10 minutos. Colocar então o abacaxi e o arroz e fritar por mais 10 minutos.
Adicionar a água quente e o caldo de vegetais e cozinhar o arroz até a água secar. Adicionar mais água caso a água seque e o arroz não esteja macio. Manter a panela tampada por 10 minutos antes de servir o arroz.
Derreter a margarina em uma panela larga, adicionar a salsa e fritar por 5 minutos. Adicionar a escarola cortada em fatias finas e deixar em fogo médio por 10 minutos, ou até estar macia.
Adicionar aos poucos a farinha de mandioca, sempre mexendo com colher de pau. Manter o fogo médio até a farofa estar bem quente e a farinha levemente dourada.
Retirar a panela do fogo e servir a farofa acompanhando o arroz.

ARROZ SELVAGEM COM COGUMELO-PARIS

(4 pessoas)

Arroz
- 1 xícara de arroz selvagem
- 1 xícara de cogumelo-paris fatiado
- 1/2 xícara de soja cozida e moída
- 1 colher de sopa de azeite de oliva
- 4 dentes de alho espremidos
- 3 colheres de sopa de margarina
- 1 pimentão vermelho picado
- 1 lata de tomate, pelado e picado
- 2 e 1/2 xícaras de água quente
- 2 colheres de sobremesa de caldo de vegetais
- 1 colher de chá de sal
- 1 colher de sopa de *shoyo*

Cebola Caramelizada para Acompanhar Arroz
- 2 cebolas grandes fatiadas
- 2 colheres de sopa de margarina
- 2 colheres de sopa de açúcar mascavo
- 1 colher de sopa de óleo de milho
- 1 pitada de sal

Preaquecer o forno a 200° C.

Aquecer o óleo em uma panela de barro (para que posteriormente possa ir ao forno), juntar a margarina e dourar a cebola e o alho. Em seguida colocar o pimentão e o cogumelo. Mexer e manter o fogo médio até os cogumelos estarem macios.

Adicionar o arroz e a soja cozida, fritar por 3 minutos e em seguida adicionar a água e o caldo de vegetais em pó. Deixar o fogo alto e colocar o sal e o *shoyo*. Tampar a panela e levá-la ao forno por 50 minutos. Retirar do forno e servir na própria panela.

Aquecer o óleo e a margarina em uma frigideira grande, colocar a cebola, espalhar um pouco de sal e fritar por 10 minutos, ou até estarem douradas. Polvilhar o açúcar mascavo e aguarde uns 5 minutos, ou até estarem caramelizadas.

ARROZ SELVAGEM COM ESPECIARIAS

(5 pessoas)

Arroz
- 1 copo de arroz selvagem
- 1 colher de sopa de óleo
- 2 e 1/2 copos de água quente
- 1 colher de chá de gengibre ralado
- 1 colher de sobremesa de caldo de vegetais
- 2 copos de água
- 4 colheres de sopa de uvas passas claras sem sementes
- 1 colher de sopa de *shoyo light*
- 1 colher de café de sementes de cardamomo
- 3 cravos-da-índia

Abobrinha Italiana Frita
- 2 abobrinhas italianas cortadas em rodelas grossas
- 3 colheres de sopa de farinha de trigo branca
- 1/2 xícara de leite de soja
- 1 colher de café de sal
- 1 pitada de caldo de vegetais
- 1 colher de sopa de alho-poró picadinho
- 1 colher de chá de fermento químico
- óleo de milho para fritar

Em uma panela média aquecer o óleo em fogo médio e quando estiver quente adicionar a cebola e fritar por 4 minutos, sempre mexendo com colher de pau. Adicionar o alho e o gengibre e continuar a fritar por mais 4 minutos.

Adicionar a água, as passas, o caldo de vegetais, o *shoyo*, o cardamomo, o cravo e uma pitada de sal, se necessário. Quando ferver adicionar o arroz. Tampar a panela, abaixar o fogo e cozinhar por 30 minutos, até os grãos estarem macios e secado a água.

Retirar do fogo, afofar o arroz com um garfo e deixar a panela coberta por 5 minutos antes de servir.

Em uma tigela misturar a farinha de trigo com o leite de soja, os temperos, o sal e por último o fermento.

Aquecer óleo de milho em uma frigideira larga e funda.

Mergulhar as rodelas de abobrinha no creme feito

e em seguida fritá-las. Virar com escumadeira para dourarem dos dois lados e em seguida escorrer em papel absorvente. Salpicar sal e espalhar por cima do arroz já pronto.

ARROZ SELVAGEM COM LENTILHA E NOZ-PECÃ

(5 pessoas)

Arroz
- 1 xícara de arroz selvagem
- 1/4 de xícara de noz-pecã cortada grosseiramente
- 1/2 xícara de lentilhas cruas
- 1/4 de xícara de soja cozida em grão
- 3 colheres de sopa de óleo de milho
- 3 colheres de sopa de margarina
- 1 cebola média picada
- 1 cenoura média picada
- 1 colher de sopa de purê de tomate
- 1 colher de chá de *shoyo light*
- 2 colheres de chá rasas de *curry* em pó

Croquete para Acompanhar Arroz
- 1 xícara de batata ralada
- 1/2 cebola ralada
- 1 colher de café de sal
- 1 colher de sobremesa de *missô*
- óleo para fritar

Molho de Caqui Salgado
- 1/2 xícara de maionese de soja
- 1 caqui grande, maduro
- 1 colher de sopa de molho de mostarda
- 1 colher de sobremesa de xarope de *maple*
- 1 colher de chá de sal
- 1 colher de sobremesa de semente de mostarda

Cozinhar por 20 minutos o arroz em uma panela e as lentilhas em outra, também por 20 minutos.
Escorrer ambos e misturá-los.
Em uma frigideira tipo *wok* em fogo médio, colocar o óleo de milho e a margarina. Quando estiver quente adicionar a cebola, a cenoura e a soja em grão. Fritar por 5 minutos.
Adicionar o arroz e a lentilha e fritar por 5 minutos em fogo baixo. Acrescentar o purê de tomate, o *curry*, o *shoyo* e as nozes picadas. Deixar por 5 minutos. Retirar do fogo e dispor o arroz em uma travessa.
Misturar os ingredientes em uma tigela e fritar às colheradas em óleo quente. Retirar com escumadeira, escorrer em papel e espalhar sobre o arroz.
Descascar o caqui, batê-lo no liquidificador com maionese, adicionar o molho de mostarda, o xarope de *maple* e o sal. Colocar o molho em uma tigela, adicionar as sementes de mostarda e regar os croquetes. Servir em seguida.

ARROZ SELVAGEM COM SALSICHA

(5 pessoas)

Arroz
- 1 copo de arroz selvagem deixado de molho por uma noite e escorrido
- 2 e 1/2 copos de água quente
- 1 colher de chá de sal
- 2 xícaras de salsicha vegetal picada em tamanhos bem pequenos
- 1 copo de tomate picado
- 1 colher de sopa de alho desidratado
- 4 colheres de sopa de cebola desidratada
- 2 colheres de sopa de azeite de oliva
- 1 colher de sopa de óleo de gergelim

Bolinho de Cenoura para Acompanhar Arroz
- 1 xícara de cenoura ralada bem fina
- 1 colher de sopa cheia de farinha de trigo
- 3 colheres de sopa de molho de tomate
- 1 colher de sopa de cebolinha verde picada
- 1/2 colher de chá de sal
- 1 colher de sobremesa de fermento químico em pó
- óleo para fritar

Colocar o azeite de oliva e o óleo de gergelim em uma panela larga, e levar ao fogo alto. Fritar a cebola, o alho e a salsicha picada por 10 minutos, mexendo sempre com colher de pau. Adicionar o arroz e deixar por mais 5 minutos, quando então deve-se adicionar o tomate, o sal e por último a água quente.

Mexer e deixar com a panela semitampada em fogo baixo, por 40 minutos, ou até o arroz estar macio.
Misturar todos os ingredientes do bolinho, deixando para o fim o fermento químico.
Aquecer o óleo em uma frigideira funda e fritar às colheradas.
Retirar os bolinhos com escumadeira quando começarem a dourar.
Escorrer em papel absorvente e espalhar sobre o arroz pronto antes de servir.

ARROZ SELVAGEM COM TOFU

(5 pessoas)

Arroz
- 1 copo de arroz selvagem
- 1 copo de *tofu* em cubos
- 1 colher de sobremesa de caldo de vegetais em pó
- 3 dentes de alho picados
- 1 colher de sopa de óleo
- 2 e 1/2 copos de água quente
- 1 colher de chá de sal

Croquete de Nabo e Nozes para Acompanhar Arroz
- 1 xícara de nabo ralado
- 2 colheres de nozes picadas
- 4 colheres de sopa de farinha de trigo integral
- 1/2 xícara de leite de soja
- 1 colher de sobremesa de fermento químico em pó
- 1 colher de sobremesa de *missô*
- óleo para fritar

Molho de Figo Salgado
- 1 xícara de maionese de soja
- 3 colheres de sopa de vinagre
- 4 colheres de sopa de vinho branco seco
- 1 colher de sobremesa de cebola desidratada
- 1 figo fresco picadinho
- 1 colher de chá de sal

Colocar o arroz na panela de pressão junto com a água, o sal, o caldo de vegetais, o alho picado, o *tofu* e cozinhar por 30 minutos em fogo brando, a começar a contar a partir do início da pressão.
Retirar a panela do fogo e aguardar 10 minutos para então colocar o arroz em uma travessa e servir em seguida.
Misturar todos os ingredientes em uma tigela, mexendo delicadamente até estar um molho homogêneo.
Deixar reservado por 20 minutos.
Misturar os ingredientes, formar bolinhos com as mãos e fritá-los em óleo quente, cuidando para dourar dos dois lados.
Retirar com uma escumadeira e escorrer em papel absorvente. Espalhar por cima do arroz e servir com o molho já preparado, por cima de tudo.

RISOTO COM BRÓCOLIS

(4 pessoas)

Risoto
- 2 copos de arroz arbório
- 2 copos de soja cozida e passada pelo processador para ser triturada
- 1 maço de brócolis lavado e passado no processador com os talos
- 2 copos de tomates secos temperados e picados
- 4 dentes de alho
- 2 colheres de sopa de folhas frescas de manjericão roxo picadas
- 1 colher de sobremesa de sal
- 4 colheres de sopa de óleo de milho
- 1/2 colher de sobremesa de sal
- 1/2 copo de macadâmia picada
- água fervente

Croquete de Batata e Azeitona para Risoto
- 1 batata grande descascada e ralada
- 1 xícara de *tofu* amassado
- 5 colheres de sopa de azeitonas chilenas fatiadas
- 1 colher de chá de sal
- 1 colher de café de pimenta calabresa
- 1 colher de chá de *chimichurri*

Esquentar o óleo em uma frigideira larga e dourar o alho, adicionar as folhas de manjericão e os demais ingredientes, exceto a água. Deixar em fogo brando por 20 minutos, mexendo sempre com colher de pau. Colocar água fervendo suficiente para cobrir o arroz. Manter em fogo brando e quando a água secar adicionar novamente até cobrir.

Manter a panela tampada por mais 10 minutos e retirar do fogo quando os grãos do arroz estiverem macios.
Misturar em uma tigela a batata ralada com o *tofu* e os demais ingredientes.
Fritar às colheradas no óleo quente, retirar com escumadeira e escorrer em papel absorvente.
Arrumar o risoto em uma travessa, espalhar os croquetes e servir em seguida.

RISOTO COM GRÃO DE SOJA TORRADO

(4 pessoas)

Risoto
- 1 xícara de arroz selvagem
- 1 colher de sopa de grãos de soja torrados
- 1 cebola picadinha
- 2 colheres de sopa de margarina
- 1/2 xícara de cenoura picada
- 1/2 xícara de talo de salsão picado
- 1 xícara de ervilhas frescas
- 1/2 xícara de cogumelos fatiados
- 2 e 1/2 xícaras de água quente
- 3 pacotes de 10 g de caldo de vegetais em pó
- 1 colher de sopa de purê de tomate
- 1 colher de chá de ervas finas secas
- 1 colher de sopa de *shoyo* sabor *champignon*

Repolho para Acompanhar Risoto
- 1/2 repolho médio
- 3 colheres de sopa de margarina
- 4 colheres de sopa de amêndoas picadas
- 1 colher de sopa de salsa fresca picada
- 1 colher de sopa de cebolinha verde picada
- 1 colher de chá de sal

Colocar em uma panela tipo *wok* a margarina e aquecer. Adicionar a cebola e deixar fritar por 5 minutos, mexendo sempre com colher de pau.
Adicionar o *shoyo*, a cenoura, o salsão, as ervilhas, os cogumelos, mexendo por mais 5 minutos.
Adicionar o arroz e mexer por mais 5 minutos. Adicionar a água, o caldo de vegetais em pó, o purê de tomate e as ervas finas. Temperar com sal a gosto.
Deixar ferver, tampar a panela, diminuir o fogo e cozinhar por 40 minutos, ou até o arroz estar macio.
Adicionar os grãos de soja torrados, tampar a panela, aquecer por mais 5 minutos e servir em seguida.
Colocar o repolho cortado em quatro partes iguais em uma panela a vapor. Assim que estiver macio, porém firme, retirar a panela do fogo.
Derreter a margarina em uma frigideira pequena, fritar os temperos.
Em outra frigideira pequena torrar as amêndoas com uma pitada de sal.
Arrumar o repolho cozido em uma travessa, espalhar a margarina temperada e por cima as amêndoas torradas. Servir em seguida acompanhando o risoto.

RISOTO COM PINHÃO

(4 pessoas)

Risoto
- 2 copos de arroz arbório
- 2 copos de salsicha vegetal cortada em tiras bem finas
- 1 pimentão vermelho cortado em fatias bem finas
- 1 copo de pinhão cozido e picadinho
- 1 cebola cortada em fatias bem finas
- 1 colher de sobremesa de sálvia picadinha
- 1 colher de sobremesa rasa de sal
- 3 colheres de sopa de óleo
- água fervente

Abobrinha Frita
- 3 abobrinhas italiana cortadas em rodelinhas finas
- 1 colher de chá de sal
- 1 colher de café de páprica picante
- 1 colher de sobremesa de alho desidratado
- óleo para fritar

Aquecer o óleo em fogo alto, dourar a cebola e adicionar o pimentão. Deixar por 5 minutos e juntar todos os ingredientes, exceto a água. Mexer com colher de pau por 15 minutos, sem tampar a panela. Adicionar então a água fervente suficiente para cobrir o arroz. Tampar a panela e deixar por 15 minutos, adicionar mais água se estiver seco e os grãos ainda duros. Retirar a panela do fogo quan-

do o arroz estiver macio e deixar tampada por 10 minutos.
Colocar as rodelas de abobrinha em uma tigela, temperá-las e fritar em óleo quente até dourarem.
Retirar com escumadeira e escorrer em papel absorvente.
Colocar o risoto em uma travessa, espalhar a abobrinha frita por cima e servir em seguida.

RISOTO COM PLEUROTUS

(4 pessoas)

Risoto
- 2 copos de cogumelos frescos do tipo *pleurotus*
- 2 copos de bife de soja cortado em tiras
- 3 colheres de sopa de azeite de oliva
- 1 cebola grande cortada em palitos finos
- 1 colher de sopa de alho-poró picado
- 1 colher de sopa de coentro picado
- 1 colher de sopa de salsa fresca picada
- 1 colher de sobremesa de *curry* em pó
- 1/2 colher de sobremesa de sal
- 2 copos de arroz branco ou integral já cozido
- 4 colheres de sopa de amêndoas picadas

Berinjela Frita para Acompanhar Risoto
- 2 berinjelas descascadas, cortadas em palitos
- 1 colher de chá e sal
- 50 g de *tofu*
- 1/2 xícara de leite de soja
- 1 colher de sobremesa de alho desidratado
- óleo para fritar

Aquecer em fogo alto o azeite de oliva e dourar a cebola. Juntar os demais temperos com o *curry* e o sal. Manter o fogo alto e refogar os cogumelos e as tiras de bife, por 20 minutos, mexendo sempre com colher de pau.
Juntar o arroz cozido e as amêndoas, misturar bem e deixar a panela tampada por 10 minutos.
Bater o *tofu* no liquidificador com o leite, o alho e o sal. Colocar o creme obtido em uma tigela e mergulhar as tiras de berinjela. Aquecer o óleo em uma frigideira e mergulhar cada tira, uma a uma. Dourar por igual e retirar com uma escumadeira, escorrendo em seguida em papel absorvente.
Colocar o risoto em uma travessa e espalhar a berinjela frita por cima. Servir em seguida.

RISOTO COM SALSICHA

(4 pessoas)

Risoto
- 1 copo de arroz cru próprio para risoto
- 1 lata de salsicha de soja
- 4 dentes de alho cortados em pedaços pequenos
- 1/2 copo de pimentão verde
- 1/2 copo de pimentão vermelho
- 1/2 copo de coco picado em pedaços pequenos
- 1 colher de sopa de alcaparras
- 3 colheres de sopa de óleo
- 1 colher de sobremesa rasa de sal
- água fervendo
- salsa fresca para decorar

Bolinho de Cará para Acompanhar o Arroz
- 1 xícara de purê de cará
- 2 colheres de sopa de cebola roxa picadinha
- 1 colher e chá de açafrão
- 1 colher de sopa cheia de noz-pecã picadinha
- 1 colher de café de sal
- 2 colheres de sopa de farinha de trigo branca
- 1 colher de farinha de soja
- 1 colher de sobremesa rasa de fermento químico
- óleo para fritar

Refogar no óleo quente o alho, os pimentões e a alcaparras. Em seguida adicionar a salsicha bem picadinha, o coco ralado e o arroz. Juntar água fervendo (de acordo com o tipo de arroz varia a quantidade de água, portanto, seguir a sugestão da embalagem).
Manter a panela tampada, e assim que estiver cozido, e a água secado, retirar do fogo, aguardando uns 10 minutos para então colocar o risoto em uma travessa, enfeitá-lo com salsa fresca e servi-lo.
Misturar o purê de cará, os demais ingredientes, deixando para o fim o fermento químico.

Formar bolinhos iguais com as mãos e fritá-los em óleo quente. Retirar quando estiverem dourados e escorrer em papel absorvente.
Espalhar os bolinhos sobre o risoto antes de servir.

RISOTO COM URUCUM E VINHO BRANCO

(4 pessoas)

Risoto
- 2 colheres de azeite de oliva para fritar o *tofu*
- 3 pacotes de 10 g de caldo de vegetais em pó diluído em 5 xícaras de água quente
- 1 colher de café de urucum em pó
- 2 colheres de chá de óleo
- 1 xícara de cebola picadinha
- 1 dente de alho picadinho
- 1/2 xícara de vinho branco seco
- 1 pitada de páprica picante

Tofu Frito
- 2 copos de arroz arbório cru
- 200 g de *tofu* firme cortado em cubinhos

Em uma frigideira pequena colocar o azeite de oliva, em fogo médio, e quando estiver aquecido adicionar o *tofu*. Fritar por 10 minutos, ou até começar a dourar. Retirar do fogo e reservar.
Levar ao fogo médio uma panela com o caldo de vegetais diluído. Quando começar a ferver retirar 1 xícara do caldo e adicionar o urucum. Reservar o caldo e a xícara com o urucum.
Em uma panela larga, colocar o óleo, em fogo médio, adicionar a cebola, o alho, sempre mexendo com colher de pau.
Adicionar o arroz e mexer por 1 minuto e então adicionar o vinho, mexendo por mais 4 minutos. Colocar em seguida a xícara de urucum diluído e em seguida 1/2 xícara do caldo de vegetais. Mexer de vez em quando e ao secar o líquido adicionar mais 1/2 xícara de caldo de vegetais, esperando que seja absorvido. Ao término a consistência deverá estar cremosa.
Retirar o arroz da panela, misturar o *tofu* frito e servir em seguida.

RISOTO DE ABOBRINHA E TOFU

(4 pessoas)

Risoto
- 1 e 1/2 xícara de arroz arbório
- 1 xícara de *tofu*
- 1 copo de abobrinha ralada
- 1 xícara de vinho branco
- 3 xícaras de água quente
- 2 colheres de sopa de caldo de vegetais em pó
- 3 colheres de sopa de margarina
- 1 cebola roxa cortada em rodelas finas
- 4 dentes de alho espremidos
- 1 colher de chá de sal

Fundo de Alcachofra Grelhado para Acompanhar Risoto
- 4 fundos de alcachofra inteiros e cozidos
- 6 colheres de sopa de sumo de laranja
- 1 colher de café de casca de laranja ralada
- 2 colheres de sopa de cebola picada
- 2 colheres de sopa de coentro fresco picado
- 1 colher de chá de sal
- 1 colher de sopa de azeite de oliva

Derreter a margarina em uma panela, dourar a cebola, o alho e em seguida adicionar o *tofu* e a abobrinha. Mexer com colher de pau e adicionar o arroz e o sal. Mexer por mais 2 minutos e então colocar o vinho. Assim que for absorvido, colocar o caldo de vegetais diluído na água quente, 1/2 xícara de cada vez, até acabar o líquido e o arroz estar macio.
Virar o risoto em uma travessa.
Colocar o sumo de laranja em uma tigela e adicionar a cebola, a casca, o sal, o coentro e o azeite de oliva. Deixar em repouso por 20 minutos.
Espalhar o molho sobre os fundos de alcachofra cozidos e grelhá-los em chapa quente, cuidando para que doure dos dois lados.
Arrumar os fundos de alcachofra grelhados junto com o risoto e servir em seguida.

RISOTO DE ALCAPARRA
(4 pessoas)

Risoto
- 1 e 1/2 xícara de arroz arbório
- 1/4 de xícara de soja cozida
- 4 colheres de sopa de margarina
- 1 cebola picadinha
- 1/2 xícara de salsão picadinho
- 1/2 xícara de alho-poró picadinho
- 1 dente de alho espremido
- 2 e 1/2 xícaras de água quente
- 1 colher de sopa de caldo de vegetais em pó
- 4 colheres de sopa de cebolinha verde picada
- 1 colher de sopa de alcaparras picadas
- 1 colher de sopa de folhas frescas de manjericão

Brócolis ao Molho Mostarda para Acompanhar Risoto
- 2 xícaras de ramos de brócolis cozido em água e sal
- 1/2 xícara de *tofu* cremoso
- 3 colheres de sopa de mostarda amarela
- 1 pitada de sal
- 1 pitada de noz-moscada

Derreter a margarina, fritar a cebola, o alho-poró, o salsão, a soja e a alcaparra. Tampar a panela e cozinhar por 10 minutos. Acrescenta o alho espremido e o arroz, sempre mexendo com colher de pau.
Misturar o caldo de vegetais na água quente e colocar aos poucos na panela do arroz. Antes da última adição de água colocar a cebolinha e em seguida retirar do fogo. Colocar o arroz em uma travessa.
Em uma tigela mistura o *tofu*, a mostarda e a noz-moscada. Mexer até ficar homogêneo.
Arrumar os ramos de brócolis em uma travessa, regar com o molho preparado e servir acompanhando o arroz.

RISOTO DE BRÓCOLIS
(4 pessoas)

Risoto
- 1 xícara de arroz integral
- 3 xícaras de ramos de brócolis iguais
- 1 cebola picadinha
- 2 cenouras cortadas em cubinhos
- 1 pimentão vermelho picado
- 1/4 de xícara de margarina
- 1/4 de xícara de grãos cozidos de soja
- 1 xícara de grão-de-bico cozido
- 1/2 xícara de vinho branco
- 4 xícaras de água
- 4 colheres de sobremesa de caldo de vegetais em pó
- 1 colher de sopa de coentro fresco picado

Laranja para Acompanhar Risoto
- 3 laranjas descascadas, sem sementes e cortadas em rodelas
- 1/2 cebola cortada em rodelas finas
- 1 colher de sopa de orégano seco
- 2 colheres de sopa de azeitonas verdes picadas

Em uma panela grande, em fogo médio, derreter a margarina e fritar a cebola, o brócolis, a cenoura, o pimentão e a soja por 5 minutos, sempre mexendo com colher de pau.
Adicionar o arroz e fritar por 5 minutos. Colocar o grão-de-bico, o vinho, a água, o caldo de vegetais e o coentro. Mexer bem e assim que levantar fervura colocar tudo em um pirex ou fôrma refratária.
Levar ao forno a 200° C e assar por 40 minutos, ou até os grãos estarem macios e secos.
Em uma travessa dispor as rodelas de laranja. Espalhar as fatias de cebola, o orégano e a azeitona. Servir acompanhando o risoto.

RISOTO DE CARNE DE SOJA E ESCAROLA

(4 pessoas)

Risoto

- 2 xícaras de arroz arbório
- 1 xícara de carne vegetal picadinha
- 4 xícaras de escarola finamente cortada
- 4 xícaras de água quente
- 1 colher de sopa de caldo de vegetais em pó
- 3 colheres de sopa de óleo de soja
- 4 colheres de sopa de cebolinha verde picada
- 1 dente de alho espremido
- 3 colheres de sopa de *shoyo*
- 3 colheres de sopa de nozes picadas

Palmito Grelhado para Acompanhar Risoto

- 8 fatias grossas de palmito
- 6 colheres de sopa de sumo de laranja
- 2 colheres de sopa de cebolinha verde picada
- 1 colher de chá de sal
- 1 colher de café de páprica doce
- 1 colher de sopa de azeite de oliva

Aquecer o óleo, fritar a cebolinha, o alho. Adicionar a carne de soja picada, o *shoyo*, refogar por 10 minutos e untar a escarola, a noz e o arroz. Mexer por 5 minutos. Colocar o caldo de vegetais diluído na água quente, 1/2 xícara de cada vez, até acabar o líquido e o arroz estar macio.

Colocar o risoto em uma travessa.

Colocar o sumo de laranja em uma tigela e adicionar os temperos. Deixar em repouso por 20 minutos.

Espalhar o molho sobre as fatias de palmito e grelhá-las em chapa quente, cuidando para que dourem dos dois lados.

Colocar o risoto em uma travessa, arrumar o palmito grelhado junto e servir em seguida.

RISOTO DE CHICÓRIA E TOMATE SECO

(4 pessoas)

Risoto

- 1 e 1/2 xícara de arroz arbório
- 100 g de *tofu* firme amassado
- 2 xícaras de chicória cortada bem fininha
- 1/2 xícara de tomate seco picadinho
- 2 colheres de sopa de azeite de oliva
- 4 colheres de sopa de margarina
- 1 cebola média picada
- 4 xícaras de água
- 1 colher de sopa de caldo de vegetais em pó

Banana-da -terra para Acompanhar Risoto

- 2 bananas-da-terra cortadas em fatias e fritas
- 1/2 xícara de iogurte de soja com algumas gotas de limão
- 2 colheres de sopa de castanha-do-pará em pó (triturá-las no liquidificador bem seco)

Aquecer o azeite e a margarina em uma panela grande, em fogo médio. Fritar por 5 minutos a cebola e a chicória. Adicionar o *tofu* e fritar por 5 minutos. Adicionar o *shoyo* e os tomates secos. Mexer delicadamente e adicionar o arroz, mantendo-o por 3 ou 4 minutos.

Aquecer a água com o caldo de vegetais em uma panela separada e ir colocando aos poucos sobre o arroz, mexendo freqüentemente.

Ao término da água com o caldo, o arroz deve estar macio. Adicionar a margarina restante, mexer delicadamente e servir.

Fritar as bananas e escorrê-las em papel absorvente. Arrumá-las em uma travessa e colocar colheradas de iogurte de soja e por cima a castanha triturada

RISOTO DE LENTILHAS COM CURRY

(4 pessoas)

Risoto
- 1 xícara de arroz branco tipo agulhinha
- 2/3 de xícara de lentilha
- 1/4 de xícara de *tofu* firme
- 1 cebola picada
- 1 cenoura cortada em cubinhos
- 1/4 de xícara de óleo
- 1 colher de sopa de purê de tomate
- l colher de chá de *curry* em pó
- 1 pitada de sal

Bolinho de Noz-Pecã e Tofu para Acompanhar Risoto
- 1 xícara de *tofu* amassado com um garfo
- 1 xícara de noz-pecã bem picadinha
- 1 colher de sopa de farinha de trigo
- 1 colher de sopa de cebolinha verde picada
- 1 colher de chá de sal
- óleo para fritar

Ferver o arroz e a lentilha, cada um em uma panela, por 20 minutos, escorrer e misturar os dois. Reservar.

Em uma frigideira tipo *wok* aquecer o óleo e fritar a cebola e a cenoura. Adicionar o arroz misturado com a lentilha, o purê de tomate, o *curry* e o sal a gosto. Deixar por 5 minutos.

Em uma tigela misturar todos os ingredientes até estar uma mistura homogênea.

Aquecer óleo em uma frigideira grande.

Formar bolinhos com as mãos e em seguida fritá-los no óleo quente.

Retirar com escumadeira e escorrer em papel absorvente.

Colocar o risoto em uma travessa e por cima os bolinhos quentes.

RISOTO DE MILHO DOCE

(4 pessoas)

Risoto
- 3/4 de xícara de milho doce em lata
- 1/4 de xícara de *tofu* firme amassado
- 1 xícara de arroz branco tipo agulhinha
- 3 colheres de sopa de óleo de milho
- 1 cebola grande picadinha
- 1 colher de chá de *shoyo* sabor *champignon*
- 2 e 1/2 xícaras de água
- 1 colher de sobremesa de caldo de vegetais em pó
- 1 pitada de sal
- 1/2 colher de chá de açafrão

Cogumelos Recheados para Acompanhar Risoto
- 4 cogumelos gigantes tipo *shiitake* cozidos em água e sal e escorridos
- 2 colheres de sopa de manjericão fresco picado
- 3 tomates em conserva (descascado e pelado) bem picadinho
- 1/2 xícara de soja cozida e moída
- 2 dentes de alho espremidos
- 2 colheres de sopa de azeite de oliva
- 1 colher de sopa de sumo de limão
- 1 colher de chá de sal

Em uma panela grande aquecer o óleo, em fogo médio e fritar a cebola por 1 minuto. Adicionar o *tofu* e fritar por mais 5 minutos, sempre mexendo com colher de pau. Acrescentar o *shoyo* e o arroz, sempre mexendo. Após 5 minutos, adicionar a água e o caldo de vegetais e manter em fogo alto até começar a ferver. Adicione o açafrão, o milho e cozinhar por mais 20 minutos. Retirar a panela do fogo e deixá-la tampada por 10 minutos antes de dispor em travessa.

Retirar os cabinhos dos cogumelos e cozinhá-los em água e sal. Escorrer a água e arrumá-los em uma travessa refratária com a parte interna para cima.

Em uma tigela misturar os demais ingredientes, rechear os cogumelos e levá-los ao forno alto por 15 minutos.

Servir os cogumelos quentes, ao redor da travessa de risoto.

RISOTO DE PLEUROTUS E SOJA

(4 pessoas)

Risoto
- 1 e 1/2 xícara de arroz arbório
- 2 copos de cogumelos frescos do tipo *pleurotus*
- 1 copo de feijão de soja cozido
- 7 envelopes de 10 g de caldo de vegetais em pó diluídos em 3 xícaras de água fervente
- 1 copo cheio de vinho branco
- 5 dentes de alho esmagados
- 2 colheres de sopa de coentro fresco picado
- 1/2 xícara de castanha-do-pará picadinha
- 4 colheres de sopa rasa de margarina
- 1 colher de sobremesa rasa de sal

Batata Palha
- 1 batata bem grande
- óleo suficiente para cobrir a quantidade de batata na frigideira
- água
- 2 colheres de sopa de vinagre
- sal a gosto

Diluir o caldo de vegetais com a água fervente, juntar o vinho branco e levar ao fogo médio. Quando levantar fervura manter em fogo baixo.

Em uma panela larga, derreter a margarina e fritar o alho esmagado, o coentro, mexer com colher de pau por 5 minutos e então adicionar os cogumelos, os grãos de soja já cozidos, a castanha-do-pará picadinha e o arroz.

Deixar refogar por 10 minutos em fogo alto, sempre mexendo. colocar o arroz.

Adicionar o caldo de vegetais suficiente para cobrir o arroz. Manter em fogo médio e ir adicionando o caldo aos poucos, à medida que secar a panela, até o término do caldo e o arroz estar macio. Servir o risoto quente.

Descascar a batata, passá-la por um processador para que rale-a ou então ralar em ralador manual. Colocar a batata ralada em uma peneira e lavá-la. Deixá-la de molho em uma tigela com 1 litro de água e o vinagre, por 10 minutos. Escorrer em uma peneira, enxugá-las em um pano de prato limpo. Aquecer o óleo em uma frigideira larga e fritar as batatas até estarem douradas. Retirar com escumadeira e escorrer em papel absorvente. Espalhar sal a gosto e servir sobre o risoto.

RISOTO DE SALSICHA E AÇAFRÃO

(4 pessoas)

Risoto
- 1 e 1/2 xícara de arroz arbório
- 1 xícara de vinho branco
- 3 xícaras de água quente
- 2 colheres de sopa de caldo de vegetais em pó
- 3 colheres de sopa de azeite de oliva
- 1 lata de salsicha vegetal fatiada em tiras
- 4 minicebolas picadinhas
- 1 colher de sopa de alho desidratado
- 1 colher de café de açafrão em pó
- 1 colher de chá de sal

Aspargos para Acompanhar Risoto
- 12 aspargos frescos sem as pontas fibrosas
- 1/2 xícara de maionese de soja
- 1 colher de sopa de salsa fresca picada
- 1 colher de sopa de azeitonas verdes picadas
- 1/2 colher de chá de sal
- 1 colher de sopa de azeite de oliva
- 1 colher de café pimenta-do-reino moída na hora

Colocar em uma panela o azeite de oliva, dourar a cebola, o alho e em seguida a salsicha. Mexer com colher de pau. Adicionar o arroz, o sal e o açafrão, mexer por mais 2 minutos e então colocar o vinho. Assim que for absorvido, colocar o caldo de vegetais diluído na água quente, 1/2 xícara de cada vez, até acabar e o arroz estar macio.

Colocar o risoto em uma travessa.

Cozinhar os aspargos em água e um pouco de sal. Escorrer a água e dispor os aspargos em uma travessa. Misturar a maionese de soja com os demais ingredientes, mexendo até estar um molho homogêneo e regar os aspargos cozidos. Servir junto com o risoto.

RISOTO DE SOJA COM SHIITAKE

(4 pessoas)

Risoto

- 3/4 de xícara de grão de soja
- 10 g de *shiitake* seco fatiado
- 7 envelopes de 10 g de caldo de vegetais em pó diluídos em 3 xícaras de água fervente
- 3 colheres de sopa de margarina
- 1 cebola picadinha
- 1 xícara de arroz arbório
- 1/2 xícara de vinho branco seco
- 1/2 colher de chá de pimenta-do-reino branca moída na hora
- 1 colher de sopa de salsa fresca picada

Miniberinjela Grelhada para Acompanhar Risoto

- 12 miniberinjelas cortadas ao meio
- 3 colheres de sopa de sumo de limão
- 1 colher de café de mostarda em pó
- 2 colheres de sopa de coentro fresco picado
- 3 colheres de sopa de *shoyo* sabor *champignon*
- 1 colher de sopa de azeite de oliva

Colocar a soja de molho em água por 12 horas. Escorrer a água e colocar em uma panela com água já em ebulição. Deixar por 1 minuto. Escorrer a água quente e passar os grãos da soja na água fria. Deixar o *shiitake* de molho em 1 xícara de água, por 20 minutos. Escorrer a água e reservar.

Colocar numa panela o caldo de vegetais diluído, juntamente com a água que os cogumelos ficaram de molho. Manter o fogo baixo, sem deixar que ferva.

Derreter margarina em outra panela. Adicionar a cebola e cozinhar em fogo baixo durante 5 minutos, ou até que esteja macia. Aumentar a temperatura e adicionar o arroz, mexendo delicadamente. Adicionar o vinho branco, o sal e a pimenta-do-reino. Cozinhar por 2 minutos.

Adicionar então 1/4 de xícara do líquido e mexer constantemente, esperando que o líquido seja absorvido, e adicione 1/4 de xícara do líquido de cada vez, até seu término.

Na última porção do líquido, colocar a soja em grão e os cogumelos e cozinhar por mais 2 minutos.

Acondicione em uma travessa, decorando com salsa fresca picada.

Misturar todos os ingredientes para o molho em uma tigela e deixar em repouso por 30 minutos. Juntar as berinjelas cortadas ao meio e deixá-las de molho por 10 minutos.

Grelhar as berinjelas em chapa quente, cuidando para que dourem dos dois lados.

Servi-las junto com o risoto.

RISOTO DE TOFU

(4 pessoas)

Risoto

- 200 g de *tofu* cortado em cubos (colocar o *tofu* cortado em uma tigela, congelar por 3 horas, sendo que o ideal seria por 12 horas. Retirar e deixar descongelar sobre papel absorvente)
- 2 xícaras de arroz cozido
- 1 cebola picada
- 1/2 pimentão vermelho picado
- 1/2 pimentão amarelo picado
- 1 talo de erva-doce picado
- 1/2 xícara de coentro fresco picado
- 2 colheres de sopa de óleo
- 1 colher de sopa de *shoyo* do tipo escuro
- batata frita tipo palha

Aquecer em uma frigideira tipo japonesa (*wok*), 1 colher de sopa de óleo e fritar os cubos de *tofu* por 2 minutos. Virá-los para que dourem dos dois lados. Adicionar o *shoyo*, retirar da frigideira e reservar.

Voltar a frigideira ao fogo e colocar 1 colher de sopa de óleo.

Fritar a cebola, o pimentão e a erva-doce por 5 minutos. Colocar o arroz e misturar delicadamente com colher de pau. Adicionar o *shoyo* e o *tofu*. Acondicionar o risoto em uma travessa, espalhar coentro por cima e em seguida a batata frita.

RISOTO DE TOFU E COCO

(4 pessoas)

Risoto
- 1 xícara de arroz agulhinha
- 200 g de *tofu* firme cortado em cubinhos
- 3 colheres de sopa de óleo de milho
- 1 colher de sopa de levedo de cerveja
- 2 e 1/2 xícaras de água
- 2 colheres de sobremesa de caldo de vegetais
- 1/2 colher de chá de açafrão em pó
- 3/4 de xícara de ervilhas frescas
- sal e pimenta-do-reino moída na hora a gosto
- 2 colheres de sopa de coco seco ralado

Molho de Iogurte de Soja para Acompanhar Risoto
- 3 colheres de sopa de iogurte de soja
- 1 colher de sopa de limão amarelo
- 3 colheres de sopa de vinho branco seco
- 1 colher de chá de alho desidratado
- 2 colheres de sopa de tomate sem semente picado
- 1/2 colher de chá de sal

Em uma frigideira, em fogo médio, colocar 1 colher de sopa de óleo e quando estiver quente fritar os cubos de *tofu* por 2 minutos de cada lado, ou até estarem dourados. Reservar.
Adicionar mais 2 colheres de óleo de milho à frigideira e fritar a cebola por 2 minutos. Adicionar o arroz e fritar por 5 minutos. Em seguida acrescentar o coco e fritar por mais 2 minutos. Adicionar a água, o caldo de vegetais em pó e o levedo de cerveja. Aumentar o fogo até começar a ferver, reduzir então e adicionar o açafrão, as ervilhas, o sal e a pimenta. Ferver por 5 minutos.
Transferir toda a mistura para um pirex ou fôrma refratária, coberta com papel-alumínio e levar ao forno a 200° C por 10 a 15 minutos ou até os grãos estarem macios e secos.
Servir o arroz, colocando os cubinhos de *tofu* por cima e iogurte a gosto.
Colocar o iogurte de soja em uma tigela e adicionar os demais ingredientes, mexendo suavemente até tornar-se um molho homogêneo.
Espalhar o molho sobre os cubinhos de *tofu*, sobre o risoto.

RISOTO DE TOFU E ERVILHAS

(4 pessoas)

Risoto
- 250 g de *tofu* firme cortado em quadradinhos
- 1 xícara de arroz arbório
- 1 xícara de ervilhas frescas
- 1 envelope de 10 g de caldo de vegetais em pó diluídos em 3 xícaras de água fervente
- 1 copo cheio de vinho branco
- 1 cebola pequena cortada em rodelas finas
- 1 talo de erva-doce cortado em rodelas finas
- 4 dentes de alho esmagados
- 4 colheres de sopa rasa de margarina
- 5 colheres de sopa de salsa crespa picada
- 1 colher de sobremesa rasa de sal

Batata Frita
- 2 batatas bem grandes
- óleo suficiente para cobrir a quantidade de batata na frigideira
- água
- 2 colheres de sopa de vinagre
- sal a gosto

Diluir o caldo de vegetais com a água fervente, juntar o vinho branco e levar ao fogo médio. Quando levantar fervura manter em fogo baixo.
Em uma panela larga, derreter a margarina e fritar as rodelas de cebola e erva-doce. Quando estiverem douradas colocar o alho esmagado. Mexer com colher de pau por 5 minutos e então adicionar as ervilhas, o *tofu*, o arroz e o sal. Deixar refogar por 10 minutos em fogo alto, sempre mexendo. Adicionar o caldo de vegetais suficiente para cobrir o arroz, a salsa picada, mexer e manter em fogo médio. Parar de mexer e ir adicionando o caldo aos poucos, à medida que seca a panela, até o término do caldo e o arroz estar macio.
Servir o risoto quente.
Descascar as batatas, cortá-las em palitos finos. Deixar de molho em uma tigela com 1 litro de água e o vinagre, por 10 minutos. Escorrer em uma peneira, enxugá-las em um pano de prato limpo.

Aquecer o óleo em uma frigideira larga e fritar as batatas até estarem douradas.
Retirar com escumadeira e escorrer em papel absorvente. Espalhar sal a gosto e servir com o risoto.

RISOTO DE VERÃO

(4 pessoas)

Risoto
- 2 xícaras de arroz selvagem já cozido
- 2 laranjas descascadas e picadas (com os gomos separados e sem a membrana branca)
- 1/2 xícara de cebolinha verde picada
- 1/3 de xícara de uvas passas brancas sem sementes
- 1 colher de sopa de gergelim torrado
- 1/3 de xícara de suco de laranja
- 2 colheres de sopa de óleo de soja
- 2 colheres de sopa de *shoyo light*
- 1 colher de chá de gengibre ralado bem fino
- 1 colher de chá rasa de óleo de gergelim

Fatias de Tomate para Acompanhar Risoto
- 2 tomates cortados em rodelas
- fatias finas de *tofu* (o mesmo número de rodelas de tomate)
- 2 colheres de sopa de *shoyo* sabor *champignon*
- folhas de manjericão roxo
- sal a gosto
- azeite de oliva

Em uma tigela média colocar o arroz cozido, as laranjas picadas, a cebolinha, as passas e o gergelim. Mexer delicadamente.
Em outra tigela misturar os demais ingredientes, mexendo até estar uma mistura homogênea. Virar a mistura sobre a tigela do arroz, mexendo suavemente. Levar à geladeira e servir depois de algumas horas.
Colocar as fatias de *tofu* em uma tigela e adicionar o *shoyo*. Deixar de molho por 20 minutos.
Arrumar em uma travessa as rodelas de tomate. Sobre cada uma dispor uma fatia de *tofu*, uma folha de manjericão, sal e azeite de oliva a gosto. Servir acompanhando o risoto de verão.

RISOTO DE VERÃO COM ARROZ BRANCO

(4 pessoas)

Risoto
- 1 xícara de arroz branco cozido
- 1 xícara de tomate seco temperado e picado
- 1 xícara de soja cozida e moída
- 2 colheres de sopa de azeite de oliva
- 1 colher de chá de sal
- 1/2 xícara de carambola picada
- 5 colheres de sopa de banana-passa picada
- 3 colheres de sopa de castanha-do-pará picada
- 3 xícaras de *radicchio* cortado em tiras bem finas

Petiscos para Acompanhar Risoto
- 1 xícara de *tofu* cortado em cubinhos
- 1/2 xícara de *champignon*
- 1/2 xícara de azeitonas chilenas
- 1/2 xícara de cebolinha tipo pirulito
- 1 colher de chá de pimenta-do-reino moída na hora
- 1 colher de chá de sal
- 5 colheres de sopa de azeite de oliva
- 3 colheres de sopa de vinagre
- 1 colher de sopa de cebola em pó

Colocar o *tofu* em uma travessa pequena. Arrumar em cima as azeitonas, as cebolinhas e o *champignon*. Temperar com todos os temperos e aguardar 30 minutos, pelo menos, antes de servir.
Em uma tigela misturar o tomate seco com a soja cozida e moída. Temperar com o sal e o azeite, e deixar por 20 minutos. Adicionar os demais ingredientes e mexer delicadamente. Manter em geladeira por 1 hora.
Servir o risoto acompanhado dos petiscos e utilizar o molho dos petiscos para temperar risoto.

RISOTO INTEGRAL DE VERÃO

(4 pessoas)

Risoto
- 1 xícara de arroz integral cozido
- 1/2 pé de brócolis separado em raminhos cozido em água e sal
- 1/2 xícara de brotos de soja cozidos levemente
- 1 copo de uvas frescas sem sementes e picadas
- 1/2 xícara de minicebolas picadinhas
- 3 colheres de sopa de coentro fresco picadinho
- 2 colheres de sopa de azeitonas chilenas picadas
- 2 colheres de sopa de azeite de oliva
- 1 colher de chá de sal

Abobrinha para Acompanhar Risoto
- 2 abobrinhas italianas cortadas em fatias
- 2 colheres de sopa de azeite de oliva
- 2 colheres de sopa de *shoyo*
- 1 colher de sopa de cebola desidratada
- 1 colher de sopa de vinagre de arroz

Creme para Acompanhar Risoto
- 1 xícara de iogurte de soja
- 1 colher de chá de alho desidratado
- 3 colheres de sopa de azeite de oliva
- 1 colher de chá de sal
- 2 colheres de sopa de cerejas ao marasquino picadinhas

Em uma tigela média colocar o arroz cozido, o broto de soja e adicionar os demais ingredientes. Manter em geladeira por 2 horas.
Colocar as fatias de abobrinha em uma tigela.
Em um pote, misturar o azeite com o *shoyo*, a cebola e o vinagre. Regar as abobrinhas. Aquecer uma chapa própria para grelhar, passar um pouco de óleo e grelhar as fatias de abobrinha. Retirar quando os dois lados estiverem dourados.
Misturar todos os ingredientes em uma tigela, mexendo delicadamente até estar um creme homogêneo.
Sobre o risoto dispor as fatias grelhadas de abobrinha e em seguida regar com o molho.
Servir em seguida.

RISOTO ORIENTAL

(4 pessoas)

Risoto
- 1 xícara de arroz branco cru
- 1 xícara de ervilhas
- 1 xícara de abacaxi picado e cozido
- 1 xícara de broto de soja
- 1/3 de xícara de margarina
- 1 dente de alho esmagado
- 1 cebola picada
- 1/2 xícara de salsão picado
- 1 pimentão verde picado
- 1 colher de chá de açafrão
- 2 xícaras de água
- 1 colher de sopa de caldo de vegetais em pó
- 1 colher de chá de gengibre ralado
- 1 colher de sopa de margarina para depois do arroz pronto
- 1 colher de sopa de *shoyo*

Brócolis para Acompanhar Risoto
- 1/2 pé de brócolis cortado em raminhos iguais
- 5 dentes de alho espremidos
- 1 colher de chá de sal
- óleo para fritar

Em uma panela grande em fogo médio, aquecer a margarina, adicionar o alho, a cebola, o salsão e o pimentão e fritar por 5 minutos, mexendo constantemente. Adicionar o arroz e mexer por mais 4 minutos. Acrescentar a água, o caldo de vegetais, o açafrão, o gengibre e o *shoyo*. Ferver e então reduzir a temperatura. Tampar a panela e manter por 30 minutos, ou até o arroz estar macio e seco. Adicionar os brotos de soja, o abacaxi e 1 colher de margarina. Mexer delicadamente por 3 minutos.
Servir o risoto quente.
Colocar os raminhos de brócolis em uma panela a vapor. Assim que estiverem macios, porém firmes, retirar a panela do fogo.
Aquecer óleo em uma frigideira pequena e funda e fritar o alho até dourar.
Dispor os raminhos de brócolis em uma travessa e espalhar por cima o alho torrado. Servir em seguida acompanhando o risoto.

RISOTO SIMPLES DE PALMITO

(4 pessoas)

Risoto
- 2 copos de arroz branco já cozido
- 3 copos de palmito picado
- 1 tomate sem sementes cortado em tiras
- 1 pimentão amarelo cortado em tiras
- 2 cebolas roxas cortadas em tiras
- 2 colheres de sopa de margarina
- 1 colher de sobremesa de orégano desidratado
- 1 colher de sobremesa de sementes de papoula
- 1/2 colher de sobremesa de sal
- 3 colheres de sopa de uvas passas sem sementes

Tofu Frito para Risoto
- 300 g de *tofu* cortado em cubinhos
- 1 colher de chá de sal
- 2 colheres de sopa de *shoyo*
- óleo de milho para fritar

Derreter a margarina em uma frigideira grande, refogar os temperos por 15 minutos, mexendo de vez em quando, adicionar o tomate, a semente de papoula, o palmito, o arroz cozido e as passas. Mexer em fogo brando por mais 10 minutos. Retirar a panela do fogo e deixar tampada por 10 minutos.
Colocar os cubos de *tofu* em uma tigela e adicionar os temperos, misturando-os bem ao *tofu*.
Aquecer óleo em uma frigideira e fritar os quadrados de *tofu*. Deixar que dourem por igual, virando-os com uma escumadeira. Retirar e escorrer em papel absorvente.
Arrumar o risoto em uma travessa redonda e dispor em cima os cubos de *tofu* fritos.

RISOTO VERDE

(4 pessoas)

Risoto
- 2/3 de xícara de arroz do tipo arbório
- 2 colheres de sopa de margarina
- 1 colher de sopa de óleo de soja
- 1 cebola pequena picadinha
- 2 e 1/2 xícaras de água
- 1 pacote de 10 g de caldo de vegetais em pó
- 1 xícara de espinafre fresco, sem os talos, cortado bem fino
- 3 colheres de sopa de estragão picadinho
- 1 colher de sopa de *shoyo* sabor *champignon*
- 3 colheres de sopa de *tofu* cremoso
- 3 colheres de sopa de salsa fresca picadinha para servir

Banana Frita
- banana-da-terra verde ralada em rodelas finas
- óleo para fritar

Passar a banana verde por um processador ou ralador manual de modo a deixá-la em rodelas finas.
Aquecer uma frigideira com óleo e fritar a banana até as rodelinhas estarem douradas. Retirar com escumadeira e escorrer em papel absorvente.
Aquecer a margarina e o óleo em fogo médio. Fritar a cebola até estar dourada. Adicionar o arroz e mexer por 1 minuto. Juntar a água e o caldo de vegetai em pó, ferver por 20 minutos e adicionar o espinafre, e os temperos. Cozinhar por mais 5 minutos e então adicionar o *tofu* cremoso.
Colocar o risoto em uma travessa, espalhar salsa fresca picada e as bananas fritas. Servi-lo em seguida.

ACOMPANHAMENTOS

ABÓBORA COM MISSÔ

(6 pessoas)

- 600 g de abóbora cortada em fatias grossas
- 2 colheres de sopa de *missô* branco
- 1 colher de sopa de mirin (vinho de arroz japonês)
- 1 colher de sopa de saquê
- 1 colher de sopa de sumo de limão coado
- 1 colher de chá de açúcar mascavo
- 2 colheres de chá de gergelim
- rodelas de cebola para guarnecer

Descascar e retirar as sementes da abóbora e cortá-las em 6 fatias planas e regulares. Colocá-las numa panela e ferver por 12 minutos, ou até estarem macias. Escorrer a água, reservar.
Aquecer o forno a 220° C. Misturar numa tigela o *missô*, o saquê, o mirin, o sumo de limão e o açúcar mascavo. Colocar a abóbora numa assadeira untada, espalhando sobre ela a mistura de *missô* e assar por 15 minutos. Servir com rodelas de cebola.

ALMÔNDEGA ASSADA DE SOJA

(6 pessoas)

- 1 copo de grãos de soja cozidos e moídos
- 1/2 xícara de nabo ralado
- 1/2 xícara de arroz integral cozido
- 1 cebola picadinha
- 1/2 pimentão vermelho picadinho
- 4 dentes de alho
- 1 colher de chá de sal
- 3 colheres de sopa de farinha de trigo integral
- 1 colher de sopa de farinha de trigo branca
- 1 colher de sopa de farinha de rosca
- 1/2 xícara de margarina ou óleo

Misturar numa tigela todos os ingredientes, trabalhar a massa com as mãos e formar as almôndegas. Arrumá-las numa assadeira untada e coberta com papel-alumínio. Levar ao forno preaquecido a 200° C, assar por 15 minutos e servir em seguida.

ALMÔNDEGA ASSADA DE TOFU

(6 pessoas)

- 450 g de *tofu* amassado com um garfo
- 1 xícara de arroz integral cozido
- 1 cebola picadinha
- 4 colheres de sopa de cebolinha verde picada
- 3 colheres de sopa de coentro fresco picado
- 1 colher de chá de sal, ou mais
- 2 colheres de sopa de farinha de trigo branca
- 1 colher de sopa de farinha de trigo integral
- 2 colheres de sopa de farinha de rosca
- 1/2 xícara de margarina ou óleo

Misturar numa tigela todos os ingredientes, deixando para o fim a margarina. Trabalhar a massa com as mãos e formar as almôndegas.
Arrumá-las numa assadeira untada e coberta com papel-alumínio e levar ao forno preaquecido a 200° C por 25 minutos.

ALMÔNDEGA FRITA DE PVT E PIMENTA-DO-REINO

(6 pessoas)

- 1 copo de PVT
- 2 minicebolas picadinhas
- 4 dentes de alho
- 3 colheres de sopa de tomilho fresco picado
- 2 colheres de sopa de folhas de orégano fresco picadas
- 1 colher de sopa de *missô*
- 1 pitada de sal
- 3 colheres de sopa de farinha de trigo integral
- 1 colher de sopa de farinha de trigo branca
- 1 xícara de farinha de rosca
- 1 colher de chá de pimenta-do-reino picante
- óleo para fritar
- água fervente

Colocar a PVT numa tigela e cobrir com água fervendo. Deixar de molho por 5 minutos e então escorrer a água numa peneira.
Num prato separado misturar a farinha de rosca com a pimenta-do-reino.
Colocar a PVT inchada numa tigela e adicionar os demais ingredientes. Formar as almôndegas e passar uma a uma na farinha de rosca.
Aquecer o óleo numa frigideira e fritar as almôndegas, virando-as para que dourem por inteiro.
Retirar com escumadeira e deixar escorrer em papel absorvente. Servir em seguida.

BATATA ESCANDINAVA

(4 pessoas)

- 400 g de batatas cozidas
- 2 colheres de sopa de margarina para colocar no purê
- 1/4 de xícara de leite de soja quente para colocar no purê
- farinha de trigo para espalhar sobre a mesa
- 1/2 colher de chá de sal
- 1/2 colher de chá de pimenta-do-reino moída na hora
- 1/2 xícara de *tofu* macio amassado com garfo
- 100 g de amêndoas laminadas e torradas
- 4 colheres de sopa de margarina
- 2 colheres de sopa de óleo de milho
- alface-crespa para guarnecer
- picles de pepino para guarnecer

Amassar as batatas com um garfo, adicionar as 2 colheres de margarina e lentamente ir adicionando o leite de soja até formar o purê, sem deixar muito mole.
Formar 12 bolinhos. Passar um a um pela farinha de trigo e polvilhar por cima o sal e a pimenta.
Passar os bolinhos pelo creme de *tofu* e em seguida pelas amêndoas.
Aquecer o óleo e a margarina numa frigideira e fritar os bolinhos, dourando-os homogeneamente, por aproximadamente 5 minutos. Retirar com escumadeira e escorrer em papel absorvente.
Servir os bolinhos com folhas frescas de alface e pepino em conserva.

BOLINHO COM OKARA

(6 pessoas)

- 2 copos de *okara*
- 1 cebola picada
- 1 pimentão vermelho picado
- 1 colher de chá de caldo de vegetais em pó
- 3 colheres de sopa de farinha de trigo branca
- 1 colher de sopa de maisena
- 1 colher de sopa de fibra de trigo
- 1 colher de sobremesa rasa de fermento químico em pó
- 1 colher de sobremesa de sal
- 3 colheres de sopa de óleo de milho

Colocar o resíduo da *okara* numa tigela e adicionar os demais ingredientes, deixando para o fim o fermento químico em pó.
Formar bolinhos, arrumá-los numa assadeira untada e levar ao forno preaquecido a 180° C.
Assar por aproximadamente 30 minutos, ou até os bolinhos estarem levemente dourados.
Servi-los quentes e ainda crocantes.

BOLINHO DE BATATA E TOFU

(4 pessoas)

- 2 xícaras de batata descascada, picada e cozida
- 1 e 1/2 xícara de *tofu* fresco amassado
- 2 dentes de alho espremidos
- 1/2 xícara de coentro fresco picado
- 1 colher de sopa *missô* claro
- 1 colher de café de alecrim desidratado
- 4 castanhas-do-pará trituradas no liquidificador bem seco
- 2 colheres de sopa de farinha de trigo
- 1 colher de maisena
- óleo para fritar

Amassar a batata cozida, ainda quente, num espremedor próprio, junto com o *tofu*.
Colocar numa tigela, adicionar os demais ingredientes e misturar bem. Formar bolinhos redondos e iguais,

com uma colher de sopa de massa. Fritar em óleo quente, deixando-os dourar homogeneamente. Retirar com espátula, escorrer os bolinhos em papel absorvente e servi-los ainda quentes.

BOLINHO DE MANDIOCA E CARNE VEGETAL

(4 pessoas)

- 2 xícaras de mandioca cozida e amassada
- 2 xícaras de carne vegetal enlatada (moída)
- 5 dentes de alho espremidos
- 1 cebola grande picadinha
- 4 colheres de sopa de salsa fresca picada
- 1/2 colher de sobremesa de sal
- 1 colher de café de pimenta calabresa (opcional)
- 2 colheres de sopa de farinha de trigo
- 1 colher sopa de farinha de soja
- 1 colher de sopa de maisena
- óleo para fritar

Amassar a mandioca cozida, ainda quente, misturar com a carne vegetal e os demais ingredientes. Mexer até tornar-se uma mistura homogênea. Formar os bolinhos, todos iguais, com uma colher de sopa de massa. Fritar em óleo quente, deixando dourar homogeneamente. Retirar com escumadeira e escorrer em papel absorvente.
Servir os bolinhos ainda quentes.

BOLINHO DE PVT E TOFU

(6 pessoas)

- 1/2 copo de PVT miúda do tipo escura
- 1 xícara de *tofu* firme amassado com garfo
- 3 tomates secos picados
- 1 cebola roxa picada
- 2 colheres de sopa de *shoyo*
- 1/2 colher de sobremesa de sal
- 1 colher de sopa de farinha de trigo branca
- 1 colher de farinha de trigo integral
- óleo para fritar
- água fervente

Colocar a PVT numa tigela e cobrir com água fervendo. Deixar de molho por 5 minutos e então escorrer a água numa peneira.
Colocar a PVT inchada numa tigela e adicionar os demais ingredientes. Deixar em repouso por 20 minutos.
Formar bolinhos e fritá-los em óleo quente até estarem dourados.
Retirar com escumadeira e deixar os bolinhos em papel absorvente. Servi-los quentes e ainda crocantes.

BOLINHO DE SALSÃO E NOZES COM MOLHO FRANCO-AMERICANO

(6 pessoas)

- 250 g de salsão picado
- 250 g de batatas cortadas ao meio
- 5 azeitonas verdes picadas
- 3 colheres de sopa de margarina
- 1/4 de xícara de nozes picadas em tamanhos não muito pequenos
- 2 colheres de sopa de farinha de trigo
- 1/4 de xícara de *tofu* cremoso
- 1/4 de xícara de farinha de rosca
- 1/4 de xícara de óleo de milho para fritar
- 1/2 colher de chá de sal
- 1 colher de chá de páprica doce

Molho Franco-Americano
- 3 colheres de sopa de azeite de oliva
- 2 colheres de sopa de vinagre de vinho branco
- 2 colheres de sopa de mostarda de Dijon
- 2 colheres de sopa de *tofu* cremoso
- 1 colher de sopa de xarope de *maple*
- 1 pitada de sal
- 1 pitada de pimenta-do-reino moída na hora

Colocar água e uma pitada de sal numa panela média e levar ao fogo alto. Adicionar a batata e o salsão e cozinhar por 15 minutos, ou até estarem macios. Escorrer a água.
Picar o salsão e picar as batatas e misturá-los com a margarina, as nozes e as azeitonas. Verificar e colo-

car a páprica.
Fazer bolinhas pequenas e achatar cada uma. Passar os bolinhos pela farinha de trigo, pelo *tofu* cremoso e pela farinha de rosca.
Formar bolinhos e fritá-los em óleo quente até estarem dourados.
Retirar com escumadeira e deixar os bolinhos escorrerem em papel absorvente. Servi-los quentes e ainda crocantes.
Para o molho misturar os ingredientes numa tigela e guardar em geladeira até o momento de servir, colocando sobre os bolinhos.

BOLINHO FRITO COM PVT

(6 pessoas)

- 2 copos de PVT miúda e clara
- 1 cebola roxa picada
- 1 colher de sobremesa de alho desidratado
- 4 colheres de sopa cheias de salsa fresca picada
- 2 colheres de sopa de *shoyo*
- 1/2 colher de sobremesa de sal
- 2 colheres de sopa de farinha de trigo branca
- 1 colher de farinha de trigo integral
- 1 colher de sopa de farelo de trigo
- óleo para fritar
- água fervente

Colocar a PVT numa tigela e cobrir com água fervendo. Deixar de molho por 5 minutos e então escorrer a água numa peneira.
Colocar a PVT inchada numa tigela e adicionar os demais ingredientes.
Formar bolinhos e fritá-los em óleo quente até estarem dourados. Retirar com escumadeira e deixar os bolinhos escorrerem em papel absorvente. Servi-los quentes e ainda crocantes.

BOLINHO FRITO DE MILHO AO VINAGRETE

(2 pessoas)

- 2 colheres de sopa de cebola roxa cortada em cubinhos
- 2 tomates sem sementes, cortados também em cubinhos
- 1/2 pepino cortado em cubinhos
- 2 colheres de sopa cheias de salsa fresca picada
- 1 colher de sopa de azeite de oliva
- 1 colher de sopa de vinagre de vinho branco
- 4 espigas de milho verde raladas grosseiramente
- 2 rodelas de cebola cortadas bem finas
- 3/4 de copo de farinha de soja
- 1/3 de copo de farinha de trigo
- 3/4 de copo de leite de soja
- 1 colher de chá de pimenta-do-reino moída na hora
- 3 colheres de sopa de óleo de milho
- 1 colher de chá de sal

Preparar o vinagrete colocando a cebola roxa, o tomate, o pepino e a salsa fresca numa tigela e acrescentar o sal, a pimenta-do-reino moída, o azeite de oliva e o vinagre, mexendo com cuidado.
Colocar os grãos de milho numa pequena vasilha, com a cebola em fatias finas e misturar. Reservar.
Bater as farinhas com o leite de soja no liquidificador e juntar à tigela com o milho. Mexer delicadamente e temperar com uma pitada de sal e pimenta.
Aquecer o óleo numa frigideira. Colocar 2 colheres de sopa de massa para cada bolinho. Dar um espaço entre eles, costumam esparramar-se.
Fritar em fogo médio por 2 minutos e virá-los para dourarem dos dois lados.
Servir com vinagrete sobre eles.

CREME DE MILHO

(6 pessoas)

- 1 copo de milho doce em conserva (escorrer a água), ou usar milho fresco na mesma quantidade
- 3 colheres de sopa de farinha de trigo
- 4 colheres de sopa de margarina
- 2 copos de leite de soja fervendo
- 1 colher de café de noz-moscada ralada
- 1/2 colher de sobremesa de sal
- 1 colher de sobremesa de açúcar

Derreter a margarina em fogo alto, dourar a farinha de trigo com o sal, mexendo sempre com colher de pau, em fogo baixo.
Adicionar o leite de soja fervendo e a noz-moscada ralada e mexer bem por 2 minutos em fogo alto.
Bater tudo no liquidificador, com metade do milho em conserva. Voltar ao fogo, adicionando a outra metade do milho.
Deixar em fogo alto e mexer sem parar com colher de pau até estar encorpado. Servir o creme quente.

CREME DE MILHO VERDE COM TOFU

(6 pessoas)

- 5 espigas de milho verde maduras
- 2 copos de água
- 4 copos de leite de soja
- 2 copos de *tofu* picado
- 1 colher de sobremesa rasa de caldo de vegetais em pó
- 1 colher de chá de sal

Com uma faca afiada retirar os grãos da espiga de milho e batê-los com água no liquidificador. Passar por uma peneira e levar o caldo à uma panela larga,. Bater o caldo obtido com o *tofu*, o leite, o sal e o caldo de vegetais e levar ao fogo baixo, mexendo continuamente com colher de pau.
Aguardar dar ponto, quando o creme estará consistente, soltando levemente do fundo da panela. Servir quente.

CROQUETE DE BATATA E TOFU

(6 pessoas)

- 1 xícara de batata crua ralada
- 1 xícara de *tofu* amassado
- 2 colheres de sopa de cebolinha verde picada
- 1/2 colher de sobremesa de sal
- óleo para fritar

Misturar numa tigela os ingredientes e fritar às colheradas, em óleo quente até dourarem.
Retirar com escumadeira e deixar os croquetes escorrerem em papel absorvente. Servi-los quentinhos e ainda crocantes.

CROQUETE DE ERVAS FRESCAS E AZEITONA

(6 pessoas)

- 1 e 1/2 copo de PVT
- 2 talos de salsão picados
- 4 dentes de alho espremidos
- 1/2 xícara de salsa fresca picada
- 1/2 xícara de coentro fresco picado
- 1 colher de sopa de *shoyo*
- 1/2 colher de sobremesa de sal
- 2 colheres de sopa cheia de farinha de trigo
- 1 colher de sobremesa de farinha de soja
- azeitonas verdes recheadas
- óleo para fritar
- água fervente

Colocar a PVT numa tigela e cobrir com água fervendo. Deixar de molho por 5 minutos e então escorrer a água numa peneira.
Colocar a PVT inchada numa tigela e adicionar os demais ingredientes.
Mexer bem e formar os croquetes, colocando uma azeitona recheada no meio de cada um.
Fritar em óleo quente até dourarem. Retirar com escumadeira e deixar os croquetes escorrerem em papel absorvente. Servi-los quentinhos.

CROQUETE DE TOFU

(4 pessoas)

- 250 g de *tofu* fresco amassado
- 4 dentes de alho espremidos
- 1/2 xícara de cebolinha fresca picada
- 4 colheres de sopa de *shoyo* sabor *champignon*
- 2 colheres de sopa de farinha de trigo
- óleo para fritar

Amassar o *tofu* numa tigela. Adicionar os demais ingredientes e misturar bem. Formar os croquetes com uma colher de sopa de massa. Deixá-los de forma compridinha, com as pontas mais afinadas.
Fritar em óleo quente, dourando homogeneamente. Retirar com escumadeira e escorrer em papel absorvente.
Servir os croquetes ainda quente, enquanto estão crocantes.

CROQUETE DE TOFU E BATATA

(4 pessoas)

- 250 g de *tofu* fresco amassado
- 1 xícara de batata crua, descascada e ralada
- 3 colheres de sopa de alho-poró picadinho
- 1/2 cebola roxa picadinha
- 1 colher de sopa de *missô*
- 1 colher de chá de sal
- 1 colher de sopa de farinha de trigo
- 1 colher de sopa de farelo de soja
- 1 colher de sopa de semente de girassol triturada no liquidificador seco
- óleo para fritar

Amassar o *tofu* numa tigela, adicionar os demais ingredientes e misturar bem. Formar os croquetes com uma colher de sopa de massa. Dar-lhes um formato comprido e fritar em óleo quente. Deixar que dourem homogeneamente e retirar com escumadeira. Escorrer os croquetes em papel absorvente e servi-los ainda quente e crocantes.

ESPETINHO KABUTO MARU

(4 pessoas)

- 1 pimentão vermelho, cortado em quadradinhos de 2 cm
- 12 cogumelos grandes e cortados ao meio
- 6 cebolinhas do tipo *gold* (do tamanho de bolinhas de gude), ou cebola pequena cortada em quatro partes
- 3 abobrinhas cortadas em fatias de 3 cm de espessura
- 450 g de *tofu* extrafirme cortado em cubos de 2 cm
- 1/2 xícara de azeite de oliva
- 1/4 de xícara de *shoyo* escuro
- 2 dentes de alho amassados
- 2 colheres de chá de gengibre ralado
- 1 pitada de sal

Molho para Espetinho com Amendoim

- 1/2 xícara de amendoim sem pele, torrado
- 2 xícaras de coentro fresco picado
- 2 colheres de sopa de *missô* claro em pasta
- 2 dentes de alho esmagados
- 5 colheres de sopa de azeite de oliva

Arrumar os quadradinhos de *tofu* numa travessa e levar ao *freezer*. Deixar por algumas horas e descongelá-los sobre uma folha de papel absorvente. Este processo faz com que o *tofu* fique mais firme.
Deixar os 12 espetinhos de madeira de molho em água filtrada por 10 minutos antes de usá-lo. Colocar todos os vegetais nos espetinhos, alternando-os com o *tofu*, arrumando-os num recipiente fundo.
Misturar o azeite de oliva com o *shoyo*, o alho e o gengibre numa tigela pequena. Regar os espetinhos com a metade do molho. Cobrir e levar ao congelador por 1 hora.
Para fazer o molho colocar os amendoins, o coentro, o *missô*, o alho e uma pitada de sal num processador de alimentos, até estar bem picado. Adicionar o azeite de oliva em fio, com o aparelho ligado, até a massa estar homogênea.
Aquecer a chapa própria para grelhar e colocar os espetinhos, um a um, virando-os e pincelando o restante do molho constantemente, por 5 ou 6

minutos, ou até o *tofu* começar a ficar dourado. Servir com arroz cozido no vapor e por cima colocar o molho de *missô*.

ESPETINHO VARIADO

(4 pessoas)

- 1/2 copo de salsicha vegetal cortada em rodelas grossas
- 1/2 copo de glúten cortado em cubos
- 1/2 copo de cogumelo-paris
- 1 pimentão vermelho cortado em quadradinhos
- 1/2 copo de cebolinhas do tipo gold, ou cebola pequena cortada em quatro partes
- 1/2 copo de minitomatinho inteiros

Molho de Cebola para Espetinho

- 4 colheres de sopa de azeite de oliva
- 4 colheres de sopa de *shoyo* escuro
- 2 colheres de sopa de vinagre de maçã
- 1 colher de sobremesa de cebola desidratada
- 1 colher de chá de sal
- 2 dentes de alho amassados

Para o molho, misturar todos os ingredientes numa tigela e deixa em repouso por 30 minutos.
Deixar os 12 espetinhos de madeira de molho em água filtrada por 10 minutos. Colocar todos os vegetais nos espetinhos, alternando-os com o *tofu*. Mergulhar no molho e aguardar 20 minutos.
Aquecer a chapa própria para grelhar e colocar os espetinhos, virando-os e pincelando o restante do molho, por 5 ou 6 minutos, ou até começarem a ficar dourados.
Servir quentinhos acompanhado de farina de mandioca torrada.

FAROFA COM FEIJÃO DE SOJA

(4 a 6 pessoas)

- 1 copo de feijão de soja cozido
- 1 e 1/2 copo de farinha de mandioca tipo biju
- 1 cebola picadinha
- 3 colheres de sopa de cebolinha verde picada
- 1/2 copo de couve-manteiga cortada bem fina
- 1 colher de sopa de *shoyo*
- 1 colher de chá de sal
- 5 colheres de sopa de purê de tomate
- 1/2 xícara de água
- 1 colher de chá de caldo de vegetais
- 3 colheres de sopa de margarina

Derreter a margarina, fritar a cebola e quando dourar adicionar a cebolinha, o feijão, a couve, o *shoyo*, o sal, o purê de tomate, o caldo de vegetais e a água. Manter em fogo baixo por 25 minutos, ou até secar a água.
Aumentar o fogo e adicionar a farinha de mandioca. Mexer por mais 5 minutos e em seguida servir a farofa.

FAROFA COM TOFU E FOLHAS DE MOSTARDA

(4 a 6 pessoas)

- 2 copos de farinha de mandioca tipo biju
- 2 copos de *tofu* cortado em cubos
- 4 colheres de sopa de cenoura ralada
- 6 folhas de mostarda cortada em tiras finas
- 1 cebola roxa cortada em rodelas finas
- 1 colher de chá de açafrão em pó
- 1 colher de chá de sal
- 4 colheres de sopa de azeite de oliva

Numa panela larga, colocar 3 colheres de azeite e dourar a farinha de mandioca em fogo baixo, sem parar de mexer com colher de pau. Retirar do fogo e reservar.
Aquecer 1 colher de azeite de oliva, dourar as rodelas finas de cebola e adicionar o açafrão, a mostarda, a cenoura, o *tofu* e o sal. Mexer delicadamente com colher de pau e deixar tampado por 15 minutos. Destampar e manter em fogo alto até secar todo o líquido.
Adicionar a farinha de mandioca torrada, mexer delicadamente e arrumar numa travessa. Servir a farofa quentinha.

FATIAS FORTES DE TOFU

(4 pessoas)

- 500 g de *tofu* cortado em 8 fatias
- 1 e 1/2 xícara de farinha de rosca
- 4 colheres de sopa de mostarda de Dijon
- 1/2 xícara de cebolinha verde picada
- 2 colheres de sopa de *shoyo*
- 1 colher de chá de tomilho desidratado
- azeite de oliva

Misturar numa tigela a mostarda, a cebolinha, o *shoyo*, o tomilho e em seguida colocar o *tofu*. Mexer cuidadosamente de modo a deixar todas as fatias de *tofu* temperadas. Aguardar 30 minutos.
Colocar 1 colher de sopa de azeite de oliva numa frigideira e fritar as fatias temperas de *tofu* até estarem douradas. Virar as fatias para que dourem dos dois lados, adicionando azeite de oliva, sempre que necessário. Servir.

NUGGETS DE ARROZ COM CENOURA

(8 a 10 unidades)

- 1 xícara de arroz integral cozido
- 1/4 de xícara de cenoura picada e cozida
- 1/2 xícara de *tofu* firme
- 1 colher de sopa de farinha de trigo
- 1 cebola média picada
- 1 dente de alho picado
- 1/4 de xícara de água quente
- 1/2 colher de chá de caldo de vegetais em pó
- 1/2 colher de chá de sal
- 1/2 colher de chá de pimenta-do-reino moída na hora
- 1 xícara ou mais de óleo para fritar
- farinha de rosca para trabalhar e polvilhar a massa

Molho Plongé de Chutney de Manga e Curry

- 200 g de *chutney* de manga
- 1 colher de chá de *curry* em pó
- 1 pitada de sal
- 1 pitada de pimenta-malagueta

Bater no liquidificador o arroz, a água quente e o caldo de vegetais em pó até obter uma mistura homogênea.
Colocar numa tigela o arroz batido, a cenoura, o *tofu*, a farinha de trigo, o alho, a cebola, a pimenta e o sal e mexer bem.
Colocar a massa numa superfície lisa e enfarinhada. Abrir com rolo de madeira, cortar os *nuggets* com a boca de um copo de 3 a 4 cm. Polvilhar com farinha de rosca.
Colocar o óleo numa frigideira larga levar ao fogo até estar bem quente.
Mergulhar os *nuggets*, virando-os com uma escumadeira. Assim que estiverem dourados (cerca de 8 minutos de cada lado) retirá-los e escorrer em papel absorvente.
Para o molho *plongé* de *chutney*, misturar numa tigela os ingredientes até obter um molho homogêneo e manter em geladeira até o momento de servir.
Servir os *nuggets* quentes com o molho frio, separado em mini-pratinhos individuais.

NUGGETS DE BATATA E ESPINAFRE

(8 a 10 unidades)

- 500 g de batatas cozidas e amassadas
- 250 g de espinafres cozidos no vapor
- 200 g de *tofu* firme amassado com garfo
- 1 colher de sopa de óleo de milho
- 1 cebola picada
- 1 dente de alho espremido
- 1/4 de colher de chá de noz-moscada
- 1/2 xícara de farinha de trigo integral para polvilhar
- 1 e 1/2 xícara de óleo para fritar
- 1/2 colher de chá de sal
- 1/2 colher de pimenta-do-reino moída na hora

Molho Plongé Picante

- 200 g de *tofu* cremoso
- 1 colher de sopa de *shoyo* sabor *champignon*
- 1 colher de sopa de xarope de *maple*
- 3 gotas de pimenta tipo tabasco
- 1 pitada de sal

Para o molho *plongé*, misturar numa tigela o *tofu* com o *shoyo*, o xarope de *maple*, a pimenta e o sal e mexer até estar homogêneo. Manter em geladeira até o momento de servir.

Numa panela média, aquecer uma colher de óleo e dourar a cebola e o alho por 1 minuto. Adicionar o espinafre bem espremido, a batata amassada, o sal, a pimenta e a noz-moscada. Adicionar o *tofu* amassado e mexer com colher de pau até estar uma mistura homogênea.

Colocar a massa numa superfície lisa e enfarinhada. Abrir com rolo de madeira, cortar os *nuggets* com a boca de um copo de 3 a 4 cm. Polvilhar com farinha de trigo integral.

Aquecer o óleo numa frigideira larga e mergulhar os *nuggets*, virando-os com uma escumadeira e assim que estiverem dourados (cerca de 8 minutos) retirá-los e escorrer em papel absorvente.

Servir os *nuggets* quentes com o molho frio, separado em minipratinhos individuais.

NUGGETS DE BERINJELA

(8 a 10 unidades)

- 2 berinjelas grandes picadas
- 400 g de *tofu* firme
- 1/2 xícara de farinha de rosca
- 1/4 de xícara de farinha de trigo
- 1 cebola picada
- 1 dente de alho picado
- 4 colheres de sopa de óleo de milho
- farinha de rosca para trabalhar a massa e polvilhar
- 1/2 colher de chá de sal
- 1/2 colher de pimenta-do-reino moída na hora
- 1 xícara de óleo para fritar

Molho Plongé de Alcaparra e Chilli

- 200 g de *tofu* firme
- 1 colher de chá de alcaparras
- 4 colheres de sopa de *catchup*
- 1 colher de chá de *chilli* em pó

Aquecer 4 colheres de óleo numa frigideira média e dourar a cebola e o alho por 1 minuto. Juntar a berinjela e fritar por mais 7 minutos. Adicionar a farinha de trigo, a farinha de rosca, o *tofu*, o sal, a pimenta e mexer com colher de pau até obter uma massa homogênea.

Deixar esfriar e então colocar a massa numa superfície lisa e polvilhada com a farinha de trigo. Abrir com rolo de madeira, cortar os *nuggets* com a boca de um copo de 3 a 4 cm. Polvilhar com farinha de rosca.

Aquecer o óleo numa frigideira larga, mergulhar os *nuggets*, virando-os com uma escumadeira e assim que estiverem dourados (cerca de 8 minutos) retirá-los e escorrer em papel absorvente.

Para o molho *plongé* de alcaparras e *chilli*, misturar o *tofu* com a alcaparra, o *catchup* e o *chilli* e bater no liquidificador.

Manter em geladeira até o momento de servir.

Servir os *nuggets* quentes com o molho frio, separado em minipratinhos individuais.

NUGGETS DE CASTANHAS E NOZES

(10 a 12 unidades)

- 150 g de castanhas-do-pará
- 150 g de nozes
- 150 g de castanhas-de-caju
- 250 g de farinha de rosca
- 2 colheres de sopa de farinha de trigo integral
- 1 colher de sopa de ervas de provence
- 1/4 de xícara de *tofu* firme
- 6 colheres de sopa de margarina
- 2 talos de salsão finamente cortados
- 2 cebolas picadas
- 2 colheres de sopa de *shoyo* escuro
- 1 xícara de água quente
- 1 colher de chá de caldo de vegetais em pó
- 2 colheres de chá de levedo de cerveja
- farinha de rosca para polvilhar e cobrir
- 1/2 colher de chá de sal
- 1/2 colher de pimenta-do-reino moída na hora
- 1 xícara de óleo para fritar

Molho Plongé de Cerejas

- 200 g de cerejas em calda escorridas
- 200 g de *tofu* cremoso

- 1 colher de chá de páprica
- 1 pitada de sal

Colocar as nozes e as castanhas no liquidificador e bater ligeiramente a fim de triturá-las grosseiramente. Reservar.

Aquecer a margarina numa frigideira média e dourar a cebola e o salsão por 8 minutos. Juntar a erva de provence, mexer e adicionar a farinha de trigo integral. Manter no fogo, mexendo, por 2 minutos. Adicionar a água, o caldo de vegetais em pó e misturar até engrossar. Juntar o *shoyo*, o levedo, as nozes e castanhas, a farinha de rosca, o sal e a pimenta-do-reino. Misturar bem e deixar esfriar.

Colocar a massa numa superfície lisa e polvilhada com a farinha de trigo. Abrir com rolo de madeira, cortar os *nuggets* com a boca de um copo de 3 a 4 cm. Polvilhar com farinha de trigo integral.

Aquecer o óleo numa frigideira larga e mergulhar os *nuggets*, virando-os com uma escumadeira e assim que estiverem dourados (cerca de 8 minutos) retirá-los e escorrer em papel absorvente.

Para o molho *plongé* de cerejas, bater os ingredientes no liquidificador e manter em geladeira até o momento de servir.

Servir os *nuggets* quentes com o molho frio, separado em minipratinhos individuais.

NUGGETS DE GIRASSOL

(8 a 10 unidades)

- 150 g de sementes de girassol descascadas e moídas
- 400 g de *tofu* firme
- 1/2 xícara de farinha de rosca
- 1 colher de sopa de farinha de trigo branca
- farinha de trigo integral para trabalhar a massa
- 1/4 de xícara de alho-poró picadinho
- 1 minicebola picadinha
- 1/2 colher de chá de sal
- 1/2 colher de pimenta-do-reino moída na hora
- 1 xícara de óleo para fritar

Molho Plongé de Tomate e Mostarda

- 1/2 xícara de purê de tomate
- 100 g de *tofu* cremoso
- 2 colheres de sopa de glicose de milho
- 2 colheres de sopa de molho mostarda escura
- 1 pitada de sal
- 1 pitada de pimenta em pó

Para o molho *plongé*, misturar numa tigela os ingredientes, mexendo com uma colher até obter um molho homogêneo. Manter em geladeira até o momento de servir.

Numa tigela, misturar o *tofu* bem amassado com as sementes de girassol, a farinha de trigo, a farinha de rosca, o sal, a pimenta-do-reino e o alho-poró. Mexer com colher de pau até obter uma mistura homogênea.

Colocar a massa numa superfície lisa e polvilhada com a farinha de trigo. Abrir com rolo de madeira, cortar os *nuggets* com a boca de um copo de 3 a 4 cm. Polvilhar com farinha de trigo integral.

Aquecer o óleo numa frigideira larga e mergulhar os *nuggets*, virando-os com uma escumadeira e assim que estiverem dourados (cerca de 8 minutos) retirá-los e escorrer em papel absorvente.

Servir os *nuggets* quentes com o molho frio, separado em minipratinhos individuais.

NUGGETS DE MILHO

(8 a 10 unidades)

- 400 g de *tofu* firme
- 1/2 lata de milho verde passado num processador
- 1/2 cebola picada
- 1 dente de alho picado
- 3 colheres de sopa de óleo de milho
- 1 colher de sopa de farinha de trigo
- 3 colheres de sopa de farinha de rosca
- farinha de rosca para trabalhar a massa e polvilhar
- 1/2 colher de chá de sal
- 1/2 colher de pimenta-do-reino moída na hora
- 1 e 1/2 xícara de óleo para fritar

Molho Plongé de Cassis

- 200 g de geléia de cassis
- 200 g de *tofu* cremoso
- 1 colher de chá de páprica
- 1 pitada de sal

Aquecer as 3 colheres de óleo numa frigideira média e dourar a cebola e o alho por 3 minutos. Adicionar o *tofu*, o milho, o sal, a pimenta e as farinhas, mexendo com colher de pau até obter uma massa homogênea.

Deixar esfriar e então colocar a massa numa superfície polvilhada com a farinha de trigo. Abrir com rolo de madeira, cortar os *nuggets* com a boca de um copo de 3 a 4 cm. Polvilhar com farinha de rosca.

Aquecer o óleo numa frigideira larga e mergulhar os *nuggets*, virando-os com uma escumadeira e assim que estiverem dourados (cerca de 8 minutos) retirá-los e escorrer em papel absorvente.

Para o molho *plongé* de cassis, bater no liquidificador os ingredientes e manter em geladeira até o momento de servir.

Servir os *nuggets* quentes com o molho frio, separado em minipratinhos individuais.

NUGGETS DE SALSÃO E COGUMELO

(8 a 10 unidades)

- 400 g de *tofu* extrafirme
- 1/2 xícara de salsão picado
- 1/2 xícara de cogumelo fresco picadinho
- 1 colher de sopa de *shoyo* sabor *champignon*
- 2 colheres de sopa de óleo de milho
- 1/2 xícara de farinha de rosca
- 3 colheres de sopa de farinha de trigo
- 1 minicebola picadinha
- 1 dente de alho picado
- 3 colheres de sopa de cerveja do tipo escura
- farinha de rosca para trabalhar a massa e polvilhar
- 1/2 colher de chá de sal
- 1/2 colher de pimenta-do-reino moída na hora
- 1 e 1/2 xícara de óleo para fritar

Molho Plongé de Iogurte com Mostarda de Dijon

- 300 g de iogurte de soja
- 1 colher de sopa de mostarda de Dijon
- 1 colher de sopa de xarope de *maple*
- 1 pitada de sal

Aquecer as colheres de óleo numa frigideira média e dourar a cebola e o alho por 2 minutos. Adicionar o cogumelo e fritar por mais 2 minutos. Adicionar o salsão e fritar por 3 minutos, ou até estar macio.

Juntar o *shoyo*, o sal e a pimenta. Retirar a panela do fogo e deixar reservada por 5 minutos.

Colocar o *tofu* na panela e mexer bem, assim como as farinhas, a cerveja. milho e as farinhas, e mexer com colher de pau até obter uma massa homogênea.

Colocar a massa numa superfície lisa e polvilhada com a farinha de trigo. Abrir com rolo de madeira, cortar os *nuggets* com a boca de um copo de 3 a 4 cm. Polvilhar com farinha de rosca.

Aquecer o óleo numa frigideira larga e mergulhar os *nuggets*, virando-os com uma escumadeira e assim que estiverem dourados (cerca de 8 minutos) retirá-los e escorrer em papel absorvente.

Para o molho *plongé* de iogurte e mostarda de Dijon misturar numa tigela os ingredientes e manter em geladeira até o momento de servir.

Servir os *nuggets* quentes com o molho frio, separado em minipratinhos individuais.

NUGGETS DE TOFU COM ALHO

(8 a 10 unidades)

- 500 g de *tofu* firme
- 4 colheres de sopa de farinha de trigo
- 1/2 colher de sopa de *missô* diluído em 3 colheres de sopa de água
- 1 xícara de farinha de rosca
- 1/2 colher de chá de sal
- 1/2 colher de chá de pimenta-do-reino moída na hora
- 1 e 1/2 xícara de óleo para fritar

Molho Plongé de Tomate e Alho

- 1/2 xícara de purê de tomate
- 1 colher de sopa de orégano desidratado
- 1 colher de sobremesa de alho desidratado
- 1 colher de sopa de coentro fresco picado
- 1/2 xícara de *tofu* cremoso
- 2 gotas de pimenta tipo tabasco
- 1 pitada de sal

Cortar o *tofu* em retângulos, colocar numa tigela e levar ao *freezer* por algumas horas, descongelar as fatias sobre papel absorvente e regá-las com o *missô*.
Numa tigela misturar as farinhas, o sal e a pimenta-do-reino.
Passar as fatias de *tofu* pela farinha e arrumá-las numa travessa. Cobrir e levar ao *freezer* por 1 hora.
Aquecer o óleo numa frigideira, mergulhar as fatias de *tofu*, virando-os com uma escumadeira e assim que estiverem douradas (cerca de 8 minutos) retirá-las e escorrer em papel absorvente.
Para o molho *plongé* bater os ingredientes no liquidificador e manter em geladeira até o momento de servir.
Servir os *nuggets* quentes com o molho frio, separado em minipratinhos individuais.

NUGGETS DE TOFU COM NOZES

(8 a 10 unidades)

- 400 g de *tofu* firme amassado com garfo
- 3 colheres de sopa de nozes picadas
- 4 colheres de sopa de cebolinha verde picada
- 2 colheres de sopa de salsa fresca picada
- 1/2 xícara de farinha de rosca
- 1/2 colher de chá de caldo de vegetais
- 1 colher de sopa de *shoyo* escuro
- 1/2 colher de chá de sal
- 1/2 colher de pimenta-do-reino moída na hora
- farinha de rosca para trabalhar a massa
- 1 xícara de óleo para fritar

Molho Plongé de Damasco

- 200 g de geléia de damasco sem açúcar
- 100 g de *tofu* cremoso
- 2 ou 3 gotas de pimenta tipo tabasco
- 1 pitada de sal

Para o molho *plongé*, misturar numa tigela a geléia com o *tofu*, a pimenta e o sal e mexer até estar homogêneo. Manter em geladeira até o momento de servir.
Numa tigela misturar o *tofu*, as nozes, a cebolinha, a salsa, a farinha de rosca, o sal, a pimenta, o caldo de vegetais e o *shoyo*. Mexer com colher de pau até obter uma mistura homogênea.
Colocar a massa numa superfície lisa e enfarinhada. Abrir com rolo de madeira, cortar os *nuggets* com a boca de um copo de 3 a 4 cm. Polvilhar com farinha de rosca.
Aquecer o óleo numa frigideira larga e mergulhar os *nuggets*, virando-os com uma escumadeira e assim que estiverem dourados (cerça de 8 minutos) retirá-los e escorrer em papel absorvente.
Servir os *nuggets* quentes com o molho frio, separado em minipratinhos individuais.

PASTEL ASSADO DE CARNE VEGETAL E COGUMELO

(4 a 6 pessoas)

Recheio de Pastel com Carne Vegetal

- 1 lata de carne vegetal moída
- 2 xícaras de cogumelos frescos do tipo *shiimeji* cozidos em água e sal por 5 minutos e escorridos numa peneira
- 5 dentes de alho esmagados
- 1/2 xícara de cebolinha verde picadinha
- 1 colher de sopa de folhas frescas de hortelã picadas
- 3 colheres de sopa de *shoyo* sabor *champignon*
- 1 colher de chá de caldo de vegetais em pó
- 1 pitada de sal
- 2 colheres de sopa de óleo de milho

Massa de Pastel com Aveia e Papoula

- 1 e 1/2 copo de farinha de trigo branca
- 1/2 copo de farinha de aveia
- 2 colheres de sopa de fibra de soja
- 1 colher de sobremesa de fermento químico em pó
- 1/2 colher de sobremesa de sal
- 1 colher de sobremesa de sementes de papoula
- 1 copo de água
- 4 colheres de sopa óleo

Colocar 2 colheres de óleo de milho numa panela larga, e fritar o alho. Adicionar a cebolinha, fritar por mais 5 minutos em fogo alto e então adicionar a carne vegetal. Mexer com colher de pau por 5 minutos e então adicionar os cogumelos precozidos.

Temperar com a hortelã, o *shoyo*, o caldo de vegetais e o sal e misturar bem. Tampar a panela e manter em fogo moderado por 15 minutos, mexendo de vez em quando. Retirar a panela do fogo e reservar.

Aquecer o forno a 180° C.

Misturar numa tigela os ingredientes secos da massa. Adicionar a água e o óleo à mistura seca, mexer vigorosamente com uma colher de pau fina e virar a massa em superfície lisa e enfarinhada.

Trabalhar a massa com as mãos por 5 minutos, abri-la com rolo de madeira e cortá-la em rodelas com o auxílio da boca de um copo grande. Colocar uma colher de recheio dentro de cada uma, fechar usando um garfo.

Arrumar os pastéis numa assadeira untada. Assar no forno já aquecido, mantendo a temperatura, por 35 minutos ou até estarem dourados.

PASTEL ASSADO DE COGUMELO

(4 a 6 pessoas)

Massa Básica para Pastel Assado

- 2 copos de farinha de trigo
- 1 colher de sobremesa de fermento em pó
- 1 xícara de leite de soja
- 1 colher de sobremesa de sal
- 3 colheres de sopa de margarina amolecida

Recheio de Cogumelo e Alho

- 3 xícaras de cogumelo fresco cortado em fatias finas
- 1 xícara de feijão de soja cozido e esmagado
- 1 colher de sopa de alho fresco esmagado
- 4 colheres de sopa de salsa fresca picada
- 1 colher de chá de sal
- 3 colheres de sopa de margarina

Esquentar numa panela a margarina, dourar o alho e em seguida o cogumelo cortado em fatias finas. Após 10 minutos colocar a soja cozida, a salsa e o sal. Manter em fogo brando por 20 minutos. Retirar do fogo e reservar.

Misturar a farinha de trigo, a margarina, o sal e o fermento. Acrescentar aos poucos o leite até obter uma pasta homogênea. Amassá-la com as mãos numa mesa enfarinhada.

Abrir a massa com um rolo de macarrão e cortá-la com um copo de boca larga, reaproveitando as rebarbas. Rechear os pastéis e fechá-los com o auxílio de um garfo. Colocá-los numa fôrma untada e assá-los em forno médio até ficarem dourados.

PASTEL ASSADO DE ESPINAFRE E SOJA

(4 a 6 pessoas)

Recheio para Pastel com Feijão de Soja

- 1 copo de feijão de soja bem cozido e passado num espremedor de batatas
- 2 copos de espinafre sem os talos, cozidos em água fervente por 5 minutos e escorridos
- 5 colheres de sopa de cará descascado e ralado
- 4 dentes de alho esmagados
- 1 cebola roxa picada em tamanhos bem pequenos
- 2 colheres de sopa de salsa fresca picada
- 1 colher de chá de sal
- 3 colheres de sopa de óleo de girassol

Massa de Pastel 4 Farinhas

- 1 copo de farinha de glúten
- 1/2 copo de farinha de trigo integral
- 1/2 copo de farinha de trigo branca
- 1 colher de sopa de maisena
- 1 colher de sobremesa de fermento químico em pó
- 1/2 colher de sobremesa de sal
- 1 copo de leite de soja
- 5 colheres de sopa óleo

Colocar o óleo de girassol numa panela e refogar todos os temperos em fogo alto. Após 10 minutos adicionar o feijão de soja espremido. Mexer com colher de pau, por mais 5 minutos. Picar o espinafre precozido, juntar à panela, misturar bem, adicionar o sal e tampar a panela. Deixar em fogo moderado por 10 minutos e então, destampando, aumentar o fogo por 3 minutos. Retirar a panela do fogo e deixar reservada.

Aquecer o forno a 180° C.

Misturar numa tigela os ingredientes secos da massa.

Adicionar então a água e o óleo e mexer vigorosamente com uma colher de pau fina, virando a seguir essa massa em superfície lisa e enfarinhada. Trabalhar a massa com as mãos por 5 minutos, abri-la com rolo de madeira e cortar em rodelas com o auxílio da boca de um copo grande. Colocar uma colher de recheio dentro de cada uma, fechar usando um garfo. Arrumar os pastéis numa assadeira untada. Assar no forno já aquecido, por 35 minutos ou até estarem dourados.

PASTEL ASSADO DE MILHO E TOFU

(4 a 6 pessoas)

Recheio de Pastel com Milho
- 2 xícaras de milho doce retirado da espiga
- 1 xícara de água
- 250 g de *tofu* fresco amassado
- 3 colheres de sopa de azeitonas verdes picadas
- 1/2 xícara de cebolinha verde picada
- 4 colheres de sobremesa de ervas finas desidratadas
- 5 colheres de sopa de salsa fresca picada
- 1/2 colher de sobremesa de sal
- 1 colher de chá de açafrão em pó
- 1 colher de sopa de azeite de oliva

Massa de Pastel Enriquecida
- 1 copo de farinha de trigo integral
- 1/2 copo de farinha de trigo branca
- 2 colheres de sopa de farinha de glúten
- 1 colher de sopa de farinha de centeio
- 1 colher de sopa de flocos de aveia
- 1 colher de sopa de maisena
- 1 colher de sobremesa de fermento químico em pó
- 1 colher de sobremesa rasa de sal
- 1/2 colher de café de alho desidratado
- 1 copo de leite de coco (1 vidrinho)
- 4 colheres de sopa óleo

Bater os grãos de milho no liquidificador com a água e passar por uma peneira e em seguida por um pano limpo, espremendo a fim de retirar todo o líquido. Utilizar o resíduo de milho para croquetes.
Levar o caldo de milho ao fogo baixo, mexendo sempre com colher de pau, até engrossar. Adicionar os demais ingredientes, exceto o *tofu*, aumentar o fogo e deixar por 5 minutos, sempre mexendo. Por fim, adicionar o *tofu* amassado, contar mais 5 minutos e então retirar a panela do fogo.
Aquecer o forno a 180° C.
Misturar numa tigela os ingredientes secos da massa, adicionar o leite de coco e o óleo, e mexer vigorosamente com uma colher de pau fina.
Virar a massa em superfície lisa e enfarinhada. Trabalhar a massa com as mãos, por 5 minutos, abri-la com rolo de madeira e cortá-la em rodelas com o auxílio da boca de um copo grande. Colocar uma colher de recheio dentro de cada uma usando um garfo.
Arrumar os pastéis numa assadeira untada. Assar no forno já aquecido por 35 minutos ou até estarem dourados.

PASTEL ASSADO DE OKARA

(4 a 6 pessoas)

Recheio de Okara para Pastel Assado
- 1 copo de *okara*
- 5 colheres de sopa de cenoura ralada
- 4 colheres de sopa de inhame ralado
- 1 copo de tomates secos e temperados picados em pedaços bem pequenos
- 2 colheres de sopa de uvas passas pretas sem sementes
- 2 colheres de sopa de manjericão fresco picado
- 2 dentes de alho esmagados
- 1 cebola roxa picada em tamanhos bem pequenos
- 1 colher de sopa de farinha de aveia
- 1 colher de chá de sal
- 2 colheres de sopa de *shoyo* escuro sabor *champignon*
- 3 colheres de sopa de óleo

Massa de Pastel com Glúten
- 1 copo de farinha de trigo branca
- 1/2 copo de farinha de soja
- 1/2 copo de farinha de glúten
- 1 colher de sobremesa de fermento químico em pó

- 1 pitada de bicarbonato de sódio
- 1 colher de chá de sal
- 1 colher de café de urucum em pó
- 1 copo de leite de coco
- 4 colheres de sopa de óleo
- farinha para trabalhar a massa

Aquecer 3 colheres de óleo numa panela larga, dourar a cebola, o alho, juntar o *okara* e mexer com colher de pau, em fogo alto, por 10 minutos. Adicionar a cenoura, o inhame, o tomate seco picado, o manjericão, o sal e o *shoyo*. Mexer, tampar a panela e deixar em fogo moderado por 15 minutos. Acrescentar então a farinha de aveia, as passas e manter a panela destampada, em fogo alto, por 5 minutos. Retirar a panela do fogo e reservar.
Aquecer o forno a 180° C.
Misturar numa tigela os ingredientes secos da massa. Misturar o óleo com o leite de coco e juntar à mistura seca.
Mexer vigorosamente com uma colher de pau fina. Virar a massa em superfície lisa e enfarinhada. Trabalhar a massa com as mãos por 5 minutos, abri-la com rolo de madeira e cortar em rodelas com o auxílio da boca de um copo grande. Colocar uma colher de recheio dentro de cada uma, fechar usando um garfo.
Arrumar os pastéis numa assadeira untada. Assar no forno já aquecido, por 35 minutos ou até estarem dourados.

PASTEL ASSADO DE PVT MIÚDA

(4 a 6 pessoas)

Recheio de Pastel com PVT
- 1/2 copo de PVT miúda
- 1 tomate grande, maduro, sem semente e pele, picado bem pequeno
- 4 dentes de alho esmagados
- 1 cebola grande picada em tamanhos bem pequenos
- 3 colheres de sopa de salsa fresca picada
- 2 colheres de sopa de aneto fresco picado
- 4 colheres de sopa de *shoyo*
- 1 colher de chá de sal
- 1 colher de café de *chilli* em pó
- 3 colheres de sopa de óleo
- água fervente

Massa de Pastel com Alecrim
- 1 copo de farinha de trigo branca
- 1/2 copo de farinha de trigo integral
- 2 colheres de sopa de farinha de soja
- 1 colher de sobremesa de fermento químico em pó
- 1 colher de sobremesa rasa de sal
- 1/2 colher de café de alecrim desidratado
- 3/4 de copo de leite de coco (ou leite de soja)
- 3 colheres de sopa de óleo

Colocar a PVT numa tigela, cobri-la com água fervente e deixar de molho por 10 minutos.
Aquecer 3 colheres de óleo numa panela larga, dourar a cebola, o alho, juntar a salsa, o aneto e mexer com colher de pau, em fogo alto, por 5 minutos.
Escorrer a PVT numa peneira e pressionar ao máximo para retirar a maior quantidade de água possível. Juntá-la à panela e em seguida adicionar o *shoyo*, o sal e o *chilli*. Misturar bem, tampar a panela e deixar em fogo moderado por 10 minutos. Retirar a panela do fogo, juntar o tomate picado e mexer para misturar. Reservar.
Aquecer o forno a 180° C.
Misturar numa tigela os ingredientes secos da massa. Misturar o óleo com o leite de coco (ou o leite de soja), e juntar à mistura seca.
Mexer vigorosamente com uma colher de pau fina. Virar a massa em superfície lisa e enfarinhada. Trabalhar a massa com as mãos por 5 minutos, abri-la com rolo de madeira e cortá-la em rodelas com o auxílio da boca de um copo grande. Colocar uma colher de recheio dentro de cada uma, fechar apertando as bordas com um garfo.
Arrumar os pastéis numa assadeira untada. Assar no forno já aquecido, mantendo a temperatura, por 35 minutos ou até estarem dourados.

PASTEL ASSADO DE SALSICHA E COGUMELO SALMÃO

(4 a 6 pessoas)

Recheio de Salsicha para Pastel
- 1 copo de salsicha cortada em fatias finas e pequenas
- 2 copos de cogumelos do tipo salmão, fatiados
- 1 maçã descascada e ralada
- 1 colher de sopa de farinha de soja
- 1 dente de alho esmagado
- 1 cebola picada
- 1 colher de chá de sal
- 2 colheres de sopa de *shoyo*
- 3 colheres de sopa de óleo

Massa de Farinha de Trigo e Farinha de Soja para Pastel
- 2 copos de farinha de trigo branca
- 1/2 copo de farinha de soja
- 1 colher de sobremesa de fermento químico em pó
- 1 colher de chá de sal
- 1 copo de leite de coco
- 4 colheres de sopa margarina
- farinha para trabalhar a massa

Aquecer as colheres de óleo numa panela larga, dourar a cebola, o alho, juntar a salsicha e os cogumelos e fritar por mais 5 minutos.
Adicionar os demais ingredientes e manter fogo brando por 20 minutos. Retirar a panela do fogo e reservar.
Aquecer o forno a 180° C.
Misturar numa tigela os ingredientes secos da massa. Adicionar a margarina e o leite de coco, mexer com uma colher de pau fina e virar a massa em superfície lisa e enfarinhada. Trabalhar a massa com as mãos por 5 minutos, abri-la com rolo, cortar rodelas com o auxílio da boca de um copo grande. Colocar uma colher de recheio dentro de cada uma, fechar apertando as bordas com um garfo.
Arrumar os pastéis numa assadeira untada. Assar no forno já aquecido, mantendo a temperatura, por 35 minutos ou até estarem dourados.

PASTEL ASSADO DE SALSICHA E GERGELIM

(4 a 6 pessoas)

Recheio de Pastel com Salsicha
- 1 lata de salsicha vegetal
- 1 tomate grande, maduro, sem semente e pele, picado bem pequeno
- 1/2 pimentão amarelo picado em tamanhos bem pequenos
- 1/2 pimentão verde picado em tamanhos bem pequenos
- 1 cebola grande picada em tamanhos bem pequenos
- 4 colheres de sopa de coentro fresco picado
- 3 colheres de sopa de *shoyo*
- 1 colher de chá de sal
- 1 colher de sobremesa rasa de urucum em pó
- 2 colheres de sopa de *tahine*
- 1 colher de sopa de maisena diluída em 1/2 copo de água ou leite de soja
- 2 colheres de sopa de óleo de gergelim escuro

Massa de Pastel com Fibra de Soja
- 1 copo de farinha de trigo integral
- 1/2 copo de farinha de glúten
- 2 colheres de sopa de fibra de soja
- 1 colher de sopa de fermento químico em pó
- 1/2 colher de sobremesa de sal
- 1 colher de sopa de gergelim
- 3 colheres de sopa óleo
- 1 copo de água

Picar as salsichas em pedaços bem pequenos. Colocar o óleo de gergelim numa panela e dourá-los em fogo alto. Adicionar os demais ingredientes exceto a maisena diluída. Misturar bem com colher de pau, tampar a panela e deixar em fogo moderado por 10 minutos. Adicionar então a maisena diluída, e mexer constantemente até o recheio estar consistente. Retirar a panela do fogo e reservar.
Aquecer o forno a 180° C.
Misturar numa tigela os ingredientes secos da massa. Adicionar em seguida o óleo e a água, mexer vigorosamente com uma colher de pau fina e virar

a massa em superfície lisa e enfarinhada.
Trabalhar a massa por 5 minutos, abrir com rolo de madeira e cortar em rodelas com o auxílio da boca de um copo grande.
Colocar uma colher de recheio dentro de cada pastel, fechar apertando as bordas com um garfo.
Arrumar os pastéis numa assadeira untada. Assar no forno já aquecido, por 35 minutos ou até estarem dourados.

PASTEL ASSADO DE TOFU

(4 a 6 pessoas)

Recheio de Pastel com Tofu
- 250 g de *tofu* fresco amassado
- 1 colher de sopa de alho desidratado
- 1 colher de sopa de tomilho fresco picado
- 2 cebolinhas pequenas picadas
- 2 colheres de sopa de *missô* claro
- 1/2 colher de sobremesa de sal
- 1 colher de chá de mostarda em pó

Massa Simples de pastel
- 2 copos de farinha de trigo branca
- 1 colher de sobremesa rasa de fermento químico em pó
- 1/2 colher de sobremesa de sal
- 1 copo de água
- 2 colheres de sopa de óleo

Amassar o *tofu* numa tigela, juntar os demais ingredientes do recheio e misturar bem. Reservar.
Aquecer o forno a 180° C.
Misturar numa tigela os ingredientes secos da massa e em seguida adicionar o óleo e a água mexendo vigorosamente com uma colher de pau fina.
Virar a massa em superfície lisa e enfarinhada. Trabalhar a massa com as mãos por 5 minutos, abri-la com rolo de madeira e cortar em rodelas com o auxílio da boca de um copo grande. Colocar uma colher de recheio dentro de cada uma, fechar apertando a massa com um garfo.
Arrumar os pastéis numa assadeira untada. Assar no forno já aquecido, por 35 minutos ou até estarem dourados.

PASTEL FOLHADO QUADRADO

(4 a 6 pessoas)

- 1 pacote de massa folhada congelada

Recheio para Pastel de PVT e Alho-poró
- 1 copo de PVT do tipo escuro
- 4 colheres de sopa de cenoura ralada
- 2 colheres de sopa de repolho roxo ralado
- 2 cebolas picadinhas
- 1 colher de sopa de folhas frescas de orégano
- 1 tomate sem sementes picado em tamanho pequeno
- 1 alho-poró picadinho
- 2 colheres de sopa de azeite de oliva extravirgem
- 1/2 colher de sobremesa de sal
- água fervente

Para o recheio cobrir a PVT com água fervente e deixar de molho por 15 minutos. Escorrer a água e escorrer bem.
Dourar a cebola no azeite aquecido. Adicionar o alho-poró, o sal e a PVT. Deixar em fogo brando por 15 minutos. Acrescentar a cenoura, o repolho, o orégano, o tomate. Mexer por 5 minutos em fogo alto e retirar do fogo. Reservar.
Retirar a massa folhada do congelador.
Depois de descongelada, abrir a massa com rolo de madeira sobre uma superfície enfarinhada, deixando-a bem fina.
Cortar a massa com a boca de um pote plástico de formato quadrado. Colocar 2 colheres de sopa de recheio dentro de cada massa. Apertar as bordas com os dedos úmidos ou com um garfo.
Aquecer o forno a 200° C.
Arrumar todos os pastéis numa assadeira untada e deixar em geladeira por 15 minutos. Retirar e deixar na geladeira por 15 minutos e assar por 20 minutos.

PASTEL FRITO DE CARNE DE SOJA

(4 a 6 pessoas)

Recheio de Pastel com PVT
- 1/2 copo de PVT miúda
- 3 dentes de alho esmagados
- 1/2 xícara de cebolinha verde picada
- 1/2 cebola roxa picada em tamanhos bem pequenos
- 4 colheres de sopa de *shoyo*
- 1 colher de café de caldo de vegetais em pó
- 1 colher de chá de sal
- 3 colheres de sopa de óleo
- água fervente para deixar a PVT de molho

Massa
- 1 pacote pequeno de massa própria para pastel já cortada
- óleo para fritar

Colocar a PVT numa tigela, cobri-la com água fervente e deixar de molho por 10 minutos.
Aquecer o óleo numa panela larga dourar a cebola, o alho, juntar a cebolinha e mexer com colher de pau, em fogo alto, por 5 minutos.
Escorrer bem a PVT e juntá-la à panela, adicionando o *shoyo*, o sal e o caldo de vegetais.
Misturar bem, tampar a panela e deixar em fogo moderado por 10 minutos. Retirar a panela do fogo e reservar.
Rechear as rodelas de massa para pastel, fechá-las com o auxílio de um garfo e arrumar numa travessa. Levar à geladeira por 25 minutos.
Numa frigideira larga aquecer boa quantidade de óleo e em seguida fritar os pastéis. Virar com escumadeira dourando os dois lados, retirar e escorrê-los em papel absorvente. Servir quentinhos.

PIRÃO COM BROTO DE SOJA

(4 a 6 pessoas)

- 2 copos de broto de soja precozido
- 2 colheres de sopa de *missô*
- 2 dentes de alho espremidos
- 1 cebola roxa picadinha
- 1/2 pimentão amarelo picadinho
- 4 colheres de sopa de cebolinha verde picada
- 1/2 xícara de coentro fresco picado
- 2 colheres de sopa de salsa fresca picada
- 4 tomates grandes, maduros, descascados e sem sementes, picados
- 4 colheres de sopa de purê de tomate
- 3 colheres de sopa de azeite de oliva
- 1 colher de sopa de azeite de dendê
- 1 colher de chá de louro em pó
- 1 colher de chá de urucum em pó
- 1 colher de sobremesa de sal
- 1 xícara de farinha de mandioca
- 3 copos de água fervente

Numa panela larga, aquecer o azeite de oliva junto com o azeite de dendê e dourar a cebola, o alho e o pimentão por alguns minutos.
Colocar o tomate, a cebolinha, o coentro, a salsa, o louro, o urucum, o purê de tomate, o sal e o broto de soja precozido. Tampar a panela e abaixar o fogo por 5 minutos. Adicionar a água quente e deixar ferver por 15 minutos.
Adicionar então a farinha de mandioca aos poucos, sempre mexendo com colher de pau para não formarem grumos.
Numa travessa colocar o pirão quente, acrescentar o *missô*, mexer delicadamente e servir em seguida.

PIRÃO PICANTE COM AZEITONA E TOFU

(4 a 6 pessoas)

- 300 g de *tofu* firme
- 4 colheres de sopa de *shoyo*
- 1 colher de sobremesa de pimenta-do-reino moída
- 1 colher de chá de orégano
- 6 azeitonas pretas picadinhas
- 4 colheres de sopa de azeite de oliva
- 2 a 3 dentes de alho espremidos
- 2 cebolas médias bem picadas
- 4 tomates médios bem maduros, picados
- 1 maço de cheiro verde picadinho
- 4 folhas de louro
- 1 colher de sobremesa de sal
- 1 colher de chá de molho de pimenta
- 1 colher de chá de caldo de vegetais em pó
- 1 xícara de farinha de mandioca
- 3 xícaras de água fervente

Cortar o *tofu* em cubinhos, colocar numa tigela e temperar com o *shoyo*, a pimenta-do-reino, o orégano e as azeitonas. Tampar e deixar em repouso por 20 minutos.
Numa panela larga, aquecer o azeite e dourar a cebola e o alho por alguns minutos. Colocar o tomate, o cheiro verde, o louro, o sal, a pimenta, o caldo de vegetais, tampar e abaixar o fogo por 5 minutos. Adicionar a água quente e deixar ferver por 15 minutos.
Adicionar a farinha de mandioca aos poucos, sempre mexendo com colher de pau para não formarem grumos.
Numa travessa colocar os cubos de *tofu*, cobrir com o pirão quente e servir em seguida.

POLENTA COM GRÃO DE SOJA

(4 a 6 pessoas)

- 2 copos de grãos de soja cozidos
- 1 copo de fubá de milho
- 1/2 xícara de inhame ralado
- 1 pimentão vermelho picado
- 5 copos de água
- 1 xícara de cebolinha verde picada
- 3 colheres de sopa de folhas frescas de manjericão picadas
- 2 colheres de sopa de óleo
- 4 colheres de sopa de *shoyo*
- 1 colher de sobremesa de sal

Passar a soja cozida por um processador de alimentos, ou moedor, e reservar.
Aquecer o óleo numa panela grande, refogar a cebolinha e o manjericão. Adicionar a soja, o *shoyo*, o inhame e o pimentão e mexer por 10 minutos. Adicionar então o fubá diluído na água e deixar no fogo alto até começar a ferver.
Manter o fogo baixo, sempre mexendo com colher de pau, até aparecer o fundo da panela.
Tirar a polenta do fogo, colocá-la num pirex ou fôrma retangular e servir em seguida.

POLENTA COM SALSICHA

(4 a 6 pessoas)

- 1 copo de fubá de milho
- 5 copos de água
- 1 colher de sobremesa de caldo de vegetais em pó
- 1 lata de salsichas passadas num processador de alimentos
- 3 tomates descascados e sem sementes, picados
- 1 cebola ralada
- 5 dentes de alho espremidos
- 2 colheres de sopa de óleo
- 1 colher de sobremesa de sal

Aquecer o óleo numa panela grande, refogar por 5 minutos a cebola e o alho, colocar a salsicha processada e refogar por mais 5 minutos. Adicionar o tomate e mexer por mais 5 minutos.
Adicionar então o fubá diluído na água e o caldo de vegetais.
Deixar no fogo alto até começar a ferver e depois deixar em fogo baixo, sempre mexendo com colher de pau, até aparecer o fundo da panela.
Tirar a polenta do fogo e colocá-la num pirex ou fôrma retangular. Servir em seguida.

POLENTA FRITA DIFERENTE

(4 a 6 pessoas)

- 1 copo de fubá de milho
- 1 copo de farinha de soja
- 10 copos de água
- 3 colheres de sopa de *missô*
- mais fubá para a fritura
- óleo para fritar

Diluir o fubá e a farinha de soja na água, adicionar o *missô* e levar ao fogo brando. Deixar no fogo, sempre mexendo com colher de pau até aparecer o fundo da panela.
Tirar a polenta do fogo e colocá-la num pirex ou fôrma retangular.
Esperar que esfrie totalmente e endureça para cortá-la em tiras grossas, como palitos.
Colocar o fubá em prato raso e envolver nele, um a um, os pedaços de polenta. Em seguida, mergulhá-los em óleo já quente e dourar dos dois lados. Colocá-los em papel absorvente para escorrer e servir ainda quentes.

PUDIM DE MILHO VERDE

(4 a 6 pessoas)

- 5 espigas de milho verde (usar os mais amarelos)
- 2 copos de água
- 3 copos de leite de soja
- 1 cebola picadinha
- 1/2 colher de sobremesa rasa de sal
- 3 colheres de café de cominho em pó
- 1 colher de café de açafrão em pó

Com uma faca afiada retirar os grãos da espiga de milho e batê-los com água no liquidificador. Passar por uma peneira e levar esse caldo a uma panela larga. Adicionar os demais ingredientes e mexer continuamente com colher de pau, mantendo o fogo brando. Apagar quando o creme soltar do fundo da panela.
Virar o creme de milho numa fôrma com furo central e esperar endurecer por 15 minutos antes de desenformar e servir o pudim.

PUDIM DE MILHO VERDE COM SOJA

(4 a 6 pessoas)

- 5 espigas de milho verde (usar os mais maduros e amarelos)
- 2 copos de grãos de soja cozidos
- 2 copos de água
- 3 copos de leite de soja
- 1/2 xícara de cebolinha verde picada
- 1/2 xícara de alho-poró picado
- 1 colher de sobremesa rasa de caldo de vegetais em pó
- 4 colheres de sopa de *shoyo*

Passar a soja cozida num processador ou moedor e reservá-la.
Colocar o óleo numa panela, refogar os temperos por 5 minutos e adicionar a soja moída, o caldo de vegetais e o *shoyo* e deixar no fogo por mais 25 minutos. Reservar.
Com uma faca afiada retirar os grãos da espiga de milho e batê-los com água no liquidificador. Passar por uma peneira e levar o caldo a uma panela larga. Adicionar o leite e a soja refogada e mexer continuamente com colher de pau, mantendo o fogo brando. Aguardar dar ponto, quando o creme está solto do fundo da panela.

Virar o creme de milho numa fôrma com furo central e esperar endurecer por 15 minutos antes de desenformar e servir o pudim.

PURÊ DE BATATA COM TOFU

(6 pessoas)

- 3 batatas médias
- 250 g de *tofu* extrafirme amassado
- 3 colheres de sopa de margarina
- 1/2 colher de sobremesa de sal
- pimenta-do-reino moída na hora a gosto
- 1/2 xícara de leite de soja quente

Cozinhar as batatas e assim que estiverem macias passá-las em espremedor próprio, colocando numa tigela. Amassar também o *tofu* e juntar à tigela. Adicionar a manteiga e bater com batedeira, adicionando o leite quente aos poucos, até obter um purê cremoso e firme.
Colocar o purê numa travessa e servir em seguida, salpicando com a pimenta-do-reino moída na hora.

PURÊ DE BATATA E TOFU TEMPERADO

(6 pessoas)

- 750 g de batatas descascadas e cortadas em quatro partes
- 4 dentes de alho inteiros
- 250 g de *tofu* extrafirme amassado
- 2 colheres de sopa de margarina
- 1/3 de xícara de maionese de soja
- 1/4 de xícara de coentro picadinho
- 1/2 colher de sobremesa de sal
- 1/2 colher de chá de pimenta-do-reino moída na hora
- leite de soja se necessário

Colocar numa panela com água a batata e o alho e ferver por aproximadamente 20 minutos, até as batatas estarem macias. Escorrer a água.
Adicionar na panela o *tofu*, a margarina, a maionese e amassar bem misturando todos os ingredientes. Adicionar o sal e a pimenta-do-reino. Bater com batedeira manual até ficar cremoso, adicionando leite de soja, se necessário para dar a textura desejada. Colocar o coentro picadinho, mexer delicadamente e servir o purê quente, acompanhando refeições, ou em lanches, com salsichas e hambúrgueres.

PURÊ INGLÊS

(6 pessoas)

- 3 batatas-inglesas grandes, descascadas e cortadas em quatro partes
- 1 xícara de *tofu* firme amassado
- 1 envelope de 10 g de caldo de vegetais diluído em 1/2 xícara de água
- 1 colher de chá de sal
- 1/4 de colher de pimenta-do-reino moída na hora
- 1 colher de sopa de azeite de oliva extravirgem

Colocar as batatas numa panela grande, juntar o sal e cobrir com água. Levar ao fogo alto e deixar ferver por 30 minutos, ou até estarem macias. Escorrer reservando separadamente as batatas e a água quente.
Espremer as batatas e colocar numa tigela. Bater com batedeira e adicionar o *tofu* amassado, o caldo de vegetais, o sal, a pimenta e o azeite de oliva.
O purê de batatas requentado perde sua textura. Aproveitar as sobras para fazer bolinhos de batatas, ou colocar em sopas.

QUIBE DE SOJA COM COGUMELO

(6 pessoas)

- 1/2 copo de PVT miúda do tipo escura
- 1 copo de trigo para quibe
- 1 copo de feijões de soja cozidos
- 1 copo de cogumelos em conserva
- 4 colheres de sopa de farinha de trigo integral
- 1/2 copo de folhas frescas de hortelã
- 1/2 copo de cebolinha verde picada
- 1/2 copo de coentro fresco picado
- 1 cebola picada
- 3 colheres de sopa de alho desidratado
- 1 colher de sobremesa de sal
- óleo para fritar
- água fervente

Deixar o trigo de molho por uma noite.
Colocar a PVT numa tigela e cobrir com água fervente. Deixar de molho por 20 minutos.
Escorrer a água do trigo e da PVT, espremendo bem para retirar o máximo da água possível.
Misturar todos os ingredientes numa tigela e passar tudo por um processador de alimentos.
Levar uma frigideira grande ao fogo alto, com óleo suficiente para cobrir os quibes. Formar com as mãos os quibes, no formato desejado, e em seguida mergulhar um a um no óleo quente. Retirar com escumadeira e escorrer em papel absorvente.

QUIBE FRITO

(6 pessoas)

- 1/2 copo de PVT miúda do tipo escura
- 1/2 copo de trigo para quibe
- 1 copo de feijões de soja cozidos
- 4 colheres de sopa de farinha de trigo integral
- 1/2 copo de folhas frescas de hortelã
- 1/2 copo de cebolinha verde picada
- 1/2 copo de coentro fresco picado
- 1 cebola picada
- 3 colheres de sopa de alho desidratado
- 1 colher de sobremesa de sal
- óleo para fritar
- água fervente

Deixar o trigo de molho por uma noite.
Colocar a PVT numa tigela e cobrir com água fervente. Deixar de molho por 20 minutos.
Escorrer a água do trigo e da PVT, espremendo bem para retirar o máximo da água possível.
Misturar todos os ingredientes numa tigela e passar tudo por um processador de alimentos.
Levar uma frigideira grande ao fogo alto, com óleo suficiente para cobrir os quibes. Formar com as mãos os quibes, no formato desejado, e em seguida mergulhar um a um, no óleo quente.
Retirar com escumadeira e escorrer em papel.

RISSOLE DE MILHO

(6 pessoas)

Massa de Rissole com okara
- 2 copos de farinha de trigo
- 1 copo de farinha de glúten
- 1 copo de *okara*
- 1 copo de leite de soja fervente
- 1/2 copo de margarina
- 1 colher de chá de sal

Recheio de Milho Verde e Soja para Rissole
- 2 copos de milho verde
- 1 copo de grãos de soja cozidos e triturados
- 1/2 copo de cebolinha verde picadinha
- 1 colher de café de sementes de endro
- 1 colher de sopa de óleo
- 1 copo de leite de soja
- 1 copo de *tofu* cremoso
- 2 colheres de sopa de maisena
- 1/2 colher de sobremesa de sal

Creme para Fritar à Milanesa
- 1 colher de sopa de araruta
- 1 copo de água
- 1 pitada de sal
- cubos de gelo
- farinha de rosca
- óleo para fritar

Para a massa, colocar a margarina numa panela larga, levá-la ao fogo médio e mexer com colher de pau até derreter. Adicionar a farinha de trigo, a de glúten e deixar em fogo baixo, sempre mexendo, até dourar.
Juntar o leite de soja fervente, o *okara* e mexer até engrossar.
Colocar numa vasilha e reservar.
Colocar o óleo numa panela, fritar a cebolinha verde e adicionar o milho verde, a semente de endro, o *tofu*, a soja e o sal.
Diluir a maisena no leite de soja e juntar à panela. Manter em fogo moderado, sempre mexendo, até engrossar. Retirar a panela do fogo e espalhar o recheio numa travessa.
Colocar a massa sobre uma superfície lisa e enfarinhada e abri-la com um rolo de madeira. Cortar a massa em vários pedaços iguais, usando a boca de um copo largo ou um pote plástico quadrado. Rechear todos e em seguida fechar as bordas apertando com os dedos.
Levar a araruta com a água e o sal ao fogo alto e quando começar a engrossar retirar do fogo. Colocar este creme numa tigela e adicionar alguns cubos de gelo.
Espalhar farinha de rosca numa travessa larga e rasa. Passar cada rissole pelo creme de araruta gelado e em seguida pela farinha de rosca. Mergulhá-los imediatamente em óleo quente e assim que dourar de um lado virar um a um para dourarem por igual. Retirar com escumadeira e escorrer em papel absorvente.

RISSOLE DE PVT MIÚDA

(6 pessoas)

Massa para Rissole com Farinha de Soja
- 2 copos de farinha de soja
- 2 copos de farinha de trigo branca
- 1 copo de leite de soja
- 1/2 copo de margarina
- 1 colher de chá de sal

Recheio para Rissole de PVT
- 1/2 copo de PVT do tipo miúda
- 1/2 copo de cogumelo fresco picadinho
- 4 dentes de alho espremidos
- 1 cebola picadinha
- 1 colher de sopa de salsa fresca picada
- 1 colher de sopa de coentro fresco picado
- 2 colheres de sopa de óleo
- 1 copo de leite de soja
- 2 colheres de sopa de *shoyo*
- 1 colher de sopa cheia de maisena
- 1 colher de sobremesa rasa de sal

Creme para Empanar Rissoles
- 1 colher de sopa de araruta
- 1 copo de água
- 1 pitada de sal
- farinha de rosca

Derreter a margarina e torrar a farinha de trigo. Assim que dourar juntar o sal, o leite de soja quente, a farinha de soja e mexer até engrossar. Colocar numa vasilha e reservar.
Para o recheio cobrir a PVT com água fervendo e deixar de molho por 20 minutos. Virar num escorredor, espremendo bem para retirar o máximo de água possível e reservar.
Colocar o óleo numa panela, dourar a cebola e o alho, adicionar a PVT, o cogumelo, o *shoyo*, o sal, a salsa picada e o coentro. Tampar a panela e deixar em fogo moderado por 20 minutos.
Diluir a maisena no leite de soja e adicionar à panela, em fogo alto, e mexer até engrossar.
Retirar a panela do fogo e espalhar o recheio numa travessa para esfriar.
Colocar a massa sobre uma superfície lisa e enfarinhada e abri-la com um rolo de madeira. Cortar a massa em vários pedaços iguais, usando a boca de um copo largo ou um pote plástico quadrado. Rechear todos e em seguida fechar as bordas com os dedos.
Levar a araruta com a água e o sal ao fogo alto e quando começar a engrossar retirar do fogo. Colocar este creme numa tigela e adicionar alguns cubos de gelo.
Espalhar farinha de rosca numa travessa larga e rasa. Passar cada rissole pelo creme de araruta gelado e em seguida pela farinha de rosca. Mergulhá-los imediatamente em óleo quente e assim que dourar

de um lado virar um a um para dourarem por igual. Retirar com escumadeira e escorrer em papel absorvente.

RISSOLE DE SALSICHA VEGETAL

(6 pessoas)

Massa de Rissole com Extrato de Soja e Fubá
- 2 copos de farinha de trigo
- 1/2 copo de extrato de soja em pó
- 1/2 copo de fubá
- 1 copo de leite de soja
- 1 colher de sobremesa de sementes de papoula
- 1 colher de sobremesa rasa de caldo de vegetais em pó
- 1/2 copo de margarina
- 1 colher de chá de sal

Recheio de Salsicha Vegetal para Rissole
- 1 lata de salsicha vegetal picada
- 1/2 xícara de cenoura ralada
- 1/2 xícara de pimentão amarelo picado
- 1/2 xícara de azeitonas pretas picadas
- 1/2 xícara de coentro fresco picado
- 1 cebola picadinha
- 1 colher de sopa de óleo
- 2 copos de leite de soja
- 1 colher de sopa cheia de maisena
- 1 colher de sobremesa rasa de sal

Creme para Empanar
- 1 colher de sopa de araruta
- 1 copo de água
- 1 pitada de sal
- farinha de rosca
- óleo para fritar

Para a massa, colocar a margarina numa panela larga, levá-la ao fogo médio e mexer com colher de pau até derreter. Adicionar a farinha de trigo e o fubá e deixar em fogo baixo, sempre mexendo, até dourarem.
Bater o leite de soja com o caldo de vegetais, o extrato de soja e o sal e juntar à farinha, assim como a semente de papoula. Mexer até engrossar e em seguida colocar a massa quente em uma vasilha e reservar.
Colocar o óleo numa panela, fritar a cebola, o pimentão, a azeitona e o coentro, mexer por 5 minutos e adicionar a salsicha vegetal picada, a cenoura ralada e o sal. Tampar a panela e deixar em fogo moderado por 15 minutos.
Diluir a maisena no leite de soja e juntar à panela. Manter em fogo moderado, sempre mexendo, até engrossar. Retirar a panela do fogo e espalhar o recheio numa travessa para esfriar.
Colocar a massa sobre uma superfície lisa e enfarinhada e abri-la com um rolo de madeira. Cortar a massa em vários pedaços iguais usando a boca de um copo largo ou um pote plástico quadrado. Rechear todos e em seguida fechar as bordas com os dedos.
Levar a araruta com a água e o sal ao fogo alto e quando começar a engrossar retirar do fogo. Colocar este creme numa tigela e adicionar alguns cubos de gelo.
Espalhar farinha de rosca numa travessa larga e rasa. Passar cada rissole pelo creme de araruta gelado e em seguida pela farinha de rosca. Mergulhá-los imediatamente em óleo quente e assim que dourar de um lado virar um a um para dourarem por igual.
Retirar com escumadeira e escorrer em papel absorvente.

RISSOLE DE SOJA E PALMITO

(6 pessoas)

Massa de Rissole com Fibra de Soja
- 2 copos de farinha de trigo branca
- 1 copo de farinha de trigo integral
- 1 copo de fibra de soja
- 1/2 copo de *okara*
- 1 colher de sobremesa rasa de caldo de vegetais em pó
- 1 copo de leite de soja
- 1/2 copo de margarina
- 1 colher de chá de sal

Recheio de Rissole com Grãos de Soja
- 1 copo de grãos de soja cozidos e moídos
- 1 copo de palmito picado
- 2 colheres de sopa de aneto fresco picadinho
- 1 colher de sopa de alho desidratado

- 2 cebolas picadinhas
- 1 colher de sopa de óleo
- 1/2 copo de molho de tomate
- 2 copos de leite de soja
- 1 e 1/2 colher de sopa de maisena
- 1 colher de sobremesa rasa de sal

Creme para Empanar

- 1 colher de sopa de araruta
- 1 copo de água
- 1 pitada de sal
- farinha de rosca
- cubos de gelo
- óleo para fritar

Para a massa, colocar a margarina numa panela larga, levá-la ao fogo médio e mexer com colher de pau até derreter. Adicionar a farinha de trigo e deixar em fogo baixo, sempre mexendo, até dourar.

Juntar o leite de soja fervente aos poucos, o caldo de vegetais, o *okara*, a fibra de soja e mexer até engrossar. Colocar em uma vasilha e reservar.

Colocar o óleo numa panela, fritar a cebola, o alho, o aneto e adicionar a soja cozida, o palmito, o molho de tomate e o sal.

Diluir a maisena no leite de soja e juntar à panela. Manter em fogo moderado, sempre mexendo, até engrossar. Retirar a panela do fogo e colocar em uma vasilha para esfriar.

Colocar a massa sobre uma superfície lisa e enfarinhada e abri-la com um rolo de madeira. Cortar a massa em vários pedaços iguais, usando a boca de um copo largo ou um pote plástico quadrado. Rechear todos e em seguida fechar as bordas com os dedos.

Levar a araruta com a água e o sal ao fogo alto e quando começar a engrossar retirar do fogo. Colocar este creme numa tigela e adicionar alguns cubos de gelo. Espalhar farinha de rosca numa travessa larga e rasa. Passar cada rissole pelo creme de araruta gelado e em seguida pela farinha de rosca. Mergulhá-los imediatamente em óleo quente e assim que dourar de um lado virar um a um para dourarem por igual. Retirar com escumadeira e escorrer em papel absorvente.

RISSOLE DE TOFU E VEGETAIS

(4 pessoas)

- 250 g de *tofu* firme
- 1/3 de copo de azeite de oliva
- 1 e 1/2 copo de abóbora ralada
- 3/4 de copo de abobrinha ralada
- 1 cebola picadinha
- 4 dentes de alho amassados
- 4 rodelas de cebola cortadas bem finas
- 1/4 de copo de coentro picado
- 1 colher de sobremesa de *curry*
- 1 copo de farinha de trigo integral
- óleo de milho para fritar
- 1 colher de chá de sal

Amassar o *tofu* até obter uma consistência homogênea. Aquecer o óleo numa frigideira, adicionar a abóbora e a abobrinha, a cebola, o alho e cozinhar mexendo de vez em quando, em fogo médio, por 10 minutos, ou até os vegetais estarem macios. Adicionar as rodelas de cebola, o coentro, o *curry*, o *tofu*, o sal e a farinha. Mexer bem e colocar entre as mãos 1 colher de sopa da massa preparada dando um formato arredondado.

Repetir o processo com toda a massa. Cobrir os croquetes com o restante da farinha.

Colocar o óleo numa frigideira grande com a quantidade suficiente para cobrir os croquetes durante a fritura. Não superlotar a frigideira. Fritar em algumas vezes, deixando 2 a 3 minutos, ou até estarem dourados.

Retirar com uma escumadeira, deixar em papel toalha e servi-los quentes.

TEMPEH COM PÁPRICA DOCE

(6 pessoas)

- 600 g de *tempeh* cortado em barrinhas
- 1/2 xícara de pasta de grão-de-bico
- 1 colher de sopa de farinha de trigo branca
- 1 colher de sopa de farinha de soja
- 2/3 de xícara de água do cozimento do grão-de-bico
- 1 colher de chá de sal
- 2 colheres de sopa de semente de coentro moída
- 1 colher de chá de levedo de cerveja
- 1 colher de chá de páprica doce
- 3 xícaras de óleo de milho para fritar

Cozinhar o grão-de-bico em panela de pressão por 2 horas. Reservar a água e passar os grãos por uma peneira, pressionando-os obtendo uma pasta.
Colocar numa tigela a pasta de grão-de-bico, as farinhas de soja e de trigo, 2/3 da água reservada, a semente de coentro, a páprica, o levedo e o sal. Misturar até ficar homogêneo, formando uma massa grossa.
Colocar o óleo numa frigideira funda e levar ao fogo. Mergulhar as barrinhas de *tempeh* nesta massa e em seguida mergulhar no óleo quente. Fritar por 1 minuto, ou até estar dourado.
Retirar com escumadeira e escorrer em papel absorvente. Salpicar sal a gosto.

TIRAGOSTO DE TOFU

(6 pessoas)

- 300 g de *tofu* firme cortado em cubinhos de 2 cm
- 1 e 1/2 colher de sopa de semente de gergelim branco
- 1 e 1/2 colher de sopa de semente de gergelim preto
- 2 colheres de sopa de farinha de milho
- 2 colheres de sopa de óleo

Molho de Shoyo e Mirin para Bolinhos
- 2 colheres de sopa de *shoyo light*
- 2 colheres de sopa de *mirin* (vinho japonês)
- 1 colher de sopa de gengibre fresco cortado bem fininho

Colocar o gergelim claro, o gergelim escuro, a farinha de milho num prato e misturar. Delicadamente envolver os cubos de *tofu* nesta mistura, pressionando ligeiramente.
Aquecer o óleo numa frigideira grande e dourar o *tofu* em fogo médio. Retirá-los quando estiverem dourados por completo. Adicionar óleo sempre que necessário. Escorre-los em papel absorvente.
Para o molho colocar o *shoyo*, o mirin e o gengibre numa tigela e misturar.
Servir o *tofu* com o molho a parte.

TOFU MEXIDO

(4 pessoas)

- 40 g de margarina
- 200 g de cogumelos cortados em fatias bem finas
- 2 dentes de alho esmagados
- 2 rodelas de cebola picadinhas
- 40 g de *tofu* extrafirme (firme também serve) amassado
- 1/2 colher de chá de pimenta-do-reino
- 1 colher de chá de tamari (um tipo de molho fermentado de soja)
- 1 colher de sopa de salsa fresca picada
- 8 fatias grossas tostadas de pão de fôrma
- 1 pitada de sal

Derreter 1 colher de sopa de margarina numa frigideira grande.
Adicionar os cogumelos e fritá-los em fogo alto por 5 minutos, ou até que comecem dourar. Adicionar o alho e fritar por mais 5 minutos.
Derreter o restante da margarina numa panela, colocar a cebola e fritar por 30 segundos. Adicionar o *tofu*, o tamari e o cogumelo. Cozinhar mexendo delicadamente por 2 ou 3 minutos.
Colocar a salsa e a pimenta e uma pitada de sal.
Para servir, colocar sobre as fatias de pão ligeiramente torradas e servir em seguida.

TOFU MEXIDO COM ABOBRINHA

(4 pessoas)

- 1 xícara de abobrinha picada
- 3 colheres de sopa de óleo de milho
- 1/2 xícara de cebola tipo "pirulito" picadas
- 1/3 de xícara de pimentão verde picado
- 500 g *tofu* firme
- 1 xícara de água
- 2 dentes de alho espremidos
- 1 colher de sopa de *shoyo*
- 1 colher de chá de caldo de vegetais em pó
- 1/2 colher de chá de urucum em pó
- 2 colheres de chá de sal
- 1/2 colher de chá de pimenta-do-reino

Colocar 1 xícara de água numa panela pequena, adicionar e 1 colher de sal, a abobrinha e levar ao fogo alto até estar cozida. Escorrer a água e reservar.
Numa tigela colocar o *tofu*, o *shoyo*, o urucum, a pimenta-do-reino, 1 colher de sal e amassar com um garfo, misturando os ingredientes.
Aquecer o óleo numa frigideira em fogo médio. Dourar a cebola e em seguida dourar o alho. Colocar a abobrinha e fritar por 2 minutos e temperar com o caldo de vegetais. Adicionar o *tofu* já temperado, abaixar o fogo e mexer delicadamente com colher de pau para misturar os ingredientes.
Aguardar sem mexer até formar uma espécie de panqueca, cerca de 10 minutos de um lado e 5 do outro, ou até que os dois lados estejam dourados.
Servir quente.

TOFU MEXIDO COM CEBOLA E BATATA FRITA

(4 pessoas)

- 1 cebola grande cortada em rodelas finas
- 1 xícara de batata frita
- 2 dentes de alho picados
- 1/3 de xícara de pimentão amarelo picado
- 3 colheres de sopa de óleo de milho
- 500 g de *tofu* firme
- 1/2 colher de chá de urucum em pó
- 1/2 colher de chá de sal
- 2 colheres de sopa de *shoyo*
- 1 colher de chá de caldo de vegetais em pó
- 1/2 colher de chá de pimenta-do-reino

Numa tigela colocar o *tofu*, o urucum, a pimenta-do-reino, e o sal e amassar com um garfo, misturando os ingredientes.
Aquecer o óleo numa frigideira média em fogo médio e fritar a cebola e o alho por 2 minutos. Adicionar o pimentão, o *shoyo* e o caldo de vegetais.
Adicionar o *tofu* temperado, mexendo cuidadosamente. Colocar as batatas fritas por cima e fazer uma leve pressão sobre elas para que se incorporem à massa.
Formar uma espécie de panqueca, sem mexer, em fogo baixo, cerca de 10 minutos de um lado e 5 do outro, ou até estar com os dois lados dourados.

TOFU MEXIDO COM COGUMELO-PARIS

(4 pessoas)

- 300 g de cogumelo-paris fatiados
- 4 colheres de sopa de óleo de milho
- 1/3 de xícara de pimentão verde picado
- 1/2 xícara de cebola picada
- 500 g de *tofu* firme
- 2 dentes de alho espremidos
- 1/2 colher de chá de açafrão em pó
- 1 colher de sopa de *shoyo* sabor *champignon*
- 1/2 colher de chá de sal
- 1/2 colher de chá de caldo de vegetais em pó
- 1/2 colher de chá de pimenta-do-reino

Numa tigela colocar o *tofu*, o açafrão, o pimentão, a pimenta-do-reino, e o sal e amassar com um garfo, misturando os ingredientes.
Aquecer o óleo numa frigideira média em fogo médio e fritar a cebola e o alho por 2 minutos. Adicionar o cogumelo e o caldo de vegetais, reduzir o fogo, juntar o *shoyo* e fritar por 10 minutos, sempre mexendo.

Adicionar o *tofu* temperado sobre o cogumelo e não mexer.
Aguardar formar uma espécie de panqueca, em fogo baixo, cerca de 10 minutos de um lado e 5 do outro, ou até estar com os dois lados dourados.

TOFU MEXIDO COM CROÛTON E ALCAPARRA

(4 pessoas)

- 1 xícara de pão integral cortado em cubinhos
- 1 colher de sopa de alcaparras picadas
- 1/4 de xícara de cenoura picada e cozida
- 1/2 xícara de ervilhas frescas cozidas
- 1/4 de xícara de cebola picada
- 2 dentes de alho picados
- 4 colheres de sopa de azeite de oliva
- 2 colheres de sopa de *shoyo*
- 1/2 colher de chá de urucum
- 1/4 de colher de sobremesa de *missô*
- 500 g de *tofu* firme
- sal se necessário
- 1 colher de chá de caldo de vegetais em pó
- 1/2 colher de chá de pimenta-do-reino
- *chutney* de frutas
- tiras de salsão

Numa tigela, colocar o *tofu*, o urucum, a pimenta-do-reino, o *missô* e amassar com um garfo, misturando bem.
Aquecer o azeite numa frigideira grande em fogo médio e fritar a cebola e o alho por 1 minuto. Adicionar a ervilha e a cenoura e fritar por mais 1 minuto. Colocar o pão, sempre mexendo, por 2 ou 3 minutos, ou até estar dourado. Adicionar o *shoyo* e as alcaparras e mexer. Por cima de tudo dispor o *tofu* já temperado, mexendo cuidadosamente.
Aguardar formar uma espécie de panqueca, em fogo baixo, cerca de 10 minutos de um lado e 5 do outro, ou até estar com os dois lados dourados.
Servir quente com *chutney* de frutas e tiras de salsão.

TOFU MEXIDO COM ERVILHA E BATATA

(4 pessoas)

- 400 g de batatas descascadas, cortada em cubinhos e cozidas até estarem macias
- 500 g de *tofu* firme
- 1/2 xícara de ervilhas frescas cozidas
- 1/2 xícara de cebola picada
- 1 dente de alho espremido
- 1/2 colher de sopa de *shoyo*
- 1/2 colher de chá de açafrão
- 3 colheres de sopa de óleo de milho
- 1 colher de chá de sal
- 1/2 colher de chá de pimenta-do-reino

Numa tigela, colocar o *tofu*, o açafrão, a pimenta-do-reino, o sal e amassar com um garfo, misturando bem.
Aquecer o óleo numa frigideira grande em fogo médio e fritar a cebola e o alho por 30 segundos. Colocar os cubinhos de batata e fritar por mais 4 minutos, mexendo delicadamente pardourar por inteiro. Adicionar as ervilhas e fritar por mais 20 minutos. Acrescentar o *shoyo*, mexer e colocar o *tofu* temperado, misturando com cuidado.
Formar uma espécie de panqueca sem mexer, em fogo baixo, cerca de 10 minutos de um lado e 5 do outro, ou até estar com os dois lados dourados.
Servir quente com molho de mostarda ou *catchup* a gosto.

TOFU MEXIDO COM FLOCOS DE CENTEIO E AÇAFRÃO

(4 pessoas)

- 400 g de *tofu*
- 2 colheres de sopa de flocos de centeio
- 1 colher de chá de sal
- 1 envelope de 10 g de caldo de vegetais
- 1 colher de chá de açafrão
- 1 cebola picadinha
- 1 pimentão verde picadinho
- 3 dentes de alho cortados em fatias finas
- 2 colheres de sopa de azeite de oliva

Aquecer o azeite de oliva numa frigideira e fritar a cebola, o pimentão, o alho até estarem dourados. Separadamente misturar numa tigela o *tofu*, os flocos de centeio, o açafrão, o sal e o caldo de vegetais. Juntar à frigideira. Manter o fogo baixo por 6 minutos. Mexer pardourar homogeneamente. Servir o mexido bem quentinho.

TOFU MEXIDO COM SALSICHA

(4 pessoas)

- 4 salsichas vegetais em lata cortadas em 3 fatias longitudinais cada uma
- 4 colheres de sopa de óleo de milho
- 2 colheres de sopa de azeite de oliva
- 1/4 de xícara de cebola picada
- 2 dentes de alho picados
- 500 g de *tofu* firme
- 1/2 colher de chá de urucum
- 1 colher de sopa de *shoyo* escuro
- 1/2 colher de chá de sal
- 1/2 colher de chá de pimenta-do-reino
- 1 colher de chá de caldo de vegetais em pó

Numa tigela colocar o *tofu*, o urucum, a pimenta-do-reino, o sal e amassar com um garfo, misturando bem.
Levar uma frigideira grande em fogo alto e dourar as tiras de salsicha no azeite de oliva, por cerca de 5 minutos. Retirar do fogo e reservar.
Voltar a frigideira ao fogo e aquecer o óleo. Dourar a cebola e o alho. Colocar o caldo de vegetais em pó e logo em seguida voltar as salsichas na frigideira sem que haja superposição.
Fritar por 2 minutos de cada lado, regando com o *shoyo*. Adicionar o *tofu* já temperado, mexendo só o suficiente para distribuí-lo sobre as salsichas.
Formar uma espécie de panqueca, em fogo baixo, sem mexer por cerca de 10 minutos de um lado e 5 do outro, ou até estar com os dois lados dourados.
Servir quente com molho de mostarda ou *catchup* a gosto.

TOFU TROPICAL

(4 pessoas)

- 2 colheres de sopa de óleo de gergelim torrado
- 450 g de *tofu* firme cortado em cubinhos (congelados por algumas horas e escorridos em papel absorvente)
- 1 colher de chá de pimenta-do-reino moída
- 4 colheres de sopa de cebolinha verde picada
- 1 pitada de sal
- 1/2 colher de chá de pimenta calabresa em flocos
- 1 pimentão vermelho cortado em tiras finas
- 1 abobrinha cortada em tiras finas
- 1/2 xícara de leite de coco
- 2 envelopes de caldo de vegetais diluído em 1/2 xícara de água fervente
- 2 colheres de sopa de semente de gergelim torrado

Aquecer 1 colher de sopa de óleo de gergelim numa frigideira. Colocar o *tofu* e deixar fritar por 2 minutos, ou até estar dourado, salpicando-o com o sal e pimenta-do-reino. Transferir o *tofu* para um prato e reservar.
Colocar numa panela a outra colher de óleo de gergelim e fritar por 4 minutos, em fogo alto, a cebolinha, o pimentão e a abobrinha. Espalhar por cima a pimenta calabresa, o leite de coco, o caldo de vegetais e o *tofu* temperado.

Cozinhar até ficar bem quente e servir em seguida acompanhando refeições, com as sementes de gergelim por cima.

TUTU DE FEIJÃO DE SOJA

(6 pessoas)

- 2 copos de feijão de soja temperado (utilizar as sobras do dia anterior)
- 1/2 xícara de água quente
- 4 dentes de alho picadinhos
- 1 cebola pequena picadinha
- 1 colher de chá de caldo de vegetais em pó
- 4 colheres de sopa de salsa fresca picada
- 3 colheres de sopa de pimentão verde picadinho
- 2 colheres de sopa de coentro picado
- 2 colheres de sopa de cebolinha verde picada
- 2 colheres de sopa de *shoyo*
- 1 colher de chá de páprica doce
- 1 colher de sobremesa rasa de louro em pó
- 2 colheres de sopa de óleo de milho
- rodelas de tomate
- 1 xícara de farinha de mandioca
- algumas folhas de rúcula

Colocar o óleo numa panela, dourar a cebola e o alho, adicionar todos os demais temperos e fritar por 5 minutos em fogo alto, mexendo com colher de pau. Colocar o feijão cozido, o *shoyo*, o caldo de vegetais e água quente.

Mexer e deixar em fogo baixo por 15 minutos. Adicionar a farinha de mandioca aos poucos, sempre mexendo com colher de pau, mantendo o fogo alto por 5 minutos.

Forrar com as rodelas de tomate uma fôrma redonda, com furo central,e colocar o tutu de feijão quente, compactando-o com uma colher de pau. Deixar em repouso de 5 a 10 minutos.

Desenformar o tutu numa travessa e servi-lo em seguida, cercado por folhas de rúcula cruas e cortadas em tiras finas.

PRATOS PRINCIPAIS

ABOBRINHA ITALIANA RECHEADA COM PVT E SHIITAKE

(4 pessoas)

- 3 abobrinhas italianas de tamanho médio
- 1 colher de sobremesa de sal
- 2 colheres de sopa de sumo de limão
- pimenta-do-reino a gosto

Recheio de PVT e Shiitake para Abobrinha Italiana

- 1/2 copo de PVT do tipo miúda e escura
- 1 copo de *shiitake* desidratado
- água quente
- 4 colheres de sopa de cebola picada
- 2 colheres de sopa de manjericão roxo picado
- 4 colheres de sopa de *shoyo* sabor cogumelo
- 2 colheres de sopa de azeite de oliva

Cobrir a PVT com água fervendo e deixar de molho por 20 minutos. Virar num escorredor, espremendo para retirar bem a água. Reservar.
Quebrar os cogumelos ainda secos com as mãos. Colocar numa tigela e cobrir com água quente. Reservar.
Cortar as abobrinhas italianas ao meio ao comprido, retirar-lhes a polpa do centro e reservar.
Numa panela larga, colocar o azeite de oliva, dourar a cebola e em seguida adicionar a PVT e o *shiitake* inchado, a polpa retirada da abobrinha italiana, o *shoyo* e o manjericão.
Rechear as abobrinhas italianas, arrumá-las numa travessa refratária e levar ao forno preaquecido a 180° C. Deixar por 20 minutos. Servir em seguida.

ALCACHOFRA E TOFU GRELHADOS

(4 pessoas)

- 16 fundos de alcachofra fatiados
- 400 g de *tofu* firme cortado em cubos
- 3 colheres de sopa de azeite de oliva para fritar
- 1 colher de azeite de oliva para o molho
- 3 colheres de sopa de suco de limão
- 1/2 colher de chá e pimenta-do-reino
- sal a gosto

Para o molho, colocar em uma tigela o limão, o sal e a pimenta, misturando bem.
Aquecer uma frigideira tipo *grill*, pincelar com azeite de oliva e colocar as alcachofras, grelhando dos dois lados até estarem macias. Adicionar azeite de oliva quando necessário.
Retirar e servir com o molho.

ALCACHOFRA SAUTÉ COM BANANA

(4 pessoas)

- 700 g de fundos de alcachofra cozidos
- 3 colheres de sopa de margarina
- 3 colheres de sopa de óleo de milho
- 2 bananas-prata cortadas em rodelinhas
- 1 cebola média picadinha
- 1/2 xícara de grãos de soja torrados
- 2 colheres de sopa de suco de lima
- 1 colher de chá de sal
- 1 colher de chá de caldo de vegetais em pó

Derreter a margarina em uma frigideira rasa, adicionar o óleo e fritar as alcachofras e as bananas por 5 minutos. Juntar a cebola, a soja e o suco de lima. Cozinhar por 3 minutos.
Servir ainda quente.

ıÔNDEGAS DE CARNE VEGETAL COM MOLHO DE ALHO-PORÓ

(6 pessoas)

- 3 copos de carne vegetal
- 1 cebola picadinha
- 1 colher de sopa de alho desidratado
- 1 colher de sopa cheia de salsa fresca picada
- 1 colher de café *zattar*
- 4 colheres de sopa de *missô* diluído em 4 colheres de sopa de água
- 1 pitada de sal
- 2 colheres de sopa de farinha de soja
- 1 colher de sopa de farinha de glúten
- 1 colher de sopa de farinha de trigo
- óleo para fritar

Molho com Alho-poró para Almôndegas

- 3 tomates descascados e sem sementes
- 5 colheres de sopa de extrato de tomate
- 3 xícaras de água quente
- 1 colher de sobremesa rasa de caldo de vegetais
- 5 colheres de sopa de alho-poró picado
- 1 colher de sobremesa de sal
- 1 colher de café de casca de limão ralada
- 2 colheres de sopa de óleo

Misturar a carne vegetal com os demais ingredientes e deixar em repouso por 30 minutos.
Adicionar as farinhas e misturar bem.
Formar as almôndegas com as mãos e fritá-las em óleo quente por 15 minutos aproximadamente. Retirar com escumadeira e escorrer em papel absorvente.
Arrumar as almôndegas numa travessa, cobrir com molho e levar ao forno alto por 10 minutos.
Para o molho colocar o óleo numa panela e fritar o alho-poró por 5 minutos. Adicionar os tomates picados, o sal, o extrato e mexer por 2 minutos. Colocar a água quente, o caldo de vegetais, a casca de limão. Manter o fogo baixo por 45 minutos, com a panela tampada, mexendo de vez em quando.
Assim que o molho estiver encorpado retirar do fogo.

ALMÔNDEGAS DE GRÃO DE SOJA E ERVILHA COM MOLHO DE TOMATE E ALCAPARRA

(6 pessoas)

- 2 copos de feijões de soja cozidos
- 1 copo de ervilha fresca cozida em água e sal
- 2 cebolas picadinhas
- 5 dentes de alho
- 1/2 xícara de salsa fresca picada
- 1 colher de chá de cominho
- 1 pitada de sal
- 3 colheres de sopa de farinha de glúten
- óleo para fritar

Molho de Tomate e Alcaparras para Almôndegas

- 5 tomates descascados e sem sementes
- 3 colheres de sopa de extrato de tomate
- 2 colheres de sopa de alcaparras picadas
- 3 colheres de sopa de tomilho fresco picado
- 1 xícara de purê de tomate
- 4 xícaras de água quente
- 1 colher de sopa rasa de caldo de vegetais em pó
- 1 pitada de sal
- 2 colheres de sopa de óleo

Passar a soja em moedor ou por um processador de alimentos, com 1/2 copo de ervilha. Colocar numa tigela e misturar com o restante das ervilhas inteiras e os temperos. Deixar em repouso por 30 minuto, adicionar as farinhas e misturar bem.
Formar as almôndegas com as mãos e em seguida fritá-las em óleo quente. Retirar com escumadeira e escorrer em papel absorvente.
Arrumar as almôndegas numa travessa, cobrir com molho e levar ao forno alto por 10 minutos.
Para o molho colocar o óleo numa panela e fritar o tomilho, junto com as alcaparras. Adicionar o tomate picado, o sal, o extrato e mexer por 2 minutos. Colocar a água quente, o caldo de vegetais e manter o fogo baixo por 45 minutos, com a panela tampada, mexendo de vez em quando. Assim que o molho estiver encorpado retirar do fogo e cobrir as almôndegas.

ALMÔNDEGAS DE PVT COM MOLHO DE VEGETAIS

(6 pessoas)

- 2 copos de PVT do tipo miúda
- 3 minicebolas descascadas e cortadas em quadradinhos
- 2 dentes de alho
- 1 colher de sopa cheia de salsa fresca picada
- 1 colher de sopa cheia de cebolinha verde picada
- 1 colher de sobremesa rasa de páprica doce em pó
- 4 colheres de sopa de *shoyo*
- 1/2 colher de sobremesa de sal
- 4 colheres de sopa de farinha de trigo
- óleo para fritar
- água fervente

Molho de Vegetais para Almôndegas

- 2 colheres de sopa de extrato de tomate
- 1 xícara de purê de tomates
- 1 xícara de tomate descascado e sem sementes
- 2 xícaras de água quente
- 1 colher de chá de caldo de vegetais em pó
- 2 colheres de sopa de óleo
- 1/2 xícara de chicória cortada bem fininha
- 1 cenoura pequena ralada
- 2 colheres de sopa de salsa fresca picada
- 2 colheres de sopa de cebolinha verde picada
- 3 dentes de alho espremidos
- 1 colher de sobremesa rasa de sal

Colocar a PVT numa tigela e cobrir com água fervendo. Deixar de molho por 5 minutos e então escorrer bem a água usando um escorredor ou uma peneira.
Colocar a PVT inchada numa tigela e adicionar os demais ingredientes.
Formar com as mãos as bolas de almôndegas.
Aquecer o óleo numa frigideira e fritar as almôndegas, virando-as para que dourem por inteiro.
Retirar com escumadeira e deixar escorrer em papel absorvente.
Colocar as almôndegas numa travessa refratária, cobrir com molho e levar ao forno quente por 15 minutos. Servir em seguida.
Para o molho colocar o óleo na panela, fritar o alho, a cebolinha e a salsa fresca picada. Adicionar a cenoura, a chicória, o sal e o tomate, mexer por mais 5 minutos e então adicionar o extrato de tomate, o purê de tomate, o caldo de vegetais e a água quente. Mexer e assim que levantar fervura abaixar o fogo e tampar. Cozinhar por 35 minutos.

ALMÔNDEGAS DE TOFU COM MOLHO FORTE DE TOMATE

(6 pessoas)

- 250 g de *tofu* amassado com um garfo
- 1/2 cebola roxa picadinha
- 3 colheres de sopa de alho espremido
- 1/2 pimentão vermelho picadinho
- 1 colher de chá de cominho em pó
- 1 colher de café de *chilli* em pó
- 3 colheres de sopa de *shoyo* escuro
- 1 colher de café de sal
- 2 colheres de sopa de farinha de glúten
- óleo para fritar

Molho Forte de Tomate para Almôndegas

- 5 colheres de sopa de extrato de tomate
- 4 tomates descascados, sem sementes e picados
- 1 colher de sopa de alho espremido
- 1 colher de chá de caldo de vegetais em pó
- 4 copos de água quente
- 1 cebola picada
- 1 colher de chá de urucum em pó
- 1/2 xícara de coentro fresco picado
- 1/2 colher de sobremesa de sal
- 2 colheres de sopa de azeite de oliva

Misturar a PVT com os temperos e deixar em repouso por 30 minutos.
Adicionar a farinha e misturar bem.
Formar as almôndegas com as mãos e fritá-las em óleo quente por 15 minutos aproximadamente. Retirar com escumadeira e escorrer em papel absorvente.

Arrumar as almôndegas numa travessa, cobrir com molho e levar ao forno alto por 10 minutos. Servir em seguida.
Para o molho, colocar o azeite numa panela e fritar o alho por 5 minutos. Adicionar o tomate picado, o sal, o coentro, o urucum, o extrato e mexer por 2 minutos. Colocar a água quente e o caldo de vegetais. Manter o fogo baixo por 45 minutos, com a panela tampada, mexendo de vez em quando. Assim que o molho estiver encorpado retirar do fogo.

ASPARGO GRELHADO COM PURÊ DE BATATA

(4 pessoas)

- 16 aspargos frescos
- 4 colheres de sopa de azeite de oliva para fritar
- 2 colheres de sopa de *shoyo*
- 1 colher de sobremesa de cebola desidratada
- 4 colheres de sopa de suco de limão

Purê de Batata para Acompanhar Grelhado

- 6 batatas grandes descascadas e cozidas
- 4 colheres de sopa de margarina
- sal a gosto
- leite de soja quente

Para o molho, colocar em uma tigela o limão, o *shoyo*, o sal e a cebola e misturar bem. Deixar reservado por 20 minutos.
Aquecer uma frigideira tipo *grill*, ou panela de ferro, pincelar com azeite de oliva e colocar os aspargos, grelhando dos dois lados até estarem macios. Adicionar azeite de oliva quando necessário.
Para o purê, cozinhar as batatas e escorrer a água. Passá-las pelo espremedor, adicionar a margarina e o sal e bater em batedeira adicionando o leite quente aos poucos até ficar um purê fofo.
Servir os aspargos com o próprio molho e o purê.

BATATA COM RECHEIO DE ESPINAFRE

(4 pessoas)

- 4 batatas gigantes lavadas, escovadas e secas
- 300 g de espinafre
- 1/2 xícara de *tofu* firme amassado
- 2 colheres de sopa de azeite de oliva
- 1/4 de cebola picadinha
- 1 dente de alho espremido
- 1 colher de sopa de sal
- 1 pitada de noz-moscada
- 1 pitada de *curry* em pó
- 1 colher de sopa de amêndoas laminadas
- óleo de milho para untar com óleo

Aquecer o forno a 200° C.
Furar com um garfo a superfície das batatas e assar no forno de 40 minutos a 1 hora, ou até estarem macias.
Retirar as partes mais duras do espinafre e lavar as folhas.
Levar uma panela grande com água ao fogo alto, e quando levantar fervura colocar o espinafre. Deixar ferver 5 minutos e então escorrer. Picar bem pequeno e deixar escorrendo novamente.
Aquecer, em fogo médio, o azeite de oliva numa frigideira e dourar a cebola, o alho e o *curry*. Adicionar o espinafre e deixar por mais 5 minutos.
Cortar as batatas ao meio no sentido longitudinal e em seguida retirar a parte interna da batata com uma colher, deixando uma cavidade bem grande.
Amassar a parte retirada da batata com o *tofu* até ficar homogêneo. Juntar o espinafre preparado, o sal e a noz-moscada. Misturar bem.
Rechear as batatas e espalhar por cima as amêndoas laminadas.
Untar com óleo uma fôrma refratária ou assadeira, arrumar as batatas, cobrir com papel-alumínio e levar ao forno em temperatura alta, por 15 minutos.

BATATA COM VEGETAIS

(4 pessoas)

- 500 g de batata ralada (lavar após ralar e secar)
- 1/2 xícara de soja cozida
- 1 xícara de brócolis cortado em raminhos
- 1/4 de xícara de cenoura picada
- 1/4 de xícara de salsão picado
- 1/4 de xícara de alho-poró picado
- 4 colheres de sopa de azeite de oliva
- 1 colher de sopa de *shoyo* escuro
- 1 colher de chá de gengibre ralado
- 1 colher de chá de caldo de vegetais
- 1/2 colher de chá de sal
- 1 colher de chá de pimenta-do-reino moída na hora

Levar uma panela grande ao fogo médio, aquecer o azeite e fritar a batata por 5 minutos, mexendo freqüentemente. Adicionar a cenoura, o salsão, o alho, a soja, o brócolis, o gengibre, o *shoyo*, o caldo de vegetais, o sal e a pimenta. Mexer delicadamente por 10 minutos. Servir em seguida com purês.

BATATA RECHEADA COM ABOBRINHA ITALIANA

(4 pessoas)

- 4 batatas gigantes lavadas, escovadas e secas
- 1/2 xícara de *tofu*
- 2 colheres de sopa de azeite de oliva
- 1 xícara de abobrinha italiana cortada em quadradinhos
- 1 alho-poró pequeno bem picadinho
- 1 colher de chá de pimenta-do-reino moída na hora
- 1 colher de sopa de cebolinha verde picada
- 2 colheres de sopa de uvas passas sem sementes
- 2 pitadas de sal
- 4 colheres de sopa de batata palha já frita
- óleo de milho para untar com óleo

Aquecer o forno a 200° C.
Furar com um garfo a superfície das batatas e assar no forno de 40 minutos a 1 hora, ou até estarem macias.
Levar uma frigideira ao fogo alto, adicionar o azeite de oliva e fritar a abobrinha italiana por 5 minutos. Adicionar o alho-poró, a cebolinha, o sal e as uvas passas e fritar por mais 5 minutos.
Cortar as batatas ao meio no sentido longitudinal e em seguida retirar a parte interna da batata com uma colher, deixando o mínimo possível de polpa. Misturar a polpa retirada da batata com o *tofu*, até estar homogêneo, e então juntar a abobrinha italiana refogada, misturar novamente e rechear as batatas.
Untar com óleo uma fôrma refratária ou assadeira, arrumar as batatas e colocar 1 colher de batata palha em cima de cada uma.
Cobrir com papel-alumínio e levar ao forno em temperatura alta por 15 minutos.

BATATA RECHEADA COM ALHO-PORÓ E TOFU

(4 pessoas)

- 4 batatas gigantes lavadas, escovadas e secas
- 1 colher de chá de semente de coentro moída
- 1 colher de chá de pimenta-do-reino fresca amassada com garfo
- 1/2 colher de chá de sal
- 1 dente de alho espremido
- 1 colher de chá de gengibre fresco ralado
- 1 alho-poró cortado bem fininho
- 2 colheres de chá de azeite de oliva extravirgem
- 4 colheres de sopa de água
- 1 colher de sopa de ervilhas frescas
- 3/4 de xícara de *tofu* firme amassado
- 1/2 xícara de coentro fresco picado
- óleo de milho para untar

Aquecer o forno a 220° C.
Furar com um garfo a superfície das batatas com as cascas e assar no forno quente de 40 minutos a 1 hora, dependendo do tamanho das batatas.
Separadamente colocar o azeite de oliva numa frigideira grande, fritar o alho-poró, o gengibre, o alho e o sal, por 7 minutos, em fogo alto. Adicione a pimenta-do-reino verde amassada, a semente de

...a e cozinhar por mais 2 minutos. ...ervilhas e a água e cozinhar rapida- ... estejam macias.
...ortar as batatas ao meio no sentido longitudinal e em seguida retirar a parte interna da batata com uma colher, deixando o mínimo possível de polpa. Amassar a polpa retirada e juntar com o *tofu* amassado e juntar à panela do recheio.
Rechear então as batatas e levá-las ao forno por 15 minutos, a 180° C. Servi-las bem quente, com folhas frescas de coentro picadinhas.

BATATA RECHEADA COM AZEITONA E ERVILHA

(4 pessoas)

- 4 batatas gigantes lavadas, escovadas e secas
- 1/2 xícara de *tofu* firme amassado
- 2 colheres de sopa de azeite de oliva
- 1/4 de xícara de azeitona preta chilena picada
- 2 colheres de sopa de salsa fresca picada
- 1 colher de sopa de alho espremido
- 1/2 xícara de ervilha fresca
- 3 cebolinhas pequenas picadas
- 1/2 colher de sobremesa de sal
- 1 colher de sopa de margarina
- 2 colheres de sopa de farinha de rosca
- óleo de milho para untar

Aquecer o forno a 200° C.
Furar com um garfo a superfície das batatas com as cascas e assar de 40 minutos a 1 hora, ou até estarem macias.
Levar uma frigideira ao fogo alto, adicionar o azeite de oliva e dourar a cebola e o alho. Adicionar a ervilha e fritar por 5 minutos. Juntar então a azeitona, a salsa e o sal, mexer e tampar a panela.
Após 5 minutos verificar se as ervilhas estão macias, e retirar a panela do fogo, reservando-a.
Cortar as batatas ao meio, com as cascas, no sentido longitudinal e em seguida cavar com uma colher, retirando a parte interna de cada uma.
Misturar a polpa retirada da batata com o *tofu* amassado até ficar homogêneo. Juntar a ervilha com azeitona anteriormente preparados e misturar bem, sem desmanchar as ervilhas. Rechear as batatas.
Untar com óleo uma fôrma refratária ou assadeira e arrumar as batatas.
Derreter a margarina e em seguida, em fogo brando, dourar a farinha de rosca, com uma pitada de sal. Espalhar esta farinha sobre as batatas e levá-las ao forno em temperatura alta, por 15 minutos.

BATATA RECHEADA COM BERINJELA E ALCAPARRAS

(4 pessoas)

- 4 batatas gigantes com as cascas, lavadas, escovadas e secas
- 1/2 xícara de *tofu*
- 1 berinjela pequena descascada e cortada em quadradinhos
- 2 colheres de sopa de alcaparra
- 4 colheres de sopa de azeite de oliva
- 4 colheres de sopa de cebola picadinha
- 1 colher de chá de páprica doce
- 1 dente de alho picadinho
- 1 pitada de sal
- óleo de milho para untar

Aquecer o forno a 200° C.
Furar com um garfo a superfície das batatas, sem descascá-las e assar de 40 minutos a 1 hora, ou até estarem macias.
Levar uma frigideira ao fogo alto, adicionar 2 colheres de azeite de oliva e fritar a berinjela por 5 minutos. Adicionar a alcaparra, o alho e a cebola, a pitada de sal e a páprica e fritar por mais 5 minutos. Retirar a panela do fogo de deixá-la reservada.
Cortar as batatas ao meio no sentido longitudinal e em seguida retirar a parte interna da batata com uma colher, deixando o mínimo possível de polpa.
Reservar 2 colheres de sopa cheias da parte interna da batata e o restante misturar com o *tofu*, até estar homogêneo. Juntar a berinjela refogada, misturar novamente e rechear as batatas.

Em 2 colheres de azeite, fritar as 2 colheres de sopa da parte interna da batata reservada, até estar dourado.
Untar com óleo uma fôrma refratária ou assadeira, arrumar as batatas e espalhar por cima delas a polpa frita.
Cobrir com papel-alumínio. Levar ao forno em temperatura alta por 15 minutos.

BATATA RECHEADA COM BRÓCOLIS

(4 pessoas)

- 4 batatas gigantes lavadas, com as cascas, escovadas e secas
- 1/2 xícara de *tofu*
- 1/2 maço de brócolis
- 1/2 xícara de cogumelos frescos fatiados
- 1 xícara de cebolinha verde picada
- 2 colheres de sopa de azeite de oliva
- 2 colheres de chá de mostarda de Dijon
- 4 dentes de alho esmagados
- 1 colher de chá de sal
- 1 colher de sopa de amêndoas laminadas
- óleo de milho para untar

Aquecer o forno a 200° C.
Furar com um garfo a superfície das batatas com as cascas e assar por 40 minutos a 1 hora, ou até estarem macias.
Passar o brócolis por um processador de legumes para que fiquem triturados, inclusive os talos.
Levar uma frigideira ao fogo alto, adicionar o azeite de oliva e fritar a cebolinha, o alho e o sal por 5 minutos. Adicionar o brócolis triturado, os cogumelos fatiados, fritar por mais 5 minutos e deixar reservado.
Cortar as batatas ao meio no sentido longitudinal e em seguida retirar a parte interna da batata com uma colher, deixando o mínimo possível de polpa.
Misturar a porção retirada da batata com o *tofu*, amassando até ficar homogêneo. Juntar o brócolis refogado, a mostarda de Dijon, misturar novamente e rechear as batatas.
Untar com óleo uma fôrma refratária ou assadeira, arrumar as batatas e colocar as amêndoas laminadas por cima de todas.
Cobrir com papel-alumínio e levar ao forno em temperatura alta por 15 minutos.

BATATA RECHEADA COM PALMITO

(4 pessoas)

- 4 batatas gigantes lavadas, escovadas e secas
- 1/2 xícara de *tofu* firme
- 1 colher de sopa de azeite de oliva
- 1 xícara de palmito cortado em pedaços bem pequenos
- 1/2 cebola roxa picadinha
- 1/2 xícara de alho-poró picadinho
- 1 saquinho de 10 g de caldo de vegetais
- 1/2 colher de sobremesa de sal
- 2 colheres de sopa de salsa fresca picada
- pimenta-do-reino a gosto
- óleo de milho para untar

Aquecer o forno a 200° C.
Furar com um garfo a superfície das batatas com as cascas e assar de 40 minutos a 1 hora, ou até estarem macias.
Levar uma frigideira ao fogo alto, adicionar 1 colher de azeite de oliva e dourar a cebola e o alho-poró. Adicionar o palmito, o sal e fritar por 5 minutos. Adicionar o caldo de vegetais, mexer e deixar tampada por 5 minutos. Retirar a panela do fogo e reservá-la.
Cortar as batatas ao meio no sentido longitudinal e em seguida retirar com uma colher a parte interna de cada uma, deixando o mínimo possível de polpa.
Misturar a polpa retirada da batata com o *tofu* amassado até estar homogêneo. Juntar o recheio de palmito anteriormente preparado e misturar bem. Rechear as batatas.
Untar com óleo uma fôrma refratária ou assadeira, arrumar as batatas recheadas, cobrir com papel-alumínio e levar ao forno com temperatura alta, por 15 minutos.

BATATA RECHEADA COM SALSICHA

(4 pessoas)

- 4 batatas gigantes lavadas, escovadas e secas
- 1/2 xícara de *tofu* firme amassado
- 1 lata de salsicha vegetal
- 3 colheres de sopa de azeite de oliva
- 1/2 cebola branca picadinha
- 4 dentes de alho esmagados
- 3 colheres de sopa de pimentão amarelo picadinho
- 4 colheres de sopa de molho de mostarda
- 1 colher de café de páprica doce
- 1/2 colher de sobremesa de sal
- 4 colheres de chá de farinha de rosca
- óleo de milho para untar

Aquecer o forno a 200° C.
Furar com um garfo a superfície das batatas e assar de 40 minutos a 1 hora, ou até estarem macias.
Picar as salsichas vegetais.
Levar uma frigideira ao fogo alto, adicionar 2 colheres de sopa de azeite de oliva e dourar a salsicha picada. Adicionar o azeite restante, a cebola, o alho, o pimentão, a páprica e o sal. Deixar fritar por 6 minutos e então adicionar o molho de mostarda. Tampar e deixar em fogo moderado por 15 minutos. Retirar a panela do fogo e reservá-la.
Cortar as batatas ao meio, com as cascas, no sentido longitudinal e em seguida retirar com uma colher a parte central de cada uma da batata, deixando o mínimo possível de polpa.
Misturar a porção retirada da batata com o *tofu* amassado até estar homogêneo. Juntar a salsicha reservada e misturar bem.
Untar com óleo uma fôrma refratária ou assadeira, arrumar as batatas, recheá-las e polvilhar 1 colher de farinha de rosca sobre cada uma, gotejando um pouquinho de azeite de oliva. Cobrir a fôrma com papel-alumínio e assá-las por 20 minutos, em forno preaquecido, em temperatura alta.

BATATA RECHEADA COM SOJA AO MOLHO PICANTE

(4 pessoas)

- 4 batatas gigantes lavadas, escovadas e secas
- 1/2 xícara de feijão de soja bem cozido
- 3 colheres de sopa de azeite de oliva
- 1 colher de sopa de *shoyo* sabor *champignon*
- 1 colher de chá de alcaparras
- 1/2 cebola branca picadinha
- 3 dentes de alho grandes esmagados
- 1 colher de chá de molho *chilli* picante
- 1 colher de café de sal
- 4 colheres de chá cheias de *chutney* de manga para a cobertura
- óleo de milho para untar

Aquecer o forno a 200° C.
Furar com um garfo a superfície das batatas inteiras e com as cascas, e assar de 40 minutos a 1 hora, ou até estarem macias.
Levar uma frigideira ao fogo alto, adicionar o azeite de oliva e dourar a cebola e o alho e a alcaparra. Adicionar a soja, o *shoyo*, o sal e o *chilli* e fritar por mais 5 minutos. Mexer, tampar a panela e reservá-la.
Cortar as batatas ao meio, com as cascas, no sentido longitudinal e em seguida retirar com uma colher a parte central de cada uma da batata, deixando o mínimo possível de polpa.
Misturar a polpa retirada da batata com a soja preparada e rechear as batatas.
Untar com óleo uma fôrma refratária ou assadeira e arrumar as batatas.
Colocar 1 colher de chá de *chutney* de manga sobre cada batata recheada. Cobrir com papel-alumínio e levar ao forno em temperatura alta por 15 minutos.

BATATA RECHEADA COM TOFU

(4 pessoas)

- 4 batatas grandes, com cascas
- 2 copos de *tofu* amassado com um garfo
- 1 colher de sobremesa rasa de sal
- 1/4 de copo de leite de soja
- 1 colher de sopa de alho desidratado
- 1/2 copo de pimentão verde picado
- 1/2 copo de azeitonas verdes picadas
- batata palha a gosto

Lavar as batatas e, sem descascá-las, colocá-las numa assadeira. Levar ao forno prequecido e deixar em temperatura média/alta por 30 minutos, ou até estarem macias.
Cortar as batatas ao meio e retirar parte da polpa. Bater o *tofu* no liquidificador com o leite de soja e o sal e levar a uma tigela, misturando com a porção retirada das batatas, o alho, o pimentão e a azeitona. Rechear as batatas com esse creme obtido, espalhando batata palha a gosto.
Assar por 15 minutos em forno preaquecido e servir ainda quente.

BATATA RECHEADA COM TOMATE SECO

(4 pessoas)

- 4 batatas gigantes lavadas, escovadas e secas
- 1/2 xícara de *tofu*
- 1/2 xícara de tomate seco temperado e cortado em pedaços bem pequenos
- 4 colheres de sopa de farinha de rosca
- 4 colheres de sopa cheias de folhas de rúcula cortadas em tiras bem finas
- azeite de oliva

Aquecer o forno a 200° C.
Furar com um garfo a superfície das batatas inteiras e com casca e assar por 40 minutos a 1 hora, ou até estarem macias.
Cortar as batatas ao meio, no sentido longi e em seguida retirar com colher a parte interna de cada uma, deixando o mínimo possível de polpa.
Misturar o *tofu* com as porções retiradas das batatas, amassando bem e juntar o tomate seco picado.
Rechear as batatas, com a pasta obtida, polvilhar farinha de rosca por cima de cada uma e arrumá-las numa assadeira untada.
Cobrir com papel-alumínio. Levar ao forno em temperatura alta por 5 minutos.
Ao servir as batatas, espalhar sobre cada uma delas 1 colher de sopa cheia de folha de rúcula fresca picada bem fininho e passar rapidamente um fio de azeite de oliva sobre todas elas.

BERINJELA INDIANA

(4 a 6 pessoas)

- 3 berinjelas grandes
- 350 g de *tofu* firme cortado em cubos
- 1 colher de chá de *curry* em pó
- 1 colher de sopa de óleo
- 1 cebola média picada
- 2 dentes de alho picadinho
- 1 colher de chá de sal
- 1 colher de chá de *chilli* em pó
- 1 colher de chá de semente de erva-doce
- 2 colheres de sopa de semente de coentro moída
- 1/2 colher de chá de açafrão
- 500 g de purê de tomate
- 1 xícara de ervilhas frescas
- 1/3 de xícara de coentro fresco picado
- óleo de milho

Cortar o *tofu* em cubos, arrumá-los numa bandeja e levar ao *freezer* por um mínimo de 3 horas (o ideal seria um período de 12 horas). Após retirar do *freezer* colocar direto numa assadeira untada com óleo vegetal, espalhar *curry* sobre os cubinhos e assar por 15 minutos em forno a 180° C e reservar.
Aquecer o forno a uma temperatura de 200° C e, com um garfo, furar toda a casca de cada berinjela. Levá-las ao forno por 45 minutos, ou até estarem macias e enrugadas. Aguardar que esfriem, retirar

a casca com as mãos e cortá-las em cubos.
Separadamente colocar o óleo de milho numa frigideira grande, aquecer em fogo médio e adicionar a cebola, o alho e o sal. Deixar até as cebolas estarem macias. Adicionar o *chilli*, as sementes de erva-doce, o coentro moído e fritar por mais 3 minutos. Adicionar o purê de tomate aos poucos, mexendo constantemente. Adicionar as ervilhas, as berinjelas e cozinhar em fogo médio por mais 10 minutos. Adicionar os cubos de *tofu* e manter o fogo baixo por 5 minutos.
Antes de servir espalhar coentro fresco por cima.

BERINJELA RECHEADA COM SOJA

(4 pessoas)

- 2 berinjelas grandes
- 2 colheres de sopa de óleo de milho
- 1 cebola picada
- 2 dentes de alho esmagados
- 1 aipo cortado em rodelas bem finas
- 400 g de *tofu* cortado em cubinhos
- 1 e 1/2 colher de sopa de extrato de tomate
- 1/2 xícara de vinho branco seco
- 3/4 de xícara de caldo de vegetais ou água (2 pacotes de 10 g de caldo de vegetais em pó, em 200 ml de água fervente)
- 150 g de soja em grãos
- 1/2 colher de chá de açúcar
- 1 xícara de salsa fresca picada
- 1/2 colher de sobremesa de sal
- 1/2 colher de chá de pimenta–do-reino moída na hora
- 2 colheres de sopa de farinha de rosca
- 1 colher de chá de *missô* diluída em 4 colheres de sopa de água

Cozinhar a soja, escorrer a água e reservar.
Aquecer o forno em temperatura de 180º C.
Cortar as berinjelas ao meio, no sentido longitudinal e retirar a polpa central, formando uma espécie de "canoa", permanecendo aproximadamente 1cm de polpa aderida à casca. Cortar a polpa retirada em quadradinhos. Arrumar as berinjelas no pirex.
Aquecer o óleo numa frigideira bem grande, em fogo médio e adicionar a cebola e o alho, fritando por 5 minutos, ou até estarem dourados. Adicionar então a polpa retirada da berinjela e fritar, mexendo por mais 10 minutos, com colher de pau, até a berinjela estar macia.
Adicionar na frigideira, o extrato de tomate, o vinho, o caldo de vegetais e cozinhar, mexendo continuamente, por 10 minutos. Temperar com o sal e a pimenta-do-reino, adicionar os grãos de soja cozidos e 1/2 xícara de salsa fresca picada. Cozinhar por mais 5 minutos. Adicionar o *tofu* e mexer delicadamente. Rechear as berinjelas com esta mistura. Cobrir com papel-alumínio e assar por 1 hora. Espalhar o *missô* diluído, e meia colher de sopa de farinha de rosca sobre cada berinjela e voltar ao forno bem quente por 3 minutos.
Retirar do forno e antes de servir salpicar o restante da salsa.

BERINJELA RECHEADA COM PVT MIÚDA

(4 pessoas)

- 2 berinjelas grandes, lavadas por fora
- 1 colher de sobremesa de sal
- 4 colheres de chá de azeite de oliva

Recheio para Berinjela com PVT

- 1 copo de PVT
- água quente
- 1 cebola roxa picadinha
- 5 dentes de alho espremidos
- 4 colheres de sopa de salsa fresca picada
- 2 colheres de sopa de óleo de milho
- 1 colher de sopa de óleo de gergelim
- 1 colher de sobremesa de *zattar*
- 1 colher de sobremesa de sal

Cobrir a PVT com água fervendo e deixar de molho por 20 minutos. Virar num escorredor, espremendo bem para retirar o máximo de água possível. Reservar.
Levar ao fogo uma panela com o óleo de milho e o

de gergelim e dourar a cebola, o alho. Mexer com colher de pau e juntar a salsa, a soja que estava de molho, o *zattar* e o sal. Manter em fogo brando por 20 minutos, mexendo de vez em quando. Reservar.
Assar as berinjelas inteiras e com casca por 10 minutos em forno com temperatura alta. Cortá-las ao meio, retirar com uma colher um pouco da polpa interna de cada metade e misturar ao recheio reservado.
Passar um pouco de sal e azeite de oliva em cada metade em seguida recheá-las.
Levar ao forno novamente por mais 20 minutos e servir em seguida.

BERINJELA RECHEADA COM TOFU

(4 pessoas)

- 2 berinjelas grandes, lavadas por fora
- 1 colher de sobremesa de sal
- 4 colheres de chá de azeite de oliva

Recheio para Berinjela com Tofu

- 2 xícaras de *tofu* macio amassado com um garfo
- 4 colheres de sopa de molho *pesto*
- 1/2 xícara de castanha-do-pará triturada no liquidificador seco

Misturar todos os ingredientes, menos as berinjelas, numa tigela e levar à geladeira até o momento de utilizar.
Assar as berinjelas com casca por 10 minutos em forno com temperatura alta. Cortá-las ao meio, retirar com uma colher um pouco da polpa interna de cada metade e misturar ao recheio reservado de *tofu*. Passar um pouco de sal e azeite de oliva em cada metade de berinjela e em seguida recheá-las.
Levar novamente ao forno por mais 20 minutos e servir em seguida.

BIFE DE GLÚTEN ACEBOLADO COM TOFU

(4 pessoas)

- 4 pedaços de glúten (obtidos com 1 kg de farinha de trigo branca)
- 2 copos de cubos de *tofu*
- 2 cebolas cortadas em rodelas muito finas
- 5 colheres de sopa de margarina
- 1 colher de chá de caldo de vegetais em pó
- 1/2 colher de chá de sal
- 3 colheres de sopa de *shoyo* escuro
- 1/2 colher de chá de pimenta-do-reino

Colocar os bifes de glúten e os cubos de *tofu* em uma tigela e temperar com o *shoyo* e o caldo de vegetais, o sal e a pimenta.
Aquecer uma frigideira grande, derreter a margarina, colocar a cebola, mexer e após 5 minutos no fogo alto adicionar os bifes e o *tofu*. Quando dourar bem um dos lados, virar com o auxílio de uma espátula e dourar o outro lado.
Servir em seguida, ainda quente.

BIFE DE SOJA COM BATATA

(4 pessoas)

- 1 lata de bife vegetal
- 3 batatas grandes descascadas e cortadas em rodelas finas
- 1 cebola grande bem picada
- 3 colheres de sopa de óleo de soja
- 1 colher de sopa de óleo de gergelim
- 2 dentes grandes de alho esmagados
- 4 colheres de sopa de *shoyo* sabor *champignon*
- 1/2 colher de sobremesa de sal

Cortar os bifes em quatro porções.
Colocar o óleo de milho e o de gergelim numa panela e levá-la ao fogo alto. Dourar os bifes, adicionar a cebola e o alho. Fritar por mais 5 minutos. Adicionar a batata em fatias finas, o *shoyo* e o sal.

Tampar a panela, manter o fogo médio e mexer de vez em quando.
Retirar do fogo quando as batatas estiverem macias, porém sem desmancharem-se. Servir em seguida.

BIFE DE SOJA GRELHADO

(4 pessoas)

- 4 bifes de soja de lata
- 3 cebolas grandes
- 3 tomates cortados em rodelas

Molho para Grelhados com Caldo de Vegetais

- 4 colheres de sopa de *shoyo*
- 4 colheres de sopa de óleo
- 4 colheres de sopa de vinagre de vinho branco
- 1 colher de chá de sal
- 1 colher de chá de alho desidratado
- 1 pacote de 10 g de caldo de vegetais
- 1 colher de café de açúcar

Cortar os bifes nos tamanhos desejados e colocá-los numa tigela larga e rasa juntamente com as rodelas de cebola e tomate.
Misturar os ingredientes do molho e regar os bifes, tomate e cebolas. Deixar coberto por 30 minutos.
Untar com óleo e aquecer uma chapa própria para grelhar, e quando estiver bem quente, colocar os bifes, juntamente com as rodelas de cebolas e tomates. Dourar dos dois lados e então servi-los quente, com batatas assadas para acompanhar.

BOBÓ DE ABÓBORA E TOFU

(4 pessoas)

- 1 prato de abóbora cozida e, ainda quente, amassada com um garfo
- 2 copos de *tofu* amassado com um garfo
- 1 lata de tomates pelados e picados
- 1 xícara de coentro fresco picado
- 1 cebola roxa picada
- 6 dentes de alho picados
- 4 colheres de sopa de *shoyo* escuro
- 1 colher de sopa de azeite de dendê
- 2 colheres de sopa de óleo de soja
- 1 colher de café de pimenta-malagueta
- 1 xícara de leite de coco

Colocar o óleo e o azeite de dendê numa panela de barro e fritar a cebola e o alho até dourarem. Adicionar a pimenta, o coentro, a abóbora amassada, o *tofu* amassado, o tomate, o *shoyo* e mexer delicadamente até estar homogêneo.
Adicionar metade do leite de coco e manter em fogo alto até ferver. Deixar em fogo baixo por 25 minutos, colocar o restante do leite de coco, misturar ligeiramente e servir o bobó ainda quente.

BOBÓ DE COGUMELO, CARÁ E TOFU

(4 pessoas)

- 1 prato de cará recém-cozido e amassado com um garfo
- 2 copos de *tofu* amassado com um garfo
- 1 copo de cogumelo fresco picado
- 1/2 xícara de purê de tomate
- 5 minicebolas picadas
- 1/2 xícara de coentro fresco picado
- 1/2 colher de sopa de salsa fresca picada
- 1 pimentão amarelo picado em tiras finas
- 1 colher de sobremesa de alho desidratado
- 1/2 colher de sobremesa de sal
- 1 colher de sopa de azeite de dendê
- 2 colheres de sopa de óleo de soja
- 1 colher de sobremesa de pimenta-do-reino moída na hora
- 2 colheres de sopa de *missô* do tipo escuro
- 1 colher de sobremesa rasa de urucum em pó
- 1 xícara de leite de coco

Colocar o óleo e o azeite de dendê numa panela de barro e fritar a cebola até dourar. Adicionar o coentro, a salsa, o alho, o pimentão e o sal. Fritar por 10 minutos e adicionar o cogumelo. Fritar por mais 10 minutos, ou até os cogumelos estarem macios.
Juntar à panela o *tofu* e o cará amassado, o purê de

tomate, o urucum e a pimenta-do-reino. Mexer delicadamente até estar homogêneo, adicionar metade do leite de coco e manter em fogo alto até ferver.
Manter em fogo baixo por 25 minutos, colocar o restante do leite de coco e o *missô*, misturando-os ligeiramente e servir o bobó ainda quente.

BOBÓ DE MANDIOCA E FEIJÃO DE SOJA

(4 pessoas)

- 1 prato de mandioca recém-cozida e amassada com um garfo
- 2 copos de feijões de soja cozidos
- 3 tomates descascados e sem sementes
- 4 colheres de sopa de purê de tomate
- 6 azeitonas chilenas picadas
- 1/2 xícara de coentro fresco picado
- 1/2 xícara de cebolinha verde picada
- 1/2 xícara de salsão picado
- 1 pimentão vermelho picado
- 1 pimentão amarelo picado
- 4 colheres de sopa de *shoyo* escuro
- 1 colher de sopa de azeite de dendê
- 4 colheres de sopa de azeite de oliva
- 1 colher de café de pimenta
- 1 xícara de leite de coco

Passar os grãos de soja por um processador ou moedor, colocar numa tigela e reservar.
Colocar o azeite de oliva e o azeite de dendê numa panela de barro e fritar os pimentões por 10 minutos.
Adicionar o coentro, a cebolinha, o salsão picado, as azeitonas fatiadas, a pimenta e mexer por mais 5 minutos.
Adicionar a mandioca amassada, a soja triturada, o tomate, o *shoyo* e o purê de tomate.
Mexer delicadamente até estar homogêneo e adicionar metade do leite de coco. Manter em fogo alto até ferver e então deixar em fogo baixo por 25 minutos.
Servir o bobó ainda quente, com o restante do leite de coco por cima.

BRÓCOLIS COM TOFU E COGUMELO

(4 pessoas)

- 1 xícara de cogumelo-paris cortado ao meio
- 1 colher de sopa de gengibre fresco picado
- 700 g de brócolis sem os talos
- 450 g de *tofu* firme cortado em cubos (levar ao *freezer*, deixar por um mínimo de 3 horas e descongelá-los sobre papel absorvente.)
- 2 colheres de sopa de *shoyo* sabor *champignon*
- 1/2 xícara de nozes picadas
- 2 colheres de sopa de óleo de milho
- 1 colher de chá de óleo de gergelim torrado

Aquecer uma frigideira tipo oriental (*wok*), em fogo médio, colocar o óleo de milho e o de gergelim. Fritar o gengibre por 1 minuto, adicionar o cogumelo e fritar por mais 5 minutos, em seguida juntar o brócolis cortado em raminhos. Fritar por mais 6 minutos. Tampar e deixar no fogo o suficiente para cozinhar o brócolis.
Adicionar cuidadosamente o *tofu*, o *shoyo* e as nozes.

BROTO DE FEIJÃO ESPECIAL

(6 pessoas)

- 200 g de *tofu* cortado em cubo (colocar o *tofu* numa tigela, congelar por 3 horas, retirar e deixar descongelar sobre papel absorvente)
- 1 cebola grande picada
- 2 talos médios de aipo picado
- 4 xícaras de broto de feijão *moyashi*
- 1/2 xícara de ervilhas frescas
- 200 g de batata-doce cozida e cortada em cubos
- 150 g de cogumelo fresco fatiado ao meio
- 1/3 de xícara de cebolinha verde picada
- 3 colheres de sopa de óleo
- 1/2 xícara de *shoyo* sabor *champignon*
- 1 colher de chá de açúcar mascavo
- 2 pacotes de 10 g de caldo de vegetais em pó diluído em 3/4 de xícara de água fervendo

Numa frigideira oriental (*wok*), colocar o óleo em fogo médio e quando esquentar fritar a cebola por 2 minutos. Colocar o cogumelo e a batata-doce e fritar por mais 3 minutos.
Adicionar o broto de feijão, a cebolinha verde e o *tofu*. Cozinhar por mais 3 minutos. Temperar com o *shoyo*, o açúcar mascavo e o caldo de vegetais diluído. Cozinhar por mais 2 minutos e servir em seguida.

BROTO DE SOJA COM LENTILHA

(4 pessoas)

- 1 copo de broto de soja
- 1 copo de lentilhas
- 1 copo de cogumelo fresco cortado em tiras
- 1 cebola cortada em quadradinhos
- 1/2 xícara de cebolinha verde picada
- 1/2 xícara de coentro fresco picado
- 3 colheres de sopa de salsa fresca picada
- 1 colher de sobremesa de orégano desidratado
- 4 colheres de sopa de *shoyo*
- 2 xícaras de água quente
- 1 colher de sobremesa de caldo de vegetais
- 1 colher de sopa de alho espremido
- 1 pitada de sal
- 2 tomates grandes descascados e sem sementes, cortados em cubos
- 4 colheres de sopa de óleo de milho

Levar uma panela larga, ao fogo alto, adicionar o óleo, dourar a cebola, o alho, acrescentar os demais temperos e fritar por 5 minutos. Adicionar o broto de soja, as lentilhas e as fatias de cogumelo. Temperar com o *shoyo* e mexer por mais 5 minutos. Diluir o caldo de vegetais na água quente e adicionar à panela. Mexer e deixar semitampada por aproximadamente 20 minutos, quando a lentilha deve estar macia e a água evaporado.
Colocar o tomate picado à lentilha cozida, apagar o fogo imediatamente, misturar e dispor em uma travessa. Servir em seguida, enquanto quente.

CALDEIRADA DE CHAMPIGNON E LEGUMES AO MOLHO CREMOSO DE CEBOLA

(4 pessoas)

- 1 xícara de cogumelos do tipo salmão fatiados
- 1/2 xícara de cenoura cortada em cubinho
- 1/2 xícara de nabo cortado em cubinho
- 1/2 xícara de grãos de soja cozidos
- 1/2 xícara ervilhas frescas
- 1/2 xícara de milho verde em conserva
- 3 dentes de alho espremidos
- 5 colheres de sopa de margarina
- 2 colheres de sopa de glicose de mandioca
- 1 colher de sobremesa rasas de sal
- 2 xícaras de água
- 1 colher de chá de caldo de vegetas em pó

Molho Cremoso de Cebola

- 1 colher de sopa de margarina
- 1 colher de sopa de farinha de trigo
- 1 e 1/4 de xícara de leite de soja quente
- 1 cebola picada
- 1/2 xícara de *tofu* firme
- 1/2 colher de chá de sal

Colocar em uma panela de barro a cenoura, o nabo, os grãos de soja, as ervilhas, o milho, acrescentando a água, o caldo de vegetais e o sal. Levar ao fogo alto e ferver por 10 minutos. Escorrer a água. Em uma frigideira oriental tipo *wok* derreter a margarina e fritar os cogumelos e o alho por 2 minutos. Adicionar os legumes cozidos e fritar por mais 5 minutos.
Para o molho cremoso de cebola, derreter a margarina numa frigideira, dourar a cebola e adicionar a farinha e mexendo por 5 minutos. Juntar o leite de soja quente, sempre mexendo. Bater no liquidificador se achar necessário e voltar ao fogo baixo por 5 minutos, ou até ficar cremoso.
Colocar o *tofu* em uma tigela, bem amassado temperá-lo com sal e juntar ao molho cremoso.
Voltar tudo à panela de barro, aquecer, retirar do fogo e deixar em repouso por 10 minutos.

CALDEIRADA DE ERVILHA FRESCA E BATATA

(4 pessoas)

- 1 xícara de ervilhas congeladas
- 2 xícaras de batata picada
- 1 xícara de cebola picadinha
- 1 colher de chá de pasta de *curry*
- 1 colher de chá de açafrão em pó
- 1/2 colher de sobremesa de sal
- 4 colheres de margarina
- 4 colheres de sopa de água
- 4 colheres de *tofu* cremoso temperado com gotas de limão e pimenta-do-reino

Derreter a margarina numa panela de barro, em fogo médio e adicionar os demais ingredientes, exceto o *tofu*. Mexer, tampar a panela e cozinhar por 30 minutos, mexendo ocasionalmente, ou até os vegetais estarem macios.
Retirar do fogo e levar a própria panela à mesa. Servir com uma colher do *tofu* temperado sobre cada prato.

CALDEIRADA DE PALMITO E BATATA

(4 a 6 pessoas)

- 500 g de batata em fatias finas
- 250 g de palmito cortado em fatias grossas
- 250 g de nabo cortado em fatias
- 2 cebolas fatiadas
- 2 alhos-porós fatiados
- 250 g de cenoura fatiada
- 1/4 de xícara de farinha de trigo
- 450 ml de vinho branco seco
- 5 colheres de sopa de *tofu* cremoso
- 1 colher de sopa de purê de tomate
- 1 colher de chá de levedo de cerveja
- azeite de oliva para pincelar a forma
- 2 colheres de chá de sal
- 1 colher de chá de pimenta-do-reino

Numa frigideira oriental tipo *wok* derreter a margarina e dourar a cebola e o alho-poró. Adicionar o palmito, o nabo e as cenouras e cozinhar por 10 minutos, ou até os legumes estarem macios. Colocar tudo numa travessa refratária untada de azeite de oliva.
Separadamente, misturar numa panela a farinha de trigo com o vinho branco. Levar ao fogo até ferver, sempre mexendo com colher de pau. Adicionar o purê de tomate, o levedo, o sal e a pimenta. Colocar na travessa dos vegetais. Cobrir com as batatas fatiadas ainda cruas, pincelando-as com azeite. Cobrir a travessa com papel-alumínio e levar ao forno preaquecido a 180° C por 1 hora e meia, ou até os vegetais estarem macios. Retirar o papel, deixar por mais 15 minutos e servir quente.

CANJIQUINHA COM BRÓCOLIS E BROTO DE SOJA

(4 a 6 pessoas)

- 1 maço de brócolis
- 1 copo de broto de soja
- 1/2 copo de canjiquinha
- 2 colheres de sopa de *okara*
- 5 dentes de alho picados
- 1 e 1/2 xícara de água
- 1 colher de sobremesa de caldo de vegetais
- 1 cebola picada
- 2 colheres de sopa de azeite de oliva
- 1 cravo-da-índia
- 3 tomates descascados, sem sementes e picados
- 1 colher de sopa de *shoyo*
- 1/2 colher de sobremesa de sal
- 1 colher de chá de molho de pimenta

Deixar a canjiquinha de molho por uma noite.
Escorrer, colocar numa panela de pressão com os demais ingredientes e levar ao fogo alto. Assim que iniciar a pressão abaixar o fogo e manter por 25 minutos, ou até a canjiquinha estar macia.
Arrumar a canjiquinha numa travessa, decorar com ramos de alface e servir ainda quente.

CEBOLA COM COGUMELOS

(4 pessoas)

- 4 cebolas grandes inteiras
- 1/2 xícara de água
- 1 colher de sobremesa de caldo de vegetais
- 4 colheres de sopa de margarina
- 12 azeitonas pretas sem caroço
- 1/2 xícara de cogumelos picados
- 2 colheres de sopa de grão de soja torrado
- 3 colheres de sopa de farinha de rosca
- 2 dentes de alho picados
- 2 colheres de sopa de manjericão fresco
- 1/2 colher de chá de sal
- 1/2 colher de chá de pimenta-do-reino moída na hora
- 1/2 xícara de *tofu* macio amassado com garfo

Descascar as cebolas. Cortar uma fatia da parte superior (tirar uma tampinha). Colocar as cebolas em uma panela, cobrir com água e cozinhar até estarem macias. Retirar-lhes a parte central, apertando-as com cuidado, deixando uma parede com espessura de 1 cm.
Cortar uma pequena fatia na parte inferior, para que fiquem firmes quando colocadas em pé.
Picar a parte interna retirada.
Derreter a margarina numa panela, fritar por 3 minutos a parte retirada da cebola, picada, as azeitonas, os cogumelos, a soja torrada, o alho, o manjericão, o sal e a pimenta. Adicionar o *tofu* e fritar por mais 5 minutos.
Rechear as cebolas com o *tofu* preparado.
Aquecer 1/2 xícara de água e diluir o caldo de vegetais.
Arrumar as cebolas recheadas numa travessa refratária, regar cada uma com o caldo diluído, tampar e levar ao forno a 200° C, por 10 minutos.

CHAMPIGNON-PARIS COM NOZES

(4 pessoas)

- 300 g de *champignon*-paris fatiado
- 3 colheres de sopa de azeite de oliva
- 1 dente de alho espremido
- 1 cebola grande picada
- 1 colher de sopa de farinha de trigo integral
- 1 colher de sopa de farinha de soja
- 1/2 xícara de água quente
- 1 colher de chá de caldo de vegetais em pó
- 1 colher de sopa de *shoyo* sabor *champignon*
- 5 colheres de sopa de nozes picadas
- 3 colheres de sopa de salsa fresca picada
- 1/2 colher de chá de sal

Dourar a cebola no azeite quente até ficar macia, adicionar o *champignon* e o alho e fritar por 2 ou 3 minutos. Acrescentar o *shoyo*, colocar as farinhas, a água quente, o caldo de vegetais e ferver, mexendo sempre até evaporar líquido. Acrescentar 2 colheres de nozes, a salsa e o sal.

CHUCHU RECHEADO DE PVT AO MOLHO DE COCO

(4 pessoas)

- 4 chuchus médios cortados ao meio no sentido do comprimento
- 1 colher de sopa de azeite de oliva
- 1 colher de chá de sal
- 1 colher de chá de pimenta-do-reino

Recheio de PVT e Pimentão Amarelo

- 1/2 xícara de PVT miúda do tipo escuro
- 1 cebola picadinha
- 2 dentes de alho espremidos
- 1/2 xícara de pimentão vermelho picado
- 3 colheres de sopa de salsa fresca picada
- 1 colher de chá de sal
- 2 colheres de margarina

Molho Branco de Coco para Chuchu Recheado

- 3 colheres de sopa de margarina

- 2 xícaras de leite de soja quente
- 1 xícara de leite de coco
- 1 xícara de água quente
- 1 colher de sobremesa de caldo de vegetais
- 2 colheres de sopa rasa de farinha de trigo
- 1 colher de sobremesa rasa de sal
- 1 colher de chá de molho de pimenta

Cozinhar os chuchus no vapor até estarem macios. Retirar da panela, fazer uma cavidade no centro de cada um, reservando a polpa retirada. Espalhar sobre cada metade de chuchu o sal e a pimenta e arrumá-los numa travessa refratária. Reservar.
Para o recheio, colocar a PVT numa tigela e cobrir com água quente. Deixar de molho por 15 minutos. Escorrer a água e espremer com as mãos para retirar o excesso de água. Reservar.
Numa frigideira, derreter a margarina e fritar a cebola, o alho, o pimentão e a salsa. Passados 5 minutos, adicionar a PVT e o sal, mexer com colher de pau, tampar a panela e manter em fogo brando por 20 minutos. Retirar a tampa, deixar em fogo alto por 5 minutos, sempre mexendo, e apagar.
Para o molho, derreter a margarina, adicionar a farinha de trigo e mexer com colher de pau por 10 minutos, em fogo baixo. Juntar o leite de soja quente e a água, bater no liquidificador com o sal e a pimenta e voltar ao fogo baixo, acrescentando o leite de coco. Mexer até obter um molho bem cremoso.
Colocar recheio dentro dos chuchus, regar com o molho, cobrir com papel-alumínio e levar ao forno alto por 20 minutos. Servir quente.

CHUCHU RECHEADO DE TOFU AO MOLHO PICANTE

(6 pessoas)

- 3 chuchus bem grandes cortados ao meio no sentido do comprimento
- 1 colher de chá de páprica doce
- 1 colher de chá de sal
- azeite de oliva

Recheio de Tofu com Milho e Cogumelo
- 1 copo de *tofu* amassado com um garfo
- 1/2 xícara de milho verde
- 1/2 xícara de cogumelo em conserva picadinho
- 2 colheres de sopa de coentro fresco picado
- 3 colheres de sopa de cebolinha verde picada
- 3 colheres de sopa de salsa fresca picada
- 1 colher de sopa de alho desidratado
- 1 colher de sopa de azeite de oliva
- 1 colher de sopa de *missô*
- 1/2 colher de sobremesa de sal

Molho Picante com Tomate e Salsão
- 4 copos de tomates descascados, sem sementes e picados
- 2 colheres de sopa de óleo
- 1/2 xícara de salsão picado
- 1 colher de chá de caldo de vegetais
- 1/2 colher de sobremesa rasa de sal
- 1 colher de café de molho de pimenta

Cozinhar os chuchus no vapor até estarem macios. Retirar da panela, arrumá-los numa travessa refratária, fazer uma cavidade no centro de cada um, reservando a polpa retirada. Espalhar sobre cada um azeite, sal e páprica e reservar.
Para o recheio, colocar o *tofu* numa tigela e adicionar os demais ingredientes, misturando bem.
Para o molho fritar o salsão no óleo quente, adicionar os demais ingredientes, tampar a panela e manter em fogo baixo por 25 minutos.
Colocar recheio de *tofu* dentro dos chuchus, regar com o molho, cobrir com papel-alumínio e levar ao forno alto por 20 minutos. Servir quente.

COGUMELO-PARIS AO MOLHO DE ERVAS

(4 pessoas)

- 700 g de cogumelo-paris fresco, cortado em quatro, sem os talos
- 2 dentes de alho picados
- 3 colheres de sopa de margarina
- 1 colher de sopa de salsa fresca picada
- 1 colher de sopa de ervas finas desidratadas
- 1 colher de sopa de manjericão fresco picado
- 1 colher de sopa de farinha de trigo
- 4 colheres de sopa de vinho branco seco
- 1/4 de xícara de *tofu* cremoso com gotas de limão
- 1/2 colher de chá de sal
- 1/2 colher de chá de pimenta-do-reino moída na hora a gosto

Derreter a margarina em fogo médio e dourar o alho. Adicionar os cogumelos e cozinhar em fogo baixo com a panela tampada, por 25 minutos, ou até que estejam macios.

Adicionar a salsa, as ervas finas, uma pitada de sal e o manjericão e mexer por 5 minutos. Colocar a farinha de trigo e mexer até começar a dourar.

Ir adicionando o vinho branco aos poucos, mexendo sem parar. Cozinhar por 5 minutos e em seguida.

Numa tigela colocar o *tofu* e temperar com sal e pimenta. Colocar numa travessa os cogumelos quentes e por cima o creme de *tofu*. Misturar delicadamente e servir.

COGUMELO PORTOBELLO COM CREME DE COCO E REPOLHO INDIANO

(4 pessoas)

- 200 g de cogumelo portobello grande, fatiado
- 1 pimentão verde fatiado
- 1 cebola fatiada
- 1 colher de *shoyo* sabor *champignon*
- 1/2 colher de chá de sal
- 1/4 de colher de chá de *chilli*
- 2 colheres de sopa de coentro fresco picado
- 3 colheres de sopa de azeite de oliva
- 2 colheres de sopa de leite de coco
- 3 colheres de sopa de *tofu* cremoso

Repolho Indiano

- 1 repolho pequeno ralado
- 1/4 de xícara de margarina
- 2 colheres de sopa de *chutney* de frutas
- 1 colher de chá de caldo de vegetais em pó
- 1 colher de chá de sumo de limão
- sal a gosto
- pimenta-do-reino a gosto
- 2 colheres de coco ralado e torrado

Misturar os cogumelos, o pimentão, a cebola, o *chilli*, o coentro, e o *shoyo*, o sal e a pimenta. Deixar de molho por 1 hora.

Numa frigideira média aquecer o azeite e colocar o cogumelo temperado com os demais ingredientes. Cozinhar por 15 minutos e no fim do cozimento adicionar o leite de coco e o creme de *tofu*. Mexer delicadamente.

Para o repolho indiano, cozinhá-lo com uma pitada de sal e água suficiente para cobri-lo, até começar ficar macio. Escorrer a água, adicionar os demais ingredientes, exceto o coco. Cozinhar por 5 minutos, salpicar o coco ralado e servir acompanhando o cogumelo e o arroz.

COGUMELO PORTOBELLO COM LENTILHA

(4 pessoas)

- 200 g de cogumelo portobello de tamanho médio (aproximadamente 3 cm de diâmetro)
- 200 g de lentilha crua deixada de molho por uma noite
- 1 dente de alho espremido
- 1 cebola grande picada
- 3 colheres de sopa de azeite de oliva
- 4 colheres de sopa de *shoyo* sabor *champignon*
- 1 colher de sopa de pasta de *curry*
- 3 xícaras de água
- 1 colher de sopa de caldo de vegetais em pó
- 2 colheres de sopa de *chutney* de manga
- 1/2 xícara de iogurte de soja com algumas gotas de limão

Grelhar em chapa o cogumelo por cerca de 2 ou 3 minutos, regando com *shoyo*. Retirar e reservar.
Colocar o azeite numa panela e fritar a cebola, mexendo sem parar. Adicionar o *curry* e cozinhar por 1 minuto. Acrescentar a água, o caldo de vegetais e ferver. Adicionar as lentilhas, tampar a panela e cozinhar por 30 minutos.
Juntar o cogumelo grelhado e cozinhar por mais 20 minutos, mexendo de vez em quando, ou até a água ter sido absorvida.
Servir com arroz colocando por cima iogurte e *chutney* de manga.

COGUMELO SHIITAKE COM ABOBRINHA ITALIANA E POLENTA

(4 pessoas)

- 500 g de cogumelo *shiitake* fresco fatiado, sem os talos
- 2 abobrinhas italianas fatiadas
- 1 colher de sopa de óleo de milho
- 1 colher de *shoyo* sabor *champignon*
- 1/4 de xícara de água quente
- 1 colher de chá de caldo de vegetais em pó
- 4 colheres de sopa de iogurte de soja com gotas de limão
- 2 colheres de sopa de mostarda de Dijon
- 1 colher de chá de maisena diluída em 1/4 de copo de água

Polenta com Tofu

- 3 copos de polenta
- 2 copos de *tofu* firme amassado com um garfo
- 1 colher de chá de sal
- 1 colher de chá de orégano desidratado

Aquecer o óleo em fogo médio, adicionar a abobrinha italiana e fritar até que esteja macia e dourada. Retirar com escumadeira e colocar em papel absorvente.
Colocar na mesma panela os cogumelos e fritar por 10 minutos. Adicionar a água quente, o caldo de vegetais, o iogurte e a mostarda. Assim que ferver acrescentar a maisena diluída e mexer por mais 5 minutos.
Misturar numa tigela a polenta angu com o *tofu*, o sal e o orégano. Forrar o fundo de um pirex. Cobrir com o refogado de cogumelo e assar por 20 minutos.
Servir quente.

COUVE-FLOR COM MOLHO DE CEBOLINHA

(6 pessoas)

- 1 couve-flor média
- 200 g de *tofu* firme
- 1/4 de xícara de margarina
- 1 dente de alho amassado
- 1 xícara de farinha de rosca
- 3 colheres de sopa de cebolinha verde picada
- 1 colher de sopa de salsa fresca picada
- 1/2 colher de chá de sal
- 4 tomates cortados ao meio
- 2 colheres de sopa de coentro fresco picado
- 2 colheres de sopa de azeite de oliva
- sal a gosto
- pimenta-do-reino a gosto

Ferver os raminhos de couve-flor numa panela com água e uma pitada de sal até estarem macios, porém firmes.
Escorrer a água e dispor os raminhos em uma travessa refratária rasa, intercalando com as metades de tomate. Salpicar sal a gosto, o coentro e o azeite de oliva. Cobrir com papel-alumínio e levar ao forno por 20 minutos.
Separadamente derreter a margarina numa panela média, fritar o alho por 30 segundos, ou até estar dourado. Adicionar a farinha de rosca, mexendo sempre com colher de pau até dourar. Acrescentar a cebolinha verde, a salsa, o *tofu*, o sal e a pimenta-do-reino. Mexer delicadamente.
Retirar a couve-flor do forno, cobrir com o molho de cebolinha e servir em seguida.

COUVE-FLOR GRATINADA

(6 pessoas)

- 500 g de couve-flor cortada em raminhos iguais
- 2 colheres de sopa de margarina
- 4 colheres de sopa de farinha de soja
- 1 e 1/2 copo de leite de soja bem quente
- 200 g de *tofu* firme cortado em cubinhos
- 2 colheres de chá de mostarda de Dijon
- 2 rodelas finas de cebola picadas
- 1 pitada de sal

Cobertura de Tofu para Gratinar

- 1 colher de chá de pimenta-do-reino verde em conserva amassada
- 1 colher de sopa de *shoyo*
- 100 g de *tofu* firme
- 1/2 xícara de farinha de rosca
- 1 pitada de sal

Cozinhar por seis minutos os raminhos de couve-flor em água fervente com uma pitada de sal. Escorrer a água.
Aquecer o forno a 200° C
Derreter a margarina numa panela, colocando a farinha de soja. Deixar em fogo médio por um minuto. Retirar a panela do fogo, adicionar lentamente o leite de soja, sempre mexendo (bater no liquidificador se estiver com grumos) e voltar ao fogo médio. Deixar por 5 minutos e adicionar a mostarda, a cebola e uma pitada de sal.
Colocar a couve-flor numa travessa refratária, untada, com os cubinhos de *tofu* e dispor todo o molho por cima.
Amassar ligeiramente 100 gramas de *tofu* firme. Juntar a farinha de rosca, a pimenta-do-reino verde amassada e o *shoyo*. Espalhar por cima da couve-flor e levar ao forno por 25 minutos, ou até que esteja ligeiramente dourado.

CUBOS DE SOJA COM BATATAS

(4 pessoas)

- 2 xícaras de PVT de tamanho grande
- 1 litro de água quente
- 1/2 xícara de *shoyo*
- 1 dente de alho esmagado
- 2 cebolas médias batidinhas
- 1 colher de sobremesa de *zattar*
- 1/2 colher de café de molho de pimenta
- 4 batatas médias
- 2 pimentões verdes picados
- 2 colheres de sopa de óleo de milho
- 2 colheres de sopa de azeite de oliva
- 10 azeitonas verdes sem caroço
- 4 tomates maduros sem sementes e descascados
- 1/2 copo de água fria
- 1/2 xícara de salsa fresca picada bem miúda
- 1 colher de sobremesa de *missô*
- 3 colheres de sopa de água
- sal a gosto

Deixar os cubos de PVT de molho em 1 litro de água quente por meia hora. Escorrer o excesso de água, temperá-la com o *shoyo*, 1 dente de alho esmagado, a cebola, o *zattar*, a pimenta (dá um sabor especial e nessa pequena proporção não chega a ficar picante). Misturar bem e deixar por mais meia hora.
Enquanto isso, descascar as batatas e cortá-las em quadrados semelhantes aos da soja.

Levar uma panela larga ao fogo, aquecer o óleo e o azeite, despejar a soja já temperada e fritar por 10 minutos. Adicionar a batata, juntamente com os tomates picados, o pimentão, a água e as azeitonas. Tampar a panela e deixar em fogo médio até que as batatas estejam macias.
Adicionar o *missô* diluído, mexer bem, verificar o sal, colocar numa travessa e salpicar salsa por cima. Servir quente.

ENSOPADO DE CARNE DE SOJA

(6 pessoas)

- 2 latas de carne de soja
- 2 copos de ramos de brócolis
- 1 copo de abobrinha italiana verde picadinha
- 1 copo de milho verde
- 1 cebola roxa picadinha
- 4 dentes de alho espremidos
- 1/2 xícara de coentro fresco picado
- 1/2 xícara de *shoyo*
- 1/2 copo de água fria
- 2 colheres de sopa de óleo de milho

Cortar a carne de soja em quadradinhos.
Levar ao fogo uma panela oriental *wok*, com o óleo, dourar a cebola, o alho e o coentro. Mexer por 5 minutos, adicionar a carne de soja, refogar por mais 5 minutos, juntar o brócolis, a abobrinha italiana, o milho verde, o *shoyo* e a água. Manter em fogo médio por 30 minutos, mexendo de vez em quando.
Servir em seguida, ainda bem quente.

ENSOPADO DE SALSICHA E GLÚTEN

(6 pessoas)

- 1 lata de salsicha vegetal cortada em tiras finas
- 1 copo de glúten cortado em tiras finas
- 1 pimentão amarelo cortado em tiras finas
- 1 pimentão verde cortado em tiras finas
- 1 cebola cortada em tiras finas
- 4 colheres de sopa de azeite de oliva
- 1 colher de sobremesa rasa de sal
- 2 colheres de sopa de molho de mostarda
- 2 colheres de sopa de *catchup*

Colocar o azeite de oliva numa panela larga, e rasa. Fritar a cebola e quando dourar adicionar os pimentões. Após 10 minutos adicionar a salsicha, o glúten e o sal. Manter fogo médio, com panela tampada por 15 minutos. Acrescentar a mostarda e o *catchup* e servir em seguida, ainda quente.

ENSOPADO ELEGANTE

(6 pessoas)

- 1 lata de salsicha vegetal
- 2 xícaras de cogumelos secos
- 4 xícaras de água filtrada
- 4 batatas grandes fatiadas em rodelas bem finas
- 2 colheres de sopa de óleo
- 2 colheres de sopa de azeite de oliva
- 3 dentes de alho espremidos
- 1 cebola grande cortada em rodelas finas
- 1/2 xícara de cebolinha picada
- 3 folhas de louro
- 1 colher de sopa de gengibre ralado
- 1 colher de sopa rasa de sal
- 1 colher de chá de pimenta-do-reino

Lavar os cogumelos, colocá-los numa tigela e cobrir com água filtrada, deixando de molho por 30 minutos. Escorrer e reservar a água.
Lavar as salsichas e cortá-las em rodelinhas.
Levar ao fogo uma panela larga e rasa e aquecer o óleo e o azeite. Dourar a cebola e em seguida o alho. Juntar a cebolinha, o louro, o gengibre e o sal. Adicionar a salsicha e mexer delicadamente por 5 minutos e então colocar as fatias de batata e os cogumelos. Mexer por 10 minutos e adicionar 1 e 1/2 xícara da água dos cogumelos reservada.
Tampar e deixar em fogo baixo por 20 minutos, ou até as batatas estarem cozidas, sem desmanchar.
Retirar do fogo e servir em travessa rasa. Polvilhar pimenta-do-reino e servir bem quente.

ENSOPADO JAMAICANO

(6 pessoas)

- 2 xícaras de PVT em cubos pequenos
- 6 maxixes bem lavados e cortados em tiras
- 4 miniberinjelas cortadas ao meio no sentido do comprimento
- 4 tomates maduros descascados e cortados em tiras ao comprido
- 5 xícaras de água morna
- 2 cebolas picadinhas
- 2 dentes de alho espremidos
- 2 colheres de sopa de gengibre fresco ralado
- 6 pimentas dedo-de-moça inteiras
- 1/2 xícara de cebolinha verde picada
- 1/2 xícara de salsa fresca picada
- 1 manga madura cortada em tiras grossas
- 1 colher de sobremesa de pimenta-da-jamaica
- 1 colher de chá de pimenta-do-reino
- 1 colher de chá de urucum em pó
- 1 cálice de vinho tinto seco
- 1 colher de sobremesa de sal
- 4 colheres de sopa de azeite de oliva

Deixar os cubos de PVT de molho na água morna por meia hora. Espremer bem.
Aquecer o azeite numa panela larga e chata, de preferência de barro, e refogar a cebola, o alho, os cubos de soja, o gengibre, o sal, a pimenta-da-jamaica, a pimenta-do-reino e o urucum.
Mexer por alguns minutos em fogo alto e quando começar a pegar no fundo da panela acrescentar os maxixes, as berinjelas e tampar (se a panela utilizada for a de barro irá diretamente à mesa, então já coloque os ingredientes de forma harmoniosa pois não será mexido durante o cozimento).
Apagar o fogo, salpicar com a cebolinha e a salsa.
Decorar com as pimentas dedo-de-moça e as tiras de manga.

FALEFEL COM MOLHO DE TAHINE

(4 pessoas)

- 200 g de grão-de-bico deixado de molho por uma noite e cozidos por 30 minutos, ou até estarem macios
- 50 g de grãos de soja cozidos
- 1 cebola picada em pedaços grandes
- 1/2 xícara de óleo de milho para fritar
- 2 dentes de alho espremidos
- 1 fatia de pão integral
- 1/2 xícara de salsa fresca picada
- 1/2 xícara de coentro fresco picado
- pimenta-do-reino moída na hora
- 1/2 xícara de farinha de rosca

Molho de Tahine para Falefel

- 4 colheres de sopa de *tahine*
- 5 colheres de sopa de água filtrada
- 1 colher de sopa de vinho branco seco
- 1/2 colher de chá de sal
- 1 colher de café de alho desidratado

Num processador, colocar o grão-de-bico, a soja cozida, a cebola, o alho, o pão, as ervas, o sal e a pimenta, misturando para formar uma massa.
Colocar essa mistura numa tigela, pegando uma colher de sopa cheia de massa e formando bolinhos com as mãos. Passar cada um na farinha de rosca.
Aquecer o óleo numa frigideira grande e fritar até dourarem.
Retirar os bolinhos com uma escumadeira e escorrê-los em papel absorvente.
Para o molho, diluir o *tahine* na água, mexendo bem, e em seguida adicionar os demais ingredientes. Caso ainda esteja grosso, adicionar um pouco mais de água. A consistência do *tahine* varia dependendo da marca utilizada.
Colocar o falefel em uma travessa e espalhar sobre eles o molho de *tahine*.

FATIAS TEMPERADAS DE POLENTA COM MOLHO DE TOFU

(4 pessoas)

- 1 xícara de fubá tipo milharina
- 4 xícaras de água
- 1 copo de broto de soja
- 2 copos de escarola bem picadinha
- 1 xícara de tomate seco picado
- 1 cebola picadinha
- 5 dentes de alho picados
- 3 colheres de sopa de cebolinha verde picada
- 1 colher de sobremesa de orégano seco
- 1 colher de chá de caldo de vegetais em pó
- 1 xícara de purê de tomate
- 1 colher de sopa de óleo de milho
- 1 colher de sobremesa de sal

Molho de Tofu e Castanha de caju para Polenta

- 4 colheres de sopa de *tofu* cremoso
- 4 colheres de sopa de água
- 2 colheres de sopa de *tahine*
- 1 colher de sobremesa de *missô*
- 2 colheres de sopa de castanha de caju picadinha

Aquecer o óleo numa panela grande (de preferência de ferro), dourar a cebola e o alho, juntar a cebolinha, o tomate seco, o orégano, o broto de soja, a escarola e o sal. Mexer por 5 minutos. Adicionar o purê e deixar mais 10 minutos.
Diluir o fubá na água e juntar à panela. Assim que levantar fervura abaixar o fogo e deixar aproximadamente 35 minutos no fogo, mexendo a cada 5 minutos.
Assim que a polenta estiver bem solta da panela virar numa fôrma própria para pão untada. Deixar esfriar por 2 horas e servir em fatias, com molho de *tahine* e *tofu*.
Para o molho, colocar todos os ingredientes numa tigela e mexer suavemente até obter um creme homogêneo.

FEIJÃO DE SOJA CREMOSO

(4 pessoas)

- 1 copo de grãos de soja crus
- 3 folhas grandes de couve-manteiga
- 1/2 xícara de coentro fresco picado
- 1/2 xícara de cebolinha verde picada
- 2 cebolas picadinhas
- 5 dentes de alho espremidos
- 2 tomates grandes sem pele e sem sementes, picados
- 1 colher de sopa de extrato de tomate
- 4 colheres de sopa de óleo de milho
- 4 colheres de sopa de *shoyo*
- 1/2 colher de sobremesa de sal
- 1 colher de chá de molho de pimenta
- água quente

Colocar os grãos de soja em uma tigela grande e cobrir com água. Deixar de molho por uma noite. Lavar os grãos com as mãos tirando ao máximo a película que os envolve e escorrer.
Colocar água em duas panelas e levá-las ao fogo. Colocar os grãos de soja em uma delas e ferver por 5 minutos.
Escorrer os grãos, descartando a água quente e virar os grãos em uma bacia de água fria. Colocar os grãos na outra panela com água fervente e ferver por mais 5 minutos. Escorrer novamente a água, descartando-a.
Em uma panela de pedra colocar o óleo, dourar o alho e a cebola e em seguida adicionar a cebolinha, o coentro, assim como o *shoyo* e o sal, deixando fritar por 10 minutos. Juntar os grãos de soja, 3 copos de água quente, as folhas de couve rasgadas, o extrato de tomate, o molho de pimenta, o tomate picado e manter em fogo baixo por 40 minutos.

FEIJÃO-PRETO ESPECIAL

(4 pessoas)

- 2 xícaras de feijão-preto
- 1 copo de *tofu* defumado cortado em cubinhos
- 1 berinjela média picadinha
- 1/2 copo de PVT de tamanho médio
- 1/2 copo de salsicha vegetal picada bem pequena
- 1/2 copo de glúten picadinho
- 3 folhas grandes de couve-manteiga picadinhas
- 4 colheres de sopa de nabo ralado
- 1 pimentão verde picadinho
- 2 tomates grandes descascados e sem sementes, picados
- 2 cebolas picadinhas
- 5 dentes de alho espremidos
- 1/2 xícara de coentro fresco picado
- 1/2 xícara de cebolinha verde picada
- 4 folhas de louro
- 2 colheres de sopa de margarina
- 4 colheres de sopa de óleo de milho
- 4 colheres de sopa de *shoyo*
- 1 colher de sobremesa de sal
- 1 colher de chá de molho de pimenta
- 1/2 xícara de purê de tomate
- água quente

Farofa para Acompanhar Feijão

- 2 xícaras de farinha de mandioca do tipo biju
- 4 colheres de sopa de margarina
- 1 colher de sopa de cebola ralada
- 1 xícara de *tofu* firme picado bem miúdo
- 1 xícara de cheiro verde picado
- 1 colher de chá de sal

Lavar o feijão, colocar em uma panela de pressão, cobrir com água quente e levar ao fogo alto. Assim que iniciar a pressão, abaixar o fogo e deixar cozinhar por 1 hora. Retirar quando os grãos estiverem macios.

Colocar a PVT numa tigela e cobri-la com água quente. Deixar de molho por 20 minutos. Escorrer a água, espremer a PVT com as mãos e reservar.

Em panela de ferro colocar a margarina e o óleo. Dourar a cebola e o alho. Em seguida adicionar os temperos verdes, o pimentão, as folhas de louro e fritar por 10 minutos.

Adicionar os cubos de *tofu*, a berinjela, a PVT inchada, a salsicha, o glúten, a couve, o nabo, o tomate, o sal e o *shoyo*. Mexer por 5 minutos e colocar o purê de tomate e a pimenta e deixar ferver por 2 minutos. Adicionar o feijão cozido e a água em que foi cozido.

Manter o fogo alto e quando iniciar fervura deixar em fogo moderado por 40 minutos. Retirar quando estiver bem cremoso. Servir em seguida.

Para a farofa, derreter a margarina numa frigideira larga, colocar os temperos e a farinha de mandioca, mexendo com colher de pau em fogo baixo até dourar.

GLÚTEN INTEGRAL COM PVT

(4 a 6 pessoas)

- 1 copo de PVT em cubos grandes
- a mesma quantidade de glúten também cortado em cubos
- 1 copo de cogumelos frescos tipo *shiimeji*, sem os talos duros
- 1/2 copo de beterraba descascada e cortada em cubos
- 3 colheres de sopa de salsa fresca picada
- 3 colheres de sopa de cebolinha verde fresca picada
- 3 colheres de sopa de margarina
- 7 minicebolas cortadas ao meio
- 1 colher de sopa de alho espremido
- 2 colheres de sopa de óleo de milho
- 5 colheres de sopa de *shoyo*
- água quente
- rodelas de tomate
- orégano desidratado
- 6 azeitonas pretas, inteiras e sem caroço

Glúten Integral (6 porções)

- 1 kg de farinha de trigo integral
- 3 e 1/4 copos de água

Para o glúten, misturar numa tigela a farinha de trigo com os copos de água e trabalhar em superfície lisa até obter uma massa macia. Formar uma bola com a massa e deixá-la de molho em água limpa por 2 horas.

Após esse tempo lavar a massa até sair todo o amido, ou seja, até a água da lavagem sair limpa. Conservar num pote com água e tampado, em geladeira.

Colocar a PVT numa tigela e cobri-la com água quente. Deixar de molho por 20 minutos. Escorrer a água, espremer a PVT com as mãos e reservar.

Colocar os cubos de beterraba numa panela de vapor e cozinhar até estarem macios. Reservar.

Numa panela larga, derreter a margarina e o óleo e dourar a cebola e o alho.

Adicionar a PVT e o *shoyo*, tampar a panela e cozinhar por 15 minutos. Cortar o glúten em cubinhos e acrescentar à panela, juntamente com a beterraba, os cogumelos, a salsa e a cebolinha. Mexer delicadamente e deixar em fogo médio, tampada por 25 minutos.

Virar numa travessa refratária, espalhar rodelas de tomate cobrindo tudo, salpicar orégano, espalhar as azeitonas, cobrir com papel-alumínio e levar ao forno alto por 10 minutos. Servir em seguida.

GRÃO-DE-BICO COM SOJA

(4 pessoas)

- 1 copo de grão-de-bico deixado de molho por 1 noite
- 1 copo de grãos de soja cozidos
- 1/2 xícara de *champignon* em conserva picado
- 2 cebolas picadinhas
- 4 dentes de alho espremidos
- 1 colher de chá de açafrão em pó
- 1/2 xícara de alho-poró picado
- 3 tomates grandes descascados e sem sementes
- 3 colheres de sopa de óleo de milho
- 1/2 colher de sobremesa de sal
- 1 colher de sobremesa de caldo de vegetais
- 1 colher de sobremesa rasa de sal
- 1 xícara de água quente
- 1 colher de sopa de *missô* claro diluído em água
- 2 colheres de sopa de água

Cozinhar o grão-de-bico em panela de pressão por 30 minutos.

Em uma panela de pedra esquentar o óleo, dourar a cebola e o alho, adicionar o açafrão e o alho-poró por 5 minutos.

Juntar os grãos de soja, o sal, o caldo de vegetais e refogar por 10 minutos. Juntar o grão-de-bico cozido, a água quente e manter a panela semitampada, em fogo baixo, por 25 minutos, ou até a água ter secado.

Retirar a panela do fogo, adicionar o *missô* e servir.

GRÃO-DE-BICO CREMOSO COM TOFU

(4 pessoas)

- 1 xícara de grão-de-bico
- 200 g de *tofu* cortado em cubinhos
- 1/2 xícara de coentro fresco picado
- 1/2 xícara de cebolinha verde picada
- 4 dentes de alho espremidos
- 1 tomate grande descascado e sem sementes
- 4 colheres de sopa óleo
- 1 colher de sopa de *shoyo*
- 1/2 colher de sobremesa de sal
- 1 xícara de água quente
- 1 colher de sobremesa de caldo de vegetais em pó
- 3 colheres de sopa de leite de coco

Deixar o grão-de-bico de molho por uma noite e no dia seguinte colocá-lo numa panela de pressão. Cobrir com água e cozinhar por 30 minutos, ou até os grãos estarem macios.

Numa panela de barro colocar o óleo, fritar os temperos, adicionar o tomate e os cubos de *tofu*. Mexer delicadamente por 10 minutos. Juntar o grão-de-bico cozido, o caldo de vegetais, a água quente, o *shoyo*, o sal e o leite de coco.

Manter o fogo baixo por 30 minutos e servir quente.

HAMBÚRGUER COM MOLHO DE COGUMELO

(4 a 6 pessoas)

Hambúrguer

- 1 copo de feijão de soja cozido
- 1 copo de PVT miúda
- 2 colheres de sopa de farinha de soja
- 2 colheres de sopa de farinha de glúten
- 1 cebola picadinha
- 1 xícara de alho-poró picadinho
- 1 colher de chá de caldo de vegetais em pó
- 1 colher de sobremesa de sal
- água quente
- óleo de milho para fritar
- rodelas finas de tomates grandes para guarnecer

Molho de Cogumelo para Hambúrguer

- 300 g de cogumelos frescos grandes e cozidos
- 4 colheres de sopa de azeite de oliva
- 1 dente de alho espremido
- 1 colher de sopa de *shoyo* sabor *champignon*
- 1 pitada de orégano
- 2 colheres de sopa de vinagre de maçã
- 1 colher de chá de suco de limão
- 1 pitada de sal
- pimenta-do-reino moída na hora

Colocar a PVT numa tigela e cobrir com água quente. Deixar de molho por 15 minutos e espremer bem para retirar o máximo de água. Colocar numa tigela. Bater a soja cozida no liquidificador e juntar à tigela. Adicionar os demais ingredientes e mexer bastante para tornar uma massa homogênea.
Formar hambúrgueres grandes com as mãos, compactando ao máximo.
Colocar um pouco de óleo numa frigideira e fritar os hambúrgueres, dourando-os dos dois lados. Retirar com escumadeira e colocá-los sobre papel absorvente.
Arrumar numa travessa refratária, colocar uma rodela de tomate sobre cada um, regar com o molho e assar por 15 minutos, cobrindo com papel-alumínio.
Para o molho colocar todos os ingredientes numa tigela, cobrir e deixar na geladeira por um mínimo de 2 horas.

INHAME E PALMITO CREMOSO

(4 pessoas)

- 2 copos de inhame descascado e cortado em quadradinhos
- 1 copo de palmito picado
- 1 copo de leite de soja
- 1 copo de *tofu* cremoso
- 5 dentes de alho espremidos
- 1/2 xícara de coentro fresco picado
- 4 colheres de sopa de margarina
- 1/2 colher de sobremesa de sal
- 1 copo de cogumelos frescos picados
- 1 colher de sobremesa de caldo de vegetais
- 1 colher de sopa de óleo de milho
- pimenta-do-reino moída na hora a gosto

Derreter a margarina, fritar os temperos, adicionar os demais ingredientes e deixar em fogo brando por 30 minutos, com a panela tampada, mexendo de vez em quando.
Arrumar em uma travessa e servir quente.

MAMÃO VERDE REFOGADO COM SOJA

(4 pessoas)

- 3 copos de mamão verde descascado e picado
- 2 copos de PVT graúda, do tipo escuro
- 2 cebolas cortadas em fatias finas
- 2 tomates picados
- 2 pimentões verdes picados
- 4 colheres de sopa de coentro fresco picado
- 1 colher de sopa de *shoyo*
- 1/2 colher de sobremesa de sal
- 1 colher de chá de molho de pimenta
- 4 colheres de sopa de margarina

Colocar a PVT numa tigela e cobrir com água quente. Deixar de molho por 15 minutos. Escorrer a água e espremer a PVT com as mãos para retirar o excesso de água. Reservar.

Numa frigideira, derreter a margarina, dourar a cebola, adicionar o pimentão e o coentro e refogar por 5 minutos. Adicionar o mamão, o tomate, a PVT, a pimenta, o sal e o *shoyo*.
Tampar e cozinhar por 20 minutos, mexendo de vez em quando e verificar o sal.
Arrumar em travessa e servir ainda quente.

MANDIOQUINHA COM BIFE DE SOJA

(4 pessoas)

- 2 copos de mandioquinha (batata-baroa) cortada em tiras finas
- 1 copo de bife de soja de lata cortado em tiras finas
- 1 copo de cogumelo *shiitake* fresco cortado em tiras finas
- 1 pimentão vermelho cortado em tiras finas
- 5 colheres de sopa de cebolinha verde picada
- 1 cebola cortada em tiras finas
- 4 dentes de alho espremidos
- 4 colheres de sopa de margarina
- 1 colher de sopa de *shoyo*
- pimenta-do-reino moída na hora

Em uma panela de barro larga derreter a margarina, dourar a cebola e o alho, adicionar o pimentão e fritar por mais 5 minutos em fogo alto.
Adicionar a mandioquinha, o bife, o cogumelo, a cebolinha, o *shoyo* e a pimenta. Mexer delicadamente. Manter em fogo brando, com a panela semitampada, por 25 minutos, ou até a mandioquinha estar macia.
Servir quente, levando a própria panela de barro à mesa.

MILHO VERDE COM TOFU, SALSICHA E ABOBRINHA ITALIANA

(4 pessoas)

- 2 copos de grãos de milho verde retirados das espigas com uma faca afiada
- 2 copos de abobrinha italiana verde picadinha
- 1/2 copo de salsicha vegetal picada
- 1 cebola picada
- 1/2 xícara de salsa fresca picada
- 1 xícara de *tofu* cremoso
- 1 colher de café de pimenta-do-reino moída na hora
- 1 colher de chá de sal
- 2 colheres de sopa de margarina

Derreter a margarina e nela dourar a cebola e a salsicha, adicionando a seguir o milho. Manter a panela tampada por 10 minutos e colocar a abobrinha italiana e a salsa, a pimenta e o *tofu*. Manter o fogo baixo, mexendo de vez em quando até a abobrinha italiana estar macia.
Servir quente.

PICADINHO DE BATATA

(4 pessoas)

- 500 g de batatas descascadas, cozidas e cortadas em cubos
- 200 g de *tofu* amassado
- 1/2 xícara de cebola picada
- 1 colher de chá de sal
- 1 colher de café de pimenta-do-reino moída
- 2 colheres de sopa de azeite de oliva
- 1 colher de sopa de salsa fresca picada
- 1 colher de sopa de sementes de mostarda

Aquecer o azeite numa frigideira, colocar a cebola e fritar por 2 minutos. Adicionar a batata cozida e deixar no fogo por mais 3 minutos. Colocar então o *tofu* amassado, o sal, a salsa, as sementes de mostarda. Mexer delicadamente e deixar tampada, sem mexer, por mais 5 minutos.

Virar as batatas cuidadosamente para dourar por igual. Transferir o picadinho para uma travessa e servir quente.

PICCATA DE GLÚTEN, TOFU E CHAMPIGNON

(4 a 6 pessoas)

- 400 g de glúten cortado em cubinhos
- 400 g de *tofu* extrafirme cortado em cubinhos
- 200 g de *champignon* em conserva
- 3 cebolas pequenas cortadas em quatro partes
- 1 xícara de brócolis cortados em ramos, cozidos, porém firmes
- 3 pimentões amarelos cortados em quadrados
- 3 dentes de alho picados
- 4 colheres de sopa de óleo de milho
- 1 colher de sopa de *shoyo* sabor *champignon*
- 1/2 colher de chá de caldo de vegetais em pó
- 1/2 colher de sobremesa de sal
- 1/2 colher de sobremesa rasa de pimenta-do-reino moída na hora

Colocar o *tofu* em uma vasilha e congelar por algumas horas. Retirar do congelador e deixá-lo em papel absorvente.
Em uma frigideira oriental tipo *wok*, aquecer o óleo e dourar a cebola e o alho. Adicionar o glúten, o *tofu* e fritar por 5 minutos, ou até estarem dourados. Juntar o pimentão, o *shoyo*, o sal, o caldo de vegetais em pó. Misturar e em seguida colocar os raminhos de brócolis, misturando delicadamente. Antes de servir salpicar com pimenta-do-reino.

PICCATA DE SALSÃO COM SHIITAKE

(4 a 6 pessoas)

- 600 g de *shiitake* sem os talos, cortado em fatias
- 400 g de *tofu* extrafirme cortado em cubinhos
- 3 pés de salsão (aproveitar só a parte branca) cortados em fatias finas
- 2 dentes de alho picados
- 2 colheres de sopa de vinho branco seco
- 1 colher de chá de açúcar mascavo
- 1 colher de sopa de *shoyo* sabor *champignon*
- 2 cebolas pequenas cortadas em quatro partes
- 4 colheres de sopa de óleo de milho
- 1/2 colher de chá de caldo de vegetais em pó
- 1/2 colher de sobremesa de sal
- 1/2 colher de sobremesa rasa de pimenta-do-reino moída na hora

Colocar o *tofu* em uma vasilha e congelar por algumas horas. Retirar do congelador e deixá-lo em papel absorvente.
Em uma frigideira oriental tipo *wok*, aquecer o óleo e dourar a cebola, o alho e o salsão por 2 minutos. Adicionar o cogumelo e o *tofu*, e fritar por 5 minutos, ou até estarem macios. Colocar o vinho, o açúcar, o *shoyo*, o caldo de vegetais em pó, o sal e deixar mais 5 minutos. Antes de servir salpicar com pimenta-do-reino.

PICCATA DE SALSICHA E ALHO-PORÓ

(4 a 6 pessoas)

- 1 lata de salsicha vegetal cortada em fatias de rodelas de 2 cm
- 400 g de *tofu* extrafirme cortado em cubinhos
- 1/2 xícara de alho-poró picado
- 1/2 xícara de ervilhas frescas cozidas
- 1 xícara de cenoura picada e cozida
- 1 colher de sopa de óleo de milho
- 3 colheres de sopa de água
- 3 cebolas pequenas cortadas em quatro partes
- 1 colher de chá de páprica picante
- 1 colher de sopa de *shoyo* sabor *champignon*
- 1/2 colher de chá de caldo de vegetais em pó
- 1/2 colher de sobremesa de sal
- 1/2 colher de sobremesa rasa de pimenta-do-reino moída na hora

Colocar o *tofu* em uma vasilha e congelar por algumas horas. Retirar do congelador e deixá-lo em papel absorvente. Colocar numa tigela com o *shoyo*.

Em uma frigideira quente, em fogo alto, aquecer o óleo e dourar a salsicha por 3 minutos.
Em uma panela de barro aquecer o azeite e dourar a cebola por 2 minutos. Adicionar o alho-poró e fritar por mais 4 minutos. Juntar a salsicha já frita e o *tofu* e fritar por mais 10 minutos. Adicionar a cenoura, a ervilha, o sal, a pimenta e o caldo de vegetais. Cozinhar por 5 minutos. Retirar a panela do fogo e deixá-la tampada por 10 minutos antes de servir.

PIMENTÃO RECHEADO COM TOFU

(4 a 6 pessoas)

- 2 pimentões vermelhos
- 2 copos de *tofu* picado
- 1/2 copo de salsa fresca picada
- 1/2 copo de cebolinha fresca picada
- 1/2 copo de uvas passas sem sementes
- 1 colher de sobremesa rasa de sal
- 1 colher de sobremesa rasa de pimenta-do-reino verde esmagada com um garfo

Cortar os pimentões ao meio no sentido do comprimento, retirar as sementes e os cabinhos.
Levar uma panela grande com água ao fogo alto e quando ferver mergulhar os pimentões. Deixar cozinhar por 5 minutos e escorrer.
Amassar o *tofu* com um garfo e misturar bem todos os demais ingredientes. Rechear os pimentões, colocá-los lado a lado em uma travessa refratária e assá-los em forno forte por 20 minutos.
Servi-los quentes.

POLENTA ASSADA COM MOLHO DE SOJA

(4 pessoas)

Polenta
- 1 copo de fubá mimoso
- 5 copos de água
- 1 colher de sobremesa de sal

Molho de Soja para Polenta
- 1 copo de grãos de soja cozidos
- 1 copo de água quente
- 5 colheres de sopa de coentro fresco picado
- 5 colheres de sopa de cebolinha verde picada
- 2 cebolas picadinhas
- 5 dentes de alho espremidos
- 3 tomates grandes descascados e sem sementes
- 4 colheres de sopa de óleo
- 1 colher de chá de cominho
- 1 colher de sobremesa rasa de sal
- 1 colher de chá de molho de pimenta

Para a polenta, diluir o fubá na água, adicionar o sal e levar ao fogo alto, de preferência em panela de ferro. Assim que começar a ferver abaixar o fogo e mexer a cada 5 minutos. Quando começar a aparecer o fundo da panela deixar por mais 10 minutos no fogo e virar a polenta numa travessa refratária.
Para o molho, aquecer o óleo numa panela, dourar a cebola e o alho. Adicionar o coentro, a cebolinha, a soja cozida, o sal, o cominho e o molho de pimenta. Tampar a panela e cozinhar por 10 minutos. Adicionar a água quente, o tomate e deixar a panela semitampada, em fogo baixo, por 20 minutos, mexendo de vez em quando. Retirar apenas uma concha desse molho, bater no liquidificador e voltar à panela. Aguardar que fique cremoso.
Colocar o molho de soja por cima da polenta e assar por 15 minutos em forno alto. Servir em seguida.

POLENTA COM RECHEIO DE PVT E GLÚTEN

(4 pessoas)

Polenta de Milho e Soja

- 1 xícara de fubá mimoso
- 1 xícara de farinha de soja
- 5 xícaras de água
- 1 colher de sobremesa de sal

Recheio de PVT e Glúten para Polenta

- 1/2 xícara de PVT miúda do tipo escura
- 1 copo de glúten picadinho
- 1 lata de ervilhas em conserva (ou o equivalente de ervilhas frescas)
- 2 cebolas cortadas em tiras finas
- 4 dentes de alho espremidos
- 3 colheres de sopa de óleo de milho
- 4 colheres de sopa de *shoyo*
- 1/2 colher de sobremesa de sal
- água quente

Molho de Tomatinho Rubi e Manjerona

- 3 copos de tomatinhos rubi (ou tomate cereja)
- 4 colheres de sopa de alho-poró picado
- 4 colheres de sopa de cebolinha verde picada
- 1 colher de chá de caldo de vegetais em pó
- 1/2 xícara de água quente
- 1/2 colher de sobremesa de sal
- 2 colheres de sopa de azeite de oliva

Para a polenta, diluir o fubá e a farinha de soja na água, adicionar o sal e levar ao fogo alto, de preferência em panela de ferro. Assim que começar a ferver abaixar o fogo e mexer a cada 5 minutos. Quando começar a aparecer o fundo da panela deixar por mais 10 minutos e retirar do fogo.

Para o recheio, colocar a PVT numa tigela e cobrir com água quente. Deixar de molho por 15 minutos. Escorrer a água e espremer a PVT com as mãos para retirar o excesso de água. Reservar.

Numa frigideira, aquecer o óleo, refogar a cebola e o alho, adicionar PVT, o glúten, as ervilhas, mexer e temperar com o *shoyo* e o sal. Tampar e cozinhar por 20 minutos. Retirar do fogo e reservar.

Para o molho, aquecer o azeite, fritar o alho-poró e a cebolinha, adicionar os tomatinhos, o caldo de vegetais, o sal e a água quente.

Manter fogo baixo, mexendo de vez em quando por aproximadamente 20 minutos.

Colocar metade da polenta ainda quente em travessa refratária e sobre ela o recheio. Espalhar então a outra metade da polenta e cobrir tudo com o molho.

Assar por 20 minutos em forno a 180° C.

PORTOBELLO RECHEADO

(4 pessoas)

- 350 g de *tofu*
- 8 cogumelos frescos do tipo portobello
- 2 xícaras de vinho branco seco
- 4 fatias de pão de fôrma descascadas e picadinhas
- 1 colher de sopa de azeite de oliva
- 1 colher de chá de sal
- 3 colheres de sopa de tomilho fresco picado

Molho de Tomate com Alho

- 5 dentes de alho
- 2 latas de tomate pelado, picadinho
- 1 colher de chá de sal
- 1 colher de chá de açúcar
- 1 colher de café de sementes de cardamomo
- 1 colher de sopa de azeite de oliva

Cozinhar em fogo alto os cogumelos no vinho e com uma pitada de sal. Escorrer, retirar os talos e arrumá-los numa travessa refratária, um ao lado do outro, com a parte côncava voltada para cima.

Amassar o *tofu* com um garfo, misturá-lo com as fatias de pão picadas e temperar com azeite de oliva, sal e tomilho. Rechear o côncavo dos cogumelos com essa pasta.

Aquecer numa panela o azeite de oliva para o molho, dourar o alho e adicionar os tomates bem picados, assim como o caldo que vem na lata. Temperar com sal, açúcar e as sementes de cardamomo e deixar em fogo alto por 5 minutos.

Regar os cogumelos e levar ao forno médio por 25 minutos.

Servir quente.

PRATO DIFERENTE DE TOFU COM CURRY

(6 pessoas)

- 400 g de *tofu* cortado em cubos (colocar o *tofu* cortado numa tigela, congelar por algumas horas)
- 1 colher de sopa de óleo de milho
- 1 cebola grande cortada em meia lua
- 2 dentes de alho amassados
- 2 colheres de sopa de farinha de trigo
- 1/2 colher de sopa de *curry*
- 1/2 colher de chá de pimenta-do-reino moída na hora
- 3 xícaras de leite de soja
- 1 colher de chá de sal
- 1 colher de cebolinha verde picada

Retirar os cubos de *tofu* do *freezer* e descongelá-los sobre papel absorvente por alguns minutos. Enquanto isso, numa frigideira japonesa (*wok*) aquecer o óleo de milho em fogo alto e adicionar a cebola e o alho. Fritar por 1 minuto e reduzir o fogo. Acrescentar a farinha de trigo, o *curry* e a pimenta, mexendo sempre com colher de pau. Quando estiver bem misturado (1 ou 2 minutos), adicionar o *tofu*. Fritar por 3 minutos, ou até o *tofu* estar dourado, adicionar o leite de soja e o sal e continuar mexendo. Antes de começar a ferver retire a panela do fogo. Espalhar a cebolinha sobre o prato e servir com arroz.

PUDIM DE VERÃO DE ESPINAFRE E ABOBRINHA ITALIANA

(4 a 6 pessoas)

- 400 g de espinafre cozido no vapor e picado
- 400 g de abobrinha italiana picada
- 250 g de *tofu* firme amassado com um garfo
- 1 cebola picadinha
- 2 colheres de sopa de azeite de oliva
- 1/2 xícara de farinha de rosca
- 2 colheres de sopa de manjericão fresco picado
- 2 colheres de sopa de manjerona fresca picada
- 1/2 colher de chá de noz-moscada ralada
- 1 colher de chá de sal
- pimenta-do-reino a gosto
- margarina para untar

Aquecer o azeite em panela larga, dourar a cebola, adicionar a abobrinha italiana e mexer até que esteja macia. Retirar e bater tudo no liquidificador. Voltar à panela e cozinhar por mais 3 minutos. Adicionar o *tofu*, a farinha de rosca, o manjericão, a manjerona, o sal e a pimenta. Mexer até estar uma pasta.
Untar com margarina uma fôrma média de pão (ou pirex retangular) e colocar metade dessa pasta. Por cima dispor o espinafre cozido. Espalhar a noz-moscada por cima. Virar o restante da pasta e em seguida acomodar com as mãos para compactar. Cobrir com papel-alumínio e assar em banho-maria (colocar a fôrma dentro de outra assadeira com água). Levar ao forno preaquecido a 180°C, por uma hora. Retirar e depois de frio colocar em geladeira por 12 horas e servir desenformado, decorando com folhas cruas de cenoura ou de rabanete.

PURÊ DE BATATA COM PVT

(4 a 6 pessoas)

- 1 prato de purê de batatas
- 1 copo de proteína de soja miúda, seca
- 1/2 copo de água
- 3 colheres de sopa de *shoyo*
- 1 colher de sobremesa rasa de orégano
- 1 colher de café de pimenta calabresa
- 4 dentes de alho amassados
- 1 cebola bem picada
- 1/2 colher de sobremesa de sal
- 1 tomate em rodelas
- azeitonas a gosto
- 4 colheres de sopa de óleo de soja

Colocar a soja, a água, o *shoyo*, o sal, o orégano seco e a pimenta calabresa. Misturar bem e deixar de molho por 30 minutos.
Aquecer o óleo numa panela larga, dourar o alho e a cebola e adicionar a soja já preparada. Mexer com colher de pau e manter em fogo alto por 20 minutos.
Num pirex, espalhar uniformemente o purê de batatas. Por cima dispor toda a soja refogada, espalhando harmoniosamente. Arrumar rodelas de tomate e as azeitonas por cima e levar ao forno quente por 15 minutos. Servir em seguida, bem quente.

PVT COM REPOLHO E MAÇÃ

(4 pessoas)

- 1/2 xícara de PVT miúda do tipo escura
- 1 repolho pequeno ralado
- 1 cebola picada
- 3 colheres de sopa de azeite de oliva
- 1 alho espremido
- 2 maçãs levemente cozidas e amassadas
- 2 colheres de chá de limão
- 1 pitada de sal
- pimenta-do-reino a gosto

Colocar a PVT numa tigela e cobrir com água quente. Deixar de molho por 15 minutos. Escorrer a água e espremer a PVT com as mãos para retirar o excesso de água. Reservar.
Numa frigideira, aquecer o azeite e fritar a cebola e o alho por 3 minutos. Adicionar a PVT, o repolho e o sal, e deixar por mais 6 minutos. Juntar a maçã, o limão, o sal e a pimenta. Deixar em fogo brando, tampado, por 15 minutos, mexendo de vez em quando. Servir sobre arroz integral.

QUIBE DE SOJA

(3 a 5 pessoas)

- 1 copo de PVT miúda
- 1 copo de trigo para quibe (triguilho)
- 1/2 copo de feijões de soja cozidos
- 1 copo de folhas frescas de hortelã picadas
- 1 copo de cebolinha verde picada
- 1 copo de coentro fresco picado
- 1 cebola picada
- 4 dentes de alho
- 1 colher de sobremesa de sal
- 1 colher de chá de pimenta-do-reino
- rodelas de minicebola para decorar
- azeite de oliva
- folhinhas inteiras de hortelã para decorar
- água fervente

Deixar o trigo de molho por uma noite.
Colocar a PVT numa tigela e cobrir com água fervente. Deixar de molho por 20 minutos.
Escorrer a água do trigo e da PVT, espremendo bem para retirar o máximo da água possível.
Misturar todos os ingredientes numa tigela, exceto o azeite, a minicebola e as folhas inteiras de hortelã para decorar. Passar tudo por um processador de alimentos. Espalhar dentro de um pirex raso untado. Fazer cortes com faca ou espátula quadrada, riscando na horizontal e na vertical, formando quadrados. Sobre cada quadrado colocar uma rodela de minicebola e uma folhinha de hortelã.
Cobrir com azeite de oliva e levar ao forno a 180° C por 40 minutos.
Servir o quibe bem quente, com limão a gosto.

QUIBE DE SOJA E TOFU

(4 a 6 pessoas)

- 1/2 copo de PVT miúda
- 1/2 copo de feijões de soja cozidos
- 1 copo de trigo para quibe (triguilho)
- 1 copo de *tofu* firme amassado com um garfo
- 1 copo de folhas frescas de hortelã
- 2 cebolas picadas
- 1/2 copo de coentro fresco picado
- 1/2 copo de salsa fresca picada
- 1/2 copo de salsão picado
- 4 dentes de alho
- 1 colher de sobremesa de sal
- 1 colher de chá de *zattar*
- 1 colher de chá de páprica doce
- 2 colheres de sopa de azeite de oliva
- 2 colheres de sopa de gergelim torrado
- minitomates
- água fervente

Deixar o triguilho de molho por uma noite.
Colocar a PVT numa tigela e cobrir com água fervente. Deixar de molho por 20 minutos.
Escorrer a água do trigo e da PVT, espremendo bem.
Misturar todos os ingredientes numa tigela, exceto os tomatinhos e o gergelim. Passar tudo por um processador de alimentos.
Verificar o sal e espalhar dentro de um pirex raso untado, compactando bem com as mãos. Fazer cortes com uma faca nos dois sentidos para que se formem quadradinhos e sobre cada um colocar uma metade de minitomates.
Cobrir com azeite de oliva, salpicar gergelim e levar ao forno a 180° C por 40 minutos.
Servir o quibe bem quente, com limão a gosto.

RAMI DE ABÓBORA

(4 a 6 pessoas)

- 1/2 abóbora *kambutiá* pequena, sem sementes e com casca cortada em quadrados médios
- 2 copos de cubinhos de *tofu* temperado com 1 colher de chá de pimenta-do-reino
- 1 lata de salsicha vegetal
- 2 xícaras de *champignons* em conserva fatiados
- 1 colher de sopa de *shoyo*
- 3 colheres de sopa de óleo vegetal
- 2 cebolas médias cortadas em tiras finas
- 1 pitada de sal
- 2 pimentões verdes cortados em tiras finas
- 1 colher de sobremesa de alcaparras picadas
- 1 xícara de azeitonas pretas fatiadas
- 1/2 xícara de cebolinha verde fresca picada
- azeite de oliva

Numa tigela, colocar o *shoyo* e deixar o *champignon* de molho por 30 minutos.
Cortar as salsichas ao meio longitudinalmente e refogá-las no óleo quente, juntamente com a cebola e o sal. Em seguida colocar as tiras de pimentão, as azeitonas, a cebolinha e a alcaparra. Adicionar em seguida o *champignon* com o *shoyo*. Tampar e deixar em fogo médio por 5 minutos.
Colocar os pedaços de abóbora em um pirex com a casca para baixo e sobre cada um dos cubinhos de *tofu* salpicar um pouco de sal e azeite, cobrir com papel-alumínio e levar ao forno quente. Quando estiver macia, sem desmanchar, retirar do forno e distribuir sobre ela o refogado anterior. Voltar ao forno para aquecer e servir em seguida.

RAMI DE BATATA

(4 a 6 pessoas)

- 4 batatas grandes cozidas ligeiramente e cortadas em rodelas grossas
- 1 copo de cubinhos de *tofu* temperado com 1 colher de chá de orégano
- 1 lata de salsicha vegetal
- 2 xícaras de *champignons* em conserva fatiados
- 3 colheres de sopa de *shoyo*
- 3 colheres de sopa de óleo vegetal
- 2 cebolas médias cortadas em tiras finas
- 1 colher de café de alho desidratado
- 2 pimentões verdes cortados em tiras finas
- 2 folhas de louro
- 1 xícara de azeitonas pretas fatiadas
- sal a gosto
- 4 sementes de cardamomo
- 1/2 xícara de coentro fresco picado
- azeite de oliva

Numa tigela, colocar o *shoyo* e deixar o *champignon* de molho por 30 minutos.
Cortar as salsichas ao meio longitudinalmente e refogá-las no óleo quente, juntamente com a cebola. Em seguida colocar as tiras de pimentão, o louro, o alho, as azeitonas e o cardamomo. Adicionar em seguida o *champignon* com o *shoyo*. Tampar e deixar em fogo médio por 5 minutos. Verificar se o sal do *shoyo* foi suficiente e, se preciso, colocar mais uma pitadinha.
Em um pirex, dispor as rodelas de batata cozidas e sobre elas os cubinhos de *tofu* e em seguida distribuir todo o refogado. Espalhar o coentro e um pouco de azeite de oliva, cobrir com papel-alumínio e aquecer em forno quente de 15 a 20 minutos.

REFOGADO DE COGUMELO E TOFU

(4 pessoas)

- 400 g de *tofu* amassado grosseiramente
- 1 xícara de cogumelos frescos picados
- 1/2 xícara de cebola picada
- 2 dentes de alho esmagados
- 1 colher de sopa de óleo de milho
- 1 colher de sopa de *shoyo* sabor *champignon*
- 1 colher de sopa de salsa fresca picada

Numa frigideira, aquecer o óleo, fritar a cebola e o alho e em seguida adicionar o cogumelo. Fritar por 2 minutos e então adicionar o *tofu*, mexendo delicadamente. Mexer de vez em quando, até estar tudo levemente dourado.
Temperar com *shoyo*, espalhar a salsa fresca picada e servir em seguida.

ROLINHO DE ESPINAFRE

(4 pessoas)

- 12 folhas grandes de espinafre
- 1 colher de chá de sal

Recheio de Tofu e Abóbora

- 1 xícara de *tofu* firme amassado
- 1/2 xícara de abóbora japonesa ralada
- 1/2 xícara de cebolinha verde picada
- 1 colher de chá de *curry* em pó
- 1 colher de sobremesa de molho de *chilli*
- 1 colher de sobremesa de alho desidratado
- 3 colheres de sopa de azeite de oliva
- 1/2 colher de sobremesa de sal

Molho Rosado

- 2 colheres de sopa de margarina
- 1 cebola picada
- 1 xícara de purê de tomate
- 1 xícara de leite de soja quente
- 3 colheres de sopa de *catchup*
- 3 colheres de sopa de molho de mostarda
- 1 colher de sopa de *shoyo*

Cozinhar rapidamente as folhas de espinafre no vapor até estarem macias. Retirar do fogo e reservá-las.
Para o recheio, colocar o azeite de oliva numa panela, fritar a cebolinha, o alho, o *curry* e a abóbora, mexer com colher de pau e tampar. Deixar por 5 minutos. Adicionar o *tofu*, o molho de *chilli* e o sal. Deixar em fogo médio por 15 minutos, mexendo de vez em quando. Retirar e quando estiver morno rechear as folhas de espinafre, enrolando-as cuidadosamente. Arrumá-las lado a lado numa travessa refratária.
Para o molho, derreter a margarina, dourar a cebola, adicionar o purê de tomate, o leite, o *catchup*, a mostarda e o *shoyo*. Deixar em fogo brando por 25 minutos, mexendo de vez em quando.
Regar os rolinhos recheados de espinafre, cobrir a travessa com papel-alumínio e levar ao forno alto por 20 minutos. Servir quente.

ROLO DE COUVE-MANTEIGA

(4 pessoas)

- 8 folhas grandes de couve-manteiga
- água
- 1 colher de chá de sal

Recheio de PVT, Milho e Palmito

- 1/2 xícara de PVT miúda do tipo escura
- 1/2 xícara de milho verde
- 1/2 xícara de palmito picado
- 4 colheres de sopa de coentro fresco picado
- 3 colheres de sopa de cebolinha verde picada
- 3 colheres de sopa de salsa fresca picada
- 1 cebola picadinha
- 4 dentes de alho espremidos
- 1 tomate grande descascado e sem sementes
- 4 colheres de sopa de margarina
- 1 colher de sopa de óleo de milho
- 1 colher de sopa de *shoyo*
- 1/2 colher de sobremesa de sal
- 1 colher de chá de molho de pimenta
- água quente

Molho de Cogumelos e Alho-poró

- 2 copos de cogumelos frescos picados
- 3 colheres de sopa de margarina
- 1/2 xícara de alho-poró picado
- 2 xícaras de leite de soja quente
- 2 xícaras de água quente
- 1 colher de sobremesa de caldo de vegetais
- 2 colheres de sopa rasa de farinha de trigo
- 1 colher de sobremesa rasa de sal
- pimenta-do-reino moída na hora

Levar uma panela larga, com água ao fogo alto. Assim que ferver adicionar 1 colher de chá de sal e aferventar as folhas de couve (sem os talos), por 5 minutos. Escorrer a água e reservar as folhas.
Para o recheio, colocar a PVT numa tigela e cobrir com água quente. Deixar de molho por 15 minutos. Escorrer a água e espremer a PVT com as mãos para retirar o excesso de água. Reservar.
Numa frigideira derreter a margarina, juntar o óleo e fritar a cebola e o alho, a PVT, o tomate, a pimenta, o sal e o *shoyo*. Tampar e cozinhar por 20 minutos.
Adicionar os temperos verdes frescos, o milho, o palmito. Mexer e manter em fogo médio, destampada por 10 minutos. Retirar do fogo e reservar.
Para o molho, derreter a margarina, dourar o alho-poró e adicionar os cogumelos picados. Manter fogo médio até estarem macios. Separar metade do cogumelo refogado e reservar.
Adicionar a farinha de trigo à panela e mexer com colher de pau por 10 minutos. Juntar o leite de soja quente e a água no liquidificador e voltar ao fogo baixo. Voltar com o cogumelo reservado e mexer até estar um molho bem cremoso.
Colocar recheio dentro das folhas de couve e em seguida enrolar uma a uma. Arrumá-las numa travessa refratária, regar tudo com o molho de cogumelos, polvilhar pimenta-do-reino a gosto, cobrir com papel-alumínio e levar ao forno alto por 20 minutos. Servir quente.

ROLO DE REPOLHO

(4 pessoas)

- 8 folhas grandes de repolho
- água
- 1 colher de chá de sal

Recheio de Tofu, Cogumelo e Batata

- 1 xícara de *tofu* amassado com garfo
- 1 xícara de cogumelo fresco picado
- 1/2 xícara de batata crua ralada
- 2 colheres de sopa de uvas passas sem sementes
- 3 colheres de sopa de talo de erva-doce picado
- 1 cebola picadinha
- 1 colher de sopa de óleo de milho
- 1/2 colher de sobremesa de sal

Molho de Cogumelos e Alho-poró

- 3 colheres de sopa de margarina
- 1/2 xícara de cebolinha verde picada
- 1 colher de sobremesa de ervas finas desidratadas
- 2 xícaras de leite de soja quente
- 2 xícaras de água quente
- 2 colheres de sopa rasa de farinha de trigo
- 1 colher de sobremesa rasa de sal
- pimenta-do-reino moída na hora

Levar uma panela larga, com água, ao fogo alto. Assim que ferver, adicionar 1 colher de chá de sal e aferventar as folhas de repolho por 5 minutos. Escorrer a água e reservar as folhas.

Para o recheio, aquecer o óleo em panela larga e fritar a cebola, a erva-doce, os cogumelos e o sal. Tampar e cozinhar por 5 minutos.

Adicionar os demais ingredientes e manter em fogo baixo por 15 minutos, mexendo de vez em quando. Retirar do fogo e quando estiver morno rechear as folhas de repolho cozidas, enrolando-as. Arrume-as numa travessa refratária.

Para o molho, derreter a margarina, refogar os temperos e adicionar a farinha de trigo à panela. Mexer com colher de pau, em fogo baixo, por 10 minutos. Juntar o leite de soja quente e a água, bater tudo no liquidificador e voltar ao fogo baixo. Mexer até estar um molho bem cremoso.

Regar os rolinhos de repolho recheados com esse molho, polvilhar pimenta-do-reino a gosto, cobrir com papel-alumínio e levar ao forno alto por 20 minutos. Servir quente.

SHIITAKE COM VEGETAIS E TOFU

(4 pessoas)

- 1/3 de copo de óleo de milho
- 1 dente de alho picado
- 1 colher de chá de gengibre fresco ralado
- 1 pitada de sal
- 60 g de *shiitake* seco em tiras (deixar de molho em água filtrada por 20 minutos)
- 3 colheres de sopa de *shoyo* sabor cogumelo
- 3 colheres de chá de açúcar mascavo
- 3 colheres de sopa de mirin
- 2 colheres de sopa de maisena
- 2 blocos de 300 g de *tofu* extrafirme (cortar cada um em 4 fatias longitudinais)
- 1 pitada de sal
- 250 g de almeirão
- 150 g de repolho chinês (usar a parte mais tenra, cortada em pedaços não muito pequenos)
- 2 rodelas de cebola em diagonal, para servir

Aquecer uma colher de sopa de óleo numa panela. Colocar o alho, o gengibre, uma pitada de sal e os cogumelos. Doure por 2 a 3 minutos.

Adicionar 500 ml de água. Deixar ferver. Reduzir a temperatura e cozinhar por 5 minutos, sem que ferva. Adicione o *shoyo*, o açúcar e mexer até que esteja dissolvido.

Diluir a maisena com um pouco de água (o suficiente para fazer um creme homogêneo) e colocar na panela do *shoyo* com o açúcar e mexer até engrossar.

Aquecer duas colheres de óleo numa frigideira e adicionar as fatias de *tofu* e fritar de 2 a 3 minutos de cada lado. Retirar da panela e reservar, conservando-as aquecidas.

Aquecer o restante do óleo, adicionar as folhagens e a cebola e cozinhar por 2 minutos. Colocar os vegetais no prato de servir e sobre eles o *tofu*. Por cima colocar o *shiitake* com o molho.

SOJA COM REPOLHO ROXO

(4 pessoas)

- 1 copo de soja cozida
- 1/2 repolho roxo ralado
- 1 pimentão amarelo picado
- 1 dente de alho picado
- 1/2 cebola picada
- 1 colher de sopa de gengibre fresco ralado
- 5 colheres de sopa de *shoyo*
- 1 colher de sobremesa de louro em pó
- 3 tomates sem peles e sem sementes
- 1/2 xícara de purê de tomate
- 2 copos de água quente
- 1 pitada de sal

Aquecer o óleo em panela larga, dourar a cebola e o alho e em seguida adicionar o gengibre, o pimentão, o louro, a soja, o repolho, o *shoyo* e o tomate. Mexer por 10 minutos, adicionar a água e o purê. Manter fogo baixo, com a panela tampada por 35 minutos. Verificar o sal e servir em seguida, ainda quente.

TOFU DOCE AZEDO

(4 pessoas)

- 600 g de *tofu* extrafirme ou firme
- 3 a 4 colheres de sopa de óleo
- 100 g de vagem torta
- 1 cenoura grande cortada em fatias muito finas
- 2 copos de broto de feijão *moyashi*
- 1 copo de cogumelos frescos fatiados
- 6 a 8 anéis de cebola cortados diagonalmente
- 1/3 de copo de vinagre de arroz
- 2 colheres de sopa de *shoyo light*
- 1 e 1/2 colher de sopa de açúcar refinado
- 2 colheres de sopa de molho de tomate
- 30 g de caldo de vegetais em pó diluído em 300 ml de água
- 1 colher de sopa de maisena

Cortar o *tofu* em triângulos.
Aquecer 2 colheres de sopa de óleo numa frigideira, adicionar o *tofu* e fritar por 2 minutos de cada lado, até que a parte externa esteja dourada e crocante. Colocar sobre papel absorvente.
Limpar a frigideira e aquecer o restante do óleo. Cortar as vagens tortas diagonalmente, levando-a à frigideira juntamente com a cenoura, o broto de feijão, os cogumelos frescos e as rodelas de cebola, fritando por 2 minutos.
Adicionar o vinagre de arroz, o *shoyo*, o açúcar, o molho de tomate e cozinhar por mais 1 minuto.
Dissolver a maisena em duas colheres de sopa de água e adicioná-la aos vegetais, até que o molho se torne mais espesso.
Dividir o *tofu* em quatro tigelinhas individuais japonesas, colocar sobre ele os vegetais com o molho.
Servir com arroz branco cozido no vapor.

TOFU HAVAIANO

(6 pessoas)

- 500 g de *tofu* firme cortado em cubinhos, embebidos em 3 colheres de sopa de *shoyo*
- 1 cebola média cortada em quatro partes
- 1 pimentão verde cortado em triângulo
- 1 pimentão vermelho cortado em triângulo
- 100 g de castanha portuguesa cozida em panela de pressão e cortada em fatias
- 400 g de abacaxi picado em quadrados
- 1/4 de xícara de vinagre
- 2 colheres de sopa de maisena
- 1/4 de xícara de açúcar mascavo
- 1 pacote de 10 g de caldo de vegetais em pó diluído em 1/2 xícara de água fervendo
- 1/4 de xícara de caldo de abacaxi (colocar pedaços de abacaxi num espremedor de batata e espremer retirando-lhe assim o caldo)
- 2 colheres de sopa de óleo de milho
- 1 colher de chá de gengibre fresco

Numa panela pequena, misturar o vinagre com a maisena e mexer bem. Adicionar em seguida o açúcar mascavo, o caldo de legumes em pó, a água e o

caldo de abacaxi. Cozinhar em fogo médio, mexendo sempre, até borbulhar. Reservar.
Numa frigideira tipo japonesa (*wok*), colocar o óleo de milho. Assim que estiver quente acrescentar o gengibre, a cebola e fritar por 2 minutos. Adicionar o *tofu* e fritar por mais 1 minuto, depois o abacaxi, o pimentão, as castanhas e mexer delicadamente. Juntar o molho reservado e deixar mais 4 minutos em fogo médio.

TOFU PARMEGIANO

(4 pessoas)

- 1 caixa de *tofu* de 350 g cortado ao meio no sentido horizontal e depois novamente no sentido vertical formando 4 pedaços
- 1/2 xícara de farinha de trigo
- 1 colher de café de páprica doce
- 1 colher de chá *chimichurri*
- 1 colher de chá de sal
- 2 colheres de sopa de *shoyo* sabor *champignon*
- 2 colheres de sopa de azeite de oliva
- 1 cebola cortada em rodelas não muito finas em formato de meia lua
- 4 dentes de alho picados
- 1 e 1/2 xícara de pimentão amarelo cortado em fatias finas
- 2 xícaras de tomates pelados (em latas) picados
- 1/2 xícara de água
- 1 saquinho de 10 g de caldo de vegetais em pó

Colocar o *tofu* cortado numa tigela. Congelar por pelo menos 3 horas (o ideal seria por 12 horas). Retirar e deixar descongelar sobre papel absorvente.
Trocar o papel para garantir a secura do *tofu*.
Colocar a farinha de trigo numa tigela e temperá-la com o sal, a páprica e o *chimichurri* e espalhar em um prato. Passar as fatias de *tofu* por esta farinha temperada.
Fritar as fatias de *tofu* enfarinhadas numa frigideira contendo uma colher de sopa de azeite de oliva. Quando estiverem douradas, distribuir a metade do molho de *shoyo* sobre elas. Virar as fatias e repetir a operação. Reserve-as.
Em outra frigideira, colocar 1 colher de sopa de azeite de oliva, em fogo médio, e fritar por 10 minutos o alho e a cebola. Adicionar o pimentão e fritar por mais 5 minutos. Adicionar os tomates, a água e o pó de caldo de legumes. Cozinhar em fogo médio por 10 minutos. Adicionar delicadamente as fatias quentes de *tofu* e servir quente.

TOMATE RECHEADO COM QUIBE DE AZEITONAS

(6 pessoas)

- 6 tomates médios
- 1/2 xícara de salsa fresca picada
- 3 batatas grandes descascadas e cozidas em água, sal e uma pitada de açúcar
- 4 colheres de sopa de *tahine* diluído em 1/2 xícara de água filtrada
- sal
- pimenta-do-reino

Quibe de Azeitonas
- 1 xícara de feijão de soja cozido
- 1/2 xícara de trigo para quibe
- 1/2 xícara de PVT miúda
- 1/2 xícara de azeitonas verdes picadas
- 1/2 xícara de coentro fresco picado
- 1 cebola roxa picadinha
- 4 dentes de alho picados
- 1 copo de folhas frescas de hortelã picadas
- 1 colher de castanha-do-pará picada
- 2 colheres de sopa de azeite de oliva
- 1/2 colher de sobremesa de sal
- água quente

Deixar o trigo para quibe de molho por uma noite.
Colocar a PVT numa tigela e cobrir com água fervente. Deixar de molho por 20 minutos.
Escorrer a água do trigo e da PVT, espremendo bem para retirar o máximo da água possível.
Misturar todos os ingredientes numa tigela. Passar tudo por um processador de alimentos. Reservar.
Lavar bem os tomates. Cortar a parte de cima de cada um. Retirar-lhes as sementes e passar com os dedos um pouco de sal e pimenta-do-reino na par-

te interna de cada um. Deixá-los de cabeça para baixo por 15 minutos, para escorrerem.
Rechear os tomates com esta mistura já elaborada e colocar a tampinha de cada um, prendendo-as com um palito.
Forrar uma travessa refratária com folhas de couve, dispor os tomates recheados e as batatas cozidas, de forma harmoniosa, e regar com azeite de oliva e orégano a gosto.
Levar ao forno preaquecido a 180° C e assar por 30 minutos.
Ao servir espalhar salsa fresca e molho de *tahine*.

TOMATE RECHEADO COM SOJA E ABOBRINHA ITALIANA

(6 pessoas)

- 6 tomates médios
- 2 xícaras de feijão de soja cozido e amassado (passar por um espremedor ou então amassar com garfo)
- 2 xícaras de abobrinha italiana ralada
- 4 colheres de sopa de castanha-do-pará picadinha
- 1 colher de sobremesa de alho desidratado
- 1/2 xícara de coentro fresco picado
- 1 colher de sobremesa de aneto fresco picado
- 1 colher de sopa de pimentão amarelo picadinho
- 1 colher de sopa de óleo de soja
- 1 colher de sopa de azeite de oliva
- 1/2 colher de sobremesa de sal
- 1 colher de *missô*
- folhas de couve-manteiga
- orégano a gosto

Colocar o óleo de soja e o azeite de oliva numa panela, adicionar o alho, o coentro, o aneto, a abobrinha italiana ralada o sal e o *missô*. Tampar a panela e aguardar de 10 a 15 minutos. Adicionar então a soja cozida e a castanha-do-pará picadinha. Manter o fogo alto, mexer de vez em quando até estar consistente.
Lavar bem os tomates. Cortar a parte de cima de cada um. Retirar as sementes, recheá-los com o refogado feito e voltar a tampinha de cada um, prendendo-as com um palito.
Forrar uma travessa refratária com folhas de couve, dispor os tomates e regar com azeite de oliva e orégano a gosto. Assar em forno alto por 10 minutos, servindo em seguida.

XADREZ DE CARNE DE SOJA

(4 pessoas)

- 1 lata de carne de soja
- 2 cebolas cortadas em quadrados
- 1 colher de chá de alho desidratado
- 1/2 nabo comprido cortado em quadrados
- 2 talos de erva-doce cortados em quadrados
- 1 pimentão amarelo cortado em quadrados
- 1 pimentão vermelho cortado em quadrados
- 1 pimentão verde cortado em quadrados
- 1/2 xícara de amendoim descascado e torrado
- 1/2 xícara de *shoyo*
- pimenta-do-reino moída na hora
- 1/2 colher de café de noz-moscada ralada
- 1/2 copo de água fria
- 2 colheres de sopa de óleo de gergelim torrado
- 1 colher de sopa de óleo de milho
- sal a gosto

Retirar a carne de soja da lata e cortá-la em quadradinhos.
Levar ao fogo uma panela oriental *wok*, com os óleos, e assim que estiverem aquecidos adicionar a carne de soja, o nabo, a cebola e o alho.
Mexer por 5 minutos, colocar a água e o *shoyo*, misturar e deixar cozinhar por 10 minutos. Adicionar os demais ingredientes, mexer bem e tampar. Manter em fogo até o nabo estar macio.
Servir em seguida, bem quente e acompanhado por arroz ou macarrão em formato de arroz.

XADREZ DE GLÚTEN E TOFU

(4 a 6 pessoas)

Glúten (4 porções)
- 1 kg de farinha de trigo branca
- 3 copos de água

Xadrez
- 1 pedaço grande de glúten cortado em quadrados pequenos
- a mesma quantidade de *tofu* cortado em quadrados pequenos
- 1 chuchu grande cortado em quadradinhos
- 1 cebola roxa cortada em quadrados
- 1/2 xícara de alho-poró (parte branca) cortada em quadrados
- 1/2 pimentão vermelho cortado em quadrados
- 1/2 pimentão amarelo cortado em quadrados
- 1 colher de sopa de tomilho fresco picado
- 3 colheres de sopa de óleo de gergelim
- 1 colher de óleo de milho
- 5 colheres de sopa de *shoyo*
- 3 colheres de sopa de saquê
- 1/2 xícara de amendoim descascado e torrado
- água quente

Para o glúten, misturar numa tigela a farinha de trigo com os três copos de água e trabalhar em superfície lisa até obter uma massa macia. Formar uma bola com a massa e deixá-la de molho em água filtrada por 2 horas.
Lavar a massa até sair todo o amido, ou seja, até a água sair limpa quando lavada. Cortar o glúten em quadradinhos.
Para o xadrez, levar ao fogo uma panela oriental *wok* com os óleos e assim que estiverem aquecidos adicionar a cebola, o alho, os pimentões.
Fritar por 10 minutos, adicionar o glúten, mexer 5 minutos, adicionar o *tofu*, mais 10 minutos e depois o chuchu. Em seguida ir adicionando os demais ingredientes. Mexer com colher de pau e manter por 25 minutos com o fogo baixo, e a panela semitampada.
Servir em seguida, bem quente.

XADREZ DE PVT

(4 pessoas)

- 1 copo de PVT de tamanho grande
- 1 copo de brotos de bambu cozidos, cortados em tamanhos semelhantes aos da PVT
- 1 pimentão vermelho cortado em quadrados
- 1 pimentão verde cortado em quadrados
- 2 cenouras cortadas em quadradinhos
- 2 tomates sem sementes e sem casca cortados em quadrados
- 2 cebolas cortadas em quadrados
- 2 colheres de sopa de óleo de gergelim do tipo escuro
- 1 colher de óleo de milho
- 1 colher de chá de raiz-forte em pó
- 5 colheres de sopa de *shoyo*
- 1/2 xícara de amendoim descascado e torrado
- água quente

Colocar a PVT numa tigela e cobri-la com água quente. Deixar de molho por 30 minutos. Escorrer a água e apertar os cubos com as mãos para retirar todo o excesso de água.
Levar ao fogo uma panela oriental *wok*, com os óleos, e assim que estiverem aquecidos adicionar a cebola e os pimentões. Fritar por 10 minutos e ir adicionando os demais ingredientes.
Mexer com colher de pau e manter por 25 minutos com o fogo baixo, e a panela semitampada.
Servir em seguida, ainda bem quente.

CREPES E PANQUECAS

CREPE AMARELO DE ARROZ SELVAGEM COM MOLHO DE AZEITONAS

(10 a 12 crepes)

Massa Amarela para Crepe

- 2 copos de farinha de trigo branca
- 1/2 copo de *tofu* amassado com garfo
- 1 colher de sobremesa cheia de fermento químico
- 1 colher de sobremesa rasa de açafrão em pó
- 1 colher de sobremesa rasa de sal
- 3 colheres de sopa de óleo
- 2 copos de leite de soja

Recheio de Arroz Selvagem para Crepe

- 1 copo de arroz selvagem cru, deixado de molho por 30 minutos
- 2 copos de *tofu* amassado com garfo
- 2 copos de água quente
- 1 copo de cogumelo fresco picado
- 1 cebola roxa picadinha
- 4 dentes de alho espremidos
- 4 colheres de sopa de salsa fresca picada
- 2 colheres de sopa de castanha-do-pará
- 2 colheres de sopa de azeite de oliva

Molho de Azeitona para Crepe

- 1/2 xícara de azeitonas verdes picadas
- 1/2 xícara de azeitonas chilenas fatiadas
- 1 xícara de purê de tomate
- 1/2 xícara de água quente
- 4 colheres de cebolinha verde picada
- 3 dentes de alho picados
- 1 colher de chá de caldo de vegetais em pó
- 1 colher de sopa de óleo
- 1 cebola picada
- 4 dentes de alho picados
- 1/2 colher de sobremesa de sal
- 1 colher de sobremesa de açúcar

Bater os ingredientes da massa no liquidificador, deixando para o fim o fermento em pó.

Aquecer uma frigideira de *teflon* e colocar 1 concha de massa por vez.

Espalhar a massa virando a própria frigideira para distribuir, formando uma camada bem fininha.

Virar com o auxílio de uma espátula de modo a dourar dos dois lados.

Proceder assim sucessivamente até o término da massa. Empilhar os crepes prontos um sobre o outro para que, com o calor, eles tornem-se mais macios.

Para o recheio, aquecer o azeite de oliva em uma panela larga, e colocar a cebola, o alho, o cogumelo e mexer por 5 minutos. Acrescentar o arroz escorrido, a salsa e a castanha-do-pará. Mexer por mais 5 minutos e adicionar a água quente. Misturar com colher de pau e manter o fogo alto por 20 minutos aproximadamente, ou até toda a água ter sido evaporada. Retirar do fogo e reservar.

Para o molho, colocar o óleo numa panela, dourar a cebola e o alho, adicionar as azeitonas, a cebolinha e mexer por mais 5 minutos. Juntar o purê de tomate, a água quente, o caldo de vegetais, o sal e o açúcar.

Manter em fogo brando com a panela semitampada por 20 minutos, ou até o molho estar encorpado.

Rechear os crepes e dobrar cada um em quatro partes. Arrumá-los numa travessa. Regar com o molho por cima, cobrir com papel-alumínio e levar ao forno por 10 minutos antes de servir.

CREPE DE BIFE DE SOJA E BRÓCOLIS COM MOLHO DE COGUMELOS

(10 a 12 crepes)

Massa Fácil para Crepe

- 2 copos de farinha de trigo branca
- 1 colher de sopa de farinha de soja
- 1 colher de sobremesa cheia de fermento químico
- 1 colher de sobremesa rasa de sal
- 3 colheres de sopa de óleo
- 2 copos de leite de soja

Recheio de Bife de Soja e Brócolis para Crepe

- 1 lata de bife de soja
- 2 copos de brócolis crus passado por um processador com os talos e ramos
- 5 dentes de alho

- 5 colheres de sopa de *shoyo*
- 1/2 copo de salsa fresca picada
- 4 colheres de sopa de óleo

Molho de Cogumelo para Crepe
- 2 copos de cogumelo fresco picado
- 1 lata de tomate picado
- 1 xícara de água quente
- 1 colher de sobremesa rasa de caldo de vegetais em pó
- 1 colher de sopa de óleo
- 1 cebola cortada em rodelas finas
- 1 colher de chá de sal
- 1 colher de chá de maisena
- 1/2 xícara de água fria

Bater os ingredientes da massa no liquidificador, deixando para o fim o fermento em pó.
Aquecer uma frigideira de *teflon* e colocar 1 concha de massa por vez. Espalhar a massa virando a própria frigideira para distribuir, formando uma camada bem fininha.
Virar com o auxílio de uma espátula de modo a dourar dos dois lados.
Proceder assim sucessivamente até o término da massa. Empilhar os crepes prontos um sobre o outro para que, com o calor, eles tornem-se mais macios.
Para o recheio, dourar o alho no óleo, numa frigideira larga, e adicionar a salsa e o bife de soja. Mexer por 5 minutos, adicionar o brócolis e o *shoyo*. Misturar com colher de pau e manter o fogo baixo e a panela semitampada por 15 minutos aproximadamente.
Para o molho, colocar o óleo numa panela, dourar a cebola e adicionar os cogumelos, mexendo de vez em quando. Adicionar o tomate picado e também o caldo da lata, a água, o sal e o caldo de vegetais. Mexer com colher de pau por 25 minutos. Adicionar a maisena diluída na água fria e mexer até o molho estar encorpado.
Rechear os crepes e dobrar cada um em quatro partes. Arrumá-los numa travessa. Regar com molho de tomate a gosto e levar ao forno por 10 minutos antes de servir.

CREPE DE BIFE AO MOLHO DE ALCAPARRAS

(10 a 12 crepes)

Massa para Crepe com Glúten
- 1 e 1/2 copo de farinha de trigo branca
- 1/2 copo de farinha de glúten
- 1 colher de sobremesa de fermento químico
- 1/2 colher de sobremesa de sal
- 1/4 de copo de óleo
- 2 copos de leite de soja

Recheio para Crepe de Bife Vegetal
- 2 copos de bife vegetal cortado em tiras muito finas
- 1/2 copo de cenoura ralada em tamanho semelhante ao do bife vegetal
- 2 cebolas roxas cortadas em tiras finas
- 3 colheres de sopa de óleo
- 3 colheres de sopa de *shoyo*
- 1 colher de sobremesa cheia de araruta diluída em 1/2 copo de água
- 5 colheres de sopa de castanha-do-pará moída

Molho de Tomate para Crepe
- 2 latas de tomates sem pele
- 4 colheres de sopa de alcaparras picadas
- 4 dentes de alho esmagados
- 2 colheres de sopa de óleo
- 1 colher de chá de casca de limão ralada

Bater os ingredientes da massa no liquidificador, deixando para o fim o fermento em pó.
Aquecer uma frigideira de *teflon* e colocar 1 concha de massa por vez. Espalhar a massa virando a própria frigideira para distribuir, formando uma camada bem fininha.
Virar com o auxílio de uma espátula de modo a dourar dos dois lados.
Proceder assim sucessivamente até o término da massa. Empilhar os crepes prontos para que, com o calor, eles tornem-se mais macios.
Fritar a cebola no óleo e dourar o bife. Adicionar a cenoura e o *shoyo*, as castanhas-do-pará, tampar a panela e deixar em fogo alto por 10 minutos. Adicionar a araruta diluída em água e mexer com colher de pau até estar com consistência firme.

Para o molho, fritar o alho no óleo e assim que estiver dourado adicionar o tomate e a casca de limão. Fritar em fogo alto por mais 5 minutos e então adicionar as alcaparras. Manter o fogo alto por 15 minutos e então retirar do fogo.
Rechear os crepes, regá-los com o molho de alcaparras e levar ao forno quente por 15 minutos antes de servir.

CREPE DE BROTO DE SOJA

(10 a 12 crepes)

Massa Temperada para Crepe
- 2 copos de farinha de trigo branca
- 1 colher de sobremesa cheia de fermento químico
- 1 colher de sobremesa rasa de sal
- 3 colheres de sopa de óleo
- 1 colher de sopa de azeite de oliva
- 1 colher de cebola desidratada
- 2 copos de leite de soja

Recheio de Broto de Soja para Crepe
- 2 copos de broto de soja
- 1 pimentão amarelo cortado em tiras finas
- 2 cogumelos frescos tipo *shiitake* gigante cortados em tiras finas
- 2 cebolas roxas cortadas em tiras finas
- 3 colheres de sopa de *shoyo*
- 4 colheres de sopa de óleo

Molho de Limão para Crepe
- 5 colheres de sopa de caldo de limão
- 3 colheres de sopa de azeite de oliva
- 1 colher de chá de casca de limão ralada
- 1 cebola picada
- 1 colher de sopa de salsa fresca
- 1 colher de sopa de coentro fresco picado
- 1/2 colher de sobremesa de sal
- 1/2 xícara de água fria
- 1 colher de chá rasa de araruta

Para o molho, levar a araruta e a água ao fogo alto, sempre mexendo, até ficar levemente cremoso. Retirar do fogo, e virar o caldo quente numa tigela. Ao esfriar adicionar os demais ingredientes, mexer e deixar em geladeira por 20 minutos antes de servir.
Para o preparo da massa bater os ingredientes no liquidificador, deixando para o fim o fermento em pó.
Aquecer uma frigideira de *teflon* e colocar 1 concha de massa por vez. Espalhar a massa virando a própria frigideira para distribuir, formando uma camada bem fininha.
Virar com o auxílio de uma espátula de modo a dourar dos dois lados.
Proceder assim sucessivamente até o término da massa. Empilhar os crepes prontos um sobre o outro para que, com o calor, eles tornem-se mais macios.
Para o recheio, dourar a cebola e o pimentão no óleo quente e adicionar os demais ingredientes. Misturar com colher de pau e manter o fogo moderado por 20 minutos aproximadamente. Assim que estiver secando retirar a panela do fogo e reservar.
Rechear os crepes e dobrar cada um em quatro partes. Arrumá-los numa travessa e levar ao forno por 10 minutos antes de servir com o molho frio.

CREPE DE CARNE DE SOJA E LEGUMES

(10 a 12 crepes)

Massa Vermelha de Crepe
- 2 copos de farinha de trigo branca
- 1/2 copo de farinha de soja
- 2 colheres de sobremesa de fermento em pó
- 1 colher de chá de sal
- 1 colher de sobremesa de beterraba em pó
- 1 colher de sobremesa de caldo de vegetais em pó
- 4 colheres de sopa de óleo
- 3 copos de leite de soja

Recheio de PVT e Legumes para Crepe
- 1/2 copo de PVT miúda do tipo escura
- 1 copo de cogumelo fresco do tipo *pleurotus* picadinho
- 5 colheres de abóbora moranga ralada
- 1/2 pimentão vermelho picado
- 1/2 pimentão verde picado
- 5 minicebolas picadas
- 4 dentes de alho espremidos

- 4 colheres de sopa de *shoyo* sabor *champignon*
- 3 colheres de sopa de castanha-do-pará triturada
- 1 pitada de sal
- 2 colheres de sopa de óleo

Molho de Mostarda para Crepe

- 3 colheres de sopa de margarina
- 1/2 cebola picada
- 1 colher de sobremesa de mostarda em pó
- 2 xícaras de leite de soja quente
- 2 xícaras de água quente
- 1 colher de sobremesa de caldo de vegetais
- 2 colheres de sopa rasa de farinha de trigo
- 1 colher de sobremesa rasa de sal
- 1 colher de sopa de sementes de mostarda
- pimenta-do-reino moída na hora

Para o preparo da massa, bater os ingredientes no liquidificador, deixando para o fim o fermento em pó. Aquecer uma frigideira de *teflon* e colocar 1 concha de massa por vez. Espalhar a massa virando a própria frigideira para distribuir, formando uma camada bem fininha.
Virar com o auxílio de uma espátula de modo a dourar dos dois lados.
Proceder assim sucessivamente até o término da massa. Empilhar os crepes prontos um sobre o outro para que, com o calor, eles tornem-se mais macios.
Cobrir a PVT com água fervendo e deixar de molho por 20 minutos. Virar num escorredor, espremendo bem para retirar o máximo de água possível e reservar.
Levar uma panela larga, ao fogo, colocar o óleo, dourar a minicebola, o alho, os pimentões, adicionar a PVT, o cogumelo, a abóbora, o *shoyo*, a castanha-do-pará e o sal. Mexer e deixar a panela tampada, em fogo brando, por 20 minutos. Deixar destampada, em fogo alto, por mais 5 minutos, para secar todo o líquido acumulado. Retirar do fogo e reservar.
Para o molho, derreter a margarina, dourar a cebola e adicionar a farinha de trigo, a pimenta-do-reino e mexer com colher de pau por 10 minutos. Assim que dourar a farinha, juntar o leite de soja quente e a água. Bater tudo no liquidificador adicionando a mostarda em pó, o sal e o caldo de vegetais e voltar ao fogo baixo, por mais 10 minutos. Rechear os crepes, dobrá-los e arrumá-los numa travessa refratária. Regar com o molho branco, espalhar as sementes de mostarda por cima, cobrir com papel-alumínio e levar ao forno preaquecido a 200° C por 20 minutos.

CREPE DE CARNE DE SOJA MIÚDA

(10 a 12 crepes)

Massa para Crepe 4 Farinhas

- 2 copos de farinha de trigo branca
- 1/2 copo de farinha de glúten
- 1 colher de sopa de farinha de soja
- 1 colher de sopa de farinha de linhaça
- 1 colher de sobremesa cheia de fermento químico
- 1 colher de sobremesa rasa de sal
- 1/4 de copo de óleo
- 2 copos de leite de soja

Recheio de PVT para Crepe

- 1 e 1/2 copo de PVT miúda deixada de molho
- 2 cebolas roxas
- 5 dentes de alho
- 1 colher de sopa de ervas finas desidratadas
- 5 colheres de sopa de *shoyo*
- 1/2 copo de salsa fresca picada
- 4 colheres de sopa de óleo

Molho Rápido para Crepe

- 1/2 xícara de extrato de tomate
- 3 tomates sem sementes, descascados e picados
- 2 xícaras de água quente
- 1 colher de sobremesa rasa de caldo de vegetais em pó
- 1 colher de sopa de óleo
- 1 cebola pequena batidinha
- 4 dentes de alho picados
- 1/2 colher de sobremesa de sal
- 1 colher de sopa de *shoyo*

Deixar a proteína de soja de molho em 2 copos de água com as ervas finas e o *shoyo*, por 30 minutos. Para o preparo da massa, bater os ingredientes no liquidificador, deixando para o fim o fermento em pó.

Aquecer uma frigideira de *teflon* e colocar 1 concha de massa por vez. Espalhar a massa virando a própria frigideira para distribuir, formando uma camada bem fininha.
Virar com o auxílio de uma espátula de modo a dourar dos dois lados.
Proceder assim sucessivamente até o término da massa. Empilhar os crepes prontos para que, com o calor, eles tornem-se mais macios.
Para o recheio, dourar no óleo a cebola e o alho, adicionar a soja já hidratada, e a salsa fresca. Misturar com colher de pau e manter o fogo alto por 30 minutos aproximadamente. Assim que estiver sequinho retirar do fogo.
Para o molho, colocar o óleo numa panela, dourar a cebola e o alho, adicionar o tomate, o extrato, a água e o caldo de vegetais. Mexer com colher de pau, adicionando o *shoyo* e as ervas finas, e em seguida colocar o sal e o açúcar. Manter em fogo brando com a panela semitampada por 25 minutos, ou até o molho estar encorpado.
Rechear os crepes e dobrar cada um em quatro partes. Arrumá-los numa travessa, espalhar molho de tomate a gosto e levar ao forno por 10 minutos antes de servir.

CREPE DE MAMÃO VERDE E BROTO DE SOJA COM DOIS MOLHOS

(10 a 12 crepes)

Massa Integral para Crepe
- 2 e 1/2 xícaras de farinha de trigo integral
- 1 colher de sopa rasa de fermento em pó
- 1 colher de chá de sal
- 4 colheres de sopa de óleo
- 3 xícaras de leite de soja

Recheio de Mamão Verde para Crepe
- 2 copos de mamão verde descascado e cortado em cubinhos bem pequenos
- 2 copos de broto de soja
- 1/2 xícara de coentro fresco picadinho
- 2 dentes de alho
- 2 colheres de sopa de *shoyo*
- 2 colheres de sopa de molho de mostarda amarela
- 1 colher de chá de sal
- 2 colheres de sopa de óleo
- 1 colher de sobremesa de maisena
- 1/2 copo de água fria

Molho Branco com Ervas e Noz-moscada para Crepe
- 2 colheres de sopa de óleo
- 1 copo de água quente
- 1 copo de leite de soja quente
- 2 colheres de sopa rasa de farinha de trigo branca
- 1/2 xícara de leite de coco
- 1 colher de chá de ervas finas desidratadas
- 1 colher de café de noz-moscada moída
- 1 pitada de alecrim
- 3 colheres de sopa de margarina
- 1 colher de chá de sal

Molho Vermelho Picante para Crepe
- 4 tomates descascados e sem sementes, picados
- 5 colheres de sopa de extrato de tomate
- 2 xícaras de água
- 1 cebola picadinha
- 1 pimentão vermelho cortado em quadradinhos
- 1 colher de chá rasa de caldo de vegetais em pó
- 1 colher de chá de pimenta calabresa
- 1 colher de chá de sal
- 2 colheres de sopa de óleo

Para o preparo da massa, bater os ingredientes no liquidificador, deixando para o fim o fermento em pó.
Aquecer uma frigideira de *teflon* e colocar 1 concha de massa por vez. Espalhar a massa virando a própria frigideira para distribuir, formando uma camada bem fininha.
Virar com o auxílio de uma espátula de modo a dourar dos dois lados.
Proceder assim sucessivamente até o término da massa. Empilhar os crepes prontos para que, com o calor, eles tornem-se mais macios.
Para o recheio, aquecer o óleo, dourar o alho, adicionar o coentro. Mexer por 5 minutos e acrescentar o broto de soja, o mamão, o *shoyo*, a mostarda, o sal e a água. Mexer e manter a panela tampada, em fogo baixo, por 15 minutos. Adicionar a maisena diluída em água fria. Manter em fogo alto,

sempre mexendo, até obter um recheio consistente. Retirar do fogo e reservar.
Para o molho branco, colocar o óleo numa panela, dourar a farinha em fogo baixo, sempre mexendo. Adicionar a água e o leite quente. Mexer com colher de pau e bater tudo no liquidificador. Voltar o molho ao fogo baixo e adicionar os demais ingredientes. Deixar cozinhar por 10 minutos. Retirar a panela do fogo e reservar.
Para o molho vermelho, colocar o óleo numa panela larga, e fritar em fogo alto a cebola e o pimentão por 10 minutos. Adicionar o tomate, o extrato, a água quente, o caldo de vegetais, o sal e a pimenta. Mexer com colher de pau e assim que levantar fervura abaixar o fogo e deixar a panela semitampada por 25 minutos, ou até estar um molho encorpado.
Rechear os crepes e dobrar cada um em quatro partes, ou enrolar. Colocar o molho branco no fundo de uma travessa. Por cima arrumar os crepes recheados. Espalhar o molho de tomate por cima, cobrir com papel-alumínio e levar ao forno por 15 minutos antes de servir.

CREPE DE SALSICHA VEGETAL

(10 a 12 crepes)

Massa para Crepe com Farinha de Trigo Branca
- 2 copos de farinha de trigo branca
- 2 colheres de sopa de farinha de soja
- 1 colher de castanha-do-pará picada
- 1 colher de sopa de fermento químico em pó
- 1 colher de sobremesa rasa de sal
- 1/4 de xícara de óleo
- 2 copos de água

Recheio de Salsicha Vegetal para Crepe
- 1 lata de salsicha vegetal
- 1 copo de grãos de soja cozidos e triturados
- 2 pimentões amarelos cortados em tiras curtas e finas
- 6 minicebolas picadas
- 5 dentes de alho espremidos
- 3 colheres de sopa de *shoyo*
- 1 pitada de sal
- 2 colheres de sopa de óleo

Molho de Abóbora para Crepe
- 1 copo de abóbora tipo *kambutiá* cozida e amassada
- 3 colheres de sopa de margarina
- 1 cebola roxa picada
- 2 xícaras de leite de soja quente
- 2 xícaras de água quente
- 1 colher de sobremesa de caldo de vegetais
- 2 colheres de sopa rasa de farinha de trigo
- 1 colher de sobremesa rasa de sal
- pimenta-do-reino moída na hora

Para o preparo da massa, bater os ingredientes no liquidificador, deixando para o fim o fermento em pó. Aquecer uma frigideira de *teflon* e colocar 1 concha de massa por vez. Espalhar a massa virando a própria frigideira para distribuir, formando uma camada bem fininha.
Virar com o auxílio de uma espátula de modo a dourar dos dois lados.
Proceder assim sucessivamente até o término da massa. Empilhar os crepes prontos para que, com o calor, eles tornem-se mais macios.
Para o recheio, levar uma panela larga, ao fogo, colocar o óleo, dourar a minicebola, o alho, o pimentão, a salsicha picada, o sal e os grãos de soja triturados. Adicionar o *shoyo*, mexer e deixar a panela semitampada, em fogo brando, por 20 minutos.
Adicionar a maisena diluída e manter em fogo alto, sempre mexendo com colher de pau até o recheio estar consistente. Retirar do fogo e reservar.
Para o molho, derreter a margarina, dourar a cebola e adicionar a farinha de trigo e mexer com colher de pau por 10 minutos. Assim que dourar a farinha juntar o leite de soja quente e a água. Bater tudo no liquidificador adicionando a abóbora cozida e o caldo de vegetais, o sal, a pimenta-do-reino e voltar ao fogo baixo, por mais 10 minutos.
Rechear os crepes, dobrá-los e arrumá-los numa travessa refratária. Regar com o molho branco, espalhar as sementes de abóbora por cima, cobrir com papel-alumínio e levar ao forno preaquecido a 200° C por 20 minutos.

CREPE DE TOFU E ASPARGOS

(10 a 12 crepes)

Massa para Crepe com Farinha de Soja
- 1 copo de farinha de trigo branca
- 1/2 copo de farinha de trigo integral
- 1/2 copo de farinha de glúten
- 2 colheres de sopa de farinha de soja
- 1 colher de sobremesa cheia de fermento químico
- 1 colher de sobremesa rasa de sal
- 1/4 de copo de óleo
- 2 copos de leite de soja

Recheio para Crepe com Tofu
- 3 copos de *tofu* amassado
- 3 colheres de sopa de alho desidratado
- 1/2 copo de salsa fresca picada
- 1/2 colher de sobremesa de sal
- 3 colheres de sobremesa de *missô*
- 3 copos de aspargos cozidos picados em tamanhos bem pequenos

Para o preparo da massa, bater os ingredientes no liquidificador, deixando para o fim o fermento em pó. Aquecer uma frigideira de *teflon* e colocar 1 concha de massa por vez. Espalhar a massa virando a própria frigideira para distribuir, formando uma camada bem fininha.

Virar com o auxílio de uma espátula de modo a dourar dos dois lados.

Proceder assim sucessivamente até o término da massa. Empilhar os crepes prontos para que, com o calor, eles tornem-se mais macios.

Numa tigela colocar o *tofu* amassado e temperar com o sal, o alho, a salsa fresca e o *missô*. Misturar bem e adicionar o aspargo cozido e picado.

Rechear os crepes e dobrá-los em quatro partes iguais. Servi-los ainda quentes.

CREPE VERDE COM MOLHO DE VEGETAIS

(10 a 12 crepes)

Massa Verde de Crepe
- 2 copos de farinha de trigo branca
- 1/2 copo de fibra de soja
- 2 colheres de sobremesa de fermento em pó
- 1 colher de chá de sal
- 1 colher de sobremesa de espinafre em pó
- 4 colheres de sopa de óleo
- 3 copos de leite de soja

Recheio Verde para Crepe
- 4 copos de brócolis triturado (passar em triturador, ou processador com os talos e ramos)
- 2 copos de grãos de soja cozidos e triturados ou moídos
- 1/2 xícara de cará descascado e ralado
- 1/2 xícara de mandioca descascada e ralada
- 1/2 copo de arroz integral cozido
- 1 cebola picada
- 1 colher de sopa de alho espremido
- 4 colheres de sopa de leite de coco
- 1 colher de sobremesa de maisena
- 1 colher de sobremesa de sal
- 2 colheres de sopa de óleo
- 1 colher de café de molho de pimenta

Molho de Vegetais para Crepe
- 4 tomates maduros descascados e sem sementes e picados
- 1 abobrinha média picada
- 2 cenouras picadas
- 1/2 xícara de coentro fresco picado
- 1/2 xícara de cebolinha verde picada
- 1 colher de chá de azeite de dendê
- 1 pitada de molho de pimenta vermelha
- 1 colher de sopa de azeite de oliva
- 1 colher de sobremesa de caldo de vegetais em pó
- 2 xícaras de água quente
- 5 colheres de sopa de *shoyo*

Para o preparo da massa, bater os ingredientes no liquidificador, deixando para o fim o fermento em pó. Aquecer uma frigideira de *teflon* e colocar 1 concha de massa por vez. Espalhar a massa virando a

própria frigideira para distribuir, formando uma camada bem fininha.
Virar com o auxílio de uma espátula de modo a dourar dos dois lados.
Proceder assim sucessivamente até o término da massa. Empilhar os crepes prontos para que, com o calor, eles tornem-se mais macios.
Para o recheio, levar uma panela larga ao fogo, colocar o óleo, dourar a cebola e o alho, adicionar o brócolis, a soja, o cará, a mandioca, o arroz e o sal. Mexer e deixar a panela tampada, em fogo brando, por 15 minutos.
Assim que estiver tudo macio e cozido adicionar a maisena diluída no leite de coco. Mexer com colher de pau até o recheio estar firme. Retirar do fogo, adicionar o molho de pimenta e reservar.
Para o molho, colocar o óleo de dendê e o azeite de oliva numa panela larga, refogar os temperos por 10 minutos, adicionar o tomate, a cenoura, a abobrinha e o *shoyo*, e mexer por mais 15 minutos. Adicionar o caldo de vegetais e a água, mexer e deixar em fogo brando, com a panela semitampada, por 35 minutos.
Passar tudo por uma peneira.
Rechear os crepes, dobrá-los e arrumá-los numa travessa refratária. Cobrir com papel-alumínio e levar ao forno preaquecido a 200° C por 20 minutos.
Servir os crepes quentes com molho quente à parte.

CREPE VERMELHO COM MOLHO BRANCO

(10 a 12 crepes)

Massa Vermelha de Crepe
- 2 copos de farinha de trigo branca
- 1/2 copo de farinha de soja
- 2 colheres de sobremesa de fermento em pó
- 1 colher de chá de sal
- 1 colher de sobremesa de beterraba em pó
- 1 colher de sobremesa de caldo de vegetais em pó
- 4 colheres de sopa de óleo
- 3 copos de leite de soja

Recheio Vermelho para Crepe
- 2 copos de *tofu* amassado
- 2 copos de folhas de beterraba passadas em processador
- 1 xícara de beterraba descascada e ralada
- 1/2 xícara de coentro fresco picado
- 1 cebola picada
- 1 colher de sobremesa de sal
- 2 colheres de sopa de óleo

Molho Branco para Crepe
- 3 colheres de sopa de margarina
- 1/2 xícara de alho-poró picado
- 2 xícaras de leite de soja quente
- 2 xícaras de água quente
- 2 colheres de sopa rasa de farinha de trigo
- 1 colher de sobremesa rasa de sal
- pimenta-do-reino moída na hora

Para o preparo da massa, bater os ingredientes da panqueca no liquidificador, deixando para o fim o fermento em pó.
Aquecer uma frigideira de *teflon* e colocar 1 concha de massa por vez. Espalhar a massa virando a própria frigideira para distribuir, formando uma camada bem fininha. Virar com o auxílio de uma espátula de modo a dourar dos dois lados.
Proceder assim sucessivamente até o término da massa. Empilhar os crepes prontos para que, com o calor, eles tornem-se mais macios.
Para o recheio, levar uma panela larga, ao fogo, colocar o óleo, dourar a cebola, adicionar o coentro, a beterraba, a folha de beterraba, o *tofu* e o sal. Mexer e deixar a panela tampada, em fogo brando, por 20 minutos. Deixar destampada, em fogo alto, por mais 10 minutos, para secar todo o líquido acumulado. Retirar do fogo e reservar.
Para o molho, derreter a margarina, dourar o alho-poró e adicionar a farinha de trigo e mexer com colher de pau por 10 minutos. Assim que dourar a farinha juntar o leite de soja quente, o sal, a água e a pimenta-do-reino. Bater tudo no liquidificador e voltar ao fogo baixo, por mais 10 minutos.
Rechear os crepes, dobrá-los e arrumá-los numa travessa refratária. Regar com o molho branco, cobrir com papel-alumínio e levar ao forno preaquecido a 200° C por 20 minutos.

PANQUECA COM BROTO DE SOJA

(10 a 12 crepes)

- 1 copo de farinha de trigo
- 1 xícara de broto de soja
- 1 copo de batata descascada e ralada
- 1 colher de sopa de fermento em pó
- 4 colheres de sopa de óleo
- 1/2 colher de sobremesa de sal
- 1 copo de leite de soja
- 1 xícara de cebola picada
- 1 colher de chá de sal

Molho com Laranja para Panqueca

- 1/2 copo de *tofu* cremoso
- 1/2 xícara de suco de laranja
- 2 colheres de sopa de coentro fresco picado
- 1 colher de chá de alho desidratado
- 1 colher de chá de sal
- 3 colheres de sopa de azeite de oliva
- 1 colher de chá de pimenta-do-reino moída

Misturar numa tigela grande todos os ingredientes, deixando para o fim a farinha e o fermento em pó.
Esquentar em fogo alto uma frigideira pequena com um pouco de óleo.
Colocar uma concha e meia de massa e em seguida abaixar o fogo.
Assim que o lado de baixo estiver dourado virar a panqueca e deixar dourar do outro, ainda em fogo baixo.
Antes de colocar nova massa, untar uma frigideira com uma colher de sopa de óleo e aumentar o fogo, adicionar a massa e em seguida abaixá-lo para que cozinhe bem. Proceder da mesma forma que a panqueca anterior.
Misturar os ingredientes do molho numa tigela pequena, mexendo até estar com uma coloração homogênea. Manter em repouso em geladeira por pelo menos 20 minutos, antes de servir.
Servir as panquecas quentes com o molho frio.

PANQUECA COM FATIAS DE TOFU

(10 a 12 crepes)

- 1 copo de farinha de trigo
- 1 colher de sopa de fermento em pó
- 3 colheres de sopa de óleo
- 1/2 colher de sobremesa de sal
- 1 e 1/2 copo de leite de soja
- 3 cebolas cortadas em rodelas bem finas
- fatias de *tofu*
- rodelas finas de tomate
- orégano a gosto
- 1 colher de chá de sal
- 2 colheres de sobremesa de margarina

Molho Picante para Panqueca

- 3 colheres de sopa de maionese de soja
- 2 colheres de sopa de molho amarelo de mostarda
- 1 colher de sopa de *catchup*
- 1 colher de café de páprica picante
- 1 colher de chá de folhas frescas de tomilho, picadas

Misturar numa tigela a farinha com o sal, o leite de soja, o óleo e por último o fermento em pó.
Esquentar em fogo alto uma frigideira pequena com um pouco de óleo.
Colocar uma concha e meia da massa obtida e em seguida abaixar o fogo. Espalhar as rodelas de tomate, por cima delas as de *tofu* e salpicar orégano a gosto.
Manter o fogo baixo e assim que o lado de baixo estiver dourado virar a panqueca e deixar dourar do outro, ainda em fogo baixo e com 1 colher de sobremesa de margarina. Deixar em fogo baixo até a massa estar totalmente dourada.
Antes de colocar nova massa, untar uma frigideira com uma colher de sopa de óleo e aumentar o fogo.
Colocar o restante da massa e em seguida abaixar o fogo. E ajeitar as fatias de tomate e *tofu*, com orégano por cima, como na panqueca anterior.
Misturar os ingredientes do molho numa tigela pequena, mexendo até estar com uma coloração homogênea. Manter em geladeira até o momento de servir.
Servir as panquecas quentes com o molho frio.

PANQUECA COM SALSICHA VEGETAL, ERVILHA E PIMENTÃO

(10 a 12 crepes)

- 1 copo de farinha de trigo
- 1 copo de *tofu* amassado
- 4 colheres de sopa de óleo
- 1/2 colher de sobremesa de sal
- 1/2 copo de leite de soja
- 1 colher de chá rasa de caldo de vegetais em pó
- 1 xícara de cebolinha verde picada
- 1 colher de chá de sal
- 1 colher de sopa de fermento em pó

Recheio Pepperoni para Panqueca

- 1 lata de salsichas vegetais cortadas em rodelas finas
- 1/2 pimentão vermelho cortado em tiras finas
- 1/2 pimentão amarelo cortado em tiras finas
- 1/2 pimentão verde cortado em tiras finas
- 1 colher de sobremesa de margarina ou azeite
- 1 colher de chá de orégano desidratado
- 1 colher de chá de sal
- 1/2 copo de ervilhas frescas cozidas

Molho Adocicado para Panqueca

- 1 colher de sopa de maionese de soja
- 2 colheres de sopa de vinho branco
- 1 colher de sobremesa de glicose de milho
- 1 colher de chá de alho espremido
- 1 colher de chá de *missô*
- 1 colher de chá de sal

Esquentar em fogo alto uma frigideira bem grande (usar de preferência uma frigideira antiaderente) com a margarina ou o azeite de oliva. Fritar os pimentões por 15 minutos e em seguida colocar a salsicha em rodelas finas, o orégano e o sal. Deixar em fogo baixo por 10 minutos. Dividir o refogado em duas partes, usando duas frigideiras iguais.
Bater os ingredientes da massa no liquidificador, exceto a ervilha, e colocar por último o fermento químico. Caso seja necessário para o funcionamento do aparelho, adicionar um pouco mais de leite. Misturar as ervilhas cozidas à massa e dividi-la em duas porções. Manter as duas frigideiras em fogo alto e colocar a massa sobre o refogado. Manter em fogo baixo por 10 minutos. Virar as panquecas e deixar por mais 10 minutos, ou até estar dourada.
Misturar os ingredientes do molho numa tigela pequena, mexendo até estar uma mistura homogênea. Manter em geladeira por pelo menos 10 minutos, antes de servir.
Servir as panquecas quentes com o molho frio.

PANQUECA COM SOJA E AMÊNDOA

(10 a 12 crepes)

- 1 copo de grãos de soja cozidos e passados por um processador de alimentos ou moedor
- 5 colheres de sopa de amêndoas torradas e picadas
- 2 dentes de alho espremidos
- 1/2 xícara de cebola picadinha
- 1 colher de café de cominho em pó
- 1 colher de café de coentro em pó
- 1 colher de café de urucum em pó
- 1 colher de café de molho de pimenta
- 1/2 xícara de tomate sem semente, picado
- 1 xícara de pimentão picadinho
- 1 xícara de cheiro verde picado
- 1 colher de chá de sal
- 1 copo de farinha de trigo
- 1 colher de sopa de fermento em pó
- 3 colheres de sopa de óleo
- 1/2 colher de sobremesa de sal
- 1 copo de leite de soja

Molho de Azeitona para Panqueca

- 1 xícara de iogurte de soja
- 1/2 xícara de azeitona chilena picada
- 1/2 tomate
- 2 colheres de sopa de azeite de oliva
- 1 colher de sopa de folhas frescas de manjericão

Misturar numa tigela grande todos os ingredientes, deixando para o fim a farinha e o fermento em pó. Esquentar em fogo alto uma frigideira pequena com um pouco de óleo. Colocar uma concha e meia de massa e em seguida abaixar o fogo.

Assim que o lado de baixo estiver dourado virar a panqueca e deixar dourar do outro, ainda em fogo baixo.
Antes de colocar nova massa, untar a frigideira com uma colher de sopa de óleo e aumentar o fogo para aquecê-la. Em seguida abaixá-lo para que cozinhe bem o interior da panqueca.
Proceder da mesma forma com o restante da massa e servir as panquecas ainda quentes.
Bater os ingredientes do molho no liquidificador e servir com as panquecas.

PANQUECA COM TOFU E CENOURA

(10 a 12 crepes)

- 1 copo de *tofu* amassado com garfo
- 1/2 xícara de cenouras raladas
- 1/2 xícara de azeitonas do tipo azapa picadas
- 4 colheres de sopa de coentro picado
- 1 cebola ralada
- 1 copo de farinha de trigo
- 1 colher de sopa de fermento em pó
- 3 colheres de sopa de óleo
- 1/2 colher de sobremesa de sal
- 1 copo de leite de soja

Misturar numa tigela grande todos os ingredientes, deixando para o fim o fermento em pó.
Esquentar em fogo alto uma frigideira pequena com um pouco de óleo.
Colocar uma concha e meia de massa e em seguida abaixar o fogo.
Assim que o lado de baixo estiver dourado virar a panqueca e deixar dourar do outro, ainda em fogo baixo.
Antes de colocar nova massa, untar a frigideira com uma colher de sopa de óleo e aumentar o fogo para aquecê-la. Em seguida abaixá-lo para que cozinhe bem o interior da panqueca.
Proceder da mesma forma com o restante da massa e servir as panquecas ainda quentes.

PANQUECA CROCANTE

(10 a 12 crepes)

- 1 copo de farinha de trigo
- 2 copos de *tofu*
- 1 colher de sopa de fermento em pó
- 4 colheres de sopa de óleo
- 1/2 colher de sobremesa de sal
- 1 copo de leite de soja
- 1 xícara de cebolinha verde picada
- 1/2 xícara de salsão picado
- 1 colher de chá de sal
- 1 copo de batata palha

Molho Suave para Panqueca

- 1 colher de sopa de maionese de soja
- 4 colheres de sopa de vinho tinto
- 1 colher de chá de alho desidratado
- 1 colher de chá de ervas finas desidratadas
- 1 colher de chá de sal

Misturar numa tigela grande todos os ingredientes, deixando para o fim a farinha, a batata palha e o fermento em pó.
Esquentar em fogo alto uma frigideira pequena com um pouco de óleo.
Colocar uma concha e meia de massa e em seguida abaixar o fogo.
Assim que o lado de baixo estiver dourado virar a panqueca e deixar dourar do outro, ainda em fogo baixo.
Antes de colocar nova massa, untar a frigideira com uma colher de sopa de óleo e aumentar o fogo para aquecê-la. Em seguida abaixá-lo para que cozinhe bem o interior da panqueca. Repetir o processo anterior.
Misturar os ingredientes do molho numa tigela pequena, mexendo até estar com uma coloração homogênea. Manter em repouso em geladeira por pelo menos 20 minutos, antes de servir.
Servir as panquecas quentes com o molho frio.

PANQUECA DE SOJA E ESCAROLA

(10 a 12 crepes)

- 1/2 copo de fubá
- 1/2 copo de farinha de trigo
- 1 xícara de grãos de soja cozidos e passados por um processador ou triturador
- 1/2 pé de escarola cortado bem fininho
- 1 xícara de alho-poró cortado em tirinhas
- 1 xícara de pimentão vermelho cortado em tirinhas
- 1 tomate sem sementes, picado
- 4 colheres de sopa de óleo
- 1 copo de leite de soja
- 4 colheres de sopa de *shoyo*
- 1 colher de sopa de fermento em pó
- azeite de oliva para untar

Molho com Nozes para Panqueca

- 1 copo de iogurte de soja
- 3 colheres de sopa de nozes picadas
- 2 colheres de sopa de salsa fresca picada
- 1 colher de chá de estragão desidratado
- 1 colher de chá de orégano desidratado
- 1 colher de chá de sal
- 4 colheres de sopa de azeite de oliva
- 1 colher de sobremesa de semente de papoula

Misturar numa tigela grande todos os ingredientes, deixando para o fim a farinha e o fermento em pó.
Esquentar em fogo alto uma frigideira pequena com um pouco de azeite.
Colocar uma concha e meia de massa e em seguida abaixar o fogo. Assim que o lado de baixo estiver dourado virar a panqueca, adicionar um pouquinho de azeite e deixar dourar do outro, ainda em fogo baixo.
Antes de colocar nova massa, untar a frigideira com uma colher de sopa de óleo e aumentar o fogo para aquecê-la. Em seguida abaixá-lo para que cozinhe bem o interior da panqueca.
Misturar os ingredientes do molho numa tigela pequena, mexendo até estar com uma coloração homogênea. Manter em repouso em geladeira por pelo menos 20 minutos, antes de servir.
Servir as panquecas quentes com o molho frio.

PANQUECA DE TOMATE E SOJA

(10 a 12 crepes)

- 1 copo de farinha de trigo branca
- 1 xícara de grãos de soja cozidos e passados por um processador ou triturador
- 2 colheres de sopa de farinha de glúten
- 1 copo de tomate sem sementes e picados
- 4 colheres de sopa de azeite de oliva
- 1 colher de sobremesa de orégano desidratado
- 1 copo de leite de soja
- 1/2 colher de sobremesa de sal
- 1 colher de sopa de fermento em pó
- azeite de oliva para untar

Molho de Tahine para Panqueca

- 3 colheres de sopa de *tahine* concentrado
- 1 pitada de sal
- 1/2 xícara de água filtrada
- 1 colher de sopa de nozes picadas
- 1 colher de sopa de salsa fresca picada
- 1 colher de café de *missô* concentrado, do tipo claro

Misturar numa tigela grande todos os ingredientes, deixando para o fim a farinha e o fermento em pó.
Esquentar em fogo alto uma frigideira pequena com um pouco de azeite.
Colocar uma concha e meia de massa e em seguida abaixar o fogo.
Assim que o lado de baixo estiver dourado virar a panqueca, adicionar um pouquinho de azeite e deixar dourar do outro, ainda em fogo baixo.
Antes de colocar nova massa, untar a frigideira com uma colher de sopa de óleo e aumentar o fogo para aquecê-la. Em seguida abaixá-lo para que cozinhe bem o interior da panqueca. Repetir todo o processo da panqueca anterior.
Misturar os ingredientes do molho numa tigela pequena, mexendo até estar com uma coloração homogênea. Manter em repouso em geladeira por pelo menos 20 minutos, antes de servir.
Servir as panquecas quentes com o molho frio.

PANQUECA DELICADA

(10 a 12 crepes)

- 1 copo de *tofu* amassado com garfo
- 1 xícara de cebola picadinha
- 1 colher de chá de *curry* em pó
- 1 colher de sopa de folhas frescas de orégano picadas
- 1 colher de café de urucum em pó
- 1 colher de chá de sementes de papoula
- 1 colher de chá de sal
- 1 copo de farinha de trigo
- 2 colheres de sopa de fibra de soja
- 1 colher de *okara*
- 1 colher de sopa de fermento em pó
- 4 colheres de sopa de óleo
- 1/2 colher de sobremesa de sal
- 1 e 1/2 copo de leite de soja

Molho Rosé para Panqueca

- 4 colheres de sopa de maionese de soja
- 3 colheres de sopa de *catchup*
- 1 pitada de sal
- 1 pitada de *chilli* em pó

Misturar numa tigela grande todos os ingredientes, deixando para o fim as farinhas, o *okara* e o fermento em pó.

Esquentar em fogo alto uma frigideira pequena com um pouco de óleo.

Colocar uma concha e meia de massa e em seguida abaixar o fogo.

Assim que o lado de baixo estiver dourado virar a panqueca e deixar dourar do outro, ainda em fogo baixo.

Antes de colocar nova massa, untar a frigideira com uma colher de sopa de óleo e aumentar o fogo para aquecê-la. Em seguida abaixá-lo para que cozinhe bem o interior da panqueca. Repetir todo o processo da panqueca anterior.

Misturar os ingredientes do molho numa tigela pequena, mexendo até estar com uma coloração homogênea. Manter em geladeira até o momento de servir.

Servir as panquecas quentes com o molho frio.

PANQUECA TEMPERADA

(10 a 12 crepes)

- 2 xícaras de farinha de trigo branca
- 1 colher de sopa rasa de fermento químico
- 1 colher de sobremesa de alho desidratado
- 1 colher de sopa de cebola desidratada
- 1 colher de chá de sal
- 2 e 1/2 xícaras de leite de soja
- 200 g de *tofu* amassado
- margarina para untar a frigideira

Molho Delicado para Panqueca

- 2 colheres de sopa de óleo
- 3 dentes de alho espremidos
- 1 copo de cogumelo do tipo *shiimeji* limpos e picados
- 3 colheres de sopa de *shoyo* sabor *champignon*
- 1 copo de água quente
- 1 colher de sobremesa de caldo de vegetais em pó
- 1 colher de sobremesa de araruta em pó
- 1/2 xícara de água fria
- 2 colheres de sopa de coentro fresco em pó

Misturar numa tigela a farinha, o fermento e o sal. Adicionar 2 xícaras de leite de soja e bater com batedeira manual ou elétrica. Adicionar o restante do leite de soja, manter novamente e juntar o *tofu*, misturando bem.

Aquecer uma frigideira com uma colher de chá de margarina. Assim que estiver derretida, adicionar uma concha de massa por vez. Manter o fogo baixo e virar a panqueca quando estiver dourada, colocando outra colher de margarina na frigideira.

Assim que os dois lados estiverem dourados retirar a panqueca do fogo.

Para o molho, aquecer o óleo numa panela larga, dourar o alho, adicionar o cogumelo, fritar por 5 minutos e adicionar a água quente, o caldo de vegetais e o *shoyo*. Deixar ferver por 15 minutos. Adicionar a araruta diluída na água fria. Mexer com colher de pau até estar cremoso, adicionar por último o coentro picado.

Servir as panquecas com o molho à parte.

PANQUECA VERDE

(6 a 8 pessoas)

- 1 copo de batata inglesa descascada e ralada
- 1 copo de PVT miúda do tipo escuro
- 1/2 copo de *tofu* amassado com garfo
- 1 maço de espinafre cozido no vapor, espremido e picado
- 2 colheres de sobremesa de espinafre em pó
- 1 pimentão verde cortado em tiras finas
- 1/2 xícara de salsa fresca picada
- 1/2 xícara de cebolinha verde picada
- 1 colher de chá de sal
- 1 colher de sopa de margarina
- azeite de oliva para untar
- água quente

Colocar a PVT em uma tigela, cobri-la com água quente, deixar de molho por 20 minutos e, após esse tempo, escorrer toda a água.
Passar duas vezes, todos os ingredientes, inclusive a PVT inchada, num processador de alimentos.
Untar uma frigideira e aquecê-la. Colocar uma concha e manter fogo baixo até dourar o fundo. Virar e dourar do outro lado. Proceder assim sucessivamente, até o término da massa.
Servir as panquecas ainda quentes, em refeições ou lanches.

PANQUECA VERMELHA

(6 a 8 pessoas)

- 1 copos de beterraba ralada
- 1/2 copo de PVT miúda do tipo escuro
- 1/2 copo de cogumelo fresco picado
- 1/2 copo de *tofu* amassado com garfo
- 2 colheres de sopa de farinha de trigo
- 1 colher de sopa de maisena
- 1 colher de sobremesa de fermento químico em pó
- 1 colher de sobremesa de beterraba em pó
- 1 colher de café de louro em pó
- 1 pimentão vermelho cortado em tiras finas
- 1 colher de sopa de alho espremido
- 3 colheres de sopa de folhas de manjericão roxo
- 1 colher de chá de sal
- 1 colher de sopa de margarina
- azeite de oliva para untar
- água quente

Colocar a PVT em uma tigela, cobri-la com água quente, deixar de molho por 20 minutos e, após esse tempo, escorrer toda a água, adicionar todos os demais ingredientes, misturando-os bem.
Untar uma frigideira e aquecê-la. Colocar uma concha de massa e manter fogo baixo até dourar o fundo. Virar e dourar do outro lado. Proceder assim sucessivamente, até o término da massa.
Servir as panquecas ainda quentes, em refeições ou lanches.

ASSADOS

ASSADO COM OKARA

(6 a 8 pessoas)

- 1/2 copo de *okara*
- 1/2 copo de abobrinha ralada
- 1/2 copo de *tofu* amassado
- 2 colheres de sopa de farinha de trigo
- 1 colher de farinha de glúten
- 2 cebolas médias raladas
- 1/2 colher de sobremesa de sal
- 1 colher de sobremesa de alcaparras picadas
- 3 colheres de sopa de óleo
- 1/2 copo de azeitonas verdes picadas
- óleo e farinha de rosca para untar

Molho de Limão para Assados

- 1/2 xícara de *tofu soft*
- 3 colheres de sopa de limão
- 1 colher de sobremesa de sementes de papoula
- 1 pitada de sal
- 1 pitada de alho desidratado

Bater os ingredientes do molho no liquidificador e manter em geladeira até o momento de servir.
Colocar o *okara* em uma tigela e adicionar os demais ingredientes.
Espalhar a massa em uma assadeira untada com óleo e farinha de rosca e assar, sem cobrir, por 45 minutos em forno a 180° C.
Servir em pedaços, com o molho gelado a gosto.

ASSADO COM APROVEITAMENTO DE SOPA

(6 a 8 pessoas)

- 4 copos de sopa de legumes de refeição anterior
- 1 xícara de *tofu* amassado
- 3 colheres de sopa de farinha de soja
- 3 colheres de sopa de farinha de trigo branca
- 1 colher de chá de sal
- 5 colheres de sopa de óleo
- 1 colher de chá de fermento químico em pó
- 1/2 colher de chá de bicarbonato de sódio
- 1 cebola grande cortada em rodelas finas
- 2 tomates cortados em fatias finas
- orégano a gosto
- azeite de oliva para untar

Preaquecer o forno a 180° C.
Colocar a sopa em uma tigela, juntar o *tofu* e ir adicionando a farinha de soja e a farinha de trigo.
Colocar o sal, o óleo, o fermento e o bicarbonato de sódio.
Virar a massa em uma assadeira ou pirex untado com azeite e dispor harmoniosamente as fatias de tomate, por cima as rodelas finas de cebola e o orégano.
Assar por 35 minutos, ou até o assado estar seco e firme. Retirar do forno e servir em seguida.

ASSADO DE BATATAS COM RECHEIO DE CARNE DE SOJA E TOMATE SECO

(6 a 8 pessoas)

Massa de Assado de Batatas

- 4 batatas grandes cozidas
- 3 colheres de sopa de margarina
- 5 colheres de sopa de leite de soja
- 1 colher de chá de sal
- 1 colher de chá de pimenta-do-reino

Cobertura de Carne de Soja e Tomate Seco para Assado

- 1 copo de PVT do tipo miúda
- 1 cenoura picadinha
- 1/2 xícara de tomate seco picado
- 1 cebola picadinha
- 1/2 copo de salsão picado
- 1 colher de sopa de farinha de trigo
- 2 colheres de sopa de purê de tomate
- 2 colheres de sopa de *shoyo*
- 1 colher de chá rasa de sal
- 4 colheres de sopa de margarina
- 2 colheres de sopa de salsa fresca picada
- água fervendo

Cobrir a PVT com água fervendo e deixar de molho por 20 minutos. Virar num escorredor, espre-

mendo para retirar bem a água. Reservar.
Para o recheio, levar uma frigideira larga ao fogo alto e derreter a margarina. Colocar a cebola, o salsão e a cenoura e fritar por 10 minutos.
Juntar a PVT, o *shoyo* e deixar em fogo moderado por 15 minutos. Adicionar o sal, a farinha de trigo, a salsa e o purê de tomate, o tomate seco e mexer por mais 35 minutos, com a panela tampada.
Preaquecer o forno a 200° C.
Cozinhar as batatas, amassá-las com garfo ou passá-las pelo espremedor. Juntar a margarina, o leite, o sal e a pimenta e bater até obter um purê macio.
Colocar a PVT em uma travessa refratária, cobrir com o purê de batatas e assar por 30 minutos.
Servir o assado quente.

ASSADO DE BIFE DE SOJA E SHIITAKE

(6 a 8 pessoas)

Massa de Tofu para Assado
- 3 copos de *tofu* firme
- 4 azeitonas pretas picadas
- 1/2 colher de sobremesa rasa de sal
- 4 colheres de sopa de azeite de oliva
- 1/3 de copo de leite de soja

Bife de Shiitake para Assado
- 2 copos de bife vegetal cortado em filetes
- 1 copo de *shiitake* seco triturado
- 5 dentes de alho
- 1 cebola média cortada em rodelas bem finas
- 2 colheres de sopa de margarina
- 2 colheres de sopa de *shoyo* sabor *champignon*
- azeite de oliva para untar

Para a massa, bater o *tofu* no liquidificador com o leite, o azeite e o sal. Adicionar mais leite se necessário para o funcionamento do aparelho.
Passar os *shiitakes* secos por um triturador ou processador a fim de deixá-los em pedaços bem pequenos. Deixar de molho em água quente por 15 minutos e em seguida escorrer espremendo ao máximo para retirar a água.
Derreter a margarina em uma frigideira larga, dourar a cebola, em seguida o alho. Adicionar o bife em fatias e mexer com colher de pau por 15 minutos. Juntar o *shiitake* já hidratado e o *shoyo*. Misturar e deixar em fogo brando por 15 minutos.
Retirar a panela do fogo, misturar o refogado ao creme de *tofu* e despejar em uma fôrma refratária untada com azeite.Assar por 50 minutos aproximadamente, ou até o assado estar dourado e firme.

ASSADO DE CARÁ COM RECHEIO DE CARNE DE SOJA E CHICÓRIA

(6 a 8 pessoas)

Massa de Assado de Cará
- 4 carás grandes cozidos
- 4 colheres de sopa de margarina
- 8 colheres de sopa de leite de soja
- 1 colher de chá de sal
- 1 colher de chá de pimenta-do-reino

Cobertura de Carne de Soja e Chicória para Assado
- 1 e 1/2 copo de PVT do tipo média
- 1 pé de chicória cortada em tiras finas
- 1/2 xícara de azeitona chilena picada
- 1 cebola picadinha
- 1/2 copo de talo de erva-doce picado
- 3 colheres de sopa de farinha de trigo integral
- 3 colheres de sopa de purê de tomate
- 2 colheres de sopa de *shoyo*
- 1 colher de chá rasa de sal
- 4 colheres de sopa de margarina
- 3 colheres de sopa de salsa fresca picada
- 3 colheres de sopa de coentro fresco picado
- água fervendo

Cobrir a PVT com água fervendo e deixar de molho por 20 minutos. Virar num escorredor, espremendo para retirar bem a água. Reservar.
Para o recheio, levar uma frigideira larga ao fogo alto e derreter a margarina. Colocar a cebola, a erva-doce, a chicória, a azeitona e fritar por 10 minutos. Juntar a PVT reservada, o *shoyo* e deixar em fogo moderado por 15 minutos.

Adicionar a farinha de trigo, a salsa, o coentro, e o purê de tomate e mexer por mais 35 minutos, com a panela tampada.
Preaquecer o forno a 200° C.
Cozinhar os carás, amassá-los, passá-los pelo espremedor. Juntar a margarina, o leite, o sal e a pimenta e bater até obter um purê macio.
Colocar a PVT em uma travessa refratária, cobrir com o purê de cará e assar por 30 minutos.
Servir o assado quente.

ASSADO DE CENOURA, COGUMELOS E TOFU

(8 pessoas)

- 500 g de cenoura descascada e picada
- 100 g de *tofu* firme
- 150 g de cogumelos frescos picados
- 4 colheres de sopa de margarina
- 2 colheres de chá de açúcar mascavo
- 5 colheres de sopa de água
- 1/2 colher de chá de caldo de vegetais
- 1 cebola pequena picadinha
- 1 colher de chá de sal
- 3 colheres de sopa de salsa fresca picada

Molho Doce para Assado

- 1/2 copo de *tofu* cremoso
- 1 rodela de abacaxi
- 2 colheres de sopa de molho de mostarda
- 1 pitada de sal

Fritar as cenouras em 2 colheres de margarina até dourarem. Acrescentar o açúcar e o sal e cozinhar por mais 1 minuto.
Adicionar a água e o caldo de vegetais e cozinhar até a cenoura estar macia e o líquido tenha evaporado. Reservar tudo em uma tigela.
Colocar as 2 colheres restantes de margarina em uma frigideira, em fogo médio, e dourar a cebola e o cogumelo, ou até estarem macios. Adicionar a salsa.
Misturar tudo, virar em uma assadeira untada e colocar esta sobre outra maior com água.
Cozinhar em banho-maria por 30 a 40 minutos a 200° C, ou até estar firme ao toque.
Retirar e desenformar cuidadosamente.
Bater os ingredientes do molho no liquidificador e servir com o assado.

ASSADO DE ESPINAFRE E GRÃO-DE-BICO

(2 a 4 pessoas)

- 500 g de grão-de-bico cozido e amassado com um garfo
- 500 g de folhas de espinafre frescas
- 200 g de *tofu* firme
- 1 colher de chá de mostarda de Dijon
- 1 colher de chá de *curry* em pó
- 1/2 colher de chá de sal

Cozinhar o espinafre no vapor por 10 minutos e reservar 1/4 da quantidade. O restante bater no liquidificador com o *tofu*. Untar uma fôrma pequena de pão (ou retangular de vidro) e forrar com as folhas de espinafre reservadas.
Colocar o grão-de-bico cozido em uma tigela e adicionar o *curry* e o sal e misturar. Virar dentro da fôrma de pão e por cima, o espinafre batido com o *tofu*. Para finalizar, dourar com o restante das folhas de espinafre.
Assar em banho-maria por 1 hora a 180° C.
Retirar do forno e esperar esfriar para desenformar e servir.

ASSADO DE FIBRAS COM RECHEIO DE ABOBRINHA E SALSICHA DE SOJA

(6 a 8 pessoas)

Massa de Assado com Fibras
- 2 copos de farinha de trigo branca
- 2 colheres de sopa de fibra de soja
- 2 colheres de sopa de fibra de trigo
- 5 colheres de sopa de cenoura ralada
- 2 copos de leite de soja
- 1 colher de sopa de maisena
- 1 colher de chá de sal
- 5 colheres de sopa de óleo
- 1 colher de sopa cheia de fermento químico em pó

Cobertura de Abobrinha e Salsicha de Soja para Assado
- 2 xícaras de abobrinha bem picadinha
- 1 xícara de salsicha vegetal bem picadinha
- 1 xícara de pimentão amarelo bem picadinho
- 2 cebolas picadinhas
- 4 colheres de sopa de *shoyo*
- 3 colheres de sopa de margarina

Preaquecer o forno a 200° C.
Levar uma assadeira redonda à chama do fogão. Colocar a margarina e quando derreter distribuí-la por toda a assadeira. Dourar na própria fôrma a cebola, acrescentar as abobrinhas, a salsicha, o pimentão e o *shoyo*, misturar e deixar em fogo alto por 10 minutos. Retirar do fogo e reservar.
Para a massa, bater o leite de soja no liquidificador com a farinha de trigo e ir adicionando os demais ingredientes, deixando por último o fermento químico.
Virar a massa na assadeira, sobre o refogado, e levar ao forno por 35 minutos, ou até a massa estar seca. Desenformar o assado em uma travessa e servir em seguida.

ASSADO DE FUBÁ COM ERVAS E RECHEIO DE MOSTARDA COM TOFU

(6 a 8 pessoas)

Massa de Assado de Milho
- 1 copo de fubá
- 1 copo de farinha de trigo integral
- 2 e 1/2 copos de leite de soja
- 1/2 xícara de cebolinha verde picada
- 5 colheres de sopa de salsa fresca picada
- 5 colheres de sopa de coentro fresco picado
- 1/2 xícara de salsão picado
- 1 colher de chá de sal
- 1 colher de chá de caldo de vegetais em pó
- 4 colheres de sopa de óleo
- 1 colher de sopa cheia de fermento químico em pó

Cobertura de Mostarda e Tofu para Assado
- 1 pé de mostarda fresca cortada em tiras bem finas e cozidas no vapor
- 450 g de *tofu* amassado com garfo
- 3 colheres de sopa de alho espremido
- 2 colheres de sopa de sementes de mostarda
- 3 colheres de sopa de castanha de caju picadinha
- 1 colher de chá de sal
- 3 colheres de sopa de margarina

Preaquecer o forno a 200° C.
Em uma tigela, misturar o *tofu* com todos os demais ingredientes do recheio, inclusive as tiras de mostarda cozidas. Quando estiver uma mistura homogênea, deixar reservado e levar uma assadeira redonda à chama do fogão. Colocar a margarina e quando derreter distribuí-la por toda a assadeira. Virar toda a mistura de *tofu* na assadeira e deixar por15 minutos. Retirar do fogo. Para a massa, bater o leite de soja no liquidificador com o fubá e ir adicionando a farinha de trigo, o sal, o óleo, o caldo de vegetais e por último o fermento químico.
Colocar em uma tigela e juntar os temperos verdes.
Misturar bem e virar a massa na assadeira. Levar ao forno por 40 minutos, ou até estar seca e firme.
Desenformar o assado em uma travessa e servir.

ASSADO DE FUBÁ COM RECHEIO DE MILHO E TOFU

(6 a 8 pessoas)

Massa de Assado de Milho
- 1 e 1/2 copo de fubá
- 2 copos de leite de soja
- 1/2 copo de farinha de trigo
- 2 colheres de sopa cheias de maisena
- 5 colheres de sopa de cebola picada
- 1 colher de chá de sal
- 4 colheres de sopa de óleo
- 1 colher de sopa cheia de fermento químico em pó

Cobertura de Milho e Tofu para Assado
- 1 copo de grãos de milho retirados da espiga
- 1 copo de minitomates cortados ao meio
- 2 copos de *tofu* cortado em quadradinhos
- 1 colher de chá de açafrão em pó
- 1 colher de chá de molho de mostarda
- 5 colheres de sopa de folhas frescas de manjericão roxo picadas
- 1/2 colher de chá de sal
- 3 colheres de sopa de margarina
- 1 colher de sobremesa rasa de maisena
- 1/3 de copo de água fria

Preaquecer o forno a 180° C e untar uma assadeira redonda. Para a massa, bater o leite de soja no liquidificador com o fubá. Ir adicionando a farinha de trigo, a maisena, a cebola, o sal, o óleo e por último o fermento químico.
Virar a massa na assadeira untada e assar por 30 minutos, ou até a massa estar seca e firme.
Em uma panela, derreter a margarina, colocar as folhas de manjericão. Mexer com colher de pau por 5 minutos e adicionar o açafrão, o milho, o *tofu*, a mostarda, o sal e os tomatinhos. Mexer delicadamente e manter a panela tampada em fogo moderado por 15 minutos. Adicionar a maisena diluída na água e mexer em fogo alto por 6 minutos.
Desenformar o assado em uma travessa e cobrir com o molho de milho e *tofu*. Servir em seguida.

ASSADO DE GERGELIM COM RECHEIO DE ABÓBORA

(6 a 8 pessoas)

Massa de Assado com Gergelim
- 2 copos de farinha de trigo branca
- 2 colheres de sopa de gergelim preto
- 1 colher de sopa de fibra de soja
- 2 copos de leite de soja
- 1 colher de chá de sal
- 5 colheres de sopa de óleo
- 1 colher de sopa cheia de fermento químico em pó

Cobertura de Abóbora e Tofu para Assado
- 2 xícaras de abóbora, tipo moranga, ralada
- 1 copo de *tofu* amassado
- 1/2 xícara de azeitona preta picada
- 3 tomates cortados em rodelas
- 1 cebola picadinha
- 1 colher de chá de sal
- 3 colheres de sopa de margarina

Molho de Alho para Assados
- 3 colheres de sopa de iogurte de soja
- 1/2 xícara de *tofu* amassado
- 4 colheres de sopa de azeite de oliva
- 2 colheres de sopa de sumo de limão
- 1 colher de sopa de alho espremido
- 1 colher de chá de *tahine* concentrado
- 1 colher de chá de sal
- 1 colher de nozes picadas
- 1 colher de sopa de maçã ralada

Para o molho basta colocar todos os ingredientes em uma vasilha e mexer delicadamente até estar cremoso e com coloração homogênea. Deixar coberto, na geladeira por pelo menos 15 minutos.
Preaquecer o forno a 200° C.
Levar uma assadeira redonda à chama do fogão. Colocar a margarina e quando derreter distribuir por toda a assadeira. Dourar a cebola, acrescentar a abóbora, o *tofu* amassado, a azeitona e o sal. Mexer delicadamente e deixar em fogo baixo por 10 minutos, ou até a abóbora estar macia. Arru-

mar as rodelas de tomate, apagar o fogo e reservar.
Para a massa, bater o leite de soja no liquidificador com a farinha de trigo e ir adicionando os demais ingredientes, deixando por último o fermento químico.
Virar a massa na assadeira sobre o refogado, e levar ao forno por aproximadamente 35 minutos, ou até a massa estar seca e firme.
Desenformar o assado em uma travessa e servir em seguida.

ASSADO DE INHAME COM RECHEIO DE CARNE DE SOJA E BERINJELA

(6 a 8 pessoas)

Massa de Assado de Inhame
- 3 inhames grandes cozidos
- 4 colheres de sopa de margarina
- 8 colheres de sopa de leite de soja
- 1 colher de chá de sal
- 1 colher de sobremesa de alho desidratado
- 1 colher de chá de estragão desidratado

Cobertura de Carne de Soja e Berinjela para Assado
- 1 e 1/2 copo de PVT do tipo miúda
- 2 berinjelas médias lavadas e cortadas em tiras curtas e finas
- 5 minicebolas picadinhas
- 1/2 xícara de alho-poró
- 2 colheres de sopa de farinha de trigo branca
- 2 colheres de sopa de purê de tomate
- 3 colheres de sopa de *shoyo*
- 1 colher de chá rasa de sal
- 4 colheres de sopa de margarina
- 3 colheres de sopa de salsa fresca picada
- 3 colheres de sopa de tomilho fresco picado
- 1 colher de café de molho de pimenta vermelha
- água fervendo
- azeite de oliva para untar

Cobrir a PVT com água fervendo e deixar de molho por 20 minutos. Virar num escorredor, espremendo para retirar bem a água. Reservar.
Para o recheio, levar uma frigideira larga ao fogo alto e derreter a margarina. Colocar a minicebola, o alho-poró e fritar por 6 minutos. Juntar a PVT escorrida, a berinjela e a pimenta, o sal e o *shoyo*, e deixar em fogo moderado por 15 minutos.
Adicionar a farinha de trigo, a salsa, o tomilho, e o purê de tomate e mexer por mais 35 minutos, com a panela tampada.
Preaquecer o forno a 200° C.
Separadamente cozinhar os inhames, passando-os em seguida pelo espremedor. Juntar a margarina, o leite, o sal, o alho e o estragão e bater até obter um purê macio.
Colocar a PVT em uma travessa refratária untada com azeite de oliva, cobrir com o purê de batatas e assar por 30 minutos.
Servir o assado quente.

ASSADO DE LEGUMES

(6 a 8 pessoas)

Mix de Legumes para Assado
- 1/2 xícara de cenoura ralada fina
- 1/2 xícara de chuchu ralado fino
- 1 cebola roxa ralada
- 3 colheres de sopa de coentro picado
- 1 colher de chá de sementes de endro
- 3 colheres de sopa de azeite de oliva
- 1 colher de chá de sal

Creme de Tofu para Assados
- 250 g de *tofu*
- 3 colheres de sopa de azeite de oliva
- 1/2 colher de sobremesa de sal
- 1 colher de sobremesa de *shoyo* sabor *champignon*
- 2 dentes de alho
- leite de soja

Para o mix de legumes, colocar o azeite em uma panela larga, fritar a cebola ralada, o coentro e o endro. Juntar os demais ingredientes, mexer com colher de pau e manter a panela tampada, em fogo baixo, por 20 minutos, mexendo de vez em quando. Reservar.
Colocar o *tofu* dentro do liquidificador. Juntar os

demais ingredientes e adicionar o leite de soja aos poucos, até tornar-se um creme grosso.
Untar um pirex, espalhar nele os legumes refogados e por cima o creme de *tofu*.
Assar em forno preaquecido à temperatura de 200º C, por 40 minutos, ou até o assado estar dourado.

ASSADO DE SOJA COM TOMATE E BERTÁLIA

(6 a 8 pessoas)

Massa para Assado de Soja
- 1 copo de farinha de soja
- 2 copos de leite de soja
- 1 copo de farinha de trigo
- 3 colheres de sopa cheias de maisena
- 5 dentes de alho
- 1 colher de chá de sal
- 5 colheres de sopa de óleo
- 1 colher de sopa cheia de fermento químico em pó

Cobertura de Tomate e Bertália para Assado
- 4 tomates cortados em rodelas
- 250 g de *tofu* cortado em fatias
- 4 copos de folhas de bertália
- 4 colheres de sopa de *shoyo*
- 3 colheres de sopa de margarina

Preaquecer o forno a 200º C.
Levar uma assadeira redonda à chama do fogão. Colocar a margarina e quando derreter distribuir por toda a assadeira. Arrumar as fatias de *tofu*, sobre elas as de tomate e por cima do tomate as folhas de bertália. Regar com *shoyo* e tampar a assadeira. Deixar por 10 minutos e apagar o fogo.
Para a massa, bater o leite de soja no liquidificador com a farinha de soja e ir adicionando a farinha de trigo, a maisena, o alho, o sal, o óleo e por último o fermento químico.
Virar a massa na assadeira sobre o refogado e levar ao forno por 35 minutos, ou até a massa estar seca e firme.
Desenformar o assado em uma travessa e servir em seguida.

ASSADO DE TEMPEH COM COGUMELO

(6 a 8 pessoas)

- 300 g de *tempeh* cortado em pedaços grandes (triturar num processador)
- 200 g de cogumelos frescos cortados em pedaços grandes
- 3 colheres de sopa de *tofu* firme
- 2 colheres de sopa de óleo de milho
- 1 colher de sopa de *shoyo*
- 1 cebola picadinha
- 1 pitada de sal
- 1 xícara de castanha-do-pará torrada e quebrada em pedaços grandes
- 1 e 1/2 xícara de farinha de rosca
- 1 colher de sobremesa de pimenta-do-reino verde amassada com um garfo

Purê de Batata Temperado para Acompanhar Tempeh
- 1 kg de batata descascada e picada
- 1 cebola picadinha
- 1 colher de sopa de margarina
- 2 colheres de sopa de *tofu* cremoso
- 1 colher de chá de sal
- 2 xícaras de leite de soja quente
- 1 colher de sobremesa de caldo de vegetais em pó
- pimenta-do-reino em pó a gosto

Em uma frigideira grande, colocar o óleo e dourar a cebola e o cogumelo. Adicionar o *tempeh* e a castanha-do-pará torrada e quebrada.
Colocar tudo em uma vasilha, acrescentar a farinha de rosca, o *tofu* e o *shoyo*. Temperar com o sal e a pimenta. Trabalhar com as mãos até estar homogêneo.
Aquecer o forno a 180º C. Untar uma fôrma de pão e forrar com papel-manteiga.
Colocar a massa e acondicionar com as mãos.
Assar por 45 minutos e em seguida desenformar.
Para o purê, colocar em uma panela grande o leite e o caldo de vegetais em pó.
Quando ferver adicionar as batatas e deixar ferver por 20 minutos em fogo baixo. Reservar 1/3 de xícara da água.

Espremer as batatas em espremedor, misturar a margarina, o *tofu* e o líquido reservado. Temperar com sal e pimenta-do-reino.
Servir o assado de *tempeh* com o purê.

ASSADO DE TOFU E ASPARGOS

(6 a 8 pessoas)

- 450 g de *tofu*
- 2 maços de aspargos frescos cozidos no vapor
- 4 tomates cortados em rodelas finas
- 2 cebolas cortadas em rodelas finas
- 1 colher de chá de sal
- 1 colher de sopa de óleo de gergelim
- 4 colheres de sopa de leite de coco
- 1 colher de sobremesa de gengibre ralado
- 3 colheres de sopa de nozes picadas

Preaquecer o forno a 200° C.
Amassar o *tofu* com um garfo e adicionar o sal, o óleo, o leite de coco, o gengibre e as nozes. Espalhar em uma travessa refratária untada.
Cortar os aspargos cozidos e cortados ao meio e arrumá-los sobre o *tofu*. Dispor as rodelas de cebola e por cima as de tomate.
Levar ao forno e assar por 45 minutos.

ASSADO DE TOMATE SECO

(6 a 8 pessoas)

Massa para Assado de Tomate Seco
- 1/2 copo de maisena
- 1/2 copo de fibra de soja
- 2 colheres de farinha de trigo branca
- 1/2 colher de sobremesa de sal
- 5 castanhas-do-pará trituradas no liquidificador
- 1 colher de sobremesa de fermento químico
- 1/2 copo mal cheio de leite de soja
- 1 colher de sopa de margarina vegetal

Recheio para Assado com Tomate Seco
- 2 xícaras de tomate seco temperado e picado
- 1 talo de salsão picadinho
- 2 xícaras de *tofu* amassado
- 1 xícara de batata cozida e amassada com um garfo
- 1/2 dente de alho esmagado
- 1 colher de sobremesa de sal
- 3 colheres de sopa de azeite de oliva

Misturar todos os ingredientes do recheio em uma tigela e reservar.
Aquecer o forno a 180° C.
Misturar os ingredientes secos da massa em uma tigela.
Bater a margarina na batedeira, adicionar o leite e depois os ingredientes secos já misturados, sempre batendo.
Untar uma fôrma refratária e espalhar uma camada com metade da massa, colocar sobre ela o recheio e em seguida o restante da massa.
Assar por 40 minutos.

ASSADO INTEGRAL COM RECHEIO DE CARNE DE SOJA

(6 a 8 pessoas)

Massa de Assado Integral
- 2 copos de farinha de trigo integral
- 2 copos de leite de soja
- 4 colheres de sopa cheias de maisena
- 1 colher de chá de sal
- 5 colheres de sopa de óleo
- 1 colher de sopa cheia de fermento químico em pó
- 1 colher de sobremesa de orégano desidratado
- 1 pitada de alecrim desidratado
- 1/2 xícara de milho doce
- 5 colheres de sopa de castanha-do-pará picadinha

Cobertura de Carne de Soja para Assado
- 1 xícara de PVT do tipo miúda e escura
- 2 cebolas picadinhas
- 5 dentes de alho espremidos
- 5 colheres de sopa de *shoyo*
- 4 colheres de sopa de margarina
- água fervendo

Preaquecer o forno a 200° C.
Cobrir a PVT com água fervendo e deixar de molho por 20 minutos. Virar num escorredor, espremendo para retirar bem a água. Reservar.
Levar uma assadeira redonda à chama do fogão. Colocar a margarina e quando derreter distribuí-la por toda a assadeira. Dourar a cebola e o alho e em seguida colocar a PVT escorrida e o *shoyo*. Mexer delicadamente, tampar a assadeira, deixar 20 minutos em fogo brando e apagar o fogo.
Separadamente bater o leite de soja no liquidificador com a farinha de trigo e adicionar aos poucos a maisena, o sal, o óleo, o orégano, o alecrim e por último o fermento químico. Colocar em uma tigela e juntar o milho e a castanha-do-pará.
Virar a massa na assadeira com a PVT refogada e levar ao forno por 35 minutos, ou até a massa estar seca.
Desenformar o assado em uma travessa e servir em seguida.

ASSADO SIMPLES

(6 a 8 pessoas)

- 2 copos de farinha de trigo integral
- 2 copos de leite de soja
- 1 copo de *tofu* amassado com garfo
- 1 copo de chicória cortada bem fininha
- 1 xícara de azeitonas picadas
- 4 colheres de sopa cheias de maisena
- 1 colher de chá de sal
- 5 colheres de sopa de óleo
- 1 colher de sopa cheia de fermento químico em pó
- 1 colher de sobremesa de caldo de vegetais em pó
- 5 colheres de sopa amêndoas picadas

Molho Rosado para Acompanhar Assado

- 1 xícara de *tofu* firme picado
- 1/2 xícara de tomate seco temperado
- 1 colher de sopa de *catchup*
- 1 colher de sopa de mostarda
- 3 colheres de sopa de vinagre
- 3 colheres de sopa de azeite de oliva
- 1 colher de café de sal
- 1/3 de xícara de leite de soja

Para o molho, bater todos os ingredientes do assado no liquidificador, colocar em uma tigela e conservar em geladeira até o momento de servir.
Preaquecer o forno a 200° C.
Misturar todos os ingredientes em uma tigela e bater com batedeira até obter uma massa cremosa.
Virar a massa numa travessa refratária untada e levar ao forno por 40 minutos, ou até a massa estar seca.
Servir o assado ainda quente, acompanhado pelo molho rosado.

ASSADO TROPICAL

(6 a 8 pessoas)

- 450 g de *tofu* firme
- 1/2 xícara de leite de soja
- 2 colheres de sopa de maisena
- 1 colher de sopa de azeite de oliva
- 4 colheres de sopa de manga picada
- 4 colheres de sopa de abacaxi picado
- 1/2 pimentão verde picado
- 1 cebola roxa ralada
- 1 colher de chá de sal
- 1 colher de chá de caldo de vegetais em pó
- 1 colher de sobremesa de alho desidratado
- orégano desidratado em pó
- rodelas de laranja para decorar

Preaquecer o forno a 200° C.
Bater no liquidificador o *tofu* com o leite de soja, o azeite de oliva e a maisena. Virar numa tigela, adicionar os demais ingredientes, exceto o orégano desidratado e as laranjas, e mexer delicadamente até obter uma mistura homogênea.
Virar a massa numa travessa refratária untada, cobrir com orégano a gosto e levar ao forno por uma hora, ou até a massa estar seca.
Servir o assado ainda quente, com rodelas de laranja decorando.

ASSADO TURCO

(3 a 6 pessoas)

- 1/2 copo de PVT miúda
- 1/2 copo de *tofu* firme amassado
- 1/2 copo de grãos de soja cozidos
- 1/2 copo de trigo para quibe (triguilho) deixado de molho por uma noite
- 1/2 xícara de azeitona turca picada
- 2 colheres de farinha de trigo
- 1 colher de sobremesa de fermento químico
- 1 e 1/2 copo de folhas frescas de hortelã picadas
- 1 copo de cebola ralada
- 1 colher de sopa de alho desidratado
- 1 copo de salsa fresca picada
- 1 colher de sobremesa de sal
- 1 colher de chá de pimenta-síria
- 1 colher de chá de *zattar* em pó
- 1 colher de sopa de *tahine*
- 1 colher de sopa de gergelim torrado
- 3 colheres de sopa de azeite de oliva extravirgem
- rodelas de tomate
- água fervente

Colocar a PVT numa tigela e cobrir com água fervente. Deixar de molho por 20 minutos. Escorrer a água espremendo bem.
Misturar todos os ingredientes numa tigela exceto o fermento e as rodelas de tomate. Passar tudo por um processador de alimentos e então adicionar o fermento, misturando bem.
Espalhar num pirex untado, cobrir com as rodelas de tomate e levar ao forno preaquecido a 180° C, por 40 minutos.
Retirar o assado do forno e servir ainda quente.

TORTAS

FOLHADO DE ESPINAFRE

(4 a 6 pessoas)

Massa

- 1 pacote de massa folhada congelada

Recheio de Torta Fácil de Espinafre e Manjericão

- 1 maço de espinafre escaldado e escorrido
- 250 g de *tofu* cortado em fatias finas
- 3 colheres de sopa de *shoyo*
- 1 colher de sobremesa de *chimichurri*
- 1 pimentão verde grande ralado
- 3 colheres de sopa de folhas frescas de manjericão
- 1/2 colher de sobremesa de sal

Retirar a massa folhada do congelador.
Temperar as fatias de *tofu* com *shoyo* e *chimichurri*.
Depois de descongelada, abrir a massa com rolo de madeira sobre uma superfície enfarinhada. Dividi-la em duas partes.
Em assadeira untada, colocar uma das partes da massa e espalhar uma camada com as fatias de *tofu*, por cima as folhas de espinafre esticadas, sem dobrar. Temperar com o pimentão ralado, as folhas de manjericão e sal a gosto. Cobrir com a outra parte de massa.
Deixar na geladeira por 15 minutos e em seguida assar por 35 minutos em forno preaquecido a 180° C.

FOLHADO DE SOJA

(4 a 6 pessoas)

Massa

- 1 pacote de massa folhada congelada

Recheio para Torta de Soja

- 3 copos de feijão de soja cozido
- 1/2 xícara de azeitona verde picada
- 1/2 xícara de cogumelo em conserva, bem picadinho
- 1 pimentão vermelho
- 2 tomates sem sementes picados em tamanho pequeno
- 5 dentes de alho esmagados
- 1/2 colher de café de caldo de pimenta-malagueta
- 3 colheres de sopa de azeite de oliva extravirgem
- 1/2 colher de sobremesa de sal

Cozinhar o feijão de soja e ainda quente passar pelo espremedor de batatas. Colocar numa tigela e juntar os demais ingredientes. Misturar bem e deixar em geladeira por 2 horas.
Retirar a massa folhada do congelador.
Depois de descongelada, abrir a massa com rolo de madeira sobre uma superfície enfarinhada e dividi-la em duas partes.
Espalhar o recheio e cobrir com a outra metade da massa.
Aquecer o forno a 200° C.
Deixar na geladeira por 15 minutos antes de assar, por 35 minutos.

FOLHADO DE TOFU E PALMITO

(4 a 6 pessoas)

Massa

- 1 pacote de massa folhada congelada

Recheio de Tofu e Palmito para Torta

- 1 copo de *tofu* firme amassado
- 1/2 copo de grão-de-bico cozido e amassado
- 1/2 pimentão verde picadinho
- 1 copo de palmito picadinho
- 3 dentes de alho
- 5 colheres de sopa de azeite de oliva
- 1 colher de sopa de tomilho fresco picado
- 3 colheres de sopa de amêndoas picadas
- 1/2 colher de sobremesa de sal

Amassar o *tofu* numa tigela, juntar o grão-de-bico cozido e amassar. Acrescentar os demais ingredientes e misturar bem.
Retirar a massa folhada do congelador.
Abrir a massa folhada com um rolo de madeira formando dois retângulos iguais
Aquecer o forno a 200° C.
Numa assadeira untada, colocar o primeiro retângulo e sobre ele o recheio. Cobrir com o segundo retângulo e fechar as bordas com as mãos umedecidas. Deixar em geladeira por 15 minutos e então assar por 30 minutos.
Servir em seguida.

QUICHE GRANDE DE ABOBRINHA ITALIANA

(4 a 6 pessoas)

- 1 abobrinha italiana fatiada
- 200 g de pimentão verde fatiado
- 2 colheres de sopa de margarina
- 1 cebola cortada em rodelas finas
- 1 colher de sopa de manjericão desidratado
- 200 g de *tofu* firme
- 1 tomate sem as sementes picado
- 1/2 colher de chá de sal
- 1/2 colher de chá de pimenta-do-reino moída na hora

Massa com Linhaça para Quiche

- 1 e 1/2 xícara de farinha de trigo integral
- 1/2 xícara de farinha de trigo branca
- 4 colheres de sopa de margarina cortada em pedacinhos
- 1 colher de sopa de semente de linhaça
- 3 ou 4 colheres de sopa de água fria

Para a massa, colocar numa tigela as farinhas e a linhaça, e misturar com os dedos a margarina até ficar com um aspecto de farinha de rosca grosseira. Adicionar a água e amassar até dar liga. Abrir com rolo de madeira e forrar uma fôrma própria para quiches (com bordas onduladas), de mais ou menos 20 cm de diâmetro.

Para o recheio, derreter a margarina e fritar a cebola, o pimentão e a abobrinha até que estejam macios. Adicionar o *tofu*, o manjericão, o sal, o tomate e a pimenta e mexer ligeiramente. Despejar dentro da massa e levar ao forno preaquecido a 180° C, por 25 minutos, ou até a massa começar a dourar.

Retirar do forno e servir em seguida, com salada de folhas amargas.

QUICHE GRANDE DE ALHO-PORÓ E ESPINAFRE

(4 a 6 pessoas)

- 200 g de espinafre fresco
- 2 alhos-porós médios cortados em rodelas finas
- 1 salsão médio cortado em tiras finas
- 400 g de feijões de soja cozidos
- 200 g de *tofu* firme
- 4 colheres de sopa de salsa fresca picada
- 2 colheres de sopa de cebola picada

Massa para Quiche com castanha-do-pará

- 1 e 1/2 xícara de farinha de trigo branca
- 1 pitada de sal
- 2 colheres de sopa de castanha-do-pará picada
- 60 g de margarina cortada em pedacinhos
- 2 ou 3 colheres de sopa de água fria

Para a massa, colocar numa tigela a farinha e a castanha-do-pará, o sal e misturar com os dedos a margarina até ficar com um aspecto de farinha de rosca grosseira. Adicionar a água e amassar até dar liga. Abrir com rolo de madeira e forrar uma fôrma própria para quiches (com bordas onduladas), de mais ou menos 20 cm de diâmetro.

Cozinhar o espinafre no vapor e batê-lo no liquidificador com os grãos de soja, o *tofu*, a salsa, a cebola, o sal e a metade do alho-poró. Despejar dentro da massa, decorar com o restante do alho-poró e levar ao forno preaquecido a 180° C, por 25 minutos, ou até a massa começar a dourar.

Retirar do forno e servir em seguida, com salada de folhas amargas.

QUICHE GRANDE DE CHAMPIGNON

(4 a 6 pessoas)

- 200 g de cenouras cozidas e bem picadas
- 300 g de feijões de soja cozidos
- 2 colheres de chá de alcaparra
- 1/2 cebola grande cortada em rodelas finas
- 1 colher de chá de sal
- 1/2 xícara de *tofu*

Massa Integral para Quiche

- 1 e 1/2 xícara de farinha de trigo integral
- 1 colher de sopa de gergelim
- 90 g de margarina cortada em pedacinhos
- 1 pitada de sal
- 2 colheres de sopa de água fria

Para a massa, colocar a farinha numa tigela e misturar com os dedos o gergelim, o sal e a margarina até ficar com um aspecto de farinha de rosca grosseira. Adicionar a água e amassar até dar liga. Abrir com rolo de madeira e forrar uma fôrma própria para quiches (com bordas onduladas), de mais ou menos 20 cm de diâmetro.

Para o recheio, colocar numa tigela a cenoura, os grãos de soja, o *tofu*, o sal e as alcaparras. Bater tudo no liquidificador e virar o creme numa tigela. Misturar as rodelas de cebola e despejar dentro da massa.

Levar ao forno preaquecido a 180° C, por 25 minutos, ou até a massa começar a dourar.

Retirar do forno e servir em seguida, com salada de folhas amargas.

QUICHE GRANDE DE COGUMELO SALMÃO

(4 a 6 pessoas)

- 200 g de cogumelos frescos do tipo salmão, cortados em pedaços pequenos
- 4 *champignons* grandes cortados em quatro
- 1 colher de sopa de *shoyo* sabor *champignon*
- 1/2 xícara de *tofu* firme
- 1/2 xícara de leite de soja
- 1 cebola picadinha
- 2 colheres de sopa de margarina

Massa Básica para Quiche

- 250 g de farinha de trigo branca
- 1 pitada de sal
- 150 g de margarina amolecida
- 3 colheres de sopa de água fria

Colocar a farinha numa tigela e misturar a pitada de sal e a margarina com os dedos até ficar com o aspecto de farinha de rosca grosseira. Adicionar a água e amassar até dar liga. Abrir com rolo de madeira e forrar uma fôrma própria para quiches (com bordas onduladas), de mais ou menos 20 cm de diâmetro.

Colocar numa tigela o *shoyo* e o *champignon*, tanto o picado quanto o cortado em quatro.

Derreter a margarina numa frigideira e dourar a cebola. Deixar esfriar e colocar sobre a massa.

Em outra tigela, misturar o leite, o *tofu*, o sal e o *champignon* picado. Mexer delicadamente e colocar dentro da fôrma.

Distribuir por cima o *champignon* que está cortado em quatro.

Levar ao forno preaquecido a 180° C, por 25 minutos, ou até a massa começar a dourar.

Retirar do forno e servir em seguida.

QUICHE GRANDE DE ORÉGANO E RÚCULA

(4 a 6 pessoas)

- 3 tomates fatiados
- 1 colher de sobremesa de orégano desidratado
- 300 g de grãos de soja cozidos
- 1/2 xícara de *tofu* firme
- 1 pitada de sal
- 1 pitada de pimenta-do-reino moída na hora
- 1 xícara de rúcula cortada bem fininha

Massa para Quiche com Castanha de caju
- 1 e 1/2 xícara de farinha de trigo
- 60 g de margarina amolecida
- 1 colher de sopa de farinha de castanha de caju
- 1 colher de chá de sal
- 2 a 3 colheres de sopa de água fria

Colocar a farinha, a castanha de caju e o sal numa tigela e misturar a margarina com os dedos até ficar com um aspecto de farinha de rosca grosseira. Adicionar a água e amassar até dar liga. Abrir com rolo de madeira e forrar uma fôrma própria para quiches (com bordas onduladas), de mais ou menos 20 cm de diâmetro.
Colocar numa tigela o *tofu*, os grãos de soja, o sal, a pimenta. Bater tudo no liquidificador. Colocar este recheio preparado dentro da fôrma. Arrumar as fatias de tomate, polvilhar orégano e pimenta e levar ao forno preaquecido a 180° C, por 25 minutos, ou até a massa começar a dourar.
Retirar do forno e servir em seguida.

TORTA ABERTA DE BERINJELA E SOJA

(4 a 6 pessoas)

Massa Podre para Torta
- 2 copos de farinha de trigo branca
- 1/2 copo de farinha de soja
- 1/2 xícara de margarina
- 1 colher de chá de sal

Recheio de Berinjela para Torta
- 2 copos de berinjela picadinha
- 1/2 copo de grãos de soja cozidos e triturados
- 1/2 copo de grãos de soja cozidos e inteiros
- 3 colheres de sopa de nozes picadas
- 1 colher de sobremesa de *zattar*
- 2 cebolas picadas
- 2 colheres de sopa de azeite de oliva
- 3 tomates cortados em rodelas finas
- 1 colher de sobremesa de orégano desidratado
- 1 colher de chá de sal

Aquecer o azeite em panela larga, dourar a cebola, adicionar a berinjela, os grãos de soja moídos e os inteiros, as nozes, o sal e o *zattar*. Mexer com colher de pau, tampar e deixar em fogo brando por 15 minutos.
Misturar os ingredientes da massa em uma tigela, amassar com as mãos e forrar uma fôrma de fundo removível, compactando com as mãos contra as laterais. Colocar o recheio, cobrir com rodelas de tomate, espalhar o orégano e assar em forno preaquecido a 200° C por 20 minutos.

TORTA COM ALCACHOFRA E TOFU

(4 a 6 pessoas)

Massa para Torta com okara
- 1 copo de farinha de trigo
- 1 copo de *okara* torrado
- 1 colher de sopa de maisena
- 1/2 colher de sobremesa de sal
- 1 colher de sobremesa de fermento químico em pó
- 1/2 copo de leite de coco
- 3 colheres de sopa de óleo

Recheio de Alcachofra para Tortas
- 2 xícaras de fundos de alcachofra cozidos, cortados em tiras bem finas
- 250 g de *tofu* fresco amassado
- 1 colher de sopa de fibra de trigo
- 1 colher de sopa de aveia em flocos grossos
- 1 talo grande de salsão cortado em tiras finas

- 1 maçã pequena descascada, sem sementes e picada em pedaços pequenos
- 1 cebola roxa picada em pedaços pequenos
- 1/2 colher de sobremesa de sal
- 1 colher de sobremesa de pimenta-do-reino verde (macia) amassada com um garfo

Misturar numa tigela os ingredientes do recheio. Reservar.
Aquecer o forno a 180° C.
Misturar numa tigela os ingredientes secos da massa, adicionar o óleo e o leite de coco e mexer vigorosamente com uma colher de pau fina.
Virar a massa em superfície lisa e enfarinhada, trabalhá-la com as mãos por 5 minutos, separá-la em duas partes, sendo uma um pouco maior que a outra e abri-las com rolo de madeira.
Untar uma fôrma para tortas e forrá-la com a parte maior da massa. Colocar o recheio e tampar com a outra parte da massa.
Assar por aproximadamente 40 minutos, ou até a torta estar dourada.

TORTA COM TOFU E MILHO VERDE

(4 a 6 pessoas)

Massa Quadriculada para Torta
- 225 g de farinha de trigo branca
- 1/2 colher de chá de sal
- 115 g de margarina gelada picada
- 4 colheres de sopa de água gelada

Recheio de Escarola
- 300 g de *tofu* amassado com garfo
- 4 colheres de sopa de salsa fresca picada
- 3 colheres de sopa de alho espremido
- 1 pimentão vermelho picadinho
- 1 colher de sobremesa rasa de sal
- 3 copos de grãos de milho retirados das espigas
- 2 copos de água
- 1/2 xícara de cebolinha verde picada

Misturar o *tofu* amassado com a salsa, o alho, o pimentão e o sal.
Bater no liquidificador metade dos grãos de milho com dois copos de água, passar por peneira e levar ao fogo, junto com os grãos de milho inteiros e a cebolinha e o sal. Manter em fogo moderado, sempre mexendo com colher de pau, até que esteja cremoso.
Misturar a farinha com o sal em uma vasilha. Adicionar a margarina e misturar com as mãos até a mistura ficar semelhante a uma farofa. Adicionar a água, formar uma bola com a massa, envolvê-la com um filme plástico e deixar em geladeira por 30 minutos.
Dividir a massa em duas partes e abri-las com rolo. Com uma forrar uma fôrma untada. Com a outra cortar tiras finas e iguais utilizando um cortador de pizza, ou faca amolada, e uma régua.
Colocar o *tofu* temperado no fundo e por cima o milho. Cobrir com as tiras de massa, fazendo uma camada num sentido e outra no sentido oposto para formar um quadriculado.
Assar a torta em forno médio por aproximadamente 45 minutos, ou até a massa estar dourada.

TORTA DE ABOBRINHA COM ERVILHA E SOJA

(4 a 6 pessoas)

Massa de Nozes e Fibras para Torta
- 225 g de farinha de trigo branca
- 1/2 colher de chá de sal
- 115 g de margarina gelada picada
- 4 colheres de sopa de leite de soja gelado
- 2 colheres de sopa de fibra de soja
- 2 colheres de sopa de nozes picadas

Recheio de Abobrinha e Ervilhas
- 3 copos de abobrinha italiana ralada
- 1 copo de grãos de soja cozidos
- 1/2 copo de ervilhas frescas
- 1 pimentão amarelo cortado em filetes
- 5 dentes de alho espremidos
- 1 lata de tomates pelados, picados
- 1 colher de sopa de maisena
- 1 colher de sopa de fibra de soja
- 1/2 copo de leite de soja frio

- 3 colheres de sopa de *shoyo*
- 1 pitada de sal
- 2 colheres de sopa de azeite de oliva ou margarina

Passar a abobrinha em um processador para ralar e em seguida passar também os grãos de soja cozidos. Levar uma panela larga, ao fogo, aquecer o azeite (ou margarina) e fritar o pimentão por 10 minutos. Adicionar o alho, a abobrinha, as ervilhas, a soja, o tomate picado e o caldo dele também, o sal e o *shoyo*. Mexer com colher de pau, tampar e deixar em fogo baixo por 20 minutos. Adicionar a fibra de soja e a maisena diluída no leite frio. Mexer em fogo alto por 5 minutos, ou até estar com boa consistência.
Para a massa, misturar a farinha com o sal, as nozes e a fibra de soja em uma vasilha. Adicionar a margarina e misturar com as mãos até a mistura ficar semelhante a uma farofa. Adicionar o leite de soja, formar uma bola com a massa, envolvê-la com um filme plástico e deixar em geladeira por 30 minutos.
Retirar a massa da geladeira, dividi-la em duas partes e abri-las com rolo. Com uma delas forrar uma fôrma já untada, colocar o recheio e cobrir com a outra parte da massa aberta.
Assar a torta em forno médio por aproximadamente 45 minutos, ou até a massa estar dourada.

TORTA DE ALCACHOFRA E ASPARGOS

(4 a 6 pessoas)

Massa Fácil para Tortas
- 1 copo de farinha de trigo
- 3 colheres de fibra de soja
- 1 colher de café de sal
- 1 colher de sobremesa de fermento químico em pó
- 4 colheres de sopa de margarina vegetal
- 6 colheres de sopa de água

Recheio
- 3 copos de fundos de alcachofra cortados em quadrados pequenos
- 2 maços de aspargos frescos
- 3 tomates cortados em pedaços
- 250 g de *tofu* cortado em cubos
- 2 cebolas média picadas
- 1 colher de sobremesa rasa de sal
- 1 colher de sopa de caldo de limão
- 3 colheres de sopa de margarina vegetal
- 1 colher de sobremesa de maisena
- 1/2 copo de leite de soja frio
- 1 colher de chá de sal

Misturar os ingredientes da massa numa tigela e abrir com um rolo de madeira deixando-a bem fina, e forre um pirex redondo e raso.
Levar ao forno em temperatura média por 25 minutos, ou até dourar.
Aquecer uma chapa para grelhar, untar com um pouco de óleo e arrumar as alcachofras, os aspargos, os cubos de *tofu* e os tomates.
Derreter a margarina numa panela larga, e fritar o alho e cebola por 5 minutos. Adicionar a alcachofra, os aspargos, o *tofu* e os pedaços de tomate. Mexer por 5 minutos, adicionar a maisena diluída no leite quente e mexer até obter um recheio consistente.
Virar o recheio sobre a massa já assada e servir em seguida.

TORTA DE ARROZ SELVAGEM COM CARNE DE SOJA

(4 a 6 pessoas)

Massa Podre com Fibras
- 2 copos de farinha de trigo branca
- 1/2 copo de fibras de soja
- 1/2 copo de farinha de soja
- 3/4 de copo de margarina
- 1 colher de chá de sal

Recheio de Arroz Selvagem com Carne de Soja e Couve-de-bruxelas
- 1/2 copo de arroz selvagem cru deixado de molho por 25 minutos
- 1/2 copo de PVT do tipo miúda
- 1 copo de couve-de-bruxelas frescas picadas

- 1 colher de sopa de alho espremido
- 1/2 xícara de cebolinha verde picada
- 1/2 xícara de azeitonas pretas picadas
- 1 pimentão amarelo picadinho
- 1/2 xícara de alho-poró picadinho
- 2 colheres de sopa de aneto fresco picado
- 4 colheres de sopa de *shoyo*
- 3 colheres de sopa de margarina
- 1 copo de água fervente
- 1 colher de sopa de sementes de papoula

Colocar a PVT numa tigela e cobrir com água fervendo. Deixar de molho por 5 minutos e então escorrer bem a água usando um escorredor ou uma peneira.
Derreter a margarina, refogar o alho, a cebolinha, o pimentão e o alho-poró por 10 minutos. Adicionar a PVT, a azeitona, o arroz selvagem escorrido, a couve-de-bruxelas, o aneto e o *shoyo*. Mexer por 10 minutos, adicionar a água fervendo, misturar e deixar a panela tampada por 20 minutos, ou até a água ter secado e os grãos de arroz estarem macios. Retirar a panela do fogo e reservar.
Misturar os ingredientes da massa em uma tigela, amassar com as mãos e forrar uma fôrma com fundo removível, compactando, com as mãos, no fundo e laterais. Levar ao forno preaquecido a 180° C por 30 minutos.
Retirar do forno, colocar o recheio, espalhar as sementes de papoula e servir em seguida.

TORTA DE BETERRABA E TOFU

(4 a 6 pessoas)

Massa para Torta com Maisena e Noz
- 1 xícara de farinha de trigo branca
- 1 xícara de maisena
- 1/2 xícara de noz-pecã triturada no liquidificador
- 1/2 xícara de farinha de soja
- 1 colher de sopa de fermento químico
- 4 colheres de sopa de margarina
- leite de soja
- 1 pitada de sal

Recheio de Beterraba
- 2 copos de beterraba descascada e ralada
- 1 copo de folhas de beterraba lavadas e cortadas bem finas
- 2 copos de *tofu* amassado com garfo
- 1 copo de glúten cortado em tiras finas
- 5 colheres de sopa de leite de coco
- 2 colheres de sopa de coco ralado
- 1/2 xícara de cebolinha verde picada
- 3 colheres de sopa de salsa fresca picada
- 4 dentes de alho picados
- 1 colher de sobremesa de gengibre fresco ralado
- 2 colheres de sopa de alcaparrones picados
- 1 pitada de sal
- 2 colheres de sopa de margarina
- 1 colher de sopa de flocos de aveia
- 1 colher de sobremesa de maisena
- 1/2 xícara de leite de soja frio

Para o recheio, derreter a margarina, fritar a cebolinha, a salsa, o alho e em seguida adicionar a beterraba, as folhas de beterraba, o *tofu*, o glúten, o leite de coco, o coco ralado, o gengibre, os alcaparrones e o sal. Mexer com colher de pau, tampar a panela e manter em fogo baixo por 20 minutos.
Destampar a panela, aumentar o fogo e adicionar a aveia e a maisena diluída no leite. Mexer por 5 minutos, retirar a panela do fogo e reservar.
Colocar os ingredientes secos da massa e o óleo em uma vasilha e despejar sobre eles o leite aos poucos, até obter uma massa lisa. Dividi-la em duas partes. Abrir uma das metades com rolo e forrar com ela uma fôrma já untada. Colocar o recheio e cobri-lo com a outra metade da massa, também aberta com rolo.
Assar a torta em forno médio por aproximadamente 45 minutos, ou até estar dourada.

TORTA DE BRÓCOLIS

(4 a 6 pessoas)

Massa para Torta com Fibras
- 2 xícaras de farinha de trigo branca
- 2 colheres de sopa de fibra de soja
- 1 colher de fibra de trigo
- 1 colher de sopa de fermento químico
- 1/2 colher de sobremesa de sal
- 3 colheres de sopa de óleo
- leite de soja

Recheio de Brócolis
- 2 maços de brócolis
- 2 copos de grãos de soja cozidos
- 1 copo de cogumelo do tipo *shiitake* desidratado, deixado de molho em água fervente por 20 minutos
- 1 colher de chá de sal
- 1 cebola roxa picada
- 1/2 xícara de coentro fresco picado
- 1 colher de sobremesa de maisena
- 1/2 xícara de leite de soja
- 2 colheres de sopa de margarina

Escorrer a água dos cogumelos. Passar num processador de alimentos o brócolis, com os raminhos e também os talos, a soja e os cogumelos.
Derreter a margarina, fritar a cebola até que comece dourar, adicionar o brócolis, a soja, os cogumelos, o coentro e o sal. Misturar com colher de pau e deixar tampado em fogo brando por 25 minutos.
Adicionar a maisena diluída no leite de soja e mexer em fogo alto até engrossar. Retirar a panela do fogo e deixá-la reservada.
Colocar os ingredientes secos da massa e o óleo em uma vasilha e despejar sobre eles o leite aos poucos, até obter uma massa lisa. Dividi-la em duas partes.
Abrir uma das partes da massa com rolo e forrar com ela uma fôrma untada. Colocar o recheio e cobrir com a outra metade, também aberta com rolo.
Assar a torta em forno médio por aproximadamente 45 minutos, ou até estar dourada.

TORTA DE CARNE DE SOJA COM CARÁ E CHUCHU

(4 a 6 pessoas)

Massa Temperada para Torta
- 2 copos de farinha de trigo branca
- 1/2 copo de maisena
- 1 colher de sobremesa de fermento químico
- 1/2 colher de sobremesa de sal
- 1 colher de sopa de cebola desidratada
- 1 colher de sopa de salsa desidratada
- 1 colher de chá de alho desidratado
- 5 colheres de sopa de óleo
- leite de soja

Recheio de Carne de Soja com Cará e Chuchu
- 1/2 copo de PVT do tipo miúda e escura
- 1 copo de cará descascado e ralado
- 1 copo de chuchu descascado e ralado
- 2 cebolas cortadas em rodelas finas
- 4 colheres de sopa de *shoyo*
- 1/2 xícara de salsa fresca picada
- 1 pitada de sal
- 1/2 xícara de coentro fresco picado
- 1/2 xícara de purê de tomate
- 1 colher de sopa de óleo de milho
- 1 colher de sopa de óleo de gergelim
- 1 colher de sopa cheia de farinha de trigo integral

Colocar a PVT numa tigela e cobrir com água fervendo. Deixar de molho por 5 minutos e então escorrer bem a água usando um escorredor ou uma peneira.
Aquecer em uma panela larga, o óleo de milho e o óleo de gergelim, fritar a cebola por 5 minutos, adicionar a PVT, uma pitada de sal e o *shoyo*. Mexer por mais 5 minutos em fogo alto e acrescentar o cará, o chuchu, a salsa, o coentro e o purê de tomate. Misturar bem, tampar a panela e deixar em fogo brando por 20 minutos, mexendo de vez em quando.
Colocar a farinha de trigo e deixar em fogo alto por 5 minutos. Retirar a panela do fogo e reservar.
Colocar em uma vasilha os ingredientes secos da massa, misturar bem e adicionar o óleo. Despejar

sobre eles o leite aos poucos, até obter uma massa lisa. Dividi-la em duas partes.
Abrir uma com rolo e forrar com uma parte da massa uma fôrma untada. Colocar o recheio e cobri-lo com a outra metade, também aberta com rolo.
Assar a torta em forno médio por aproximadamente 45 minutos, ou até estar dourada.

TORTA DE CHICÓRIA COM GLÚTEN E SOJA

(4 a 6 pessoas)

Massa para Torta com Farinha de Pão
- 2 copos de pão integral torrado e triturado no liquidificador
- 1 xícara de farinha de trigo branca
- 3 colheres de sopa de farinha de soja
- 1/2 xícara de margarina gelada
- 4 colheres de sopa de leite de soja
- 1 pitada de sal

Recheio de Chicória com Glúten e Soja
- 4 copos de chicória cortada bem fina
- 2 copos de filetes de glúten
- 2 copos de grãos de soja cozidos e triturados
- 2 cebolas raladas
- 4 dentes de alho
- 2 colheres de sopa de óleo
- 1/2 xícara de azeitona
- 4 colheres de sopa de purê de tomate
- 3 colheres de sopa de uvas passas
- 3 colheres de sopa coco ralado
- 2 colheres de sopa de farinha de soja
- 1 colher de sobremesa rasa de sal

Para o recheio, aquecer o óleo, fritar a cebola ralada, adicionar o alho, o sal, a azeitona, a chicória, o glúten e a soja. Mexer com colher de pau em fogo alto por 5 minutos. Adicionar o purê de tomate, tampar e deixar 15 minutos. Destampar, colocar a uvas passas, o coco e a farinha de soja. Mexer em fogo alto por mais 5 minutos. Retirar a panela do fogo e reservar.
Para a massa, misturar o pão triturado com as farinhas e o sal em uma vasilha. Adicionar a margarina e misturar com as mãos até ficar semelhante a uma farofa. Adicionar o leite de soja, formar uma bola com a massa, envolvê-la com um filme plástico e deixar em geladeira por 30 minutos.
Retirar a massa da geladeira, dividi-la em duas partes e abri-las com rolo. Com uma delas forrar uma fôrma já untada. Colocar o recheio, espalhando delicadamente. Cobrir com a outra parte da massa e assar a torta em forno médio por aproximadamente 45 minutos, ou até a massa estar dourada.

TORTA DE COGUMELOS E SOJA

(4 a 6 pessoas)

Massa para Torta com Castanha-do-pará
- 1/2 copo de farinha de trigo branca
- 1/2 copo de farinha de glúten
- 1 copo de farinha de soja
- 1/2 copo de castanha-do-pará triturada no liquidificador bem seco
- 1/2 colher de sobremesa de sal
- 1 colher de sobremesa de fermento químico em pó
- 1 copo mal cheio de leite de soja
- 4 colheres de sopa de óleo

Recheio de Cogumelos e Feijão de Soja
- 3 xícaras de cogumelo fresco, do tipo *shiitake* gigante cortado em tiras
- 1e 1/2 copo de feijão de soja bem cozido e passado por espremedor de batatas
- 5 colheres de sopa de alho-poró
- 4 colheres de sopa de salsa fresca picada
- 1 colher de sopa de tomilho fresco picado
- 1/2 colher de sobremesa de sal
- 3 colheres de sopa de óleo de milho
- 1 colher de sopa de óleo de gergelim
- sementes de papoula
- azeitonas chilenas
- azeite de oliva a gosto
- pimenta-do-reino moída na hora a gosto

Aquecer o forno a 180° C.
Misturar numa tigela os ingredientes secos da massa, adicionar o óleo e o leite de soja e mexer vigo-

rosamente com uma colher de pau fina.
Virar a massa em superfície lisa e enfarinhada, trabalhá-la por 5 minutos e forrar com ela uma fôrma para tortas, untada.
Assar por aproximadamente 30 minutos, ou até a massa estar dourada.
Aquecer o óleo de milho e o de gergelim em fogo alto, numa panela larga,. Fritar a salsa, o alho-poró e o tomilho e adicionar o cogumelo picado, o feijão de soja cozido e espremido e o sal. Mexer com colher de pau, tampar a panela e deixar cozinhar por 10 minutos. Destampar e manter em fogo alto por 5 minutos, mexendo sempre.
Colocar o recheio dentro da fôrma com a massa já assada. Cobrir a torta com sementes de papoula e azeitonas. Regar com azeite de oliva, polvilhar a pimenta-do-reino e servi-la em seguida.

TORTA DE COUVE-FLOR E TOFU

(4 a 6 pessoas)

Massa para Torta com Castanhas
- 2 xícaras de farinha de trigo branca
- 2 colheres de sopa de castanhas-do-pará trituradas
- 2 colheres de sopa de castanhas-de-caju trituradas
- 1 colher de sopa de fermento químico
- 1/2 colher de sobremesa de sal
- 2 colheres de sopa de óleo
- leite de soja

Recheio de Couve-flor e Tofu
- 1 pé médio de couve-flor
- 450 g de *tofu* cortado em cubinhos
- 1 colher de sobremesa rasa de *curry*
- 1/2 xícara de azeitonas verdes picadas
- 1 cebola cortada em quadrados
- 1 colher de chá de pimenta-do-reino moída
- 3 colheres de sopa de leite de soja
- 1 colher de chá de espinafre em pó
- 2 colheres de sopa de *shoyo*
- 1 colher de chá de sal
- 4 colheres de sopa de salsa fresca picada muito pequena

Para o recheio, separar os raminhos da couve-flor e passar os cabinhos por um processador de alimentos. Amassar metade dos cubinhos de *tofu*.
Colocar todos os ingredientes do recheio em uma panela, exceto a salsa, deixando para o fim os cubinhos inteiros de *tofu*. Misturar delicadamente com colher de pau, tampar e deixar em fogo alto por 10 minutos. Em seguida abaixar o fogo e cozinhar por mais 10 minutos.
Colocar os ingredientes secos da massa e o óleo em uma vasilha e despejar sobre eles o leite aos poucos, até obter uma massa lisa. Dividi-la em duas partes. Abrir uma das partes da massa com rolo e forrar com ela uma fôrma untada. Colocar o recheio, espalhar a salsa picada e cobrir com a outra metade, também aberta com rolo. Assar a torta em forno médio por aproximadamente 45 minutos, ou até estar dourada.

TORTA DE PALMITO

(4 a 6 pessoas)

Massa Leve para Torta
- 1 e 1/2 copo de farinha de trigo branca
- 1/2 copo de farinha de glúten
- 2 colheres de sobremesa de farelo de trigo
- 2 colheres de sopa de margarina vegetal
- 1 colher de sobremesa, rasa, de sal
- 1 colher de sopa de fermento biológico
- 1/2 copo de leite de soja morno

Recheio
- 2 colheres de sopa de farinha de trigo branca
- 1 e 1/2 copo de leite de soja fervente
- 1 colher de chá de sal
- 4 colheres de sopa de margarina vegetal
- 2 copos de tomate picado, sem sementes
- 2 copos de palmito picadinho
- 1 copo de salsicha vegetal picada
- 1/2 copo de pimentão cambuci picadinho (chapéu-de-frade)
- 3 colheres de sobremesa de azeite de oliva
- 1 colher de sopa de cebola picadinha
- 1/2 copo de azeitonas chilenas picadas
- 1 colher de chá de pimenta-do-reino verde amassada com um garfo

Misturar numa tigela os ingredientes da massa, deixando para o fim o leite e a margarina, e amassar até obter uma massa lisa e macia.
Deixar essa massa numa tigela untada com óleo, coberta e bem protegida do frio, por uma hora e meia.
Para o recheio derreter a margarina vegetal numa panela, colocar as duas colheres de farinha de trigo. Manter o fogo alto e mexer com colher de pau até a farinha ficar levemente dourada.
Adicionar o leite de soja aos poucos e mexer sem parar. Bater no liquidificador até ficar cremoso e virar o creme obtido numa tigela e acrescentar os demais ingredientes do recheio.
Dividir a massa em duas partes e abri-las com um rolo de madeira.
Forrar com uma parte da massa, uma assadeira untada de óleo e farinha de trigo.
Virar o recheio, colocar um pouco de azeite por cima e fechar com a outra massa, cuidando para que as laterais fiquem bem fechadas.
Assar em forno médio, já quente, por aproximadamente uma hora, ou até a massa estar levemente dourada.

TORTA DE SALSICHA VEGETAL, REPOLHO ROXO E INHAME

(4 a 6 pessoas)

Massa com Farinha de Soja para Torta
- 1 xícara de farinha de trigo branca
- 1 xícara de farinha de soja
- 1/2 colher de chá de sal
- 1/2 xícara de margarina gelada picada
- 4 colheres de sopa de leite de soja gelado

Recheio de Repolho Roxo, Inhame
- 1 lata de salsichas cortadas em filetes
- 2 copos de repolho roxo ralado
- 1 copo de inhame ralado
- 4 colheres de sopa de nozes picadas
- 1 colher de margarina
- 5 minicebolas cortadas em tiras
- 2 dentes de alho espremidos
- 1 pimentão verde cortado em tiras
- 1 colher de sopa de óleo de gergelim
- 1 colher de chá de mel de uvas
- 2 colheres de sopa de *shoyo*
- 1 pitada de sal
- 1 colher de sobremesa de maisena
- 1/2 xícara de leite de soja

Para o recheio, derreter a margarina, fritar as cebolas até dourarem e adicionar o alho, o pimentão, a salsicha, o repolho, o inhame, as nozes, o óleo de gergelim, o *shoyo*, o sal e o mel de uvas. Misturar bem com colher de pau, tampar a panela e deixar em fogo baixo por 20 minutos. Adicionar a maisena diluída no leite, manter o fogo alto, sempre mexendo até encorpar. Retirar a panela do fogo e reservar.
Para a massa, misturar a farinha com o sal em uma vasilha. Adicionar a margarina e trabalhar com as mãos até a mistura ficar semelhante a uma farofa. Adicionar a água, formar uma bola com a massa, envolvê-la com um filme plástico e deixar em geladeira por 30 minutos.
Dividir a massa em duas partes, abri-las com rolo e forrar com uma delas uma fôrma untada. Colocar o recheio e cobri-lo com a outra metade da massa.
Assar a torta em forno médio por aproximadamente 45 minutos, ou até estar dourada.

TORTA DE VERÃO COM BROTOS

(4 a 6 pessoas)

Massa Perfumada para Torta
- 2 xícaras de farinha de trigo branca
- 1/2 colher de sobremesa de sal
- 5 colheres de sopa de margarina gelada
- 1 colher de sopa de sumo de limão

Recheio de Brotos
- 1 copo de broto de soja cozido e esfriado
- 1 copo de broto de *moyashi* ligeiramente cozido e esfriado
- 1 copo de broto de alfafa
- 1 e 1/2 copo de *tofu* cremoso
- 1/2 xícara de tomate picado

- 1/2 xícara de abacaxi picado
- 1/2 xícara de castanha de caju picada
- 1 colher de sobremesa de alho espremido
- 3 colheres de cebolinha verde picada
- 1 colher de salsa fresca picada
- 3 colheres de sopa de vinho tinto
- 1 colher de sopa de maionese de soja
- 1 colher de sopa de molho de mostarda
- 1 colher de sobremesa de sementes de mostarda
- 3 colheres de sopa de azeite de oliva
- 1 colher de chá de sal
- 2 copos de folhas de alface cortadas em tiras bem finas

Para a massa, misturar a farinha com o sal, adicionar a margarina e misturar com as mãos até ficar semelhante a uma farofa. Adicionar o limão, formar uma bola com a massa, envolvê-la com um filme plástico e deixar em geladeira por 30 minutos.
Retirar a massa da geladeira, abri-la com rolo, forrar uma fôrma já untada e assar em forno médio por aproximadamente 40 minutos, ou até a massa estar dourada.
Retirar a massa do forno e deixar que esfrie.
Em uma vasilha misturar todos os ingredientes do recheio, exceto as folhas, mexendo delicadamente até estar tudo bem homogêneo.
Rechear a massa assada e servir a torta gelada.

TORTA DE VERÃO COM TOMATE SECO

(4 a 6 pessoas)

Massa Apimentada para Torta
- 2 xícaras de farinha de trigo branca
- 1/2 colher de sobremesa de sal
- 5 colheres de sopa de margarina gelada
- 3 colheres de sopa de sumo de laranja
- 1 colher de chá de *chilli* em pó
- 1 colher de chá de páprica em pó

Recheio de Tomate Seco e Salsicha
- 1 copo de tomates secos picados
- 1 copo de *tofu* amassado com garfo
- 1 copo de salsicha vegetal cortada em tiras finas
- 1/2 xícara de maionese de soja
- 4 colheres de sopa de cebola picada
- 4 colheres de sopa de nozes picadas
- 4 colheres de sopa de pimentão verde picadinho
- 4 colheres de sopa de azeitonas picadas
- 5 colheres de sopa de figo seco picado
- 3 colheres de sopa de sumo de limão
- 2 colheres de sopa de *catchup*
- 1 colher de chá de sal
- semente de papoula

Para a massa, misturar a farinha com o sal, o *chilli* a páprica, adicionar a margarina e misturar com as mãos até ficar semelhante a uma farofa. Adicionar a laranja, formar uma bola com a massa, envolvê-la com um filme plástico e deixar em geladeira por 30 minutos.
Retirar a massa da geladeira, abri-la com rolo, forrar uma fôrma já untada e assar em forno médio por aproximadamente 40 minutos, ou até a massa estar dourada.
Retirar a massa do forno e deixar que esfrie.
Em uma vasilha misturar todos os ingredientes do recheio, mexendo delicadamente até estar tudo bem homogêneo.
Rechear a massa assada, enfeitar a torta com as folhas picadas e servir gelada.

TORTINHA DE ESPINAFRE

(6 pessoas pessoas)

- 4 xícaras de espinafre picado e escaldado
- 1 colher de sopa de azeite de oliva
- 1 xícara de cebola picadinha
- 2 colheres de sopa de alho desidratado
- 200 g de *tofu* macio
- 1/2 colher de sobremesa rasa de sal
- 2 colheres de sopa de sumo de limão

Aquecer o forno a 180° C.
Aquecer numa frigideira o azeite de oliva e fritar a cebola e o alho, por 1 minuto. Reservar.
Colocar no liquidificador o *tofu* com o sal, o limão

e bater até obter uma mistura homogênea.
Despejar numa tigela e misturar com a cebola e o alho, juntando a seguir o espinafre escaldado e picado. Mexer delicadamente e verificar.
Colocar a mistura numa assadeira ou pirex untado e assar por 30 minutos.

TORTINHA FOLHADA DE CARNE DE SOJA

(6 pessoas)

- 1 pacote de massa folhada
- 1 copo de PVT do tipo miúda
- água quente para deixara a PVT de molho
- 1/2 copo de alho-poró picado
- 1 cebola roxa picada
- 1 pimentão vermelho picado
- 4 colheres de cebolinha verde picada
- 1 colher de café de caldo de vegetais em pó
- 2 colheres de sopa de extrato de tomate
- 1 colher de chá rasa de sal
- 4 colheres de sopa de *shoyo*
- 1/3 de copo de água quente
- 2 colheres de sopa de margarina

Retirar a massa do congelador para descongelá-la.
Colocar a PVT numa tigela e cobrir com água fervente. Deixar de molho por 20 minutos.
Escorrer a água espremendo bem e reservar.
Derreter a margarina em uma frigideira larga, dourar o alho, a cebola, o pimentão e a cebolinha, por 5 minutos.
Adicionar o caldo de vegetais, o extrato de tomate, o sal, o *shoyo* e a água, misturar bem e manter a panela tampada, em fogo baixo, por 30 minutos.
Aumentar o fogo e deixar a panela destampada por 5 minutos. Retirar do fogo e reservar.
Cortar a massa folhada descongelada com a boca de um copo largo, formando discos.
Forrar forminhas individuais com papel-manteiga untado, colocar um disco de massa, rechear e cobrir com outro disco de massa.
Proceder assim com toda a massa, até o término do recheio. Manter as forminhas em geladeira por 20 minutos e então assar por 30 minutos, em forno preaquecido a 180° C, ou até as tortinhas estarem douradas.

TORTINHA FOLHADA DE TOFU E CARNE VEGETAL

(6 pessoas)

- 1 pacote de massa folhada
- 350 g de *tofu* extrafirme picado
- 1 lata de carne moída vegetal em lata
- 4 colheres de sopa de castanha-do-pará picada
- 1 colher de sopa de azeite de oliva
- 2 colheres de sopa de maisena
- 3 dentes de alho picados
- 2 cebolas raladas
- 1 colher de chá rasa de sal
- 1/3 de copo de leite de soja

Retirar a massa do congelador para descongelá-la.
Bater o *tofu* no liquidificador com o leite de soja, o azeite e a maisena.
Virar em uma tigela e adicionar os demais ingredientes, mexendo bem.
Cortar a massa folhada descongelada com a boca de um copo largo, formando discos.
Forrar forminhas individuais com papel-manteiga untado, colocar um disco de massa, rechear e cobrir com outro disco de massa.
Proceder assim com toda a massa, até o término do recheio.
Manter as forminhas em geladeira por 20 minutos e então assar por 30 minutos, em forno preaquecido a 180° C, ou até as tortinhas estarem douradas.

TORTINHA FOLHADA DE TOFU, SALSICHA E ABOBRINHA ITALIANA (6 pessoas)

- 1 pacote de massa folhada
- 350 g de *tofu* extrafirme picado
- 1 lata de salsicha vegetal em lata, bem picadinha
- 1 copo de abobrinha italiana ralada
- 3 colheres de sopa de maisena
- 1 copo de cebolinha verde picada
- 1 copo de coentro fresco picado
- 1/3 de copo de leite de soja
- 2 colheres de sopa de *tahine*
- 1 colher de chá rasa de sal

Retirar a massa do congelador para descongelá-la.
Bater o *tofu* no liquidificador com o leite de soja, o *tahine* e a maisena. Virar em uma tigela e adicionar os demais ingredientes, mexendo bem.
Cortar a massa folhada, já descongelada, com a boca de um copo largo, formando discos.
Forrar forminhas individuais com papel-manteiga untado, colocar um disco de massa, rechear e cobrir com outro disco de massa. Proceder assim com toda a massa, até o término do recheio. Fechar delicadamente as bordas.
Manter as forminhas em geladeira por 20 minutos e então assar por 30 minutos, em forno preaquecido a 180° C, ou até as tortinhas estarem douradas.

ESFIHAS

ESFIHA COM CARNE DE SOJA EM LATA

(aproximadamente 35 esfihas)

Massa Integral para Esfiha
- 2 copos de farinha de trigo branca
- 2 copos de farinha de trigo integral
- 2 colheres de sopa de farinha de soja
- 2 colheres de sobremesa de fermento biológico
- 2 colheres de sopa de água
- 5 colheres de sopa de óleo
- 2 copos de leite de soja morno

Recheio para Esfiha com Carne de Soja Moída
- 2 latas de carne de soja moída
- 3 cebolas raladas
- 4 dentes de alho espremidos
- 1/2 xícara de salsa fresca picada
- 1/2 xícara de cebolinha fresca picada
- 1 pimentão amarelo cortado ralado
- 1 copo de repolho ralado
- 2 colheres de sobremesa de *zattar*
- 1 colher de sobremesa de sal
- 2 colheres de sopa de azeite de oliva
- limão a gosto
- molho de pimenta a gosto

Colocar o azeite numa panela larga, fritar a cebola ralada e o alho e quando dourar adicionar a carne de soja, o pimentão, o repolho, a salsa, a cebolinha, o *zattar* e o sal. Tampar a panela e manter o fogo baixo por 20 minutos, mexendo de vez em quando. Retirar a panela do fogo e aguardar esfriar.
Para a massa, misturar uma colher de sobremesa de farinha de trigo com o fermento biológico e 2 colheres de sopa de água. Deixar em repouso por 10 minutos, adicionar os demais ingredientes e misturar bem. Virar a massa em mesa enfarinhada e trabalhar com as mãos até tornar-se lisa e elástica.
Abrir a massa com rolo de madeira, e com um pote plástico quadrado cortar porções de massa. Colocar uma colher de recheio dentro de cada quadrado e dobrar, dando formato triangular. Pressionar levemente as bordas com os dedos para fechar. Proceder assim com cada uma.
Arrumar as esfihas numa assadeira untada e assar em forno preaquecido a 180° C, por 35 minutos, ou até que estejam douradas.
Servi-las quentes, com limão e molho de pimenta a gosto.

ESFIHA COM GRÃOS DE SOJA E ABOBRINHA ITALIANA

(aproximadamente 15 esfihas)

Massa para Esfiha com Linhaça
- 2 copos de farinha de trigo branca
- 1 copo de farinha de linhaça
- 1 copo de farinha de glúten
- 2 colheres de sobremesa de fermento biológico
- 4 colheres de sopa de margarina amolecida
- 1 colher de chá de sal
- 1 colher de chá de açúcar
- 2 copos de leite de soja morno

Recheio para Esfiha com Grãos de Soja e Abobrinha
- 4 copos de grãos de soja cozidos
- 4 abobrinhas verdes picadinhas
- 2 cebolas roxas picadas
- 1 colher de sopa de alho desidratado
- 1/2 xícara de erva-doce picada
- 1/2 xícara de coentro fresco picado
- 1 colher de chá de caldo de vegetais em pó
- 1 colher de sopa de *zattar*
- 1 colher de sobremesa de sal
- 4 colheres de sopa de azeite de oliva
- limão a gosto
- molho de pimenta a gosto

Passar os grãos de soja num processador a fim de triturá-los.
Colocar o azeite numa panela larga, fritar a cebola picada, o alho e quando dourar adicionar a erva-doce, o caldo de vegetais, o *zattar*, o coentro, o sal, a soja triturada e a abobrinha. Tampar a panela e manter o fogo baixo por 20 minutos, mexendo de vez em quando. Retirar a panela do fogo e aguardar esfriar.
Para a massa, misturar uma colher de sobremesa de farinha de trigo com o fermento biológico e 2 co-

lheres de sopa de água. Deixar em repouso por 10 minutos, adicionar os demais ingredientes e misturar bem.
Virar a massa em mesa enfarinhada e trabalhar com as mãos até tornar-se lisa e elástica.
Abrir a massa com rolo de madeira, e com um pote plástico quadrado cortar porções de massa. Colocar uma colher de recheio dentro de cada quadrado e dobrar, dando formato triangular. Pressionar levemente as bordas com os dedos para fechar.
Proceder assim com cada uma.
Arrumar as esfihas numa assadeira untada e assar em forno preaquecido a 180° C, por 35 minutos, ou até que estejam douradas.
Servi-las quentes, com limão e molho de pimenta a gosto.

ESFIHA COM GRÃOS DE SOJA E BATATA

(aproximadamente 35 esfihas)

Massa para Esfiha com Gergelim
- 4 copos de farinha de trigo branca
- 2 colheres de sobremesa de fermento biológico
- 2 colheres de sopa de água
- 1 colher de sopa de *tahine*
- 1 colher de sopa de óleo de gergelim
- 3 colheres de sopa de gergelim
- 3 colheres de sopa de óleo
- 2 copos de leite de água morna

Recheio para Esfiha com Grãos de Soja e Chicória
- 2 copos de grãos de soja cozidos e passados por um processador de alimentos
- 3 copos de batata crua ralada
- 2 copos de *tofu* amassado
- 1 xícara de azeitonas verdes fatiadas
- 4 cebolas picadas
- 5 dentes de alho picados
- 2 copos de pimentão picado
- 1/2 xícara de salsa fresca picada
- 1 colher de chá de caldo de vegetais em pó
- 1 colher de sopa de *zattar*
- 1 colher de sopa de extrato de tomate
- 1 colher de sobremesa de sal
- 4 colheres de sopa de azeite de oliva
- limão a gosto
- molho de pimenta a gosto

Passar os grãos de soja num processador a fim de triturá-los.
Colocar o azeite numa panela larga, fritar a cebola picada, o alho e quando dourar adicionar o pimentão, a salsa, o caldo de vegetais, o *zattar*, o sal, o extrato de tomate, as azeitonas, a soja triturada, a batata e o *tofu*.
Tampar a panela e manter o fogo baixo por 30 minutos, mexendo de vez em quando. Retirar a panela do fogo e aguardar esfriar.
Para a massa, misturar uma colher de sobremesa de farinha de trigo com o fermento biológico e 2 colheres de sopa de água. Deixar em repouso por 10 minutos, adicionar os demais ingredientes e misturar bem.
Virar a massa em mesa enfarinhada e trabalhar com as mãos até tornar-se lisa e elástica.
Abrir a massa com rolo de madeira, e com um pote plástico quadrado cortar porções de massa. Colocar uma colher de recheio dentro de cada quadrado e dobrar, dando formato triangular. Pressionar levemente as bordas com os dedos para fechar.
Proceder assim com cada uma.
Arrumar as esfihas numa assadeira untada e assar em forno preaquecido a 180° C, por 35 minutos, ou até que estejam douradas.
Servi-las quentes, com limão e molho de pimenta a gosto.

ESFIHA COM GRÃOS DE SOJA E CHICÓRIA

(aproximadamente 15 esfihas)

Massa para Esfiha com Fibras

- 2 copos de farinha de trigo branca
- 1/2 copo de fibra de trigo
- 1/2 copo de fibra de soja
- 1 copo de farinha de glúten
- 1 e 1/2 colher de sopa de fermento biológico
- 2 colheres de sopa de água
- 5 colheres de sopa de margarina amolecida
- 1 colher de chá de sal
- 1 colher de chá de açúcar
- 2 copos de leite de soja morno

Recheio para Esfiha com Grãos de Soja e Chicória

- 3 copos de grãos de soja cozidos
- 1 pé de chicória cortado em tiras finas
- 10 minicebolas picadinhas
- 5 dentes de alho picados
- 1/2 xícara de salsão picado
- 1 colher de chá de caldo de vegetais
- 1 colher de sopa de *zattar*
- 1 colher de sobremesa de sal
- 1 colher de chá de pimenta-do-reino moída na hora
- 4 colheres de sopa de azeite de oliva
- limão a gosto
- molho de pimenta a gosto

Passar os grãos de soja num processador a fim de triturá-los.

Colocar o azeite numa panela larga, fritar a cebola picada, o alho e quando dourar adicionar o salsão, o caldo de vegetais, o *zattar*, o sal, a pimenta, a soja triturada e a chicória.

Tampar a panela e manter o fogo baixo por 20 minutos, mexendo de vez em quando. Retirar a panela do fogo e aguardar esfriar.

Para a massa, misturar uma colher de sobremesa de farinha de trigo com o fermento biológico e 2 colheres de sopa de água. Deixar em repouso por 10 minutos, adicionar os demais ingredientes e misturar bem.

Virar a massa em mesa enfarinhada e trabalhar com as mãos até tornar-se lisa e elástica.

Abrir a massa com rolo de madeira, e com um pote plástico quadrado cortar porções de massa. Colocar uma colher de recheio dentro de cada quadrado e dobrar, dando formato triangular. Pressionar levemente as bordas com os dedos para fechar.

Proceder assim com cada uma.

Arrumar as esfihas numa assadeira untada e assar em forno preaquecido a 180° C, por 35 minutos, ou até que estejam douradas.

Servi-las quentes, com limão e molho de pimenta.

ESFIHA DE ALCACHOFRA E TOFU

(aproximadamente 15 esfihas)

Massa para Esfiha com Limão

- 2 copos de farinha de trigo branca
- 1/2 copo de noz-pecã picada
- 1 colher de sobremesa de fermento biológico
- 2 colheres de sopa de água
- 5 colheres de sopa de óleo
- 1 colher de sopa de casca de limão ralada
- 1 colher de chá de sal
- 3 copos de água morna

Recheio para Esfiha com Grãos de Soja e Chicória

- 3 copos de fundos de alcachofra picados
- 450 g de *tofu* amassado
- 4 copos de chicória cortada em tiras finas moída
- 3 cebolas picadinhas
- 2 dentes de alho picados
- 1/2 xícara de salsão picado
- 1 colher de chá de caldo de vegetais em pó
- 1 colher de sopa de *zattar*
- 1 colher de sobremesa de sal
- 4 colheres de sopa de azeite de oliva
- limão a gosto
- molho de pimenta a gosto

Colocar o azeite numa panela larga, fritar a cebola picada, o alho e quando dourarem adicionar o salsão, o caldo de vegetais, o *zattar*, o sal, a alcachofra picada, o *tofu* e a chicória.

Tampar a panela e manter o fogo baixo por 20 minutos, mexendo de vez em quando. Retirar a panela do fogo e aguardar esfriar.
Para a massa, misturar uma colher de sobremesa de farinha de trigo com o fermento biológico e 2 colheres de sopa de água. Deixar em repouso por 10 minutos, adicionar os demais ingredientes e misturar bem.
Virar a massa em mesa enfarinhada e trabalhar com as mãos até tornar-se lisa e elástica.
Abrir a massa com rolo de madeira, e com um pote plástico quadrado cortar porções de massa. Colocar uma colher de recheio dentro de cada quadrado e dobrar, dando formato triangular. Pressionar levemente as bordas com os dedos para fechar.
Proceder assim com cada uma.
Arrumar as esfihas numa assadeira untada e assar em forno preaquecido a 180° C, por 35 minutos, ou até que estejam douradas. Servi-las quentes, com limão e molho de pimenta a gosto.

ESFIHA DE CARNE DE SOJA

(aproximadamente 20 esfihas)

Massa para Esfiha Simples
- 1 kg de farinha de trigo branca
- 2 colheres de sobremesa de fermento biológico
- 4 colheres de sopa de óleo de milho
- 1 colher de café de xarope de romã
- 2 copos de leite de soja morno

Recheio para Esfiha com Carne de Soja
- 1 e 1/2 copo de PVT miúda do tipo escura
- 2 cebolas roxas grandes picadinhas
- 1 colher de sobremesa de *zattar*
- 1/2 colher de café de pimenta síria
- 1 colher de sobremesa de sal
- 2 colheres de sopa de azeite de oliva ou óleo de milho
- 1 colher de sopa de óleo de gergelim
- água quente
- limão a gosto
- molho de pimenta a gosto

Colocar a PVT numa tigela e cobri-la com água quente. Deixar de molho por 30 minutos. Escorrer a água e apertar com as mãos para retirar todo o excesso de água.
Colocar o azeite de oliva e o óleo de gergelim numa panela larga, fritar a cebola picada e quando dourar adicionar a PVT, o *zattar*, a pimenta síria e o sal.
Tampar a panela e manter o fogo baixo por 20 minutos, mexendo de vez em quando. Retirar a panela do fogo e aguardar esfriar.
Para a massa, misturar a farinha de trigo com o fermento biológico. Adicionar o óleo, o xarope de romã e o leite de soja e misturar bem.
Virar a massa em mesa enfarinhada e trabalhar com as mãos até a massa tornar-se lisa e elástica.
Abrir a massa com rolo de madeira, e com um pote plástico quadrado cortar porções de massa. Colocar uma colher de recheio dentro de cada quadrado e dobrar, dando formato triangular. Pressionar levemente as bordas com os dedos para fechar.
Proceder assim com cada uma.
Arrumar as esfihas numa assadeira untada e assar em forno preaquecido a 180° C, por 35 minutos, ou até que estejam douradas.
Servi-las quentes, com limão e molho de pimenta a gosto.

ESFIHA DE COGUMELO SALMÃO E TOFU

(aproximadamente 20 esfihas)

Massa Adocicada para Esfiha
- 2 copos cheios de farinha de trigo branca
- 1 colher de sopa de fermento biológico
- 2 colheres de sopa de água
- 3 colheres de sopa de margarina
- 1 pitada de sal
- 2 colheres de sopa de açúcar mascavo
- 1 colher de sopa de xarope de *maple*
- 2 copos de leite de soja morno

Recheio para Esfiha com Cogumelo Salmão e Tofu
- 3 copos de cogumelo fresco do tipo salmão cortado em filetes
- 450 g de *tofu* amassado com garfo

- 1/2 xícara de salsa fresca picada
- 2 pimentões verdes picadinhos
- 3 cebolas grandes cortadas em tiras finas
- 1 colher de sopa de *zattar*
- 1 colher de sobremesa de sal
- 3 colheres de sopa de óleo
- limão a gosto
- molho de pimenta a gosto

Colocar o óleo numa panela larga, fritar a cebola e quando dourar adicionar a salsa, o pimentão, o *zattar*, o sal, o cogumelo e o *tofu*. Tampar a panela e manter o fogo baixo por 10 minutos, mexendo de vez em quando. Manter o fogo alto por mais 10 minutos, sempre mexendo.

Retirar a panela do fogo e aguardar esfriar.

Para a massa, misturar uma colher de sobremesa de farinha de trigo com o fermento biológico e 2 colheres de sopa de água. Deixar em repouso por 10 minutos, adicionar os demais ingredientes e misturar bem.

Virar a massa em mesa enfarinhada e trabalhar com as mãos até tornar-se lisa e elástica.

Abrir a massa com rolo de madeira, e com um pote plástico quadrado cortar porções de massa. Colocar uma colher de recheio dentro de cada quadrado e dobrar, dando formato triangular. Pressionar levemente as bordas com os dedos para fechar.

Proceder assim com cada uma.

Arrumar as esfihas numa assadeira untada e assar em forno preaquecido a 180° C, por 35 minutos, ou até que estejam douradas.

Servi-las quentes, com limão e molho de pimenta a gosto.

ESFIHA DE ESPINAFRE E TOFU

(aproximadamente 20 esfihas)

Massa para Esfiha com Farinha de Glúten
- 2 copos de farinha de glúten
- 1 colher de sobremesa rasa de fermento biológico
- 2 colheres de sopa de água
- 2 colheres de sopa de óleo
- 1 copo de leite de soja morno

Recheio de Tofu para Esfiha
- 2 maços de espinafre sem os talos duros
- 400 g de *tofu* amassado com um garfo
- 2 cebolas grandes picadinhas
- 1 pimentão amarelo picado
- 1 pimentão vermelho picado
- 1 colher de sopa de *zattar*
- 1 colher de sobremesa de sal
- 2 colheres de sopa de óleo de milho
- limão a gosto
- molho de pimenta a gosto

Para o recheio, lavar as folhas de espinafre. Levar uma panela larga, com a água ao fogo alto e quando começar a ferver adicionar as folhas de espinafre. Deixar ferver por 5 minutos e então escorrer a água, virando num escorredor de macarrão. Cortar as folhas com uma faca afiada e espremê-las com as mãos para retirar ao máximo a água.

Colocar o óleo numa panela larga, fritar a cebola picada e quando dourar adicionar os pimentões, o *tofu*, o espinafre, o *zattar* e o sal.

Manter o fogo alto por 15 minutos, mexendo de vez em quando. Retirar a panela do fogo e aguardar esfriar.

Para a massa, misturar uma colher de sobremesa de farinha de trigo com o fermento biológico e 2 colheres de sopa de água. Deixar em repouso por 10 minutos, adicionar os demais ingredientes e misturar bem.

Virar a massa em mesa enfarinhada e trabalhar com as mãos até tornar-se lisa e elástica.

Abrir a massa com rolo de madeira, e com um pote plástico quadrado cortar porções de massa. Colocar uma colher de recheio dentro de cada quadrado e dobrar, dando formato triangular. Pressionar levemente as bordas com os dedos para fechar.

Proceder assim com cada uma.

Arrumar as esfihas numa assadeira untada e assar em forno preaquecido a 180° C, por 35 minutos, ou até que estejam douradas.

Servi-las quentes, com limão e molho de pimenta a gosto.

ESFIHA DE FUBÁ COM BERINJELA, SOJA E REPOLHO ROXO

(aproximadamente 35 esfihas)

Massa para Esfiha de Fubá
- 3 copos de fubá
- 1 copo de farinha de trigo branca
- 3 colheres de farinha de glúten
- 1 colher de sobremesa de fermento biológico
- 2 colheres de sopa de água
- 6 colheres de sopa de óleo
- 1 colher de chá de sal
- 1 colher de sobremesa de semente de linhaça
- 3 copos de leite de soja morno

Recheio para Esfiha com Berinjela, Soja e Repolho
- 1 copo de soja cozida e passada pelo processador
- 3 berinjelas picadinhas em tiras
- 1 copo de cogumelo fresco do tipo *shiitake* cortado em tiras finas
- 4 copos de repolho roxo cortado em tirinhas finas
- 4 cebolas picadinhas
- 5 dentes de alho espremidos
- 1 colher de sopa de *zattar*
- 1 colher de sobremesa de sal
- 4 colheres de sopa de azeite de oliva
- limão a gosto
- molho de pimenta a gosto

Colocar o azeite numa panela larga, fritar a cebola, o alho e adicionar a soja, a berinjela, o cogumelo, o repolho, o *zattar* e o sal.
Tampar a panela e manter o fogo baixo por 15 minutos, mexendo de vez em quando. Retirar a panela do fogo e aguardar esfriar.
Para a massa, misturar uma colher de sobremesa de farinha de trigo com o fermento biológico e 2 colheres de sopa de água. Deixar em repouso por 20 minutos, adicionar os demais ingredientes e misturar bem.
Virar a massa em mesa enfarinhada e trabalhar com as mãos até tornar-se lisa e elástica.
Abrir a massa com rolo de madeira, e com um pote plástico quadrado cortar porções de massa. Colocar uma colher de recheio dentro de cada quadrado e dobrar, dando formato triangular. Pressionar levemente as bordas com os dedos para fechar. Proceder assim com cada uma.
Arrumar as esfihas numa assadeira untada e assar em forno preaquecido a 180° C, por 35 minutos, ou até que estejam douradas.
Servi-las quentes, com limão e molho de pimenta a gosto.

ESFIHA DE PALMITO E TOFU

(aproximadamente 35 esfihas)

Massa para Esfiha Aromatizada
- 4 copos de farinha de trigo branca
- 1 colher de sobremesa de fermento biológico
- 2 colheres de sopa de água
- 5 colheres de sopa de óleo
- 1 colher de sobremesa rasa de noz-moscada ralada
- 1 colher de café de cravo em pó
- 1 colher de sobremesa de pimenta-da-jamaica
- 1 colher de chá de sal
- 3 copos de água morna

Recheio para Esfiha com Grãos de Soja e Chicória
- 4 copos de palmito picadinho
- 450 g de *tofu* amassado
- 1/2 copo de salsa fresca picada
- 1/2 xícara de salsão picado
- 4 cebolas picadinhas
- 1 colher de sopa de *zattar*
- 1 colher de sobremesa de sal
- 4 colheres de sopa de azeite de oliva
- limão a gosto
- molho de pimenta a gosto

Colocar o azeite numa panela larga, fritar a cebola picada e quando dourar adicionar a salsa, o salsão, o *zattar*, o sal, o *tofu* e o palmito.
Tampar a panela e manter o fogo baixo por 15 minutos, mexendo de vez em quando. Retirar a panela do fogo e aguardar esfriar.
Para a massa, misturar uma colher de sobremesa

de farinha de trigo com o fermento biológico e 2 colheres de sopa de água. Deixar em repouso por 10 minutos, adicionar os demais ingredientes e misturar bem.
Virar a massa em mesa enfarinhada e trabalhar com as mãos até tornar-se lisa e elástica.
Abrir a massa com rolo de madeira, e com um pote plástico quadrado cortar porções de massa. Colocar uma colher de recheio dentro de cada quadrado e dobrar, dando formato triangular. Pressionar levemente as bordas com os dedos para fechar.
Proceder assim com cada uma. Arrumar as esfihas numa assadeira untada e assar em forno preaquecido a 180° C, por 35 minutos, ou até que estejam douradas.
Servi-las quentes, com limão e molho de pimenta a gosto.

ESFIHA DE PVT COM ARROZ E BRÓCOLIS

(aproximadamente 20 esfihas)

Massa para Esfiha com Farinha de Arroz
- 2 xícaras de farinha de trigo branca
- 1/2 xícara de farinha de arroz
- 1 colher de sopa cheia de fermento biológico
- 2 colheres de sopa de água
- 4 colheres de sopa de óleo
- 1 colher de sopa de óleo de gergelim do tipo claro
- 1 colher de chá de sal
- 2 copos de água morna

Recheio para Esfiha de PVT, Arroz e Brócolis
- 1 maço cru de brócolis passado por um processador de alimentos
- 1 copo de PVT miúda
- 1 copo de arroz integral cozido passados pelo processador de alimentos
- 2 pimentões vermelhos cortados em tiras finas
- 2 cebolas grandes cortadas em tiras finas
- 1 xícara de alho-poró picado
- 1/2 xícara de salsa fresca picada
- 1 colher de sobremesa de *zattar*
- 4 colheres de sopa de nozes picadas
- 1 colher de sobremesa de sal
- 3 colheres de sopa de azeite de oliva
- limão a gosto
- molho de pimenta a gosto

Cobrir a PVT com água fervendo e deixar de molho por 20 minutos. Virar num escorredor, espremendo bem para retirar a água e reservar.
Colocar o azeite numa panela larga, fritar a cebola e o alho-poró, e quando dourarem adicionar, o pimentão, a salsa, o *zattar*, as nozes e o sal, mexer com colher de pau.
Adicionar o brócolis triturado, o arroz processado e a PVT. Misturar bem e manter a panela tampada em fogo baixo por 25 minutos.
Retirar a panela do fogo e aguardar esfriar.
Para a massa, misturar uma colher de sobremesa de farinha de trigo com o fermento biológico e 2 colheres de sopa de água. Deixar em repouso por 10 minutos, adicionar os demais ingredientes e misturar bem.
Virar a massa em mesa enfarinhada e trabalhar com as mãos até tornar-se lisa e elástica.
Abrir a massa com rolo de madeira, e com um pote plástico quadrado cortar porções de massa. Colocar uma colher de recheio dentro de cada quadrado e dobrar, dando formato triangular. Pressionar levemente as bordas com os dedos para fechar.
Proceder assim com cada uma.
Arrumar as esfihas numa assadeira untada e assar em forno preaquecido a 180° C, por 35 minutos, ou até que estejam douradas.
Servi-las quentes ou frias, com limão e molho de pimenta a gosto.

ESFIHA DE PVT E LEGUMES

(aproximadamente 20 esfihas)

Massa para Esfiha com Diversas Farinhas
- 2 copos de farinha de trigo branca
- 1/2 copo de farinha de soja
- 1/2 copo de farinha de glúten
- 1/2 copo de maisena
- 1/2 copo de farinha de trigo integral
- 2 colheres sobremesa de fermento biológico
- 4 colheres de sopa de óleo
- 1 colher de chá de sal
- 1 colher de chá de açúcar
- 1 colher de café de pimenta síria
- 1 colher de café de xarope de romã
- 2 copos de leite de soja morno
- 2 colheres de sopa de água

Recheio para Esfiha com PVT e Legumes
- 1 copo de PVT miúda do tipo clara
- 1/2 copo de cenoura ralada
- 1/2 copo de abobrinha ralada
- 1/2 copo de chuchu ralado
- 5 cebolas raladas
- 1 colher de sopa de *zattar*
- 1/2 colher de café de pimenta síria
- 1 colher de sobremesa de sal
- 4 colheres de sopa de azeite de oliva
- água quente
- limão a gosto
- molho de pimenta a gosto

Colocar a PVT numa tigela e cobri-la com água quente. Deixar de molho por 30 minutos. Escorrer a água e apertar com as mãos para retirar todo o excesso de água.

Colocar o azeite de oliva numa panela larga, fritar a cebola ralada até dourar. Adicionar a PVT, os legumes, o *zattar*, a pimenta e o sal. Tampar a panela e manter o fogo baixo por 25 minutos, mexendo de vez em quando.

Retirar a panela do fogo e esperar esfriar um pouco.

Para a massa, misturar uma colher de sobremesa de farinha de trigo com o fermento biológico e 2 colheres de sopa e água. Deixar em repouso por 10 minutos, adicionar os demais ingredientes e misturar bem.

Virar a massa em mesa enfarinhada e trabalhar com as mãos até tornar-se lisa e elástica.

Abrir a massa com rolo de madeira, e com um pote plástico quadrado cortar porções de massa. Colocar uma colher de recheio dentro de cada quadrado e dobrar, dando formato triangular. Pressionar levemente as bordas com os dedos para fechar. Proceder assim com cada uma.

Arrumar as esfihas numa assadeira untada e assar em forno preaquecido a 180° C, por 35 minutos, ou até que estejam douradas.

Servi-las quentes, com limão e molho de pimenta a gosto.

ESFIHA DE SALSICHA VEGETAL E GLÚTEN

(aproximadamente 20 esfihas)

Massa Temperada para Esfiha
- 1 kg de farinha de trigo branca
- 2 colheres de sobremesa de fermento biológico
- 2 colheres de sopa de água
- 5 colheres de sopa de margarina
- 1 colher de chá de sal
- 1 colher de chá de alho desidratado
- 1 colher de sobremesa de cebola desidratada
- 1 colher de chá de caldo de vegetais
- 1 colher de café de pimenta síria
- 2 copos de leite de soja morno

Recheio para Esfiha com Salsicha Vegetal e Glúten
- 1 lata de salsicha vegetal cortada em quadradinhos
- 2 copos de glúten cortado em quadradinhos
- 1 copo de cará descascado e ralado
- 1/2 xícara de coentro fresco picado
- 1 pimentão verde picadinho
- 3 cebolas grandes raladas
- 1 colher de sopa de *zattar*
- 1 colher de sobremesa de sal
- 4 colheres de sopa de azeite de oliva
- limão a gosto
- molho de pimenta a gosto

Colocar o azeite de oliva numa panela larga, fritar a cebola e quando dourar adicionar o coentro, o pimentão, o *zattar*, o sal, a salsicha, o glúten e o cará. Tampar a panela e manter o fogo baixo por 25 minutos, mexendo de vez em quando.
Retirar a panela do fogo e aguardar esfriar.
Para a massa, misturar uma colher de sobremesa de farinha de trigo com o fermento biológico e 2 colheres de sopa de água. Deixar em repouso por 10 minutos, adicionar os demais ingredientes e misturar bem.
Virar a massa em mesa enfarinhada e trabalhar com as mãos até tornar-se lisa e elástica.
Abrir a massa com rolo de madeira, e com um pote plástico quadrado cortar porções de massa. Colocar uma colher de recheio dentro de cada quadrado e dobrar, dando formato triangular. Pressionar levemente as bordas com os dedos para fechar.
Proceder assim com cada uma.
Arrumar as esfihas numa assadeira untada e assar em forno preaquecido a 180° C, por 35 minutos, ou até que estejam douradas.
Servi-las quentes, com limão e molho de pimenta a gosto.

ESFIHA DE SHIITAKE E PVT

(aproximadamente 20 esfihas)

Massa para Esfiha com Trigo para Quibe
- 2 copos de farinha de trigo branca
- 1/3 de copo de trigo para quibe deixado de molho em água por uma noite
- 1 colher de sopa de fermento biológico
- 2 colheres de sopa de água
- 3 colheres de sopa de óleo
- 1 pitada de sal
- 2 copos de água morna

Recheio para Esfiha com Cogumelo Salmão e Tofu
- 3 copos de cogumelo fresco do tipo *shiitake* cortado em filetes
- 1 e 1/2 copo de PVT miúda do tipo escura
- 3 cebolas grandes cortadas em tiras finas
- 2 colheres de sopa de alho espremido
- 1/2 xícara de salsa fresca picada
- 1/2 xícara de cebolinha fresca picada
- 1 colher de sopa de *zattar*
- 1 colher de sobremesa de sal
- 3 colheres de sopa de óleo
- limão a gosto
- molho de pimenta a gosto

Cobrir a PVT com água fervendo e deixar de molho por 20 minutos. Virar num escorredor, espremendo bem para retirar a água, e reservar.
Colocar o óleo numa panela larga, fritar a cebola e o alho, e quando dourarem adicionar a salsa, a cebolinha, o *zattar*, o sal, mexer e colocar o cogumelo e a PVT. Manter o fogo alto por 5 minutos, sempre mexendo.
Tampar a panela e manter o fogo baixo por 20 minutos, mexendo de vez em quando.
Retirar a panela do fogo e aguardar esfriar.
Para a massa, misturar uma colher de sobremesa de farinha de trigo com o fermento biológico e 2 colheres de sopa e água. Deixar em repouso por 10 minutos, adicionar os demais ingredientes e misturar bem.
Virar a massa em mesa enfarinhada e trabalhar com as mãos até tornar-se lisa e elástica.
Abrir a massa com rolo de madeira, e com um pote plástico quadrado cortar porções de massa. Colocar uma colher de recheio dentro de cada quadrado e dobrar, dando formato triangular. Pressionar levemente as bordas com os dedos para fechar.
Proceder assim com cada uma.
Arrumar as esfihas numa assadeira untada e assar em forno preaquecido a 180° C, por 35 minutos, ou até que estejam douradas.
Servi-las quentes, com limão e molho de pimenta a gosto.

ESFIHA DE SHIITAKE SECO, LEGUMES E PVT

(aproximadamente 20 esfihas)

Massa para Esfiha com Aveia

- 2 copos de farinha de trigo branca
- 1/2 copo de aveia em flocos finos
- 2 colheres de sopa de aveia em flocos grossos
- 1 colher de sopa de fermento biológico
- 2 colheres de sopa de água
- 3 colheres de sopa de óleo
- 1 pitada de sal
- 2 copos de água morna

Recheio para Esfiha com Shiitake Seco, Legumes e PVT

- 2 copos de cogumelo seco do tipo *shiitake* quebrados com as mãos e deixados de molho em água quente por 15 minutos
- 1 e 1/2 copo de PVT miúda do tipo escura
- 2 pés de escarola cortados bem fininhos
- 1/2 copo de beterraba ralada
- 1/2 copo de inhame descascado e ralado
- 1 pimentão vermelho cortado em tiras finas
- 3 cebolas grandes cortadas em tiras finas
- 1/2 xícara de alho-poró picado
- 1/2 xícara de cebolinha fresca picada
- 2 dentes de alho espremidos
- 1 colher de sopa de *zattar*
- 1 colher de sobremesa de sal
- 1 colher de café de pimenta síria
- 3 colheres de sopa de óleo
- limão a gosto
- molho de pimenta a gosto

Cobrir a PVT com água fervendo e deixar de molho por 20 minutos. Virar num escorredor, espremendo bem para retirar a água e reservar.

Colocar o óleo numa panela larga, fritar a cebola e o alho, e quando dourarem adicionar, o pimentão, o alho-poró, a cebolinha, o *zattar*, o sal, a pimenta síria e mexer.

Adicionar a PVT, a escarola, a beterraba, o inhame e o cogumelo. Misturar bem em manter a panela tampada em fogo baixo por 30 minutos.

Retirar a panela do fogo e aguardar esfriar.

Para a massa, misturar uma colher de sobremesa de farinha de trigo com o fermento biológico e 2 colheres de sopa e água. Deixar em repouso por 10 minutos, adicionar os demais ingredientes e misturar bem.

Virar a massa em mesa enfarinhada e trabalhar com as mãos até tornar-se lisa e elástica.

Abrir a massa com rolo de madeira, e com um pote plástico quadrado cortar porções de massa. Colocar uma colher de recheio dentro de cada quadrado e dobrar, dando formato triangular. Pressionar levemente as bordas com os dedos para fechar.

Proceder assim com cada uma.

Arrumar as esfihas numa assadeira untada e assar em forno preaquecido a 180° C, por 35 minutos, ou até que estejam douradas.

Servi-las quentes ou frias, com limão e molho de pimenta a gosto.

ESFIHA DE TOFU

(aproximadamente 20 esfihas)

Massa para Esfiha com Centeio

- 3 copos de farinha de trigo branca
- 1 copo de farinha de centeio
- 1 colher de sopa de fermento biológico
- 2 colheres de sopa de água
- 1 colher de sopa de extrato de soja em pó
- 5 colheres de sopa de óleo
- 2 copos de leite de soja morno

Recheio de Tofu para Esfiha

- 4 copos de *tofu* amassado com um garfo
- 1 copo de tomate sem sementes, descascado e picado
- 1 pimentão amarelo picado
- 1 cebola grande picadinha
- 1 colher de sopa de *zattar*
- 5 colheres de sopa de folhas de hortelã picadas
- 1 colher de sobremesa de sal
- 2 colheres de sopa de óleo de milho
- limão a gosto
- molho de pimenta a gosto

Colocar o óleo numa panela larga, fritar a cebola picada e quando dourar adicionar o *tofu*, o tomate, o pimentão, o *zattar*, o hortelã e o sal.
Manter o fogo alto por 15 minutos, mexendo de vez em quando. Retirar a panela do fogo e aguardar esfriar.
Para a massa, misturar uma colher de sobremesa de farinha de trigo com o fermento biológico e 2 colheres de sopa de água. Deixar em repouso por 10 minutos, adicionar os demais ingredientes e misturar bem.
Virar a massa em mesa enfarinhada e trabalhar com as mãos até tornar-se lisa e elástica.
Abrir a massa com rolo de madeira, e com um pote plástico quadrado cortar porções de massa. Colocar uma colher de recheio dentro de cada quadrado e dobrar, dando formato triangular. Pressionar levemente as bordas com os dedos para fechar.
Proceder assim com cada uma.
Arrumar as esfihas numa assadeira untada e assar em forno preaquecido a 180° C, por 35 minutos, ou até que estejam douradas.
Servi-las quentes, com limão e molho de pimenta a gosto.

ESFIHA DE TOFU E LEGUMES

(aproximadamente 20 esfihas)

Massa para Esfiha com Nozes
- 2 copos de farinha de trigo branca
- 1/2 xícara de farinha de glúten
- 1/2 xícara de nozes picadas
- 2 colheres de sobremesa de fermento biológico
- 2 colheres de sopa de água
- 4 colheres de sopa de óleo
- 1 colher de chá de sal
- 1 colher de chá de açúcar
- 1 colher de café de pimenta síria
- 1 colher de café de xarope de romã
- 2 copos de leite de soja morno

Recheio para Esfiha com Tofu e Legumes
- 250 g de *tofu* amassado com garfo
- 1/2 copo de couve-manteiga cortada bem fina
- 1/2 copo de nabo ralado
- 1/2 copo de milho verde
- 1/2 copo de alho-poró ralado
- 2 pimentões vermelhos picados
- 5 minicebolas picadas
- 5 dentes de alho picados
- 1 colher de sopa de *zattar*
- 1/2 colher de café de pimenta síria
- 1 colher de sobremesa de sal
- 4 colheres de sopa de azeite de oliva
- água quente
- limão a gosto
- molho de pimenta a gosto

Colocar o azeite de oliva numa panela larga, fritar a cebola e o alho, e quando dourarem adicionar o *tofu*, a couve, o nabo, o milho, o alho-poró, o pimentão, o *zattar*, a pimenta e o sal.
Tampar a panela e manter o fogo baixo por 25 minutos, mexendo de vez em quando.
Retirar a panela do fogo e aguardar esfriar.
Para a massa, misturar uma colher de sobremesa de farinha de trigo com o fermento biológico e 2 colheres de sopa e água. Deixar em repouso por 10 minutos, adicionar os demais ingredientes e misturar bem.
Virar a massa em mesa enfarinhada e trabalhar com as mãos até tornar-se lisa e elástica.
Abrir a massa com rolo de madeira, e com um pote plástico quadrado cortar porções de massa. Colocar uma colher de recheio dentro de cada quadrado e dobrar, dando formato triangular. Pressionar levemente as bordas com os dedos para fechar.
Proceder assim com cada uma.
Arrumar as esfihas numa assadeira untada e assar em forno preaquecido a 180° C, por 35 minutos, ou até que estejam douradas.
Servi-las quentes, com limão e molho de pimenta a gosto.

ESFIHA VERDE COM ACELGA E BROTO DE SOJA

(aproximadamente 35 esfihas)

Massa Verde para Esfiha

- 1 kg de farinha de trigo branca
- 2 colheres de sobremesa de fermento biológico
- 2 colheres de sopa de água
- 4 colheres de sopa de óleo de milho
- 1 colher de café de xarope de romã
- 2 copos de leite de soja morno
- 1 colher de sobremesa de espinafre em pó
- 1 colher de chá de alho desidratado

Recheio para Esfiha com Broto de Soja e Acelga

- 3 copos de brotos de soja cozidos
- 5 pés de acelga cortados em tiras finas
- 2 cebolas cortadas em tirinhas
- 1/2 xícara de coentro fresco picado
- 2 dentes de alho espremidos
- 1 colher de sopa de *zattar*
- 1 colher de sobremesa de sal
- 4 colheres de sopa de azeite de oliva
- 1/2 xícara de azeitona chilena
- 5 colheres de sopa de castanha-do-pará picada
- limão a gosto
- molho de pimenta a gosto

Colocar o azeite numa panela larga, fritar a cebola, o alho e adicionar o broto de soja, a acelga, o coentro, o *zattar*, o sal, a azeitona e a castanha-do-pará. Tampar a panela e manter o fogo baixo por 15 minutos, mexendo de vez em quando. Retirar a panela do fogo e aguardar esfriar.

Para a massa, misturar uma colher de sobremesa de farinha de trigo com o fermento biológico e 2 colheres de sopa de água. Deixar em repouso por 20 minutos, adicionar os demais ingredientes e misturar bem.

Virar a massa em mesa enfarinhada e trabalhar com as mãos até tornar-se lisa e elástica.

Abrir a massa com rolo de madeira, e com um pote plástico quadrado cortar porções de massa. Colocar uma colher de recheio dentro de cada quadrado e dobrar, dando formato triangular. Pressionar levemente as bordas com os dedos para fechar. Proceder assim com cada uma.

Arrumar as esfihas numa assadeira untada e assar em forno preaquecido a 180° C, por 35 minutos, ou até que estejam douradas.

Servi-las quentes, com limão e molho de pimenta a gosto.

PIZZAS

CALZONE COM ESCAROLA E TOFU

(6 a 8 pessoas)

Massa para Calzone com Glúten

- 1 xícara de farinha de trigo branca
- 4 colheres de sopa de farinha de glúten
- 2 colheres de sopa de fibra de soja
- 1 colher de sopa de fermento biológico
- 1/2 colher de sobremesa de sal
- 5 colheres de sopa de óleo
- 1/4 de copo de leite de soja morno
- farinha para trabalhar a massa

Recheio para Calzone com Escarola e Tofu

- 2 pés de escarola cortados bem fininhos
- 500 g de *tofu* amassado com garfo
- 2 tomates grandes sem sementes e picados
- 3 minicebolas cortadas em rodelas finas
- 3 colheres de sopa rasa de alho desidratado
- 1 colher de café de alecrim desidratado
- 1 colher de sopa de orégano
- 1/2 colher de sobremesa de sal
- 4 colheres de sopa de azeite de oliva

Misturar numa tigela os ingredientes secos com o fermento biológico, o óleo, o sal e a água. Mexer e virar a massa numa superfície lisa e enfarinhada. Trabalhar com as mãos até tornar-se uma massa lisa e macia. Deixar dentro da tigela untada, coberta com um pano e em local quente por aproximadamente 2 horas.

Colocar o azeite de oliva numa panela, dourar a cebola e acrescentar o alho, o alecrim, o orégano e o sal. Mexer e, passados 5 minutos, colocar a escarola picadinha. Manter o fogo alto, com a panela destampada. Assim que a escarola estiver macia, adicionar o *tofu* amassado. Mexer constantemente com colher de pau, mantendo o fogo alto, por mais 10 minutos. Retirar a panela do fogo e reservá-la.

Cortar a massa crescida em duas partes e abri-las com o auxílio de um rolo de madeira.

Com uma das partes forrar uma assadeira ou um pirex untado com óleo e farinha de trigo. Colocar o recheio e tampar o calzone com a outra metade de massa aberta.

Verificar as laterais certificando-se se estão bem fechadas.

Levar o calzone ao forno aquecido à temperatura de 180° C.

Assar por mais ou menos 1 hora e 15 minutos, ou até estar ligeiramente dourado.

CALZONE COM PVT E TOFU

(6 a 8 pessoas)

Massa Branca Básica para Calzone

- 1 e 1/2 xícara de farinha de trigo branca
- 2 colheres de chá de fermento biológico
- 1/2 colher de sobremesa de sal
- 1 colher de chá de açúcar
- 6 colheres de sopa de óleo
- 1/4 de xícara de água morna

Recheio para Calzone com PVT e Tofu

- 1 xícara de PVT miúda do tipo escura
- 1 xícara de *tofu* amassado
- 1 cebola picadinha
- 2 colheres de sopa de salsa fresca picada
- 4 colheres de sopa de coentro fresco picado
- 1 colher de chá de sementes de endro
- 2 tomates grandes sem sementes e picados
- 1 colher de sobremesa de orégano
- 1/2 colher de sobremesa de sal
- 3 colheres de sopa de azeite de oliva

Misturar numa tigela a farinha de trigo com o fermento biológico e o açúcar. Adicionar o óleo, o sal e a água, mexer e virar a massa numa superfície lisa e enfarinhada. Trabalhá-la com as mãos até tornar-se lisa e macia.

Deixar a massa dentro da tigela, coberta com um pano e em local quente por aproximadamente 2 horas.

Colocar a PVT numa tigela e cobrir com água fervente. Deixar de molho por 10 minutos e então escorrer numa peneira, pressionando para que saia o máximo de água possível.

Colocar o azeite de oliva numa panela, dourar a

cebola e acrescentar a salsa, o coentro, as sementes de endro, o sal e a PVT escorrida. Mexer com colher de pau e manter em fogo alto por 20 minutos. Juntar então o *tofu*, e o tomate. Mexer por mais 5 minutos e então adicionar o orégano e retirar a panela do fogo.
Cortar a massa crescida em duas partes e abri-las com o auxílio de um rolo de madeira.
Com uma das partes da massa forrar uma assadeira ou um pirex untado com óleo e farinha de trigo.
Colocar o recheio e tampar o calzone com a outra metade de massa aberta.
Verificar as laterais fechando bem com os dedos.
Levar o calzone ao forno aquecido à temperatura de 180° C.
Assar por mais ou menos 1 hora e 15 minutos, ou até estar ligeiramente dourado.

CALZONE COM SALSICHA VEGETAL E GLÚTEN

(6 a 8 pessoas)

Massa para Calzone com Sementes de Papoula
- 1 e 1/2 xícara de farinha de trigo branca
- 1 colher de sobremesa de fermento biológico
- 1 colher de sobremesa rasa de sal
- 5 colheres de sopa de margarina
- 1/4 de xícara de água morna

Recheio para Calzone com Salsicha e Glúten
- 2 xícaras de salsicha vegetal picada
- 2 xícaras de glúten picadinho
- 1 cebola picadinha
- 1/2 xícara de salsa fresca picada
- 4 colheres de sopa de folhas frescas de manjericão roxo picadas
- 1 colher de sopa rasa de orégano desidratado
- 4 tomates sem sementes e picados
- 1/2 colher de sobremesa de sal
- 4 colheres de sopa de azeite de oliva

Misturar numa tigela o fermento com apenas 1 colher de farinha e 3 colheres de água. Misturar e deixar descansar por 20 minutos. Juntar os demais ingredientes da massa, mexer bem e virar a massa numa superfície lisa e enfarinhada. Trabalhá-la com as mãos até tornar-se lisa e macia.
Deixar a massa dentro da tigela, coberta com um pano e em local quente por aproximadamente 50 minutos.
Colocar o azeite de oliva numa panela, dourar a cebola e acrescentar a salsa e o manjericão. Adicionar a salsicha, o glúten, o tomate, o sal e o orégano. Tampar e deixar em fogo brando por 20 minutos e reservar.
Cortar a massa crescida em duas partes e abri-las com o auxílio de um rolo de madeira.
Com uma das partes forrar uma assadeira ou um pirex untado com óleo e farinha de trigo. Colocar o recheio e tampar o calzone com a outra metade de massa aberta.
Verificar as laterais certificando-se se estão bem fechadas. Levar o calzone ao forno aquecido à temperatura de 180° C. Assar por mais ou menos 1 hora e 15 minutos, ou até estar ligeiramente dourado.

CALZONE COM SOJA E BRÓCOLIS

(6 a 8 pessoas)

Massa para Calzone com farinha de soja
- 1 copo de farinha de trigo branca
- 1/2 copo de farinha de soja
- 1 colher de sopa de fermento biológico
- 1/2 colher de sobremesa de sal
- 4 colheres de sopa de óleo
- 1/4 de copo de leite de soja
- farinha de trigo para trabalhar a massa

Recheio para Calzone com Soja e Brócolis
- 1 copo de grãos de soja bem cozidos e passados por um espremedor de batatas
- 1/2 maço de brócolis japonês
- 1/2 xícara de tomates secos picados
- 1 xícara de cebolinha verde picada
- 5 dentes de alho espremidos
- 4 colheres de sopa de salsa fresca picada
- 1/2 colher de sobremesa de orégano
- 1/2 colher de sobremesa de sal
- 4 colheres de sopa de azeite de oliva

Misturar numa tigela a farinha de trigo com a farinha de soja, o fermento biológico, o óleo, o sal e a água. Mexer com uma colher de pau e virar a massa numa superfície lisa e enfarinhada. Trabalhá-la com as mãos até tornar-se lisa e macia.
Deixar a massa dentro de uma tigela untada, coberta com um pano e em local quente por aproximadamente 2 horas.
Cozinhar a soja e passá-la pelo espremedor de batatas. Reservar.
Lavar o brócolis e passar por um processador, de forma a triturar inclusive os talos. Reservar.
Colocar o azeite de oliva numa panela, fritar a cebolinha verde, o alho, a salsa e o orégano. Deixar por 5 minutos, adicionar o tomate seco picado, a soja espremida e o sal. Misturar, tampar a panela e deixar 15 minutos em fogo moderado. Colocar o brócolis triturado, tampar novamente e deixar mais 10 minutos.
Destampar a panela, deixar em fogo alto por mais 10 minutos, mexendo constantemente. Retirar a panela do fogo e deixar reservado.
Cortar a massa, já crescida, em duas partes e abri-las com o auxílio de um rolo de madeira.
Com uma das partes abertas forrar uma assadeira ou um pirex untado com óleo e farinha de trigo. Colocar o recheio e tampar o calzone com a outra metade de massa aberta.
Verificar as laterais certificando-se se estão bem fechadas.
Levar o calzone ao forno aquecido à temperatura de 180° C.
Assar por mais ou menos 1 hora e 15 minutos, ou até estar ligeiramente dourado.

MINIPIZZA DE SOJA COM COGUMELO

(6 a 8 pessoas)

Massa Integral para Minipizza
- 1 e 1/2 xícara de farinha de trigo integral
- 1/2 xícara de farinha de trigo branca
- 1 colher de sopa de fibra de soja
- 1/2 colher de sopa de fermento para pão
- 1 colher de sobremesa de sal
- 3 colheres de sopa de margarina
- 2/3 de xícara de água quente

Cobertura
- 1 copo de grãos de soja cozidos e esmagados
- 1 copo de *tofu* amassado com garfo
- 2 copos de cogumelos frescos do tipo salmão, picados
- 3 colheres de sopa de alho espremido
- 1 colher de chá de sal
- 1/2 xícara de azeitonas picadas
- 2 colheres de sopa de óleo
- 1 pimentão amarelo grande cortado em rodelas
- 2 ou 3 tomates cortados em rodelas
- orégano a gosto
- azeite de oliva

Em uma panela larga, colocar o óleo, dourar o alho e adicionar a soja, o *tofu*, os cogumelos picados, o sal e as azeitonas. Manter a panela destampada em fogo baixo por 30 minutos. Retirar do fogo e reservar.
Para a massa, misturar o fermento com apenas 1 colher de farinha de trigo e 4 colheres de água. Deixar em repouso por 20 minutos, adicionar os demais ingredientes e trabalhar a massa com as mãos, em mesa enfarinhada, até tornar-se macia. Voltar a massa à tigela e deixá-la crescer por 30 minutos. Abrir a massa com rolo de madeira deixando-a bem fina.
Cortá-la com um copo de boca larga, formando discos. Arrumar todas as rodelas em uma assadeira grande, untada com óleo e polvilhada de farinha de trigo. Espalhar uma camada do recheio preparado sobre cada uma, em cima uma rodela de tomate, uma de pimentão, orégano e azeite de oliva a gosto. Levar ao forno preaquecido à temperatura média por 45 minutos.

MINIPIZZA DE TOMATE E BERINJELA

(4 pessoas)

Massa para Minipizza

- 2 xícaras de farinha de trigo branca
- 1/2 colher de sopa de fermento biológico
- farinha de trigo para trabalhar a massa
- 1 colher de sobremesa de sal
- 5 colheres de sopa de óleo
- 1/2 copo de leite de soja morno

Cobertura

- 1 copo de *tofu* amassado com garfo
- 1 colher de chá de alho desidratado
- 1 colher de sopa de salsa fresca picadinha
- 3 colheres de sopa de cebola picadinha
- 1 colher de farinha de soja
- rodelas bem finas de tomate
- orégano a gosto
- sal a gosto
- azeite de oliva a gosto

Em uma vasilha misturar o *tofu* com o alho, a farinha, o sal, a salsa e a cebola. Deixar em repouso por 20 minutos.

Misturar o fermento com apenas 1 colher de farinha de trigo e 4 colheres de água. Deixar em repouso por 20 minutos, adicionar os demais ingredientes e trabalhar a massa com as mãos, em mesa enfarinhada, até tornar-se uma massa macia. Voltar a massa à tigela e deixá-la crescer por 30 minutos.

Abrir a massa com rolo de madeira deixando-a bem fina.

Cortá-la com um copo de boca larga, formando discos. Arrumar todos os discos em uma assadeira grande, untada com óleo e polvilhada de farinha de trigo.

Espalhar um pouco de *tofu* sobre cada uma e colocar uma rodela de tomate, espalhar orégano e azeite de oliva a gosto e levar ao forno preaquecido à temperatura média por 45 minutos.

PIZZA COM PVT E GLÚTEN

(1 pizza grande)

Massa de Pizza com Fibra de Soja e Castanha-do-Pará

- 1 e 1/2 xícara de farinha de trigo branca
- 1 colher de sopa de fibra e soja
- 3 colheres de sopa de castanha-do-pará triturada
- 1 xícara mal cheia de água morna
- 1 colher de sopa de fermento biológico seco
- 1/2 colher de sobremesa de sal
- 3 colheres de sopa de óleo

Recheio para Pizza com PVT e Glúten

- 1 copo de PVT do tipo grande
- 1 copo de glúten cortado em fatias bem finas
- 1 colher de sobremesa de alho picado
- 1 colher de chá de sal
- 2 cebolas roxas cortadas em rodelas finas
- 4 tomates maduros cortados em rodelas finas
- 4 colheres de sopa de orégano desidratado
- 2 colheres de sopa de óleo de milho
- 3 colheres de sopa de *shoyo*
- 10 azeitonas portuguesas
- azeite de oliva a gosto

Misturar os ingredientes secos da massa numa tigela, adicionar o óleo e a água e trabalhar com as mãos até tornar-se macia. Deixar numa tigela untada, tampada e protegida do frio, por 2 horas.

Abrir a massa com um rolo de madeira e arrumá-la numa fôrma redonda, própria de pizza, já untada. Levar ao forno preaquecido a 200° C e assar por 30 minutos.

Colocar a PVT numa tigela e cobrir com água quente. Deixar de molho por 15 minutos. Escorrer a água e espremer com as mãos para retirar o excesso de água e cortar cada cubo em tiras finas.

Em uma panela colocar o óleo, dourar o alho-poró e refogar as tiras de PVT e de glúten com o *shoyo*. Deixar 10 minutos e retirar do fogo.

Espalhar sobre a massa assada o refogado, as rodelas de cebola e as de tomate, distribuir as azeitonas, salpicar o orégano, sal e azeite de oliva a gosto. Assar a pizza por mais 15 minutos e servi-la.

PIZZA COM TOFU E ESPINAFRE

(1 pizza grande)

Massa de Pizza com Farinha de Soja
- 1 xícara de farinha de trigo branca
- 4 colheres de sopa de farinha de soja
- 1 xícara mal cheia de água morna
- 1 colher de sopa de fermento biológico seco
- 1/2 colher de sobremesa de sal
- 3 colheres de sopa de óleo

Recheio para Pizza com Tofu e Espinafre
- 125 g de *tofu* fresco amassado
- 1 maço de espinafre sem os talos e aferventados por 2 minutos e picado em tamanhos pequenos
- 1 colher de sobremesa de alho desidratado
- 1 colher de chá de sal
- 2 cebolas roxas cortadas em rodelas finas
- 4 tomates maduros cortados em rodelas finas
- 4 colheres de sopa de orégano fresco, sem os talos duros e picado
- sal a gosto
- azeitonas a gosto
- azeite de oliva a gosto

Misturar os ingredientes secos da massa numa tigela, adicionar o óleo e a água e trabalhar a massa até tornar-se homogênea. Deixar numa tigela untada, tampada e protegida do frio, por 2 horas sob o sol.
Após o período de crescimento, abrir a massa com um rolo de madeira e arrumá-la numa fôrma redonda, própria de pizza, já untada. Levar ao forno preaquecido a 200° C e assar por 30 minutos.
Amassar o *tofu* e temperá-lo com o alho e a colher de chá de sal.
Espalhar sobre a massa assada o *tofu* temperado com o alho e o sal, o espinafre escaldado e bem escorrido, as rodelas de cebola e as de tomate. Espalhar harmoniosamente as azeitonas, o orégano fresco, sal e azeite de oliva a gosto. Assar a pizza novamente por 15 minutos e servi-la em seguida.

PIZZA DE VERÃO

(4 pessoas)

Massa
- 2 pães sírios gigantes

Recheio de Pizza com Tofu e Tomate Seco
- 250 g de *tofu* amassado com garfo
- 1 cebolinha picada
- 2 colheres de sopa de *missô* diluído em 5 colheres de sopa de água
- 1 colher de sopa de molho de mostarda
- 1 colher de sobremesa de semente de mostarda
- 4 tomates cortados em fatias
- 1 copo de pepino ralado
- 2 colheres de sopa de sumo de limão
- 1 copo de repolho roxo ralado bem fininho
- orégano a gosto
- azeite de oliva a gosto

Colocar o *tofu* amassado em uma tigela e temperá-lo com a cebola picada, o sal, o molho e as sementes de mostarda. Reservar.
Em outra vasilha colocar o pepino e temperá-lo com uma pitada de sal e o limão.
Abrir os pães sírios ao meio e arrumar as quatro partes numa assadeira grande. Levar ao forno em temperatura baixa por 20 minutos, ou até começarem dourar.
Espalhar o repolho roxo em cima dos pães, por cima o *tofu* e sobre este o pepino. Arrumar harmoniosamente as rodelas de tomate e orégano a gosto. Servir as pizzas regadas com azeite de oliva.

PIZZA FOLHADA COM TOFU, TOMATE SECO E RÚCULA

(4 pessoas)

Massa
- 1 pacote de massa folhada

Recheio de Pizza com Tofu e Tomate Seco
- 250 g de *tofu* fresco cortado em fatias finas
- 4 xícaras de tomate seco temperado
- 1 prato de folhas de rúcula sem os talos e cortadas bem fininhas
- sal
- orégano a gosto
- azeite de oliva a gosto

Descongelar a massa folhada e cortá-la em duas partes iguais.
Abri-las com um rolo de madeira, deixando-as com formato redondo. Arrumar as massas em duas assadeiras untadas e levá-las à geladeira por 20 minutos.
Espalhar as fatias de *tofu* sobre as massas, por cima o tomate seco picado (utilizar 2 copos de tomate seco para cada pizza). Polvilhar as pizzas com sal, orégano e regar azeite de oliva a gosto.
Assar em forno preaquecido a 200° C, durante 30 minutos, aproximadamente, ou até a massa estar dourada.
Retirar as pizzas do forno, cobri-las com a folhas cruas de rúcula e servi-las em seguida.

PIZZA FOLHADA DE PLEUROTUS

(4 pessoas)

Massa
- 1/2 pacote de massa folhada

Recheio para Pizza de Pleurotus
- 2 copos cheios de *pleurotus* fresco
- 1 xícara de milho verde em conserva
- 3 tomates maduros cortados em rodelas
- 2 colheres de sopa de óleo de milho
- 1 colher de sopa de alho espremido
- 1/2 colher de sobremesa de sal
- 1 colher de café de sal
- 1 cebola cortada em rodelas finas
- orégano a gosto
- azeite de oliva a gosto

Retirar a massa folhada do congelador e acender o forno a 180° C.
Quando a massa estiver descongelada, abri-la com rolo de madeira, deixando-a fina. Colocá-la numa assadeira própria para pizzas, já untada, e deixar na geladeira.
Fritar o alho nas 2 colheres de óleo e refogar o *pleurotus*. Colocar o sal e manter em temperatura moderada, com a panela semitampada, por 10 minutos. Reservar.
Retirar a massa da geladeira e arrumar as rodelas de tomate, em seguida as rodelas de cebola, em seguida o milho e por último o *pleurotus*.
Espalhar orégano e azeite de oliva a gosto e levar a pizza ao forno quente. Deixe por aproximadamente 35 minutos.

PIZZA INTEGRAL COM FUNGHI

(4 pessoas)

Massa Integral para Pizza
- 1 xícara de farinha de trigo integral
- 1/2 colher de sobremesa de sal
- 1/2 xícara de água

Recheio para Pizza de Funghi e Tofu
- 1 prato de *tofu* amassado com garfo
- 1/2 xícara de salsinha bem picada
- 5 colheres de sopa de azeite de oliva
- 2 colheres de sopa de óleo
- 2 xícaras de *funghi* seco deixado de molho por 20 minutos (lavar até retirar toda a areia)
- 2 colheres de sobremesa de *shoyo*
- 1 pimentão amarelo cortado em pedaços pequenos
- 3 minicebolas cortadas em pedaços pequenos
- 4 tomates cortados em rodelas finas
- 2 colheres de sopa de alho esmagado

- 1 pitada de sal
- 1 colher de sopa de orégano
- azeite de oliva a gosto

Amassar o *tofu* e colocar 5 colheres de sopa de azeite de oliva, a salsa picadinha, a cebola, o pimentão e o sal.
Colocar numa panela as duas colheres de sopa de óleo, dourar o alho e adicionar o *funghi* e o *shoyo*. Deixar a panela em fogo alto até os cogumelos estarem macios. Colocar um pouco de água se começar a pegar no fundo da panela.
Misturar numa tigela os ingredientes da massa e em seguida trabalhar sobre uma superfície enfarinhada, até tornar-se bem macia.
Abrir a massa bem fina, com um rolo de madeira, e arrumar numa assadeira grande e redonda, já untada.
Espalhar o *tofu* temperado sobre a massa, por cima as rodelas de tomate e em seguida o *funghi*.
Temperar com sal a gosto, azeite de oliva e o orégano, e assar a pizza em forno médio por 40 minutos.

PIZZA PEQUENA DE SALSICHA

(4 pessoas)

Massa Branca para Pizza
- 1 copo de farinha de trigo
- 1/3 de copo de leite de soja morno
- 1/2 colher de sobremesa de fermento biológico
- 1/2 colher de sobremesa de sal
- 2 colheres de sopa de óleo

Recheio para Pizza com Salsicha
- 2 copos de salsicha vegetal cortada em rodelas finas
- 3 tomates vermelhos e grandes cortados em rodelas finas
- 1 cebola roxa cortada em rodelas finas
- 1 colher de sopa de orégano
- 1/2 xícara de azeitonas pretas
- sal a gosto
- 2 colheres de sopa de azeite de oliva

Numa tigela misturar a farinha, o leite de soja, o fermento, o sal e o óleo de milho. Amassar com as mãos, numa mesa enfarinhada até estar uma massa bem macia e lisa.
Deixar a massa dentro da tigela untada, tampada e agasalhada por 1 hora e meia.
Abrir a massa com o rolo e colocá-la numa fôrma redonda para pizza (pequena).
Espalhar azeite de oliva e assar em forno preaquecido, em temperatura alta, por 25 minutos.
Colocar 2 colheres de sopa de azeite de oliva numa frigideira larga e dourar as rodelas de salsicha.
Retirar a pizza do forno, distribuir sobre ela as rodelas de tomate, a cebola, as azeitonas e a salsicha dourada.
Temperar com sal e orégano e terminar de assar por mais 20 minutos.

PIZZA RÁPIDA COM SHIITAKE E TOFU

(4 pessoas)

Massa Rápida para Pizza
- 2 copos de farinha de trigo branca
- 1/2 colher de sobremesa de sal
- 1 colher de sobremesa de fermento químico em pó (para bolos)
- 8 colheres de sopa de óleo
- 12 colheres de sopa de água

Recheio para Pizza de Shiitake e Tofu
- 1 copo de *shiitake* fresco cortado em tiras
- 2 colheres de sobremesa de azeite de oliva
- 8 colheres de sopa de óleo de milho
- 250 g de *tofu* cortado em quadradinhos
- 4 colheres de sopa de tomate pelado (enlatado), picado
- azeitonas portuguesas a gosto
- 1 colher de chá rasa de sal
- 1 colher de sobremesa de alho desidratado
- orégano a gosto

Fritar as tiras de *shiitake* no azeite de oliva, temperar com sal e o alho. Após 10 minutos em fogo

moderado e com a panela tampada, retirar do fogo e reservar.
Colocar o óleo de milho numa frigideira e aquecer. Fritar os quadradinhos de *tofu*, e quando estiverem dourados escorrê-los em papel absorvente.
Acender o forno a 200° C.
Misturar a farinha de trigo com o fermento químico em pó e o sal. Adicionar a água e o óleo, mexer bem com uma colher de pau e em seguida amassar com as mãos numa superfície lisa e enfarinhada.
Abrir a massa com o auxílio de um rolo até ficar fininha e então arrumá-la numa fôrma para pizza média, untada.
Espalhar sobre a massa o tomate pelado e picado, em seguida o *shiitake*, por cima o *tofu* e azeitonas a gosto.
Temperar a pizza com orégano e sal a gosto e levá-la ao forno.
Assar por aproximadamente 30 minutos, retirando a pizza assim que a massa estiver levemente dourada.

PIZZINHA COM ABOBRINHA ITALIANA

(4 pessoas)

- 8 fatias de pão integral
- 100 g de *tofu* firme amassado
- 1 copo de abobrinha ralada
- 2 cebolas raladas
- 3 dentes de alho picados
- 1 colher de chá rasa de sal
- 2 colheres de sopa de azeite de oliva
- 1 tomate cortado em fatias finas
- orégano a gosto

Aquecer em uma frigideira o azeite e fritar o alho e a cebola por um minuto, adicionar a abobrinha ralada e o sal e mexer com colher de pau.
Arrumar as fatias de pão em uma assadeira. Amassar o *tofu* com garfo e espalhar sobre as fatias. Por cima dispor as abobrinhas refogadas, as rodelas de tomate e orégano a gosto.
Cobrir a assadeira com papel-alumínio e assar as pizzinhas por 35 minutos, em forno preaquecido a 150° C.

MASSAS

BAVETE COM SOJA E LEGUMES

(5 a 8 pessoas)

- 1 pacote de macarrão de grano duro do tipo bavete
- sal para cozinhar a massa
- óleo para cozinhar a massa

Para os Legumes

- 1 copo de grãos de soja cozidos
- 1/2 xícara de abobrinha cortada em cubinhos
- 1/2 xícara de chuchu cortado em cubinhos
- 1/2 xícara de cenoura cortada em cubinhos
- 1/2 pimentão amarelo cortado em quadrados
- 1/2 pimentão verde cortado em quadrados
- 3/4 de xícara de ervilha fresca
- 4 colheres de sopa de *shoyo*
- 5 dentes de alho espremidos
- 1 cebola roxa ralada
- 1 colher de sopa de azeite de oliva

Molho Leve para Massas

- 1/2 xícara de coentro fresco
- 1/2 xícara de cebolinha verde picada
- 1 colher de sopa de óleo de milho
- 1 xícara de extrato de tomate
- 4 xícaras de água quente
- 1 colher de chá de caldo de vegetais
- 1 colher de chá de urucum em pó
- 1 colher de chá de louro em pó
- 1 colher de chá de sal

Misturar o *shoyo* com o azeite e adicionar o alho e a cebola. Deixar em repouso por 10 minutos no mínimo.

Arrumar os legumes em assadeira de forma que não fiquem superpostos. Regar com um pouco do molho e levar ao forno a 200° C e deixar por 10 minutos. Virar com colher de pau para dourarem do outro lado e regar com o restante do molho. Assar por mais 15 minutos. Retirar a assadeira do forno e reservar.

Cozinhar o macarrão seguindo as instruções da embalagem, escorrer e reservar.

Colocar o óleo em uma panela grande tipo *wok*, fritar a cebolinha, o coentro, juntar o urucum, o louro, o sal, o extrato, a água, o caldo de vegetais. Assim que levantar fervura reduzir o fogo e manter a panela semitampada por 35 minutos. Adicionar os legumes assados e deixar por mais 20 minutos. Adicionar a massa, mexer com garfos de madeira por 5 minutos e servir o macarrão em seguida, ainda quente.

CANELONE DE CARNE DE SOJA

(6 a 8 pessoas)

1 pacote de massa para canelone

Recheio de Carne de Soja para Canelone

- 1 copo de PVT do tipo miúda
- 1 cebola ralada
- 3 colheres de sopa de cebolinha verde picada
- 2 colheres de sopa de alho espremido
- 3 colheres de sopa de salsa fresca picada
- 3 colheres de sopa de *shoyo*
- 1 colher de chá de sal
- 2 colheres de sopa de extrato de tomate
- 1 colher de sopa cheia de farinha de trigo integral
- 2 colheres de sopa de óleo

Molho de Azeitonas Verdes para Massas

- 2 colheres de sopa de óleo de milho
- 1 cebola picadinha
- 2 dentes de alho amassados
- 1/2 xícara de salsão picado
- 1/2 xícara de azeitonas verdes picadas
- 2 colheres de sopa de extrato de tomate
- 2 xícaras de purê de tomate
- 1 colher de sopa de caldo de vegetais
- 1 copo de água fervente

Molho Branco com Amêndoas para Massas

- 3 colheres de sopa de margarina
- 4 colheres de sopa de salsa fresca picada
- 5 colheres de sopa de farinha de trigo
- 1/2 colher de sobremesa de sal
- 2 copos de leite de soja quente
- 2 copos de água quente
- 1 colher de chá de caldo de vegetais em pó
- 4 colheres de sopa de amêndoas picadas

Para o recheio, colocar a PVT numa tigela e cobri-la com água fervendo. Deixar de molho por 5 minutos, escorrer a água numa peneira e pressionar de modo a retirar o máximo possível de água.
Aquecer o óleo numa panela larga, fritar a cebola e o alho, adicionar a PVT, a salsa, o *shoyo*, o sal e o extrato de tomate. Tampar a panela e deixar em fogo baixo por 25 minutos. Adicionar a farinha de trigo e mexer por mais 5 minutos. Retirar a panela do fogo e reservar.
Aquecer o forno à temperatura de 200º C.
Para o molho vermelho, colocar o óleo numa panela e levá-la ao fogo médio. Fritar a cebola e o alho por 3 minutos, colocando em seguida o salsão, as azeitonas, o extrato de tomate, o purê de tomates, o caldo de vegetais, a água quente, manter em fogo brando e cozinhar por 30 minutos, ou até o molho estar encorpado. Retirar do fogo e reservar.
Para preparar o molho branco, derreter a margarina numa panela e fritar a salsa, adicionar a farinha de trigo e deixar em fogo baixo, mexendo constantemente com colher de pau, durante 5 minutos, ou até começar a dourar. Bater no liquidificador a farinha torrada com o sal, o caldo de vegetais, o leite de soja e a água. Voltar ao fogo baixo, mexendo continuamente, por 5 minutos, ou até o molho estar encorpado.
Numa fôrma refratária, colocar metade do molho branco e metade do molho vermelho.
Rechear os tubos de massa, precozido, com o recheio carne de soja e arrumar no pirex com os molhos. Colocar o restante do molho de tomate sobre os canelones recheados e sobre eles o restante do molho branco. Salpicar com amêndoas, cobrir a travessa com papel-alumínio e levar ao forno por 30 minutos, aproximadamente, ou até começar a borbulhar e esteja levemente dourado.

CANELONE DE SOJA COM TOMATE SECO

(6 a 8 pessoas)

- 1 pacote de massa para canelone

Recheio de Carne de Soja com Tomate Seco para Canelone

- 1/2 copo de PVT do tipo miúda
- 1 copo de grãos de soja cozidos
- 1 copo de tomate seco em conserva escorrido
- 1/2 copo de folhas frescas de manjericão verde
- 1 cebola picada
- 6 dentes de alho inteiros
- 1 colher de chá de sal
- 3 colheres de sopa de *okara*

Molho Delicado de Alcaparras para Massas

- 2 colheres de sopa de óleo de milho
- 1/2 xícara de talo de erva-doce picado
- 4 colheres de sopa de alcaparras picadas
- 4 xícaras de tomate picado
- 1 colher de chá de sal
- 1 colher de sobremesa de caldo de vegetais
- 1 colher de sobremesa rasa de maisena
- 1/2 xícara de água fria

Molho de Amido para Massas

- 3 colheres de sopa de margarina
- 2 colheres de sopa de maisena
- 1/2 colher de sobremesa de sal
- 2 copos de leite de soja
- 1 copo de água
- 1 colher de chá de caldo de vegetais em pó

Para o recheio, colocar a PVT numa tigela e cobri-la com água fervendo. Deixar de molho por 5 minutos, escorrer a água numa peneira e pressionar de modo a retirar o máximo possível de água.
Aquecer o óleo numa panela larga, fritar a cebola e o alho, adicionar a PVT, o manjericão, o sal, o tomate seco, o *okara* e os grãos de soja. Tampar a panela e deixar em fogo baixo por 25 minutos. Retirar a panela do fogo e reservar.
Para o molho, delicado de alcaparras, colocar o óleo em uma panela, fritar a erva-doce e as alcaparras,

adicionar o tomate e o sal. Tampar a panela e deixar ferver durante 30 minutos. Bater tudo no liquidificador, junto com o caldo de vegetais peneirar e voltar ao fogo. Adicionar a maisena diluída na água fria e mexer por mais 10 minutos. reservar.
Para o molho branco, bater todos os ingredientes no liquidificador e levar ao fogo brando por 10 minutos, ou até estar cremoso. Reservar.
Aquecer o forno à temperatura de 200° C.
Numa fôrma refratária, colocar metade do molho branco e metade do molho vermelho.
Rechear os tubos de massa com o recheio e arrumá-lo no pirex com os molhos. Colocar o molho de tomate sobre os canelones recheados e arrumados. Sobre eles colocar o molho branco. Cobrir a travessa com papel-alumínio e levar ao forno por 30 minutos, aproximadamente, ou até começar a borbulhar e esteja levemente dourado.

CANELONE DE TOFU COM PALMITO

(6 a 8 pessoas)

1 pacote de massa para canelone
Recheio
- 2 copos de palmito picado
- 450 g de *tofu* firme amassado
- 2 colheres de sopa de aveia em flocos
- 3 colheres de sopa de nozes picadas
- 3 colheres de sopa de cebolinha verde picada
- 3 colheres de sopa de salsa fresca picada
- 1 colher de chá de sal

Molho Vermelho Encorpado para Massas
- 2 colheres de sopa de óleo de milho
- 1 cebola picadinha
- 4 dentes de alho amassados
- 4 colheres de sopa de extrato de tomate
- 1 colher de sopa de caldo de vegetais
- 1 copo de água fervente
- 2 copos de tomate maduro sem sementes e picados
- 1 colher de chá de açúcar
- 1 colher de chá de sal
- 1 colher de sobremesa de maisena
- 1/2 xícara de água fria

Molho Branco com Shiitake Seco para Massas
- 1 copo de *shiitake* seco quebrado com as mãos
- água quente para deixar o *shiitake* de molho
- 3 colheres de sopa de margarina
- 5 colheres de sopa de farinha de trigo
- 2 copos de leite de soja quente
- 1 colher de chá de caldo de vegetais em pó
- 2 copos de água quente
- 1/2 colher de sobremesa de sal

Para o recheio, colocar o *tofu* e o palmito em uma vasilha, misturar a aveia, as nozes, a cebolinha, a salsa e o sal. Deixar na geladeira.
Aquecer o forno à temperatura de 200° C.
Para o molho vermelho, colocar o óleo numa panela e levá-la ao fogo médio. Fritar a cebola e o alho por 3 minutos, colocando em seguida o extrato de tomate, o caldo de vegetais, a água quente, o tomate e o açúcar e cozinhar por 4 minutos, mexendo com colher de pau.
Manter em fogo brando e cozinhar por 30 minutos. Diluir a maisena na água fria, adicionar à panela e mexer com colher de pau até o molho estar encorpado. Retirar do fogo e reservar.
Para preparar o molho branco, colocar os *shiitakes* secos em uma vasilha e cobri-los com água quente. Deixar de molho por 15 minutos e em seguida escorrer a água.
Derreter a margarina numa panela e fritar os cogumelos com o sal. Adicionar a farinha de trigo e deixar em fogo baixo, mexendo constantemente com colher de pau, durante 5 minutos, ou até começar a dourar. Adicionar o leite de soja e a água quente, bater no liquidificador com o caldo de vegetais e voltar ao fogo baixo, mexendo continuamente, por 5 minutos, ou até o molho estar encorpado.
Numa fôrma refratária, colocar metade do molho branco e metade do molho vermelho.
Rechear os tubos de massa com o recheio de *tofu* e arrumar no pirex com os molhos. Colocar o molho de tomate sobre os canelones recheados e arrumados. Sobre eles colocar o restante do molho branco. Cobrir a travessa com papel-alumínio e levar ao forno por 30 minutos, aproximadamente, ou até começar a borbulhar e esteja levemente dourado.

CANELONE DE TOFU E ESPINAFRE

(6 a 8 pessoas)

Molho Vermelho para Massas
- 2 colheres de sopa de óleo de milho
- 1 cebola picadinha
- 2 dentes de alho amassados
- 1/4 de xícara de extrato de tomate
- 1e 1/2 xícara de caldo de vegetais (4 saquinhos de 10 g diluídos em 400 ml de água fervente)
- 1 kg de tomate maduro sem sementes e picadinhos
- 1 colher de chá de açúcar
- 1 colher de chá de pimenta-do-reino moída na hora
- 1 colher de sopa de manjericão fresco cortado bem fininho
- 1 colher de sopa de orégano
- 1 colher de chá de sal
- 500 g de massa para canelone

Molho Branco para Massas
- 3 colheres de sopa de margarina
- 5 colheres de sopa de farinha de trigo
- 1 litro de leite de soja quente
- 1/2 colher de chá de noz-moscada moída
- 1/2 colher de sobremesa de sal

Recheio
- 300 g de espinafre fresco picado
- 500 g de *tofu* firme amassado
- 1/2 xícara de pinhão cozido picado
- 1 colher de chá de pimenta-do-reino verde amassada
- 1 colher de chá de sal

Aquecer o forno em temperatura de 200° C, colocar o óleo numa panela e levá-la ao fogo médio. Adicionar a cebola e o alho e fritar por 3 minutos, colocando em seguida o extrato de tomate. Cozinhar por 2 minutos. Adicionar o tomate, o sal e o açúcar, e cozinhar por 4 minutos, mexendo com colher de pau.

Gradualmente, colocar o caldo de legumes até alcançar a fervura. Manter em fogo brando e cozinhar por 25 minutos, ou até o molho estar encorpado. Retirar do fogo e adicionar o manjericão e o orégano.

Para o recheio, colocar o espinafre no vapor por 3 minutos, ou até as folhas murcharem. Deixar esfriar e espremer para retirar o excesso de água. Misturar numa tigela o espinafre com o *tofu*, o pinhão cozido e picado, o sal e pimenta-do-reino.

Para preparar o molho branco, derreter a margarina numa panela. Adicionar a farinha de trigo e deixar em fogo médio, mexendo constantemente com colher de pau, durante 3 minutos, ou até começar a dourar a farina.

Adicionar o sal, a noz-moscada e o leite de soja, aos poucos. Cozinhar em fogo baixo, mexendo continuamente, por 5 minutos, ou até o molho estar encorpado.

Num pirex, colocar metade do molho branco e metade do molho vermelho.

Rechear os tubos de massa para canelone precozidos, com o recheio de *tofu* e espinafre e acomodá-los no pirex, sobre o molho. Em seguida adicionar o restante do molho vermelho e sobre este o restante do molho branco.

Salpicar um pouco de pinhão picado sobre a travessa, cobrir com papel-alumínio e levar ao forno por 30 minutos, aproximadamente, ou até começar a borbulhar e esteja levemente dourado.

CAPELLINI COM ABOBRINHA

(4 pessoas)

- 400 g de massa para macarrão do tipo *capellini*
- 500 g de abobrinha fatiada
- 200 g de cogumelos frescos cortados ao meio
- 3 colheres de sopa de azeite de oliva
- 3 colheres de sopa de *shoyo* sabor *champignon*
- 1 xícara de ervilhas frescas
- 2 xícaras de molho de tomate com azeitonas
- 200 g de *tofu* cortado em cubos (congelar por 3 horas e descongelar em papel absorvente)
- sal a gosto
- pimenta-do-reino preta moída na hora

Cozinhar a massa tipo *capellini* seguindo o tempo recomendado na embalagem.
Numa frigideira do tipo japonesa (*wok*), aquecer em fogo alto o azeite de oliva, adicionar o cogumelo. Deixar que fritem por 2 minutos e então adicionar a abobrinha, as ervilhas e o *shoyo*. Cozinhar por mais 5 minutos, verificando o sal.
Adicionar então o *tofu*, sal a gosto e deixar por mais 2 minutos.
Aquecer separadamente o molho de tomate.
Arrumar a massa cozida numa travessa. Espalhar o refogado e por cima o molho de tomate. Servir com pimenta-do-reino moída na hora a gosto.

ESPAGUETE A BOLONHESA

(4 ou 5 pessoas)

- 1 pacote de massa de espaguete

Molho a Bolonhesa

- 1/2 copo de PVT do tipo miúda
- 1 cebola picadinha
- 4 dentes de alho espremidos
- 2 colheres de sopa de salsa fresca picada
- 1 colher de sopa de manjerona fresca picada
- 1 colher de sobremesa de caldo de vegetais
- 1 xícara de pimentão verde picadinho
- 1 colher de sobremesa de sal
- 1/2 colher de sobremesa de açúcar
- 4 colheres de sopa cheias de extrato de tomate
- 5 tomates maduros picadinhos
- 3 colheres de sopa de azeite de oliva ou óleo de milho
- água fervendo

Colocar a PVT numa tigela e cobri-la com água fervendo. Deixar de molho por 5 minutos, escorrer a água numa peneira e pressionar de modo a retirar o máximo possível de água.
Numa panela aquecer o azeite, dourar a cebola e o alho, adicionar a salsa, o pimentão e a manjerona e deixar fritar por 2 minutos em fogo alto. Juntar a PVT escorrida e o sal e mexer com colher de pau. Manter em fogo alto por mais 5 minutos.
Colocar então o tomate picadinho, o extrato de tomate, 3 xícaras de água fervendo, o caldo de vegetais e por último o açúcar.
Manter o fogo moderado, com a panela semitampada, por aproximadamente 20 minutos, mexendo de vez em quando.
Cozinhar o macarrão seguindo as instruções da embalagem. Escorrer a água, acondicioná-lo numa travessa, cobrir com o molho e servir em seguida.

FUSILLI COM TOFU E VEGETAIS

(4 a 6 pessoas)

- 250 g de massa do tipo *fusilli*
- 300 g de *tofu* firme cortado em cubos de 1 cm
- 5 colheres de sopa de azeite de oliva extravirgem
- 1 colher de sopa de manjericão cortado rasgado
- 1 colher de sopa de orégano
- 2 dentes de alho cortados bem fininho
- 1 cebola roxa cortada em fatias finas
- 2 colheres de chá de sal
- 1 colher de chá de pimenta-do-reino preta moída na hora
- 1 berinjela cortada em cubinhos
- 1 abobrinha cortadas em cubinhos
- 6 tomates sem sementes, cortados em cubinhos
- 1/2 xícara de azeitonas gregas, sem caroço

Colocar o *tofu* numa tigela grande, adicionar as 2 colheres de azeite de oliva, o manjericão rasgado, o orégano, o alho, a cebola, o sal e a pimenta-do-reino. Mexer delicadamente até o *tofu* estar todo envolvido com os demais ingredientes. Reservar.
Cozinhar o macarrão numa panela grande, com água fervente, seguindo as instruções de tempo que consta na embalagem. Escorrer a água e reservar mantendo-o quente.
Aquecer três colheres de sopa de azeite de oliva, numa frigideira grande, adicionar a berinjela e cozinhar em fogo médio por quatro minutos. Colocar uma pitada de sal e em seguida a abobrinha. Cozinhar por seis minutos. Adicionar o tomate e cozinhar por mais um minuto.

Colocar o *tofu* temperado na panela, o tempo necessário para que todo o conjunto esteja quente de forma uniforme.
Adicionar a massa quente com as azeitonas e servir com algumas folhas de manjericão rasgadas.

MACARRÃO BIFUN COM PVT E GLÚTEN

(2 a 4 pessoas)

- 1/2 pacote de macarrão tipo *bifun*
- 1 copo de PVT média do tipo escura
- 1 copo de glúten cortado em quadrados
- 2 cebolas cortadas em quadrados
- 1 pimentão vermelho cortado em quadrados
- 6 colheres de sopa de *shoyo* sabor *champignon*
- 2 colheres de sopa de óleo de gergelim
- 1 colher de sopa de margarina
- 1 colher de sobremesa raiz-forte diluída em um pouco de água
- água quente

Colocar a PVT numa tigela e cobrir com água quente. Deixar de molho por 15 minutos. Escorrer a água e espremer a PVT com as mãos para retirar o excesso de água. Reservar.
Em uma panela larga, colocar o óleo de gergelim e a margarina e dourar a cebola junto com o pimentão por 10 minutos.
Em seguida adicionar a PVT, o glúten, o *shoyo*, a raiz-forte, tampar a panela e deixá-la em fogo médio por 20 minutos.
Cozinhar a massa de macarrão seguindo as instruções da embalagem e em seguida escorrer e adicionar à panela do refogado. Mexer delicadamente, virar em uma travessa e servir enquanto quente.

NHOQUE DE ABÓBORA E TOFU

(4 a 6 pessoas)

- 1 copo de abóbora *kambutiá* cozida e amassada
- 1 copo de *tofu* amassado com garfo
- 1/2 copo de farinha de trigo branca
- 5 colheres de sopa de *okara*
- 1 pitada de sal para a massa,
- 2 colheres de sopa de margarina
- 1/2 copo de farinha de trigo para trabalhar a massa
- 1 colher de sopa de sal para cozinhar a massa
- 3 colheres de sopa de óleo para cozinhar a massa

Molho de Aneto para Nhoque

- 1/2 copo de PVT do tipo miúda
- 3 colheres de sopa de *shoyo*
- 4 colheres de sopa de cebola ralada
- 3 copos de tomate picado
- 3 colheres de sopa de extrato de tomate
- 1/2 xícara de água quente
- 5 colheres de sopa de aneto fresco picadinho
- 4 colheres de sopa de cebolinha verde picadinha
- 1 colher de chá de sal
- 2 colheres de sopa de margarina

Colocar a PVT numa tigela e cobri-la com água fervendo, acrescentando o *shoyo*, a cebola. Deixar de molho até todo o líquido ter sido absorvido.
Derreter a margarina em uma panela larga, fritar a cebolinha e o aneto, adicionar os tomates, o extrato, a água e o sal. Mexer com colher de pau e manter em fogo baixo com panela tampada por 15 minutos. Passar o molho por uma peneira.
Aquecer uma panela limpa e colocar a PVT temperada. Mexer e manter o fogo alto até dourar levemente. Adicionar então o molho de tomate e deixar ferver em fogo baixo por 25 minutos, ou até o molho estar bem encorpado. Retirar a panela do fogo e reservar.
Cozinhar em água e sal um bom pedaço de abóbora descascada. Amassá-la, medir um copo e colocar numa tigela. Acrescentar o *tofu*, a farinha de trigo, o *okara* , o sal e a margarina e amassar tudo com as mãos numa mesa enfarinhada.

Fazer rolinhos com porções de massa e cortá-los em pequenos pedaços, formando os nhoques. Levar ao fogo uma panela grande com água e, assim que começar a ferver, adicionar sal e óleo. Esperar que volte a ferver, e então colocar as bolinhas na panela.
Quando começarem a subir, retirá-las com escumadeira e colocar num escorredor de macarrão ou peneira. Passá-las na água fria e arrumá-las num pirex ou travessa refratária. Regar tudo com o molho, cobrir com papel-alumínio e levar ao forno preaquecido a 200° C por 25 minutos.

NHOQUE DE BATATA COM FARINHA DE SOJA

(4 a 6 pessoas)

Nhoque
- 4 copos de purê de batata (aproximadamente 4 batatas grandes)
- 2 xícaras de farinha de trigo branca
- 1 xícara de farinha de glúten
- 1 xícara de farinha de soja
- farinha de trigo para trabalhar a massa
- 2 colheres de sobremesa de *missô*
- 5 colheres de sopa de margarina

Molho Básico de Tomate
- 10 tomates bem vermelhos picados
- 1 cebola grande picada
- 3 dentes de alho
- 1 colher de sobremesa de caldo de vegetais em pó
- 2 colheres de sopa de extrato de tomate
- 1 colher de sobremesa de açúcar
- 1/2 colher de sobremesa de sal
- 5 colheres de sopa de óleo
- 1 copo de água quente

Para o molho, dar uma leve fritada, em óleo quente, na cebola, no alho e em seguida juntar os tomates picados. Mexer com colher de pau, adicionar o caldo de vegetais, o sal e o açúcar. Mexer por mais 5 minutos. Adicionar o extrato de tomate e a água quente e deixar ferver por 30 minutos em fogo brando. Reservar.
Aquecer água numa panela grande com um pouco de sal e 4 colheres de sopa de óleo.
Em outra panela, cozinhar aproximadamente 4 batatas e passá-las, ainda quentes, por um espremedor ou amassá-las com garfo.
Colocar 4 xícaras desse purê numa tigela e adicionar os outros ingredientes, misturando-os bem em seguida.
Virar a mistura numa superfície lisa, enfarinhada, e amassar com as mãos. Fazer rolinhos finos com a massa e cortar formando quadradinho de nhoque.
Mergulhar os nhoques na água fervente e, assim que subirem à superfície, retirá-los com uma escumadeira, colocando num escorredor de macarrão.
Passar água fria nos quadradinhos cozidos e arrumá-los numa travessa. Regar com molho e deixar no forno por 15 minutos, coberto com papel-alumínio, antes de servir o nhoque.

NHOQUE DE CARÁ E TOFU

(4 a 6 pessoas)

- 5 xícaras de cará cozido e amassado
- 2 xícaras de *tofu* amassado
- 1 e 1/2 xícara de farinha de trigo branca
- 2 colheres de farinha de soja
- farinha de trigo para trabalhar a massa
- 1 colher de sobremesa de sal
- 1/2 xícara de margarina
- água e óleo para cozinhar a massa

Molho de Tomatinho com Carne de Soja
- 1 copo de PVT de tamanho médio
- 4 colheres de sopa de *shoyo*
- 2 colheres de sopa de cebola desidratada
- 1 e 1/2 xícara de purê de tomate
- 1 pimentão verde grande, picadinho
- 1 colher de chá de pimenta calabresa
- 20 minitomates (tipo cereja)
- 1/2 copo de cebolinha verde picada
- 2 dentes de alho picados
- 2 colheres de sopa de óleo
- 1 colher de chá de sal
- água quente

Cozinhar o cará, passar por um espremedor de batatas e colocar numa tigela. Juntar os demais ingredientes. Colocar a mistura em mesa enfarinhada e amassá-la até ficar macia. Formar rolinhos com pequenas porções de massa e cortá-las em quadradinhos.
Levar ao fogo uma panela grande cheia de água e, assim que começar a ferver, adicionar o óleo e o sal. Mergulhar nela as bolinhas de nhoque e, à medida que forem subindo, tirá-las com uma escumadeira e escorrer numa peneira ou escorredor de macarrão. Passá-las rapidamente em água fria e arrumá-las numa travessa ou pirex.
Para o molho, colocar a PVT em um pirex com tampa e cobrir com água quente. Assim que a água tiver sido toda absorvida, adicionar ao pirex o *shoyo*, a cebola desidratada, o pimentão, a pimenta e o purê de tomate. Tampar e levar ao microondas à potência máxima por 10 minutos e reservar.
Em uma panela colocar o óleo, fritar a cebolinha e o alho por 10 minutos, adicionar os tomatinhos e o sal, tampar a panela e deixar em fogo brando por 30 minutos. Adicionar a PVT temperada e deixar ferver por 20 minutos.
Regar a travessa do nhoque com o molho e levar ao forno preaquecido a 200° C por 20 minutos, com a travessa coberta com papel-alumínio.

NHOQUE DE ESPINAFRE

(4 a 6 pessoas)

- 500 g de espinafre escaldado e picado
- 350 g de *tofu* firme amassado em espremedor de batatas
- 1/4 de colher de chá de sal
- 1 pitada de pimenta-do-reino moída
- 1 pitada de noz-moscada ralada na hora
- 4 colheres de sopa de fécula de batatas
- 3/4 de xícara de água
- 1 colher de chá de sal
- óleo ou azeite de oliva para untar
- molho de tomate a gosto

Misturar bem, numa tigela, o espinafre escaldado e picado com o *tofu*, o sal, a pimenta-do-reino, a noz-moscada e a fécula de batatas, formando uma massa. Ferver água numa panela grande e com as mãos úmidas formar com a massa preparada, bolinhos do tamanho de uma noz.
Mergulhar os bolinhos na água fervente, cozinhar por um minuto, retirar com escumadeira e colocar em escorredor de macarrão. Colocá-los numa travessa de cerâmica ou pirex, espalhar o molho de tomate a gosto e levar ao forno em 180°C. Retirar e servir em seguida.

NHOQUE DE INHAME E FARINHA DE SOJA

(4 a 6 pessoas)

- 2 copos de inhame cozido
- 1/2 copo de *tofu* amassado
- 1 e 1/2 copo de farinha de trigo
- 1 copo de farinha de soja
- 1 copo de leite de soja quente
- 1 colher de sobremesa de sal
- 1/2 xícara de margarina
- farinha de trigo para trabalhar a massa
- água e óleo para cozinhar a massa

Molho de Tomate Seco

- 1 copo de tomate seco picado
- 2 xícaras de purê de tomate
- 5 colheres de sopa de extrato de tomate
- 3 colheres de sopa de cebola
- 1/2 copo de cebolinha verde picada
- 2 dentes de alho picados
- 2 colheres de sopa de óleo
- 1 colher de chá de sal

Para o molho, aquecer o óleo, dourar a cebola e o alho. Adicionar a cebolinha, o purê de tomate, o extrato, a água quente e o sal. Misturar com colher de pau, tampar a panela e manter em fogo baixo por 25 minutos, mexendo de vez em quando, ou até o molho estar encorpado. Retirar a panela do fogo e reservar.
Cozinhar o inhame, passar ainda quente por um espremedor de batatas e colocar numa tigela. Juntar os demais ingredientes.

Colocar a mistura em mesa enfarinhada e amassá-la até ficar macia. Formar rolinhos com pequenas porções de massa e cortá-las em pequenos tubinhos. Levar ao fogo uma panela grande cheia de água e, assim que começar a ferver, adicionar o óleo e o sal. Mergulhar nela as bolinhas de nhoque e, à medida que forem subindo, tirá-las com uma escumadeira e escorrer numa peneira ou escorredor de macarrão. Passá-las rapidamente em água fria e arrumá-las numa travessa ou pirex.
Cobrir todo o nhoque com o molho e aquecer em forno preaquecido a 200° C por 20 minutos, com a travessa coberta com papel-alumínio.

NHOQUE DE MANDIOCA E SOJA

(4 a 6 pessoas)

Massa
- 4 copos de mandioca cozida e amassada
- 2 copos de grãos de soja cozidos e moídos ou triturados
- 1 kg de farinha de trigo branca
- 1/2 copo de margarina
- 1 colher de sobremesa de sal

Molho de Cenoura para Nhoque
- 1 copo de cenoura cortada em cubinhos
- 2 copos de tomates picados
- 1/2 xícara de extrato de tomate
- 1 colher de sobremesa rasa de sal
- 1 cebola picada
- 4 dentes de alho espremidos
- 4 colheres de sopa de salsa fresca picada
- 2 copos de água quente
- 1 colher de sobremesa de caldo de vegetais em pó
- 2 colheres de sopa de óleo

Para o molho, aquecer o óleo em uma panela, dourar a cebola e o alho, adicionar a salsa, a cenoura e os tomates e mexer, em fogo alto, por 5 minutos. Adicionar o extrato, a água quente, o sal e o caldo de vegetais em pó. Manter o fogo baixo por 35 minutos ou até estar um molho encorpado. Retirar do fogo e reservar.
Espremer a mandioca numa tigela (fica mais fácil logo após o cozimento), colocar a soja cozida, a farinha de trigo, o sal e a margarina.
Misturá-los com as mãos e, quando se tornar uma massa consistente, virá-la numa mesa enfarinhada e trabalhá-la até ficar lisa.
Fazer rolinhos com ela da largura de um dedo e cortar os nhoques. Mergulhar as bolinhas numa panela com água fervente, com o óleo e sal e, assim que subirem, retirá-las com uma escumadeira. Colocá-las num escorredor de macarrão e lavá-las rapidamente com água fria.
Passar os nhoques para um pirex, cobrir com o molho quente e servir.

PENNE COM SOJA

(4 ou 5 pessoas)

- 2 xícaras de massa crua de *penne*
- 1 colher de sopa de óleo de milho
- 1/2 cebola média grosseiramente picada
- 2 dentes de alho picadinhos
- 1 lata de tomates inteiros, pelados, em conserva
- 6 tomates secos picados
- 1 xícara de feijão-branco cozido e escorrido
- 2 colheres de sopa de manjericão fresco picado
- 1 colher de chá de orégano
- 3 colheres de sopa de *shoyo*
- 1/2 colher de sobremesa de sal
- 2 colheres de sopa de azeitonas chilenas picadas
- 150 g de *tofu* firme cortado em cubinhos

Cozinhar o macarrão seguindo as instruções da embalagem. Escorrer a água e mantê-lo reservado. Numa frigideira grande e funda aquecer o óleo e quando estiver quente adicionar a cebola, o alho e o tomate seco. Fritar por 3 minutos. Adicionar o tomate pelado levemente picado, o feijão-branco, o manjericão, o orégano e o sal.
Manter o fogo baixo por 5 minutos. Adicionar o tomate pelado e picado, tampar a panela e cozinhar por mais 5 minutos. Acrescentar aos poucos a água fervendo, caso o molho resseque muito. Se preferir, poderá também ser adicionado uma latinha

de molho de tomate. Colocar então as azeitonas e o *tofu*, mexer cuidadosamente, retirar do fogo, e deixar reservado por 15 minutos para que o *tofu* absorva os temperos.
Colocar a massa cozida em uma travessa, regar a massa com o molho e servir quente.

RIZZI COM CARNE DE SOJA E COGUMELO

(2 a 4 pessoas)

- 4 copos macarrão em formato de arroz (rizzi) já cozido
- 1 lata de carne de soja
- 2 xícaras de tomates descascados e sem sementes picados
- 1 copo de cogumelo fresco picado
- 1 cebola picadinha
- 1/2 xícara de cheiro verde picadinho
- 1/2 colher de sopa de alho desidratado
- 1 colher de chá de orégano desidratado
- 1 colher de chá de *zattar*
- 1 colher de chá de sal
- 2 colheres de sopa de *shoyo*
- 3 colheres de sopa de azeite de oliva ou óleo de milho

Em uma panela grande, cozinhar a massa seguindo as instruções da embalagem, escorrer e reservar.
Em uma panela, aquecer o azeite e colocar a cebola, o alho, a carne de soja cortada em tiras finas, mexer bem e acrescentar o sal, o *shoyo* e o cogumelo. Após alguns minutos acrescentar o macarrão já cozido, o tomate, o cheiro verde e verificar o sal. Assim que estiver quente arrumar em uma travessa e servir em seguida.

TALHARIM AO MOLHO DE BERINJELA

(4 a 6 pessoas)

- 1/2 pacote de massa de macarrão do tipo talharim
- óleo para cozinhar a massa
- sal para cozinhar a massa

Molho de Berinjela

- 4 copos de berinjela picada
- 2 copos de PVT de tamanho médio
- 4 copos de tomate maduro picado
- 2 xícaras de purê de tomate
- 1/2 copo de coentro fresco picado
- 1/2 copo de cebolinha verde picada
- 1/2 copo de alho-poró picado
- 3 colheres de sopa de azeite de oliva
- 1/2 xícara de água fervente
- 1 colher de sobremesa de sal
- 1 colher de sobremesa de pimenta-da-jamaica (não é ardida)

Colocar a PVT numa tigela e cobri-la com água fervendo. Deixar de molho por 5 minutos, escorrer a água numa peneira e pressionar de modo a retirar o máximo possível de água.
Numa frigideira larga tipo *wok*, aquecer o azeite, refogar os temperos e adicionar a berinjela. Passados 5 minutos juntar a PVT e mexer por mais 5 minutos. Acrescentar o tomate, o purê de tomate, a água e o sal. Misturar e deixar em fogo baixo, com a panela semitampada, por 30 minutos.
Cozinhar o macarrão seguindo as instruções da embalagem. Escorrer a água, acondicioná-lo numa travessa, cobri-lo com o molho bem quente e servir em seguida.

TALHARIM AO MOLHO DE CHAMPIGNON

(4 a 6 pessoas)

- 1/2 pacote de massa de macarrão do tipo talharim
- óleo para cozinhar a massa
- sal para cozinhar a massa

Molho de champignon

- 150 g de *champignon* fresco do tipo pequeno (por exemplo cogumelo-paris)
- 1 copo de leite de soja
- 1 colher de sopa de azeite de oliva
- 1 colher de sobremesa de caldo de vegetais em pó
- 1/2 xícara de água fervente
- 3 colheres de sopa de farinha de trigo branca
- 2 colheres de sopa de margarina
- 4 colheres de sopa de cebolinha verde picada
- 3 colheres de sopa de coentro fresco picado
- 3 colheres de sopa de cebola picadinha
- 3 dentes de alho picados
- 1 colher de chá de sal

Numa frigideira larga, aquecer o azeite, dourar a cebola e o alho, adicionar o *champignon* e fritar por dois minutos.

Em outra panela, diluir o caldo de vegetais na água fervendo. Diluir a farinha de trigo no leite de soja e juntar à panela. Levá-la ao fogo médio, sempre mexendo, por 10 minutos. Adicionar a margarina, os demais temperos e continuar mexendo, por cerca de 15 minutos. Adicionar os *champignons* da frigideira e misturar.

Cozinhar o macarrão seguindo as instruções da embalagem. Escorrer a água, acondicioná-lo numa travessa, cobri-lo com o molho e servir em seguida.

PASTAS E PATÊS

HOMUS COM ALCAPARRA

(1 xícara)

- 2 xícaras de grão-de-bico cozido
- 1/2 xícara de *tofu* do tipo macio
- 4 dentes de alho esmagados
- 2 colheres de sopa de *tahine*
- 2 colheres de sopa de sumo de limão
- 1 colher de sopa de alcaparras
- 1 colher de chá de *zattar*

Bater os ingredientes no liquidificador, adicionando um pouco de água filtrada, se for necessário para o funcionamento do aparelho.
Salpicar um pouco mais de *zattar* para decorar e manter o *homus* em geladeira até o momento de usar.

PASTA DE ABACATE

(1 xícara)

- 1 abacate médio
- 3 colheres de sopa de *tofu*
- 3 colheres de sopa de sumo de limão
- 1 colher de chá de caldo de vegetais
- 1 pitada de sal
- 1 colher de chá de pimenta-do-reino moída

Torradas de Alho e Manjericão

- 4 dentes de alho cortados em fatias bem finas
- 4 colheres de sopa de azeite de oliva
- 1 colher de sopa de manjericão fresco picado
- fatias finas de pão integral cortadas em quadrados

Bater os ingredientes da pasta no liquidificador até ficar homogênea e cremosa. Manter em geladeira até o momento de usar.
Colocar as fatias de pão numa assadeira e levá-la ao forno a 180° C. Deixar por 10 minutos, retirar do forno e mantê-lo acesso.
Numa frigideira, colocar o azeite e dourar o alho. Regar as torradas com o alho e o azeite, espalhar o manjericão e voltá-las ao forno por mais 5 minutos. Servir as torradas, junto com a pasta de abacate.

PASTA DE ABOBRINHA

(1 xícara)

- 2 abobrinhas cortadas em rodelas
- 1 colher de chá de sal
- 1 colher de chá de alho desidratado
- 1 colher de sopa de cebola ralada
- 1/4 de colher de café de noz-moscada ralada
- 1 colher de sopa de gengibre fresco ralado
- 3 colheres de sopa de azeite de oliva
- 6 azeitonas pretas sem caroço
- 200 g de *tofu* fresco
- 1 tomate sem sementes picado bem pequeno
- 1 colher de chá de pimenta-do-reino moída na hora
- 1 colher de sopa de azeite de oliva

Numa tigela, colocar as abobrinhas e temperá-las com o sal, o alho, a cebola, o gengibre, o azeite e as azeitonas. Colocar numa travessa refratária, cobrir com papel-alumínio e levar ao forno médio até estarem macias, cerca de 15 minutos.
Amassar as abobrinhas com um garfo e acrescentar *tofu*, formando uma pasta homogênea.
Espalhar a pasta numa travessa rasa e larga, e sobre ela, o tomate, a pimenta-do-reino e o azeite de oliva.

PASTA DE AMENDOIM

(2 a 4 porções)

- 1 e 1/2 xícara de amendoim torrado
- 3 colheres de sopa de glicose de milho
- 1/4 de xícara de leite de coco
- 1/4 de xícara de *tofu* firme
- 1 pitada de sal
- 1 pitada de *chilli* em pó
- 1/2 xícara de água filtrada

Colocar os amendoins no liquidificador com a água, adicionar a glicose, o leite de coco, o *tofu*, o sal, o *chilli* e bater até ficar cremoso.
Arrumar a patê num pote e mantê-lo em geladeira até o momento de usar.

PASTA DE AZEITONA VERDE COM ALCAPARRA

(1 e 1/2 xícara)

- 4 colheres de sopa de *tofu* firme
- 1 xícara de azeitonas verdes picadas
- 1 colher de chá de alcaparras picadas
- 2 dentes de alho amassados
- 3 colheres de sopa de azeite de oliva
- 1/2 colher de chá de páprica
- 1/2 colher de chá de casca de limão ralada

Bater todos os ingredientes no liquidificador até ficar homogêneo e cremoso.
Colocar a pasta numa tigela e servir com torradinhas, pães e biscoitos frescos.
Manter em geladeira até o momento de usar.

PASTA DE CASTANHA DE CAJU

(1 e 1/2 xícara)

- 200 g de *tofu* macio
- 1/2 xícara de castanha de caju torrada
- 2 colheres de sopa de limão
- 1 colher de chá de sal
- sementes de papoula

Colocar as castanhas num liquidificador seco e deixá-las bem picadas. Reservar a metade. Adicionar à castanha do liquidificador o *tofu* e o limão. Bater até ficar cremoso.
Numa tigela, misturar o creme às castanhas picadas e reservadas.
Colocar a pasta numa tigela e espalhar sementes de papoula por cima.
Manter em geladeira até o momento de usar, servindo com torradas ou biscoitos frescos.

PASTA DE BERINJELA

(2 a 4 porções)

- 2 berinjelas cozidas
- 1/2 xícara de *tofu*
- 4 alcaparras picadas
- 4 azeitonas pretas picadas
- 1 colher de chá de orégano
- 1 colher de chá de sal
- 2 colheres de sopa de cebolinha verde picadinha
- 2 colheres de sopa de salsa fresca picada
- 1 colher de chá de pimenta-do-reino moída
- 3 colheres de sopa de azeite de oliva
- 8 uvas passas
- 1 colher de chá de páprica doce

Amassar as berinjelas com um garfo, acrescentar as alcaparras, as azeitonas, o orégano, o sal, a cebolinha, a salsa, a pimenta-do-reino e o *tofu*. Misturar bem e acrescentar aos poucos o azeite de oliva. Adicionar as passas, verificar o sal e transferir para uma tigela rasa e larga. Salpicar com a páprica e conservar a pasta em geladeira, com um pouco de azeite. Servir em lanches ou entradas, acompanhando pães frescos ou torradas.

PASTA DE TOFU COM ERVAS FRESCAS

(2 a 4 porções)

- 1 xícara de *tofu*
- 5 colheres de sopa de coentro bem picado
- 5 colheres de sopa de salsa fresca bem picadinha
- 1 colher de chá de folhas frescas de aneto picado
- 2 colheres de sopa de cebolinha verde picada
- 1/2 colher de sobremesa de sal
- 5 colheres de sopa de azeite de oliva
- 1 colher de café de salsa desidratada

Amassar bem o *tofu* com um garfo e ir colocando o azeite. Adicionar o sal, o coentro e os demais ingredientes, exceto a salsa desidratada e, após obter uma

pasta bem homogênea, mantê-la em geladeira, com um pouco de azeite de oliva por cima.
Servir a pasta em potes individuais, com salsa desidratada salpicada por cima.

PASTA DE TOFU E AZEITONAS

(2 a 4 porções)

- 1 xícara de *tofu*
- 1 xícara de azeitonas chilenas picadas (pretas grandes)
- 1 colher de chá de pimenta-do-reino verde amassada com um garfo
- 1/2 colher de sobremesa de sal
- 6 colheres de sopa de azeite de oliva

Colocar todos os ingredientes num prato e amassá-los bem com o auxílio de um garfo, até obter uma pasta consistente.
Conservar a pasta em geladeira, com um pouco de azeite por cima. Servir com torradas ou biscoitos salgados.

PASTA DE TOFU E MOSTARDA

(2 a 4 porções)

- 1 xícara de *tofu*
- 1 colher de sopa de mostarda de Dijon
- 3 colheres de sopa de coentro bem picado
- 1/2 colher de sobremesa de sal
- 1 colher de chá de alho desidratado
- 1 colher de sopa de cebola roxa picadinha
- 5 colheres de sopa de azeite de oliva
- 1 colher de sobremesa de sementes de mostarda

Amassar bem o *tofu* com um garfo e ir colocando o azeite. Adicionar os demais ingredientes e misturá-los bem.
Conservar a pasta na geladeira até a hora de servir.

PASTA DE TOFU E TAHINE

(2 a 4 porções)

- 1 e 1/2 copo de *tofu* amassado
- 1 xícara de salsa bem picadinha
- 4 colheres de sopa de *tahine* diluído em água
- 1 colher de chá de alho fresco esmagado
- 1 colher de chá de *missô*
- 1/2 colher de sobremesa de sal

Amassar o *tofu* com um garfo e adicionar-lhe os demais ingredientes. Mexer bastante até estar cremosa e arrumar a pasta num pote.
Cobri-la com um pouquinho de azeite de oliva e salsa fresca e mantê-la em geladeira até a hora de servir.

PASTA FLOU

(2 a 4 porções)

- 2 copos de *tofu* picado
- 1 batata grande cozida e amassada
- 2 colheres de chá de páprica doce
- 1 colher de chá de urucum
- 1 colher de chá de pimenta-do-reino verde amassada com um garfo
- 1 colher de cebolinha verde picada
- 2 colheres de chá de molho de mostarda
- 2 colheres de chá de molho tipo *catchup*
- 3 colheres de sopa de azeite de oliva
- 1 colher de chá de sal

Colocar todos os ingredientes no liquidificador e bater até obter uma pasta homogênea. Adicionar água, somente o necessário para o funcionamento do aparelho.
Conservar a pasta em geladeira, com um pouco de azeite.

PASTA PICANTE

(1 e 1/2 xícara)

- 1/2 xícara de *chutney* de manga
- 200 g de *tofu* macio
- 1 colher de sopa de sumo de limão
- 1 colher de chá de *curry* em pó
- 1 pitada de pimenta-malagueta em pó
- 1 colher de chá de sal

Bater os ingredientes no liquidificador até ficar homogêneo e cremoso.
Manter em geladeira até o momento de usar. Colocar a pasta numa tigela e servir acompanhando espetinhos, grelhados, torradinhas, pães e biscoitos frescos.

PASTA RÁPIDA

(2 a 4 porções)

- 1 xícara de maionese de *tofu*
- 4 colheres de sopa de salsa fresca
- 1 dente de alho
- 1/2 xícara de tomate seco
- 1 colher de sobremesa de *missô*
- 1 colher de chá de gergelim torrado

Misturar todos os ingredientes e bater no liquidificador.
Arrumar a pasta num pote, decorar com o gergelim torrado e mantê-la em geladeira até o momento de usar.

PASTA VERDE

(2 a 4 porções)

- 1 xícara de *tofu*
- 1 folha de couve-manteiga
- 1 talo de alho-poró
- 1 colher de chá de sal
- 6 colheres de sopa de azeite de oliva
- 2 ou mais colheres de sopa de leite de soja morno

Bater no liquidificador todos os ingredientes até obter uma pasta cremosa. Colocar mais água, se necessário, para o funcionamento do aparelho.

PATÊ COM MISSÔ

(1 e 1/2 xícara)

- 200 g de *tofu* firme
- 2 colheres de sopa de *missô* claro
- 1 colher de sopa de vinagre de arroz
- 1 colher de chá de alho em pó
- 1 colher de café de raiz-forte em pó

Bater os ingredientes no liquidificador até ficar homogêneo e cremoso.
Colocar a pasta numa tigela e servir com torradinhas, pães e biscoitos frescos.
Manter em geladeira até o momento de usar.

PATÊ DE ABOBRINHA COM MANGA

(1 e 1/2 xícara)

- 300 g de *tofu* amassado
- 1 abobrinha grande assada em forno alto até ficar macia
- 1 copo de tiras finas de manga
- 1/2 copo de cebola em tiras finas
- 1 pimentão vermelho cortado em tiras finas
- 1/2 copo de coentro fresco picado
- 2 colheres de sopa de suco de laranja
- 2 colheres de sopa de azeite de oliva
- 1 colher de chá de sementes de cardamomo
- 1 colher de chá de sal

Colocar a abobrinha assada numa tábua e com uma faca afiada bater, adicionando a cebola e o pimentão.
Juntar numa tigela o *tofu* amassado e os demais ingredientes, misturando bastante.
Manter em geladeira até o momento de usar.

PATÊ DE ALHO COM MISSÔ

(1 e 1/2 xícara)

- 2 dentes de alho esmagados
- 1/2 colher de chá de gengibre fresco ralado
- 1 colher de sopa de sumo de limão
- 6 colheres de sopa de margarina
- 1 colher de azeite de oliva
- 3 colheres de sopa de *missô*
- nozes descascadas

Misturar todos os ingredientes numa tigela até obter um patê homogêneo.
Colocar o patê numa tigela, decorar com pedaços de nozes e manter em geladeira até o momento de usar.

PATÊ DE ALHO COM VEGETAIS

(1 xícara)

- 1/2 copo de *tofu* cremoso
- 1 pitada de caldo de vegetais em pó
- 5 dentes de alho esmagados
- 1 colher de sopa de salsa fresca picada
- 1/2 colher de chá de pimenta-do-reino em pó
- 1 colher de café de sal
- 1/2 colher de café de coentro em pó
- 1 talo de erva-doce cortado em tiras finas
- 1 cenoura grande ralada
- 1 pimentão vermelho cortado em tiras finas

Bater no liquidificador o *tofu* com o caldo de vegetais, o alho, a salsa, a pimenta, o sal e o coentro, até ficar homogêneo e cremoso.
Virar numa tigela e misturar com a erva-doce, a cenoura e o pimentão. Mexer delicadamente.
Manter em geladeira até o momento de usar.
Colocar a pasta num pote delicado e servir com torradinhas, pães e biscoitos frescos.

PATÊ DE ASPARGO

(2 a 4 porções)

- 250 g de aspargos frescos e descascados
- 4 colheres de sopa de cebolinha verde picada
- 2/3 de xícara de água
- 200 g de *tofu* firme
- 1 pitada de sal
- 1 pitada de pimenta-do-reino moída na hora
- 2 colheres de sopa de azeite de oliva
- 1 colher de chá rasa de caldo de vegetais em pó
- 1 colher de chá de sementes de papoula para polvilhar

Cozinhar os aspargos em água com o caldo de vegetais. Assim que os aspargos estiverem macios, escorrer a água.
Numa tigela, colocar o *tofu* com os demais ingredientes. Mexer com um garfo até obter um patê homogêneo.
Picar e misturar os aspargos delicadamente.
Levar à geladeira por 30 minutos e polvilhar as sementes de papoula antes de servir.

PATÊ DE AZEITONA E ERVA-DOCE

(2 a 4 porções)

- 1 xícara de *tofu* amassado com garfo
- 1/2 xícara de talo de erva-doce cortado em rodelas bem finas
- 5 colheres de sopa de azeitonas chilenas em fatias
- 5 colheres de sopa de azeitonas verdes fatiadas
- 2 colheres de sopa de *tahine*
- 4 colheres de sopa de água
- 1 colher de sopa de salsa fresca picada
- 1 colher de sopa de sumo de limão
- 1 dente de alho espremido

Diluir o *tahine* na água, mexendo até ficar cremoso. Colocar numa tigela, adicionar o *tofu* amassado e os demais ingredientes. Mexer delicadamente até obter um patê homogêneo. Manter em geladeira por 1 hora antes de servir.

PATÊ DE AZEITONA

(2 a 4 porções)

- 2 xícaras de soja bem cozida e passada no espremedor de batatas
- 1/2 xícara de azeitonas verdes fatiadas
- 1/2 xícara de azeitonas pretas fatiadas
- 1/2 colher de café de louro em pó
- 2 colheres de sopa de sumo de limão
- 2 colheres de sopa de sumo de laranja
- 2 dentes de alho
- 1 colher de sopa de folhas frescas de aneto
- 5 colheres de sopa de azeite de oliva
- 2 colheres de sopa de *shoyo*

Amassar a soja cozida e misturar os demais ingredientes. Mexer bastante até estar homogêneo.
Arrumar o patê num pote, decorar com pedacinhos de azeitonas e mantê-lo em geladeira até o momento de usar.

PATÊ DE CEBOLA

(1 e 1/2 xícara)

- 300 g de *tofu* firme
- 2 colheres de sopa de suco de limão
- 1 colher de chá de sal
- 2 colheres de sopa de cebola em pó

Bater todos os ingredientes no liquidificador até ficar homogêneo e cremoso.
Colocar a pasta numa tigela e servir com torradinhas, pães e biscoitos frescos.
Manter em geladeira até o momento de usar.

PATÊ DE IOGURTE DE SOJA E CENOURA

(2 a 4 porções)

- 1 colher de sopa de iogurte de soja
- 250 g de cenouras tenras fatiadas
- 1 cebola fatiada
- 2 colheres de sopa de xarope de *maple*
- 1 colher de sopa de suco de limão
- 1 colher de chá de casca de limão ralada
- 1 pitada de sal
- 1 xícara de água quente
- 1 pitada de pimenta-do-reino moída na hora
- 2 colheres de sopa de amêndoas torradas
- 2 colheres de sopa de óleo de milho

Aquecer o óleo e dourar a cebola e a cenoura, por 5 minutos.
Adicionar a água quente e o *maple* e cozinhar por 5 minutos, ou até as cenouras estarem macias.
Escorrer a água e amassar as cenouras grosseiramente. Adicionar o sal, o iogurte, o suco e a casca do limão. Espalhar amêndoas e pimenta-do-reino sobre a pasta e levar ao refrigerador por 30 minutos antes de servir.

PATÊ DE SALSA

(2 a 4 porções)

- 1 xícara de *tofu*
- 4 colheres de sopa de salsa fresca picada
- 1 colher de chá de alho desidratado
- 2 colheres de sopa de azeite de oliva
- 1 colher de chá de *missô* do tipo claro
- 1 colher de café de pimenta-do-reino moída
- 1 raminho de salsa-crespa

Amassar o *tofu* com um garfo e adicionar-lhe os demais ingredientes. Mexer bastante, até ficar homogêneo.
Arrumar o patê num pote, decorar com folhinhas de salsa-crespa e mantê-lo em geladeira até o momento de usar.

PATÊ DE SEMENTE DE ABÓBORA

(1 e 1/2 xícara)

- 1 xícara de semente de abóbora descascada
- 1/4 de xícara de *tofu*
- 2 dentes de alho picados
- 3 tomates picados
- 1/2 cebola fatiada
- 4 colheres de sopa de sumo de limão
- 1/2 colher de chá de sal
- 1/2 colher de chá de pimenta-do-reino
- 1/2 colher de chá de *chilli* em pó

Torrar as sementes de abóbora numa panela até dourar. Retirar do fogo e quando esfriarem misturar com todos os demais ingredientes. Passar tudo por um processador de alimentos até obter um patê homogêneo.

PATÊ DE SOJA

(2 a 4 porções)

- 1 xícara de grãos de soja cozidos
- 1 tomate descascado e sem sementes, picadinho
- 1 pimentão amarelo picadinho
- 1 talo de alho-poró
- 1 cebola picadinha
- 2 dentes de alho picadinhos
- 3 colheres de sopa de salsa picada
- 1 colher de chá de sal
- 4 colheres de sopa de margarina
- 1 colher de sopa de azeite de oliva
- 1 colher de sopa de leite de soja morno
- 1 colher de chá de páprica doce para decorar

Misturar numa tigela todos os ingredientes. Passar tudo por um processador de alimentos.
Colocar o patê numa tigela, acrescentar azeite de oliva a gosto, decorar com páprica doce e manter em geladeira por 1 hora, pelo menos, antes de servir.

PATÊ DE TEMPEH COM SALSÃO

(2 a 4 porções)

- 250 g de *tempeh*
- 1/2 xícara de salsão picado
- 1/4 de xícara de cebola picada
- 1/4 de xícara de alho-poró picadinho
- 1/4 de xícara de maionese de soja
- 2 colheres de chá de mostarda
- 1 colher de chá de alcaparras picadas
- 1 colher de chá de *shoyo*
- 1 colher de café de sal
- 2 colheres de sopa de azeite de oliva

Numa tigela, misturar a maionese com a mostarda, o *shoyo*, o salsão, o alho-poró, a cebola, a alcaparra, o sal e o azeite.
Numa panela de vapor (cuscuzeira), deixar o *tempeh* por 20 minutos em fogo alto. Aguardar o *tempeh* esfriar e picá-lo grosseiramente. Juntar ao molho anteriormente preparado.

PATÊ DESFIADO

(2 a 4 porções)

- 1 xícara de salsicha desfiada (passá-la num processador ou ralar em ralador grosso manual)
- 4 colheres de sopa de maionese sem ovos
- 1 cebola ralada
- 1 colher de sobremesa de alcaparras picadas
- 1/2 pimentão vermelho ralado
- 1 colher de chá de sal
- 1 colher de sopa de tomate sem sementes, cortado em quadradinhos

Misturar todos os ingredientes e mexer bastante até obter um patê cremoso.
Arrumar num pote, decorar com o tomate picadinho e mantê-lo em geladeira até o momento de usar.

PATÊ FINO

(2 a 4 porções)

- 2 xícaras de *tofu*
- 3 ou 4 colheres de sopa de *tahine* concentrado
- 1 talo de erva-doce picadinho
- 1/2 pimentão amarelo picadinho
- 2 minicebolas picadinhas
- 2 colheres de sopa de *shoyo*

Amassar o *tofu* com um garfo e adicionar-lhe os demais ingredientes. Mexer bastante até ficar cremoso. Arrumar o patê num pote e mantê-lo em geladeira até o momento de usar.

TAHINE DIJON

(2 a 4 porções)

- 350 g de *tofu* firme
- 1/2 xícara de *tahine* (pasta de gergelim)
- 2 colheres de sopa de *missô* claro diluído em 4 colheres de sopa de água
- 1/4 de xícara de suco de limão coado
- 1 colher de chá de mostarda de Dijon
- 1 talo de aipo cortado bem pequeno

Colocar todos os ingredientes num processador até obter uma pasta homogênea e servir em sanduíches e canapés.

Manter em geladeira até o momento de usar.

PÃES

PÃO BÁSICO

(2 pães)

- 3 xícaras de farinha de trigo comum
- 1 xícara de farinha de trigo integral
- 1 xícara de farinha de soja
- 1 colher de sopa de fibra de soja
- 1 xícara de farinha de trigo para trabalhar a massa
- 1 colher de sopa de fermento biológico para pães
- 3 colheres de sopa de água
- 1 colher de sobremesa de sal
- 5 colheres de sopa de óleo
- 2 xícaras de leite de soja morno

Misturar o fermento com 1 colher de sopa de farinha de trigo e 3 colheres de sopa de água.
Deixar em repouso por 20 minutos. Juntar todos os demais ingredientes da massa e virá-la em superfície enfarinhada.
Trabalhar a massa com as mãos até ficar bem lisa e macia. Colocá-la numa tigela untada com óleo e deixar crescer por 40 minutos.
Aquecer o forno a 180° C.
Dividir a massa em duas partes e colocá-las em duas fôrmas para pães grandes, untadas com óleo. Deixar crescer por mais 20 minutos.
Assar os pães por 50 minutos e retirá-los quando estiverem com as laterais douradas. Desenformar os pães assim que forem retirados do forno.

PÃO BRANCO COM TOFU

(2 pães)

Massa
- 1 pacote de farinha de trigo comum
- 2 colheres de sopa de fermento biológico
- 2 colheres de sopa de água
- 2 colheres de sobremesa de sal
- 4 colheres de sopa de margarina
- 2 xícaras de leite de soja morno

Recheio de Tofu para Pão
- 500 g de *tofu* amassado
- 1 xícara de azeitona chilena picada
- 1 colher de sobremesa de pimenta-do-reino verde amassada com um garfo
- 5 colheres de sopa de cebolinha verde picada
- 2 dentes de alho fresco esmagados
- 1 colher de sobremesa rasa de sal
- 2 colheres de sopa de margarina amolecida

Para o recheio, amassar o *tofu* numa tigela e juntar os demais ingredientes. Reservar até o momento de utilizar.
Dissolver o fermento em 2 colheres de sopa de água e 1 colher de sopa de farinha de trigo e deixar protegido por 20 minutos.
Adicionar os demais ingredientes da massa, misturando-os bem com as mãos, em mesa polvilhada com farinha de trigo, até obter uma massa bem macia e lisa.
Colocar a massa numa tigela untada e deixá-la bem agasalhada durante 40 minutos.
Aquecer o forno a 180° C.
Untar duas assadeiras médias com óleo, enfarinhá-las e ligar o forno. Virar a massa em superfície levemente polvilhada com farinha de trigo, dividi-la em duas partes, dando-lhes um formato bem redondo.
Fazer uma cavidade no centro da massa, rechear os dois pães, colocá-los nas assadeiras e deixar descansar por mais 30 minutos.
Assar os pães por 1 hora aproximadamente ou até estarem dourados e servi-los quentes.

PÃO COM MISSÔ

(2 pães)

- 1 copo de farinha de trigo integral
- 2 copos de farinha de trigo branca
- 1/2 copo de farinha de glúten
- 1/2 copo de maisena
- 3 colheres de sopa de fermento biológico
- 3 colheres de sopa de água
- 1/2 colher de sobremesa de sal
- 1/2 xícara de óleo
- 2 copos de leite de soja quente

Pasta de Missô para Pães
- 4 colheres de sopa de *missô* em pasta
- 2 colheres de sopa de azeite de oliva
- 1 colher de sopa de folhas frescas de orégano picadas
- 2 colheres de sopa de azeitona verde em fatias
- 1 colher de sopa de sumo de limão
- 1 colher de sopa de salsa fresca picada
- 1/2 xícara de água

Para a pasta, bater todos os ingredientes no liquidificador e reservar.
Misturar o fermento com 1 colher de sopa de farinha de trigo e 3 colheres de sopa de água. Deixar em repouso por 20 minutos. Juntar todos os demais ingredientes da massa e virá-la em superfície enfarinhada.
Trabalhar a massa com as mãos até ficar bem lisa e macia. Colocá-la numa tigela untada com óleo e deixar crescer por 40 minutos.
Aquecer o forno a 180° C.
Dividir a massa em duas partes, abri-las com rolo de madeira, espalhar a pasta de *missô* e enrolar como um rocambole.
Dispor as massas em assadeiras próprias para pão de fôrma, untadas. Deixar crescer por 20 minutos.
Assar os pães por 1 hora e retirá-los quando estiverem com as laterais douradas. Desenformar em seguida.

PÃO COM OKARA

(3 pães médios)

- 5 copos de farinha de trigo
- 2 copos de *okara*
- 3 colheres de sopa de fermento biológico
- 3 colheres de sopa de água
- 1 copo de leite de soja
- 5 colheres de sopa de óleo
- 2 colheres de sopa de açúcar mascavo
- 2 colheres de sobremesa rasas de sal
- 1 colher de chá de alecrim desidratado
- 1 colher de chá de sementes de endro

Misturar o fermento com 1 colher de sopa de farinha de trigo e 3 colheres de sopa de água. Deixar em repouso por 20 minutos. Juntar todos os demais ingredientes da massa e virá-la em superfície enfarinhada.
Trabalhar a massa com as mãos até ficar bem lisa e macia. Colocá-la numa tigela untada com óleo e deixar crescer por 40 minutos.
Aquecer o forno a 180° C.
Separar porções de massa dando formatos iguais.
Arrumá-las em assadeira grande untada, uma ao lado da outra, e deixar crescer por 20 minutos.
Assar os pães por 50 minutos e retirá-los quando estiverem dourados.

PÃO DE MINUTO COM CHOCOLATE

(2 a 4 pessoas)

- 1 xícara de margarina
- 1 xícara de açúcar cristal
- 2 colheres de sopa de melado de cana
- 4 colheres de sopa de *tofu* firme amassado
- 1 colher de chá de essência de baunilha
- 2 xícaras rasas de farinha de trigo branca
- 1/4 de xícara de farinha de trigo integral
- 1/2 colher de chá de bicarbonato de sódio
- 1 colher de café de sal
- 350 g de chocolate amargo picado

Aquecer o forno a 180° C. Misturar numa tigela a margarina, o açúcar e o melado de cana.
Bater com uma batedeira manual até obter uma massa leve. Adicionar o *tofu* amassado, a baunilha e bater por mais 1 minuto.
Peneirar as farinhas, o bicarbonato e o sal numa tigela. Adicionar a mistura cremosa e, com a batedeira manual, bater até obter uma mistura homogênea.
Adicionar o chocolate em quadradinhos.
Fazer pãezinhos bem pequenos com a massa e arrumá-los em assadeira untada.
Levar ao forno por 10 minutos.
Servir os pãezinhos bem quentes, acompanhando chás, cafés e sucos.

PÃO DOCE COM CANELA

(14 pães)

- 1 xícara de leite de soja
- 1/2 xícara de água
- 3 colheres de sopa de fermento biológico seco
- 3 xícaras de farinha de trigo branca
- 1 xícara de farinha de soja
- 2 colheres de sopa de farinha de glúten
- 1 colher de sopa de açúcar
- 1 colher de sopa de óleo de soja
- 1/3 de xícara de açúcar mascavo
- 1 colher de sobremesa de canela em pó
- 1 colher de sopa de margarina derretida
- 1/2 xícara de noz-pecã picada
- 1/2 xícara de uvas passas
- 1 colher de chá de sal

Cobertura para Pão Doce

- 1 e 1/2 colher de sopa de margarina
- 3/4 de xícara de açúcar de confeiteiro
- 2 colheres de sopa de melado de cana
- 1 colher de sopa de leite de soja

Aquecer 1/2 xícara de leite de soja e 1/2 xícara de água numa panela pequena, sem deixar que ferva. Colocar numa vasilha pequena e adicionar o fermento, mexendo com colher de pau. Deixar tampado por 10 minutos.

Misturar as farinhas, o açúcar e o sal numa tigela grande. Adicionar a mistura de fermento e o restante do leite de soja. Misturar até ficar homogênea. Virar essa massa sobre uma superfície lisa e enfarinhada e amassar com as mãos por 5 minutos, até obter uma massa lisa e macia. Adicionar mais farinha, sempre que necessário, para a massa não grudar na mesa.

Untar uma tigela com óleo e colocar a massa. Cobrir e deixar em local aquecido por 1 hora, ou até dobrar de volume.

Misturar o açúcar mascavo com a canela numa vasilha pequena. Untar duas assadeiras com margarina. Dividir a massa ao meio e trabalhar metade, sobre uma superfície enfarinhada.

Abrir a massa com rolo de madeira, formando um quadrado. Espalhar sobre ela, com o auxílio de um pincel, a metade da margarina e polvilhar a metade do açúcar com canela. Espalhar também a metade da noz-pecã e da uva passa. Enrolar a massa firmemente deixando-a semelhante a um rocambole. Repetir a operação com a outra metade da massa que ficou na tigela.

Cortar, então, cada rocambole em 7 fatias. Colocar estas fatias sobre a assadeira, deixando um espaço entre eles de 4 cm aproximadamente. Cobrir com um pano e deixar em descanso por 40 minutos.

Aquecer o forno a 180° C e assar os pães por 10 minutos. Cobrir então com papel-alumínio e assar por mais 10 minutos.

Para a cobertura, derreter a margarina numa panela pequena, em fogo baixo. Retirar a panela do fogo e adicionar o açúcar e o melado. Mexer até dissolver e em seguida adicionar o leite.

Regar os pães com a cobertura e servir em seguida.

PÃO DOCE DE AMEIXA

(2 a 4 pessoas)

Massa

- 1 copo de farinha de trigo branca
- 1 copo de farinha de glúten
- 1/2 copo de farinha de soja
- 1/2 copo de maisena
- 3 colheres de sopa de fermento biológico
- 1 copo de leite de soja morno
- 1/2 xícara de margarina
- 1 xícara de açúcar mascavo

Recheio de Ameixa para Pão

- 1 copo de ameixas secas picadas
- 2 xícaras de leite de soja
- 2 xícaras de açúcar mascavo
- 1 xícara de melado

Para o recheio, derreter o açúcar mascavo numa panela, em fogo baixo, mexendo sempre com colher de pau até ficar como um caramelo. Adicionar o leite de soja ao poucos até o término, sem parar de mexer. Assim que tiver dissolvido os grumos de açúcar, adicionar a ameixa e deixar em

fogo brando por 20 minutos, ou até dar ponto.
Separadamente, dissolver o fermento biológico em 3 colheres de sopa de água e 1 colher de sopa de farinha de trigo. Misturar e deixar crescer coberto por 15 minutos.
Após esse período, acrescentar os ingredientes da massa e trabalhar com as mãos em mesa enfarinhada até ficar macia e lisa. Colocar a massa numa tigela untada, cobri-la e deixar descansar 30 minutos.
Untar uma assadeira grande com óleo e polvilhá-la de farinha de trigo.
Separar a massa já crescida em três partes iguais. Abrir com rolo cada tira, para que fiquem 3 retângulos compridos.
Rechear cada retângulo com o doce de ameixa e enrolá-los, com muito jeito, como um rocambole bem comprido.
Fazer uma trança com as 3 tiras recheadas e colocá-las em assadeira retangular untada com óleo e farinha de trigo. Regar a trança com o melado.
Deixar crescer por 30 minutos. Aquecer o forno a 180° C. Assar o pão por 1 hora e deixar esfriar fora da fôrma.

PÃO INTEGRAL

(3 pães médios)

- 2 copos de farinha de trigo integral
- 2 copos de farinha de trigo branca
- 1 copo de farinha de soja
- 3 colheres de sopa de fermento biológico
- 1 colher de sobremesa de sal
- 1 xícara de açúcar
- 1/2 xícara de margarina
- 2 e 1/2 xícaras de leite de soja morno

Misturar os ingredientes na ordem em que foram apresentados e mexê-los bem com uma colher de pau. Trabalhar a massa com as mãos até ficar lisa e bem macia.
Deixar protegida por 2 horas.
Aquecer o forno a 180° C.
Dividir a massa e colocar as partes em assadeiras próprias para pão de fôrma untadas com óleo. Peneirar um pouco de farinha de trigo integral por cima dos pães e deixá-los crescer por mais 15 minutos.
Assar os pães por 1 hora e desenformá-los tão logo saiam do forno.

PÃO NO VAPOR

(2 a 4 pessoas)

- 2 copos de farinha de trigo branca
- 2 copos de farinha de glúten
- 1 copo de extrato de soja
- 2 colheres de sopa de fermento para pão
- 1 colher de sobremesa de sal
- 1/2 copo de açúcar
- 1/2 copo de óleo
- 2 xícaras de leite de soja morno
- alecrim desidratado

Misturar o fermento com 1 colher de sopa de farinha de trigo e 3 colheres de sopa de água. Deixar em repouso por 20 minutos. Juntar todos os demais ingredientes da massa, exceto o alecrim, e virá-la em superfície enfarinhada.
Trabalhar a massa com as mãos até ficar bem lisa e macia. Colocá-la numa tigela untada com óleo e deixar crescer por 30 minutos.
Formar pães redondos e arrumá-los em panelas próprias (cuscuzeira ou banho-maria), untadas com óleo. Pincelar óleo nos pães e polvilhar folhas secas de alecrim.
O formato vai depender do tipo da panela usada; poderá ser um pão só, ocupando toda a panela, ou vários, menores.
Esperar que cresçam com a panela bem tampada e colocar um pano de prato limpo sob a tampa, para ir absorvendo o vapor durante o cozimento.
Esperar mais uns 20 minutos e então cozinhá-los em fogo alto por aproximadamente 1 hora e meia. ou até estarem bem cozidos.
São pães bem macios, pois não formam casca.

PÃO RECHEADO COM BANANAS

(2 a 4 pessoas)

- 3 copos de farinha de trigo branca
- 1 colher de sopa de fermento para pães
- 3 colheres de sopa de água
- 1/2 copo de óleo
- 2/3 de copo de leite de soja morno
- 1/2 copo de açúcar
- 1 colher de sobremesa de sal

Recheio de Banana para Pão

- 1 copo de açúcar
- 6 bananas-d'água amassadas
- 1 copo de suco de laranja
- melado de cana

Para o recheio, amassar as bananas, colocar numa panela, tampar e levar ao fogo brando por 20 minutos. Reservar.

Separadamente, derreter o açúcar em fogo brando, mexendo sempre com colher de pau. Quando estiver caramelizado, ir adicionando o suco de laranja aos poucos, sempre mexendo, até o término do suco. Continuar em fogo brando, mexendo, até ficar uma calda. Juntar a banana e deixar em fogo alto até obter um doce consistente.

Retirar do fogo e reservar.

Misturar o fermento com 1 colher de sopa de farinha de trigo e 3 colheres de sopa de água. Deixar em repouso por 20 minutos. Juntar todos os demais ingredientes da massa e virá-la em superfície enfarinhada. Trabalhar a massa com as mãos até ficar bem lisa e macia. Colocá-la numa tigela untada com óleo e deixar crescer por 30 minutos.

Aquecer o forno a 180° C.

Dividir a massa em duas partes, abri-las com rolo de madeira, espalhar o doce de banana e enrolar como um rocambole.

Dispor as massas em assadeiras próprias para pão de fôrma, untadas com óleo. Deixar crescer por 30 minutos. Espalhar melado sobre os pães e assá-los por 1 hora. Retirar quando estiverem dourados.

PÃO SALGADO RECHEADO

(2 a 4 pessoas)

- 2 xícaras de farinha de trigo integral
- 2 xícaras de farinha de trigo comum
- 1 xícara de farinha comum para trabalhar a massa
- 1/2 copo de fécula de batata
- 2 colheres de sopa de fermento biológico
- 3 colheres de sopa de água
- 1 colher de sobremesa de sal
- 1 colher de sopa de açúcar
- 1/3 de copo de óleo
- 2 xícaras de leite de soja morno

Recheio Salgado para Pão

- 1 maço de espinafre sem os talos e aferventados por 5 minutos e escorridos
- 250 g de *tofu* amassado com um garfo
- 1 cebola picadinha
- 1/2 colher de sobremesa de cominho em pó
- 1 colher de sopa de alho desidratado
- 1 colher de sopa de alcaparrone picadinho
- 1/2 colher de sobremesa de sal
- 3 colheres de sopa de azeite de oliva

Para o recheio, picar o espinafre cozido e escorrido e colocar numa tigela. Juntar o *tofu* e os temperos. Amassar bem, deixando uma mistura homogênea. Aquecer uma panela larga, colocar o azeite de oliva e a mistura de *tofu*. Sem mexer, deixar em fogo brando por 10 minutos. Virar com espátula e, quando dourar o fundo, mexer com colher de pau.

Retirar do fogo e reservar.

Misturar o fermento com 1 colher de sopa de farinha de trigo e 3 colheres de água. Deixar em repouso por 20 minutos. Juntar todos os demais ingredientes da massa e virá-la em superfície enfarinhada. Trabalhar a massa com as mãos até ficar bem lisa e macia.

Colocá-la numa tigela untada com óleo e deixar crescer por 30 minutos.

Aquecer o forno a 180° C.

Abrir a massa com rolo de madeira, espalhar o recheio e enrolar como um rocambole.

Arrumar o pão em assadeira untada e deixar crescer por 30 minutos.
Assar o pão por 1 hora e retirar quando estiver dourado. Desenformar imediatamente.

PÃO RECHEADO COM TOMATE

(2 a 4 pessoas)

Massa
- 3 xícaras de farinha de trigo branca
- 1 xícara de farinha de trigo integral
- 1 colher de sopa de fermento biológico
- 2 colheres de sopa de água
- 1 colher de sobremesa de sal
- 1/2 xícara de margarina
- 2 xícaras de leite de soja quente

Recheio de Tomate Seco para Pão
- 1 copo de tomate seco temperado e picadinho
- 1 copo de *tofu* firme cortado em minicubinhos
- 1 colher de sobremesa rasa de alho desidratado
- 2 colheres de sopa de folhas de orégano picadas
- 4 colheres de sopa de azeite de oliva
- 1 colher de chá de pimenta-do-reino

Dissolver o fermento em 2 colheres de sopa de água e 1 colher de sopa de farinha de trigo e deixar protegido por 20 minutos. Adicionar os demais ingredientes da massa, misturando-os bem com as mãos, em mesa polvilhada com farinha de trigo, até obter uma massa bem macia e lisa.
Deixá-la bem agasalhada durante 40 minutos.
Misturar bem os ingredientes do recheio numa tigela e deixar descansar por 20 minutos.
Dividir a massa em três porções e abri-las com rolo. Sobre cada retângulo colocar 1/3 do recheio e fechar como rocambole, apertando bem as pontas.
Colocar em três assadeiras próprias para pão, untadas com óleo e polvilhadas de farinha de trigo.
Deixar os pães crescerem por mais 30 minutos.
Aquecer o forno a 180° C e assar os pães por 1 hora ou até o fundo e as laterais estarem levemente dourados.

PÃO TEMPERADO

(4 a 6 pessoas)

Massa
- 2 copos de farinha de trigo branca
- 2 copos de farinha de soja
- 1 copo de *tofu* amassado
- 3 colheres de sopa de fermento biológico
- 1 copo de leite de soja morno
- 1/2 xícara de margarina
- 1 colher de sobremesa de sal
- 1 colher de sobremesa de *missô*
- 1/2 xícara de cebolinha verde picada
- 1 colher de sobremesa de alho desidratado
- 1 colher de chá de cominho em pó
- 1 colher de chá de sementes de mostarda

Molho para Acompanhar Pão
- 4 colheres de sopa de *tahine* concentrado
- 1/2 copo de *tofu* amassado com garfo
- 1 pitada de sal
- 1 colher de chá de casca de laranja ralada
- 2 colheres de sopa de sumo de laranja
- 2 colheres de sopa de água filtrada

Para o molho, diluir o *tahine* na água e ir acrescentando os demais ingredientes, até obter um creme.
Separadamente, dissolver o fermento biológico em 3 colheres de sopa de água e 1 colher de sopa de farinha de trigo. Misturar e deixar crescer coberto por 15 minutos.
Após esse período, acrescentar os ingredientes da massa e trabalhar com as mãos em mesa enfarinhada até ficar macia e lisa. Colocar a massa numa tigela untada, cobri-la e deixar descansar 30 minutos.
Untar uma assadeira grande com óleo e polvilhá-la de farinha de trigo.
Separar a massa já crescida em várias partes iguais. Enrolar cada uma com a mão, fazendo uma tira, e com elas formar um nó. Ao término da massa, arrumar todos os "nós" na assadeira untada e deixar crescer 30 minutos, coberto.
Aquecer o forno a 180° C. Assar os pães por 40 minutos e servi-los com o molho preparado.

PÃOZINHO COM GERME DE TRIGO

(20 pãezinhos)

- 3 copos de farinha de trigo branca
- 1 xícara de germe de trigo
- 1/2 xícara de farinha de soja
- 1 xícara de farinha de trigo para trabalhar a massa
- 1 e 1/2 colher de sopa de fermento biológico
- 2 colheres de sopa de água
- 1 colher de sobremesa de sal
- 3/4 de xícara de açúcar mascavo
- 4 colheres de sopa de óleo
- 2 xícaras de leite de soja morno

Dissolver o fermento em 2 colheres de sopa de água e 1 colher de sopa de farinha de trigo e deixar protegido por 20 minutos. Adicionar os demais ingredientes da massa, misturando-os bem com as mãos, em mesa polvilhada com farinha de trigo, até obter uma massa bem macia e lisa. Colocar a massa numa tigela untada e deixá-la bem agasalhada durante 40 minutos. Aquecer o forno a 180° C.

Fazer bolinhas do mesmo tamanho com a massa e arrumá-las em assadeira untada. Deixar descansar por 30 minutos e então assar por 50 minutos.

Conservar os pãezinhos em sacos plásticos, depois de frios.

PÃOZINHO PARA SANDUÍCHE

(2 a 4 pessoas)

- 2 xícaras de farinha de trigo comum
- 1 xícara de farinha de glúten
- 1/2 copo de farinha de soja
- 1/2 copo de farinha de trigo integral
- 4 colheres de sopa de *tofu* firme amassado
- 1 colher de sopa de fermento para pão
- 2 colheres de sobremesa de sal
- 1/2 copo de óleo
- 2 xícaras de leite de soja morno
- 1/2 copo de gergelim descascado

Misturar o fermento com 1 colher de sopa de farinha de trigo e 3 colheres de sopa de água. Deixar em repouso por 20 minutos. Juntar todos os demais ingredientes da massa e virá-la em superfície enfarinhada.

Trabalhar a massa com as mãos até ficar bem lisa e macia. Colocá-la numa tigela untada com óleo e deixar crescer por 30 minutos.

Aquecer o forno a 180° C.

Fazer pãezinhos iguais, passar, com os dedos, um pouco de água na parte de cima e espalhar gergelim por cima. Arrumá-los em assadeira untada e deixá-los crescer por 30 minutos.

Assá-los por 1 hora e retirar do forno quando estiverem dourados.

PÃOZINHO PARA SANDUÍCHE COM OKARA

(2 a 4 pessoas)

- 1 copo de farinha de trigo branca
- 1/2 copo de *okara* seco
- 2 colheres de sobremesa de fermento biológico
- 1/2 colher de sobremesa de sal
- 1 colher de sobremesa de açúcar
- 1 colher de sopa de óleo
- 1/2 xícara de leite de soja morno

Amornar o leite, juntar-lhe o açúcar e salpicar o fermento por cima. Deixá-lo 15 minutos, sem mexer, em lugar protegido do frio.

Misturar a farinha com o *okara*, o sal e o óleo e despejá-los por cima do fermento.

Mexer tudo com colher de pau e em seguida trabalhar a massa com as mãos até ficar bem macia e lisa. Deixá-la coberta e protegida do frio até dobrar de tamanho. Após crescida, sová-la rapidamente, dividi-la em quatro partes e formar 4 pãezinhos de bom tamanho. Colocá-los em assadeira untada com óleo e fazer cortes superficiais, em diagonal, na parte superior de cada pão. Assá-los em forno médio, preaquecido, por 45 minutos.

ROLINHOS DOCES RECHEADOS DE BANANA

(4 a 6 pessoas)

Massa
- 2 copos de farinha de trigo branca
- 1 copo de farinha de glúten
- 1 copo de farinha de soja
- 4 colheres de sopa de fermento biológico
- 1 e 1/2 copo de leite de soja morno
- 1 xícara de margarina
- 1 xícara de açúcar mascavo
- 1 colher de chá de canela em pó
- 1 colher de chá de cravo em pó

Recheio de Banana e Tofu para Pão
- 4 bananas-nanicas amassadas
- 2 copos de *tofu* firme amassado
- 1/2 xícara de açúcar mascavo
- 1 colher de margarina
- 4 colheres de sopa de castanha-do-pará picada

Para o recheio, levar o açúcar mascavo, a margarina e a banana amassada ao fogo baixo, mexendo sempre com colher de pau, até começar a aparecer o fundo da panela.

Adicionar o *tofu* e as castanhas, mexer por 5 minutos em fogo alto e reservar.

Separadamente, dissolver o fermento biológico em 3 colheres de sopa de água e 1 colher de sopa de farinha de trigo. Misturar e deixar crescer coberto por 15 minutos.

Após esse período, acrescentar os ingredientes da massa e trabalhar com as mãos em mesa enfarinhada até ficar macia e lisa. Colocar a massa numa tigela untada, cobri-la e deixar descansar 30 minutos.

Untar uma assadeira grande com óleo e polvilhá-la de farinha de trigo.

Separar a massa já crescida em várias partes iguais. Abrir com rolo, formando tiras. Recheá-las e enrolar cuidadosamente, arrumando-as, em seguida, na assadeira.

Deixar crescer por 30 minutos. Aquecer o forno a 180°C.

Assar por 35 minutos e servir em seguida.

SANDUÍCHES

SANDUÍCHE COM ENDÍVIA E CEREJA

(4 pessoas)

- 8 fatias de pão de fôrma
- 200 g de *tofu* cortado em fatias
- 1 colher de sopa de óleo de milho
- 1 xícara de azeitona chilena em fatias grandes (dividir em 4 porções)
- 1/4 de xícara de cerejas ao marasquino cortadas ao meio
- folhas de endívia cortadas finamente
- pimenta-do-reino a gosto
- sal a gosto
- 4 colheres de sopa de *chutney* de manga
- 1/4 de xícara de alcaparrone (dividir em 4 porções)
- *tahine* diluído em água filtrada até tornar-se claro e cremoso

Aquecer em fogo alto uma frigideira tipo grill, com o óleo bem espalhado sobre ela. Dourar as fatias de *tofu* dos dois lados e retirá-las com cuidado, reservando-as.
Aquecer as fatias de pão e, para cada sanduíche, espalhar *tahine* sobre duas fatias de pão, temperar com sal e pimenta a gosto, uma fatia, uma porção das cerejas e por cima uma fatia de *tofu*, uma porção da azeitona e endívia.
Fechar o sanduíche e servi-lo em seguida.

SANDUÍCHE DE ALHO-PORÓ E SALSICHA VEGETAL

(4 pessoas)

- 4 pães sírios
- 500 g de alho-poró cortado em rodelas finas
- 1 lata de salsicha vegetal cortada em diagonal
- 1 colher de sopa de *shoyo* sabor *champignon*
- 1/4 de xícara de cebolinha verde picada
- 1 colher de sopa de margarina
- 1 colher de sopa de óleo de milho
- 1 colher de chá de pimenta-do-reino moída
- 2 colheres de chá de coentro seco
- 1 pé de endívia com as folhas separadas
- 1 pitada de sal

Em uma frigideira, colocar as salsichas fatiadas, sem óleo nem margarina, e grelhar por 5 minutos, mexendo sempre com colher de pau. Adicionar então o óleo e a margarina e fritar o alho-poró por 5 minutos. Adicionar o *shoyo*, o sal, a cebolinha, a pimenta-do-reino, o coentro e a salsicha. Tampar e deixar por 15 minutos para então rechear os pães sírios, distribuir as folhas de endívia e servir em seguida.

SANDUÍCHE DE BERINJELA

(4 sanduíches)

- 4 fatias de uma berinjela grande
- 1 colher de azeite de oliva para untar
- 1 colher de sopa de *shoyo light*
- 1/2 colher de chá de coentro fresco picado
- 1/2 dente de alho esmagado
- 1 fatia de cebola picada bem pequeno
- 8 fatias de pão integral aquecidas
- rodelas finas de tomate

Molho Azedo de Tofu
- 1/2 xícara de *tofu* cremoso
- 1 colher de sopa de sumo de limão
- 1/4 de xícara de pepino picado
- 1/2 dente de alho esmagado
- 1 pitada de sal
- 1/2 colher de chá de pimenta-do-reino moída

Para o molho, amassar o *tofu* e misturar os demais ingredientes. Colocar numa tigela e manter em geladeira.
Misturar numa tigela o *shoyo*, o coentro, o alho esmagado e a cebola.
Numa assadeira untada com azeite de oliva colocar as fatias de berinjela e levar ao forno alto por 10 minutos.

Regar as berinjelas com 1 colher de sopa do molho de *shoyo*, virar as fatias, regar novamente e deixar mais 7 minutos.
Aquecer uma frigideira tipo grill, colocar as fatias de berinjela assadas e grelhar por 6 minutos de cada lado.
Colocar as berinjelas grelhadas nas fatias de pão.
Dividir o molho de *tofu* em quatro partes iguais e espalhar sobre as berinjelas, adicionando as rodelas de tomate. Fechar os sanduíches e servi-los em seguida.

SANDUÍCHE DE BIFE VEGETAL COM ABACAXI

(4 pessoas)

- pães do tipo francês frescos
- 1 lata de bife vegetal cortado em tiras finas
- 2 rodelas de abacaxi pérola cortadas em tiras
- 1 pimentão verde cortado em tiras
- 1 cebola média cortada em rodelas finas
- 1/4 de xícara de grãos de soja torrados
- 1 colher de sobremesa de caldo de vegetais em pó
- 2 colheres de sopa de azeite de oliva
- 1 xícara de escarola cortada em fatias finas

Molho com Chutney de Manga e Iogurte

- 1/2 xícara de iogurte de soja com 3 gotas de limão
- 1/4 de xícara de *chutney* de manga
- 2 colheres de chá de ervas finas
- 1 colher de sopa de uvas passas sem sementes

Para o molho, misturar todos os ingredientes em uma vasilha e manter em geladeira até o momento de servir.
Em uma frigideira tipo *wok*, colocar o azeite e fritar as cebolas por 3 minutos. Em seguida adicionar as tiras de carne vegetal e deixar por mais 5 minutos. Temperar com o caldo de vegetais e o pimentão, fritando por mais 5 minutos. Por último colocar o abacaxi e os grãos de soja. Mexer bem e retirar do fogo.
Montar o sanduíche colocando em primeiro lugar o molho, por cima a carne vegetal com o respectivo molho e por último a escarola.

SANDUÍCHE DE BIFE VEGETAL COM COGUMELO

(4 pessoas)

- 8 fatias de pão integral
- 1 lata de bife vegetal
- 3 colheres de sopa de óleo de milho
- 1 xícara de cogumelo fresco cortado em fatias finas
- 3 minicebolas cortadas em rodelinhas finas
- 2 colheres de sopa de *shoyo* sabor *champignon*
- folhas de alface-romana

Molho Dijon Rosé

- 1/2 xícara de maionese de soja
- 1/4 de xícara de *catchup*
- 2 colheres de sopa de mostarda de Dijon
- 2 colheres de sopa de salsa fresca picada
- 4 azeitonas pretas picadinhas
- 1 colher de chá de sal

Para o molho, colocar a maionese em uma vasilha, juntar os demais ingredientes e misturar delicadamente. Manter em geladeira até o momento de servir.
Aquecer uma frigideira grande e grelhar os cogumelos, mexendo sempre com colher de pau. Quando os cogumelos dourarem, adicionar 2 colheres de óleo, a cebola e fritar por mais 1 minuto. Juntar os bifes vegetais e fritar por 5 minutos de cada lado ou até estarem dourados. Tampar a frigideira e aguardar 5 minutos antes de usar.
Montar os sanduíches colocando em cada um o cogumelo, a cebola, o bife vegetal, a maionese e as folhas de alface.

SANDUÍCHE DE BIFE VEGETAL MOÍDO COM TOFU

(6 pessoas)

- pães franceses frescos
- 1 lata de 300 g de bife vegetal passado em máquina de moer
- 1 xícara de *tofu* extrafirme cortado em cubos
- 2 colheres de sopa de óleo de milho
- 1 cebola picadinha
- 1 dente de alho picado
- 1 tomate não muito maduro, picado
- 1/2 colher de chá de sal
- 1 pitada de pimenta-malagueta em pó (opcional)
- folhas de alface

Aquecer uma colher de óleo de milho em uma frigideira, fritar o *tofu*, cuidando para os cubinhos não grudarem. Retirar com escumadeira e colocar sobre papel absorvente.
Em outra frigideira, colocar outra colher de óleo de milho e fritar o alho e a cebola por 1 minuto. Adicionar o bife vegetal moído e refogar por 5 minutos. Adicionar o *tofu*, o sal e a pimenta, e mexer por mais 1 minuto.
Montar o sanduíche enquanto o recheio estiver quente, adicionar folhas frescas de alface e servir em seguida.

SANDUÍCHE DE BOLINHO DE SOJA COM SHIITAKE

(4 pessoas)

- 8 fatias de pão italiano
- 300 g de *tofu* firme amassado
- 200 g de cogumelo *shiitake* fresco
- 1/2 colher de chá de alho seco para o *shiitake*
- 1/2 colher de café de sal para fritar o *shiitake*
- 1/2 colher de café de pimenta-do-reino moída
- 1 colher de sopa de farinha de trigo
- 1/2 xícara de farinha de rosca
- 1 colher de café de sal
- 8 cerejas em calda cortadas em rodelinhas finas
- 4 colheres de chá de mostarda de Dijon
- 8 fatias finas de tomate
- folhas de alface picadas
- 5 colheres de sopa de óleo de milho
- 2 colheres de sopa de azeite de oliva

Picar os cogumelos, fritar no azeite e temperar com o sal, o alho desidratado e a pimenta-do-reino.
Quando o cogumelo estiver macio, misturar, em uma tigela, o *tofu*, o sal e a farinha de trigo.
Fazer oito bolinhas do tamanho das de pingue-pongue. Achatá-las com garfo, formando discos, e em seguida passá-los pela farinha de rosca.
Aquecer o óleo em uma frigideira e dourar os discos de massa. Retirar com escumadeira e escorrer em papel absorvente.
Montar os sanduíches colocando 2 discos em cada um, a mostarda, as cerejas, o tomate e a alface.

SANDUÍCHE DE CEBOLA E TOFU

(4 pessoas)

- pães de hambúrguer
- 1 cebola grande cortada em fatias finas
- 2 colheres de sopa de óleo de milho
- 1 xícara de *tofu* firme amassado com garfo
- 1 colher de sopa de farinha de trigo
- 1/2 colher de chá de sal
- 1 colher de chá de pimenta-do-reino moída
- 1 colher de sopa de *shoyo*
- 2 colheres de sopa de *chutney* de manga
- 1 xícara de couve-chinesa desfiada no processador

Misturar em uma tigela o *tofu*, a farinha, o sal e a pimenta. Aquecer o óleo em uma frigideira e fritar a cebola por 4 minutos, ou até começar a dourar. Virar a cebola e adicionar o *shoyo*, em seguida o *tofu* amassado e abaixar o fogo. Deixar por 10 minutos, virar e deixar por mais 10 minutos.
Cortar em 4 porções e rechear os pães, adicionando o *chutney* e as tiras de couve-chinesa.

SANDUÍCHE DE CENOURA COM TAHINE

(4 pessoas)

- 8 fatias de pão integral
- 2 cenouras raladas bem finas
- 2 colheres de sopa de *tofu* firme
- 1/2 xícara de *tahine*
- 2 colheres de sopa de uva passa preta sem caroço
- 2 colheres de chá de sumo de limão
- 4 azeitonas pretas sem caroço picadas
- 1/2 cebola ralada bem fininha
- 1/4 de xícara de salsão ralado
- 1/2 colher de chá de sal
- folhas de alface
- 5 ou 6 cerejas em calda fatiadas

Misturar em uma tigela todos os ingredientes, exceto as folhas de alface e as cerejas.
Dividir em quatro porções e montar os sanduíches, colocando em cada um as folhas de alface e as cerejas. Fechar e servir.

SANDUÍCHE DE COGUMELO COM PÁPRICA

(4 pessoas)

- 8 fatias de pão integral
- 600 g de cogumelos-paris grandes, fatiados
- 20 g de *tofu* firme amassado
- 1 cebola fatiada
- 1 dente de alho fatiado
- 1 colher de *shoyo* sabor *champignon*
- 2 colheres de sopa de azeite de oliva
- 1 colher de chá de páprica picante
- 1 tomate cortado em fatias finas (2 fatias por sanduíche)
- folhas frescas de alface
- sal a gosto

Molho Chutney de Frutas para Sanduíche
- 2 colheres de sopa de iogurte de soja com gotas de limão
- 3 colheres de sopa de *chutney* de frutas
- 1 colher de sopa de salsa fresca picada
- 1 colher de chá de *curry*
- 1 colher de chá de açafrão em pó

Em uma tigela, misturar bem os ingredientes do molho e manter em geladeira até o momento de servir.
Aquecer o azeite em uma frigideira grande e fritar o alho e a cebola por 1 minuto. Adicionar os cogumelos e mexer com colher de pau até estarem dourados e macios.
Adicionar o *shoyo* e a páprica, misturar bem e colocar o *tofu* por cima.
Abaixar o fogo e deixar fritar por alguns minutos, até o *tofu* estar firme para poder ser virado de lado.
Com uma espátula, virar cuidadosamente e deixar dourar em fogo médio.
Retirar do fogo e dividir em quatro partes.
Montar o sanduíche colocando em cada um 2 fatias de tomate, a porção de cogumelo com *tofu*, folhas de alface e molho a gosto. Dividir cada sanduíche ao meio, formando 2 triângulos, e servir.

SANDUÍCHE DE COGUMELO SALMÃO COM ALHO

(4 pessoas)

- pães do tipo francês frescos
- 500 g de cogumelos do tipo salmão fatiados
- 1/2 xícara de brotos de soja
- 1/2 colher de chá de basilicão
- 2 colheres de óleo de milho
- 1 pitada de sal
- 3 dentes de alho picadinhos
- fatias de pepino em conserva para acompanhar

Aquecer o óleo em uma frigideira e fritar o alho por 30 segundos. Adicionar o cogumelo e fritar por mais 5 minutos. Adicionar os brotos de soja e fritar por mais 5 minutos, acrescentando o basilicão e o sal.
Rechear os pães frescos e servir com fatias de pepino em conserva.

SANDUÍCHE DE DOIS ANDARES

(4 pessoas)

- 12 fatias de pão de fôrma integral
- 200 g de *tofu* firme cortado em 4 fatias
- 1 colher de sopa de azeite de oliva
- 4 fatias de berinjela
- 1 cebola média cortada em quatro partes
- 4 fatias de abobrinha
- 1/2 xícara de cogumelos frescos
- 1 colher de sobremesa de *missô* diluída em 3 colheres de sopa de água

Molho de Curry e Tofu para Sanduíche

- 1/4 de xícara de *tofu* cremoso
- 1/2 colher de sobremesa de *curry* em pó
- 1 colher de sopa de *chutney* de manga
- 1 colher de chá de pimenta-do-reino branca moída na hora
- 1 colher de chá de sal

Misturar os ingredientes do molho, numa tigela, mexendo bem com uma colher de sopa, e manter em geladeira até o momento de utilizar.
Aquecer em fogo alto uma frigideira tipo grill, com o azeite de oliva bem espalhado sobre ela. Dourar as fatias de *tofu* dos dois lados, e colocá-las numa travessa. Regar com o *missô* e reservar.
Em seguida grelhar as fatias de berinjela, as de cogumelos, as de abobrinha e a cebola, virando-as para que dourem por igual.
Montar cada sanduíche colocando 1 fatia de pão, 1 colher de sobremesa de molho, o *tofu* grelhado e 1/4 da cebola grelhada. Colocar outra fatia de pão, sobre ela uma fatia de berinjela, uma de abobrinha, 1/4 cogumelo e folha de alface. Fechar o sanduíche com outra fatia de pão. Repetir para que os quatro sanduíches fiquem iguais.
Espetar um palito grande em cada um, para dar firmeza.
Colocar o molho restante numa molheira e servi-lo junto com os sanduíches.

SANDUÍCHE DE FALEFEL E RECHEIO DE HORTELÃ

(6 sanduíches)

- 6 pães sírios médios
- 500 g de grão-de-bico cozido
- 1 cebola grande ralada
- 3 dentes de alho espremidos
- 1 colher de chá de coentro
- 1/4 de colher de chá de *chilli* em pó
- 3 colheres de sopa de salsa fresca picada
- 1/4 de xícara de *tofu* macio
- 1/2 xícara de farinha de trigo integral
- 1 colher de sobremesa rasa de *zattar*
- 1/2 xícara de óleo para fritar
- 1 colher de chá de sal

Recheio de Hortelã

- 2 tomates cortados em fatias finas
- 1 cebola cortada em fatias finas
- 1 xícara de folhas frescas de hortelã picadas
- 1 xícara de coentro fresco picado
- 1 xícara de chicória cortada em tiras finas
- 4 colheres de sopa de azeite de oliva
- 3 colheres de chá de sumo de limão
- 1 pitada de sal

Colocar o grão-de-bico num processador de alimentos até que fique como uma pasta. Virar numa tigela, adicionar a cebola, o alho, o coentro, o *chilli*, a salsa, o *tofu*, o sal e o *zattar*.
Fazer bolinhas de massa do tamanho de uma bola de pingue-pongue e achatar cada uma sobre uma superfície lisa, dando o formato de um pequeno disco, não muito fino, e passá-los pela farinha de trigo.
Numa frigideira grande, aquecer bem o óleo e fritar os discos de falefel por 5 minutos de cada lado, ou até que estejam dourados.
Retirar com escumadeira e escorrer em papel.
Para o recheio, misturar todos os ingredientes numa tigela, mexer delicadamente até estarem homogêneos e dividir em 6 porções.
Abrir os pães sírios ao meio, colocar alguns discos de falefel, acrescentar uma porção de salada em cada pão, fechar o sanduíche e servir.

SANDUÍCHE DE ISCAS DE GLÚTEN COM CEBOLA E TOMATE

(4 pessoas)

- 4 pães sírios cortados ao meio
- 300 g de glúten cortado em tirinhas finas
- 1/2 xícara de grãos de soja cozidos
- 1 pimentão amarelo cortado em tiras finas
- 1 pimentão vermelho cortado em tiras finas
- 2 tomates sem sementes cortados em fatias finas
- 4 colheres de sopa de azeite de oliva
- 3 minicebolas cortadas em tiras
- 1 pé de endívia com as folhas separadas

Molho de Maionese Relish

- 1/2 xícara de maionese de soja
- 4 pepinos em conserva cortados em fatias finas
- 1 colher de chá de sumo de limão
- 1/2 colher de café de pimenta-malagueta em pó
- 1 pitada de sal

Para o molho de maionese, colocar a maionese em uma vasilha, juntar os demais ingredientes e misturar delicadamente. Manter em geladeira até o momento de servir.

Levar uma frigideira tipo *wok* ao fogo, adicionar o azeite e, quando esquentar, adicionar a cebola e fritar por 2 minutos, em seguida juntar o glúten, a soja e os pimentões e deixar por mais 5 minutos. Tampar, retirar do fogo e deixar descansar por 2 minutos.

Montar os sanduíches colocando dentro dos pães a maionese, o refogado de glúten, as fatias de tomate e por último as folhas de endívia.

SANDUÍCHE DE SALSICHA COM MAIONESE

(4 pessoas)

- 4 pães próprios para cachorro-quente
- 8 salsichas vegetais
- 20 g de caldo de vegetais diluído em 1/2 xícara de água fervente
- 1 pitada de sal
- 1 colher de sopa de óleo
- 1 xícara de alface-crespa cortada em tiras finas

Maionese Dijon

- 2 colheres de sopa de *tofu* macio
- 1/2 xícara de azeite de oliva
- 1/2 colher de chá de sumo de limão
- 1 colher de sopa de mostarda de Dijon
- 1 dente de alho amassado
- 1 pitada de sal

Colocar o *tofu*, a mostarda, o alho e o sal no liquidificador (ou batedeira). Manter em velocidade média e ir aos poucos adicionando o azeite de oliva e por último o limão.

Manter em geladeira até o momento de servir.

Levar uma frigideira ao fogo médio com o óleo e dourar as salsichas. Adicionar o caldo de vegetais diluído e o sal e deixar em fogo médio por 20 minutos.

Cortar os pães ao meio, distribuir a maionese, dispor 2 salsichas para cada sanduíche, colocar alface e servi-los.

SANDUÍCHE DE SALSICHA E VEGETAIS GRELHADOS

(6 a 8 pessoas)

- pães do tipo francês frescos
- 1 lata de 300g de salsicha vegetal cortada em fatias longitudinais
- 4 cebolas pirulito cortadas em fatias
- 1 pimentão amarelo cortado em fatias largas
- 1 pimentão vermelho cortado em fatias largas
- 1 abobrinha fatiada
- 3 tomates firmes cortados em fatias grossas

- 1/2 xícara de *champignons* em conserva grandes, cortados ao meio
- 1/2 colher de café de sal
- 1/2 colher de café de pimenta-do-reino
- 1/2 colher de café de *zattar*
- 2 folhas de louro
- 3 colheres de sopa de óleo de milho para grelhar
- 4 colheres de sopa de *shoyo* sabor *champignon*
- folhas frescas de alface para acompanhar

Colocar em uma vasilha a salsicha, a cebola, os pimentões, a abobrinha, o tomate e o *champignon*, o sal, a pimenta-do-reino, o *zattar*, as folhas de louro e deixar reservado por 2 horas.
Aquecer duas chapas próprias para grelhar e untá-las com óleo. Grelhar os legumes, a salsicha e os cogumelos, pincelando óleo e *shoyo* em todos.
Virar os legumes para que dourem dos dois lados e então montar os sanduíches. Adicionar folhas de alface e servir os sanduíches em seguida.

SANDUÍCHE DE SHIITAKE

(4 pessoas)

- 8 fatias de pão integral levemente douradas em torradeira ou forno
- 2 cogumelos *shiitake* fatiados ao meio, sem os cabinhos
- 1/2 colher de chá de alho desidratado
- 1 colher de sopa de azeite de oliva
- 4 colheres de sobremesa de maionese de *tofu*, sem ovos
- 8 fatias finas de tomate-caqui
- 1/2 pimentão amarelo cortado em rodelas bem finas
- 4 folhas grandes de alface do tipo americana

Molho Tenro
- 2 colheres de sopa de azeite de oliva
- 1 colher de *shoyo* sabor *champignon*
- 2 colheres de sopa de salsa fresca picada
- 1 colher de sopa de *catchup*

Misturar os ingredientes do molho numa tigela, mexendo bem com uma colher de sopa, e manter em geladeira até o momento de utilizar.
Numa tigela, misturar o azeite de oliva com o alho desidratado e colocar as fatias de *shiitake*, misturando com uma colher.
Aquecer uma chapa de grill e dourar as fatias de *shiitake*, regando com a mistura de alho sempre que necessário.
Distribuir o molho nas fatias de pão aquecidas e colocar o *shiitake* grelhado, as rodelas finas de pimentão, o tomate e a alface.
Antes de fechar os sanduíches, colocar uma colher de maionese de *tofu* em cada um e servir em seguida.

SANDUÍCHE DE TEMPEH COM MOLHO DE TOMATE DOCE-AZEDO

(4 pessoas)

- 4 pães de hambúrguer
- 250 g de *tempeh* picado grosseiramente
- 2 colheres de sopa de azeite de oliva
- 1 cebola média picada
- 1 dente de alho esmagado
- 1 pimentão verde pequeno picado
- 2 colheres de sopa de *shoyo*
- folhas de alface

Molho de Tomate Doce-Azedo para Sanduíche
- 1/2 xícara de purê de tomate
- 2 colheres de chá de mostarda
- 1 colher de sopa de vinagre de arroz
- 2 colheres de chá de açúcar mascavo
- 1 colher de chá de alcaparra

Para o molho de tomate, colocar o purê de tomate, a mostarda, o vinagre, a alcaparra e o açúcar numa tigela, mexer bem e cozinhar por 10 minutos.
Numa panela média, aquecer o azeite e dourar a cebola e o alho. Adicionar o pimentão e fritar por 5 minutos. Juntar o *tempeh*, o *shoyo* e mexer bem. Cozinhar por mais 3 minutos. Dividir em 4 porções e colocar uma em cada pão, juntamente com o molho de tomate doce-azedo e folhas de alface. Fechar os sanduíches e servir.

SANDUÍCHE DE TOFU

(4 pessoas)

- 400 g de *tofu* firme
- 1/4 de xícara de talo de erva-doce cortado em rodelas finas
- 1/4 de xícara de uvas passas sem sementes
- 2 colheres de sopa de cebolinha verde picada
- 2 colheres de sopa de castanha-do-pará triturada no liquidificador bem seco e torrada
- 1 e 1/2 colher de chá de glicose de milho
- 1 colher de chá de molho de mostarda
- 1 pitada de sal
- 1 colher de chá de pimenta-do-reino moída
- 8 fatias de pão integral
- 4 folhas de alface
- 1 tomate fatiado

Amassar o *tofu* numa tigela, adicionar a erva-doce, a uva passa, a cebolinha, a castanha-do-pará e o sal. Misturar bem e, em outra tigela, colocar a glicose de milho, a mostarda, a pimenta-do-reino. Mexer e adicionar o *tofu* temperado.
Dividir a mistura nas 4 fatias de pão integral e servir com rodelas de tomate e folhas de alface.

SANDUÍCHE DE TOFU COM BANANA

(4 pessoas)

- 4 pães do tipo francês, aquecidos no forno com temperatura baixa, por 10 minutos
- 300 g de *tofu* firme cortado em fatias grandes
- 1 banana-nanica grande cortada em 4 fatias longitudinais
- 1/4 de xícara de farinha de rosca
- 2 colheres de sopa de óleo de milho para fritar o *tofu*
- 2 colheres de sopa de óleo de milho para fritar as bananas
- 1 tomate sem sementes cortado em rodelas finas
- 2 xícaras de alface tenra picada em tirinhas finas
- molho de mostarda e *catchup* para acompanhar

Aquecer o óleo em uma frigideira e fritar o *tofu* por 10 minutos de cada lado, ou até estar dourado, e reservar.
Passar as rodelas de banana pela farinha de rosca e fritá-las em outra frigideira. Retirá-las quando dourarem.
Montar os sanduíches colocando o *tofu*, a banana, o tomate, a alface e molhos a gosto.

SANDUÍCHE DE TOFU COM BANANA FRITA

(4 sanduíches)

- 4 pães redondos
- 200 g de *tofu* firme cortado em 4 fatias
- 4 fatias de banana-da-terra
- 1 colher de sopa de azeite de oliva
- 1 colher de sopa de alcaparras
- 8 rodelas de tomate-caqui
- 1 colher de chá de folhas de orégano fresco
- óleo de milho para fritar
- 4 folhas grandes de alface
- sal a gosto

Numa frigideira larga, colocar óleo de milho suficiente para cobrir as fatias de *tofu*. Fritar em fogo alto, deixando-as dourar dos dois lados. Escorrer em papel absorvente. Fritar em seguida as fatias de banana na mesma frigideira e escorrer em papel absorvente.
Em frigideira pequena, aquecer o azeite de oliva e fritar as alcaparras com o orégano, por um minuto.
Aquecer os pães. Cortá-los ao meio, arrumar uma fatia de *tofu* para cada sanduíche, espalhar as alcaparras fritas e a fatia de banana. Para cada sanduíche, colocar 2 fatias de tomate e 1 folha de alface.
Temperar os sanduíches com sal a gosto e servi-los em seguida.

SANDUÍCHE DE TOFU COM BERINJELA

(4 pessoas)

- 8 fatias de pão tipo italiano
- 1 berinjela grande descascada e cortada em fatias finas
- 200 g de *tofu* firme cortado em 4 fatias
- 2 colheres de sopa de óleo de milho
- 12 fatias finas de tomate-caqui
- folhas de alface roxa

Molho Especial para Sanduíche

- 2 colheres de sopa de *shoyo*
- 3 colheres de sopa de molho de mostarda
- 3 colheres de sopa de molho *catchup*

Para o molho, misturar os ingredientes numa tigela, mexendo bem com uma colher de sopa e conservar em geladeira.

Untar uma chapa própria para grelhar e levá-la ao fogo alto. Grelhar as fatias de berinjela e as fatias de *tofu*, virando dos dois lados, e gotejando óleo para não grudarem na chapa.

Aquecer as fatias de pão por 6 minutos aproximadamente.

Dispor entre duas fatias de pão a berinjela e o *tofu* grelhados, 3 rodelas de tomate e folhas frescas de alface roxa. Proceder assim sucessivamente, formando os 4 sanduíches. Regar os sanduíches com o molho e servi-los em seguida.

SANDUÍCHE DE TOFU COM BROTO DE BAMBU

(4 pessoas)

- 8 fatias de pão integral
- 300 g de *tofu* firme
- 250 g de broto de bambu cortado em fatias finíssimas
- 1 abobrinha italiana cortada em fatias finas
- 4 colheres de sopa de óleo de milho
- 1/4 de xícara de farinha de rosca com 1/2 colher de chá de sal
- 1 dente de alho fatiado
- 3 colheres de sopa de *shoyo* sabor *champignon*
- 2 colheres de chá de gergelim torrado
- 1/2 xícara de repolho japonês cortado em tiras finas

Molho de Maionese com Raiz-forte

- 1/2 xícara de maionese de soja
- 1 colher de sopa de raiz-forte cortada bem fina
- 1 colher de chá de gengibre ralado
- 2 colheres de chá de sumo de limão
- 1 colher de chá de sal

Para o molho de maionese, colocar a maionese em uma vasilha, juntar os demais ingredientes e misturar delicadamente. Manter em geladeira até o momento de servir.

Cortar o *tofu* em fatias finas, tomando cuidado para não quebrar, colocar numa bandeja e congelar por 2 horas. Descongelar em papel absorvente. Retirar com espátula e passar cada uma pela farinha de rosca com sal.

Aquecer em uma frigideira 2 colheres de sopa de óleo e fritar as fatias de *tofu* até estarem douradas. Retirar e reservá-las.

Em outra frigideira, aquecer 2 colheres de óleo, adicionar o alho por 2 minutos, juntar o broto de bambu e a abobrinha. Deixar por 5 minutos, ou até estarem dourados. Retirar do fogo e adicionar o *shoyo* e o gergelim.

Montar os sanduíches, colocando sobre cada fatia o *tofu*, o broto de bambu, a abobrinha, o repolho japonês e por último o molho de maionese.

SANDUÍCHE DE TOFU COM CENOURA E MAÇÃ

(4 pessoas)

- 4 pães do tipo francês, aquecidos
- 200 g de *tofu* firme cortado em 4 fatias
- 1 colher de café de pimenta-do-reino moída
- 1 colher de sopa de *shoyo*
- 1 pitadinha de sal
- 1 colher de sopa de óleo
- 1 colher de sopa de margarina

- 1 cenoura média cortada em fatias finas
- 1 maçã descascada cortada em fatias finas
- 1 colher de sopa de açúcar mascavo
- 4 folhas de endívia

Deixar as fatias de *tofu* de molho com o *shoyo*, o sal e a pimenta-do-reino.
Numa frigideira larga, colocar a margarina. Assim que derreter, adicionar a cenoura e a maçã, tomando cuidado para as fatias não se superporem.
Adicionar 1/2 colher de sopa de açúcar mascavo, e quando estiver bem aderido às fatias de cenoura e maçã, virá-las cuidadosamente e adicionar o açúcar mascavo restante. Retirar a frigideira do fogo quando estiver começando a caramelar. Dividir em quatro porções.
Abrir os pães já aquecidos ao meio, assentar as fatias de maçã sobre uma das metades, por cima arrumar uma fatia de *tofu* e em seguida a cenoura e a folha de endívia. Fechar os sanduíches e servi-los.

SANDUÍCHE DE TOFU COM COGUMELOS

(4 sanduíches)

- 4 pães redondos
- 200 g de *tofu* firme cortado em 4 fatias
- 2 xícaras de fatias de cogumelos frescos
- 1 colher de sopa de azeite de oliva
- 3 dentes de alho cortados em fatias finas
- óleo de milho para fritar
- 2 xícaras de chicória crua cortada bem fininha
- fatias de pepino em conserva
- 1 cebola cortada em rodelas bem finas

Molho Doce para Sanduíche
- 2 colheres de sopa de mostarda de Dijon
- 3 colheres de sopa de xarope de *maple* (pode-se utilizar glicose de milho para substituir)
- 1 pitada de sal
- 1 colher de sopa de vinho branco

Misturar os ingredientes do molho numa tigela, mexendo bem com uma colher de sopa, e manter em geladeira até o momento de utilizar.
Numa frigideira larga, colocar óleo de milho suficiente para que cubra as fatias de *tofu*. Fritá-las em fogo alto, deixando-as dourar dos dois lados. Escorrer em papel absorvente.
Em outra frigideira, aquecer o azeite de oliva e fritar as fatias de cogumelo por 10 minutos. Adicionar as fatias de alho e deixar por mais 3 minutos.
Aquecer os pães. Cortá-los ao meio, espalhar molho numa das metades e dispor uma fatia de *tofu*, fatias de cogumelo, 1/2 xícara de chicória, rodelinhas de pepino em conserva e rodelas de cebola em cada um.
Servir os sanduíches em seguida, enquanto estão ainda quentes.

SANDUÍCHE DE TOFU COM CURRY

(4 pessoas)

- 8 fatias de pão integral
- 400 g de *tofu* cortado em fatias longitudinais (congeladas por algumas horas e descongeladas sobre papel absorvente)
- 2 colheres de sopa de óleo de milho
- 2 colheres de sopa de *shoyo* sabor *champignon*
- 1/2 colher de sopa de cebola desidratada
- 1/2 xícara de farinha de rosca
- 1/2 colher de chá de caldo de vegetais
- 1 colher de chá de *curry* em pó
- 1 pitada de sal
- 1 xícara de tomate picadinho

Chutney de Maçã
- 1/2 xícara de purê de maçã sem açúcar
- 1 colher de sopa de cebola picada
- 1 colher de sopa de açúcar demerara
- 2 colheres de sopa de uvas passas brancas sem sementes
- 2 colheres de sopa de vinagre de vinho branco
- 1/2 colher de chá de sal
- 1 colher de chá de pimenta-do-reino em pó
- 1 colher de café de gengibre ralado

Para o *chutney*, passar primeiramente todos os ingredientes no processador, exceto o purê de maçã. Em seguida adicionar o purê de maçã a essa mistura e

passar tudo novamente pelo processador.
Manter em geladeira por 24 horas, mexendo de vez em quando.
Em separado, colocar o *tofu* em uma vasilha, adicionar o *shoyo*, a cebola seca, o caldo de vegetais. Deixar de molho por 2 horas, mexendo de vez em quando.
Em outra vasilha, misturar a farinha de rosca com o *curry* e o sal.
Passar as fatias de *tofu* pela farinha temperada.
Aquecer o óleo de milho em uma frigideira grande, fritar o *tofu*, por 10 minutos de cada lado.
Montar o sanduíche colocando em cada fatia de pão o *tofu* frito, o *chutney* e uma porção de tomate picadinho. Fechar o sanduíche com outra fatia de pão e servir.

SANDUÍCHE DE TOFU COM KOMBU

(4 pessoas)

- pães do tipo francês frescos
- 400 g de *tofu* extrafirme cortado em fatias
- 2 e 1/2 xícaras de água fervente
- 4 colheres de sopa de *shoyo* escuro
- 30 g de *kombu* (planta marinha encontrada em lojas orientais)
- 3/4 de xícara de fubá
- 2 colheres de chá de *kelp* em pó (planta marinha)
- 2 colheres de sopa de óleo de soja
- 1 pitada de sal
- rodelas fininhas de tomate
- 1 colher de café de orégano
- folhas frescas de alface

Colocar o *tofu* em uma vasilha grande e despejar a água quente, o *shoyo* e o *kombu*. Tampar e deixar de molho por 10 minutos. Colocar em geladeira por 2 horas.
Separadamente misturar, em um prato, o fubá, o *kelp* em pó e uma pitada de sal. Retirar o *tofu* da geladeira, escorrer o excesso de líquido e passar as fatias pelo fubá, dispensando o *kombu*.
Em uma frigideira, aquecer o óleo e dourar as fatias de *tofu* dos dois lados.
Rechear os pães com as fatias de *tofu* fritinhas, rodelas de tomate, salpicar orégano e distribuir as folhas de alface. Servir em seguida.

SANDUÍCHE DE TOFU COM MANDIOCA

(4 pessoas)

- 8 fatias de pão italiano
- 300 g de *tofu* firme amassado
- 1/2 xícara de mandioca cozida e amassada
- 2 colheres de sopa de farinha de trigo
- 1/4 de xícara de farinha de rosca
- 1 pitada de sal
- 1/2 colher de chá de pimenta-do-reino
- 1 maço de chicória cortada bem fininha
- 5 colheres de sopa de óleo de milho para fritar os bolinhos

Molho de Maionese com Alcaparra para Sanduíche

- 1/4 de xícara de maionese de soja
- 1 colher de chá de alcaparras picadinhas
- 2 colheres de sopa de *chutney* de manga
- 2 colheres de sopa de salsa fresca picada

Para o molho, misturar todos os ingredientes em uma vasilha e manter em geladeira até o momento de servir.
Misturar em uma tigela o *tofu* com a mandioca, o sal, a farinha de trigo e a pimenta-do-reino. Amassar com garfo até ficar homogêneo.
Fazer oito bolinhas do tamanho das de pingue-pongue. Achatá-las com garfo, formando discos, e em seguida passá-los pela farinha de rosca.
Aquecer o óleo em uma frigideira e dourar os discos de massa. Retirar com escumadeira e escorrer em papel absorvente.
Montar os sanduíches colocando 2 discos em cada um, molho a gosto e as tiras de chicória.

SANDUÍCHE DE TOFU DO HAVAÍ

(4 pessoas)

- 1 baguete grande com gergelim, cortada em 4 partes iguais (ou o tipo de pão que houver disponível)
- 200 g de *tofu* firme cortado em 4 fatias
- óleo de milho para fritar
- 2 fatias finas de abacaxi pérola cortadas na metade (meia-lua), sem o miolo
- 8 folhas de alface

Molho Suave para Sanduíche

- 2 colheres de sopa de *shoyo*
- 1 colher de sopa de azeite de oliva
- 1 colher de sopa de vinagre de vinho branco
- 1 colher de café de pimenta-do-reino moída
- 1 colher de sopa de salsa fresca picada
- 1 pitada de sal

Primeiramente misturar todos os ingredientes do molho numa tigela, mexendo bem com uma colher de pau, e em seguida reservar, mantendo-o sob refrigeração.
Aquecer o óleo em uma frigideira larga, mergulhar nele as fatias de *tofu* e dourar dos dois lados.
Levar a baguete ao forno quente por 10 minutos.
Cortar cada pedaço da baguete ao meio, dispor uma fatia de *tofu* frito em cada um, regar com o molho, acrescentar o abacaxi e as folhas de alface. Servir o sanduíche em seguida, ainda quente.

SANDUÍCHE DE TOFU E COGUMELO-PARIS

(4 pessoas)

- 4 pães do tipo francês
- 200 g de *tofu* firme cortado em quadradinhos, congelados por 3 horas e escorridos em papel absorvente
- 2 colheres de sopa de óleo de milho
- 1/2 xícara de cogumelo-paris cortado ao meio
- 1/2 cebola picadinha
- 2 dentes de alho picadinhos
- 1 colher de sopa de *shoyo* sabor *champignon*
- 2 xícaras de chicória cortada bem fininha

Molho de Chutney e Pepino

- 1/4 de xícara de *tofu* cremoso
- 2 colheres de sopa de *chutney* de manga
- 1/2 colher de chá de *curry*
- 1/2 xícara de pepino bem picado
- 1 pitada de sal

Misturar os ingredientes do molho numa tigela e mexer delicadamente. Conservar em geladeira até o momento de utilizar.
Colocar o óleo numa frigideira e levá-la ao fogo médio. Dourar a cebola, o alho e os cogumelos. Após 5 minutos, adicionar os cubos de *tofu*. Assim que estiverem dourados, retirar do fogo e deixar a panela tampada por 10 minutos.
Colocar o *tofu* temperado dentro de cada pãozinho, previamente aquecido, colocar também a chicória e regar com o molho. Servir em seguida.

SANDUÍCHE DE TOFU SCRAMBLED COM BATATA PALHA

(4 pessoas)

- 8 fatias de pão de fôrma
- 200 g de *tofu* amassado
- 2 colheres de sopa de azeite de oliva
- 1 colher de chá de *missô* diluído em 2 colheres de sopa de água
- 1/2 cebola cortada em rodelas finas
- 1 colher de chá de alho-poró picado
- 1/4 de xícara de ervilhas frescas
- 1/2 xícara de batata palha
- 4 xícaras de alface cortada bem fininha

Molho de Alcaparra e Maple

- 1/4 de xícara de *tofu* cremoso
- 2 colheres de sopa de xarope de *maple*
- 1 colher de sopa de alcaparra
- 1 colher de chá de mostarda de Dijon

Misturar os ingredientes do molho numa tigela e mexer delicadamente. Conservar em geladeira até o momento de utilizar.
Numa frigideira, aquecer o azeite em fogo médio. Dourar as rodelas de cebola, adicionar as ervilhas, o alho e mexer por 5 minutos. Adicionar o *tofu* e mexer delicadamente. Deixar sem mexer, e quando a parte de baixo do *tofu* começar a dourar, espalhar a batata palha por cima, virando pardourar do outro lado. Retirar a frigideira do fogo e dividir esse *tofu* em 4 porções.
Para cada sanduíche espalhar o molho nas fatias de pão, ligeiramente aquecidas, colocar 1/4 do *tofu* preparado e em seguida as folhas de alface. Fechar e servir.

SANDUÍCHE DE TOFU SCRAMBLED COM PIMENTÃO

(4 pessoas)

- 8 fatias de pão de fôrma
- 200 g de *tofu* firme amassado
- 1/2 xícara de pimentão amarelo cortado bem fino
- 2 colheres de sopa de salsa fresca picada
- 2 colheres de sopa de alho-poró picadinho
- 1 colher de sopa de *shoyo*
- folhas de alface americana
- 1 pitada de sal
- 2 colheres de sopa de azeite de oliva

Molho de Abacaxi Picante

- 1/4 de xícara de *tofu* cremoso
- 1/4 de xícara de abacaxi pérola cortado em tiras bem finas
- 1/4 de colher de chá de noz-moscada ralada
- 1 pitada de sal
- 1/2 colher de chá de páprica picante
- 3 gotas de pimenta *tabasco*, ou similar

Misturar os ingredientes do molho numa tigela e mexer delicadamente. Conservar em geladeira até o momento de utilizar.
Misturar o *shoyo* com o *tofu*.
Colocar o azeite de oliva numa frigideira e levá-la ao fogo médio. Fritar o alho e o pimentão por 5 minutos, adicionar o sal, o *tofu* amassado, e mexer delicadamente para misturar os ingredientes dentro da frigideira.
Deixar sem mexer, e quando a parte de baixo do *tofu* começar a dourar, virar, pardourar do outro lado.
Retirar a panela do fogo, espalhar a salsa e dividir esse *tofu* em 4 porções.
Aquecer as fatias de pão e em seguida espalhar o molho. Colocar o *tofu* preparado, em seguida as folhas de alface. Preparar os 4 sanduíches iguais e em seguida servi-los.

SANDUÍCHE DE TOFU SCRAMBLED COM TOMATE SECO

(4 pessoas)

- 4 pães do tipo francês aquecidos
- 200 g de *tofu* amassado
- 2 colheres de sopa de azeite de oliva
- 1/2 xícara de tomate seco temperado, picado
- 1 colher de sopa de *shoyo*
- 1/2 cebola cortada em rodelas bem finas
- 1/2 dente de alho esmagado
- 2 xícaras de endívia cortada em tiras bem finas
- 1 pitada de sal
- 2 colheres de sopa de azeite de oliva

Molho de Maçã com Nozes

- 1/4 de xícara de *tofu* cremoso
- 1/4 de xícara de maçã descascada e ralada
- 1 colher de sopa de *maple* ou glicose de milho
- 1 colher de sopa de nozes bem picadinhas
- 1 gota de essência de baunilha
- 1 colher de chá de sumo de limão
- 1 pitada de sal

Misturar os ingredientes do molho numa tigela e mexer delicadamente. Conservar em geladeira até o momento de utilizar.
Misturar o *shoyo* com o *tofu*.
Colocar o azeite de oliva numa frigideira e levá-la ao fogo médio. Fritar o alho e o pimentão por 5

minutos, adicionar o sal, o *tofu* amassado. e mexer delicadamente para misturar os ingredientes dentro da frigideira.
Deixar sem mexer, e quando a parte de baixo do *tofu* começar a dourar, virar, pardourar do outro lado.
Retirar a panela do fogo, espalhar a salsa e dividir esse *tofu* em 4 porções.
Aquecer as fatias de pão e em seguida espalhar o molho. Colocar o *tofu* preparado, em seguida as folhas de alface. Preparar os 4 sanduíches iguais e em seguida servi-los.

SANDUÍCHE DE TOMATE COM TOFU

(4 pessoas)

- 4 pães de hambúrguer
- 2 tomates firmes cortados em fatias
- 1 colher de sopa de óleo
- 2 cebolas pirulito raladas
- 1 dente de alho espremido
- 2 colheres de sopa de azeite de oliva
- 1/2 colher de sopa de orégano
- 1 e 1/2 xícara de *tofu* cremoso
- 1 colher de sopa de farinha de trigo
- 1/2 colher de chá de sal
- 1/2 colher de chá de pimenta-do-reino
- 1/2 xícara de repolho ralado em processador

Molho de Iogurte de Soja com Cerejas

- 1/2 xícara de iogurte de soja com 3 gotas de limão
- 1/4 de xícara de cereja em calda
- 5 gotas de pimenta do tipo tabasco
- 1 pitada de sal

Para o molho, passar todos os ingredientes num processador e colocar em uma vasilha, mantendo em geladeira até o momento de servir.
Em uma tigela, misturar o *tofu*, a farinha de trigo, o sal e a pimenta-do-reino e mexer bem.
Aquecer uma frigideira untada com um pouco de óleo e grelhar as rodelas de tomates de um lado.
Em outra frigideira, colocar 2 colheres de azeite, o alho, a cebola, e fritar por 1 minuto. Adicionar os tomates grelhados, deixando para baixo a parte que não foi grelhada. Cuidar para não superpor os tomates.
Colocar o *tofu* temperado sobre os tomates e fritar por 10 minutos de cada lado. Retirar do fogo e dividir em quatro porções.
Montar o sanduíche colocando o *tofu*, o repolho ralado e, por cima, o molho de cerejas.

SANDUÍCHE DE TRIGO INTEGRAL

(4 pessoas)

- 4 pães sírios
- 200 g de grãos de trigo integral
- 50 g de grãos de soja cozidos
- 2 colheres de sopa de *shoyo*
- 1 colher de chá de vinagre de vinho tinto
- 2 colheres de sopa de azeite de oliva
- 1 minicebola cortada em fatias finas
- 2 colheres de sopa de salsa fresca picada
- 2 tomates sem sementes cortados em rodelas finas
- 1 pé de *radicchio* com as folhas separadas
- 1/2 colher de chá de sal
- 1/2 colher de chá de pimenta-do-reino

Em uma vasilha, colocar o trigo integral e deixar de molho em água por uma noite.
Escorrer a água, colocar numa panela, cobrir com água e levar ao fogo até ferver. Abaixar o fogo, tampar e cozinhar por 1 hora e meia.
Escorrer a água, colocar numa vasilha, adicionar a soja e o *shoyo* e deixar em repouso por 30 minutos.
Em uma vasilha, misturar o vinagre, o azeite, o trigo e a soja, a salsa, a cebola, os tomates, a cebolinha, o sal e a pimenta.
Rechear os pães sírios, adicionar as folhas de *radicchio* e servir em seguida.

SANDUÍCHE DE VERÃO

(4 pessoas)

- 8 fatias de pão integral
- 1 xícara de repolho ralado
- 1/2 xícara de maçã verde cortada em fatias finas
- 2 colheres de sopa de uva passa preta sem caroço
- 2 fatias finas de abacaxi pérola cortadas em tiras
- 4 colheres de sopa de soja torrada picada
- 1 colher de sopa de *missô* diluída em 3 colheres de água

Molho de Gergelim para Sanduíche

- 1/4 de xícara de iogurte de soja
- 2 colheres de sopa de óleo de gergelim torrado
- 1 colher de chá de gergelim torrado
- 2 colheres de chá de limão
- 1 colher de chá de pimenta-da-jamaica
- 1 colher de chá de sal

Passar o *missô* nas partes internas das fatias de pão. Misturar em uma tigela todos os ingredientes do recheio e mexer até tudo estar homogêneo.
Em seguida, para o molho, misturar em uma tigela todos os ingredientes e mexer até misturar bem.
Montar os sanduíches, colocando o recheio e o molho, e servi-los em seguida.

SANDUÍCHE FÁCIL COM RÚCULA

(4 pessoas)

- 4 pães do tipo francês, aquecidos
- 200 g de *tofu* firme cortado em 4 fatias
- óleo de milho para fritar
- 2 xícaras de rúcula cortada em tiras finas
- 4 colheres de sopa de *chutney* de manga
- 1/4 de xícara de alcaparrone

Numa frigideira larga, colocar óleo de milho suficiente para cobrir as fatias de *tofu*. Fritá-las em fogo alto, deixando-as dourar dos dois lados. Escorrer em papel absorvente.
Na mesma frigideira, com o óleo ainda quente, fritar os *alcaparrones* por 2 minutos e retirá-los com uma escumadeira.
Aquecer ligeiramente os pães. Para cada sanduíche, cortar o pão ao meio e espalhar uma colher de sopa de *chutney*, uma fatia de *tofu*, alguns *alcaparrones* e uma folha de rúcula. Fechar o sanduíche e proceder do mesmo modo com os demais.

SANDUÍCHE RÁPIDO DE TOFU

(4 pessoas)

- 4 pães sírios de tamanho médio
- 2 copos de *tofu* amassados com garfo
- 1 colher de sopa de alho espremido
- 1 colher de sopa de sumo de limão
- 1 colher de chá de sal
- 1 colher de café de pimenta síria
- 1 colher de sopa de folhas de hortelã picadas
- 3 colheres de sopa de tomate sem sementes picado
- 2 colheres de sopa de azeite de oliva
- 2 copos de folhas de endívia cortadas em tiras finas
- 1 copo de batata palha

Numa vasilha, colocar o *tofu* amassado e ir adicionando os demais ingredientes, sempre mexendo, exceto as folhas de endívia e a batata palha. Deixar em repouso na geladeira por 20 minutos.
Espalhar o recheio nos pães, e dividir a batata palha e as folhas cortadas em 4 porções, colocando uma em cada sanduíche.
Servir em seguida.

HAMBÚRGUERES

HAMBÚRGUER ASSADO DE AZEITONAS

(9 pessoas)

- 1/2 copo de grãos de soja cozidos
- 1/2 copo de PVT do tipo miúda
- 1/2 copo de arroz integral cozido
- 1/2 copo de azeitonas picadas
- 1 pimentão vermelho picado
- 1/2 copo de cebolinha verde picada
- 1 cebola grande picadinha
- 5 dentes de alho espremidos
- 1 colher de sobremesa de sal
- 5 colheres de sopa de *shoyo*
- 1/2 xícara de farinha de trigo integral
- 3 colheres de sopa de óleo de milho
- 1 colher de sobremesa de fermento químico em pó
- azeite de oliva para regar
- água quente

Numa vasilha, colocar a PVT, cobrir com água quente e deixar de molho por 15 minutos. Escorrer a água, espremendo bem.
Adicionar a soja cozida, o arroz integral, as azeitonas, o pimentão, a cebolinha, a cebola picada, o alho, o sal, o *shoyo*, a farinha de trigo e o óleo. Deixar em repouso por 20 minutos e passar tudo pelo processador de alimentos. Adicionar o fermento, misturar bem e formar os hambúrgueres com as mãos, arrumando-os, em seguida, em assadeira untada.
Cobrir com papel-alumínio, regar com azeite de oliva e levar ao forno preaquecido a 180° C. A cada 10 minutos regar os hambúrgueres com azeite de oliva. Retirar após 40 minutos e servir.

HAMBÚRGUER ASSADO DE CARNE DE SOJA

(6 pessoas)

- 1 copo de PVT do tipo miúda
- 1/2 copo de triguilho (trigo para quibe)
- 1/2 xícara de cebola picadinha
- 1/2 xícara de alho-poró picadinho
- 1/2 xícara de cenoura ralada bem fina
- 3 dentes de alho espremidos
- 1 colher de sobremesa de sal
- 4 colheres de sopa de *shoyo*
- 1/2 xícara de farinha de trigo integral
- 2 colheres de sopa de óleo de milho
- 1 colher de sobremesa de fermento químico em pó
- água fervente
- azeite de oliva para regar

Numa vasilha, misturar a PVT com o triguilho, cobrir com água quente e deixar de molho por 15 minutos. Escorrer a água, espremendo bem.
Adicionar a cebola picada, o alho-poró, o alho espremido, a cenoura, o sal, o *shoyo*, a farinha de trigo e o óleo. Deixar em repouso por 20 minutos e então adicionar o fermento, misturar bem e formar os hambúrgueres com as mãos, arrumando-os, em seguida, em assadeira untada.
Cobrir com papel-alumínio, regar com azeite de oliva e levar ao forno preaquecido a 180° C. A cada 10 minutos regar os hambúrgueres com azeite de oliva. Retirar após 40 minutos e servir.

HAMBÚRGUER ASSADO DE SOJA COM NABO

(9 pessoas)

- 1 copo de grãos de soja cozidos
- 1 copo de *okara*
- 1 copo de arroz integral cozido
- 1/2 copo de nabo ralado
- 2 cebolas grandes picadinhas
- 5 dentes de alho espremidos
- 1 colher de sobremesa de sal

- 4 colheres de sopa de *shoyo*
- 1/2 xícara de farinha de trigo integral
- 3 colheres de sopa de óleo de milho
- 1 colher de sobremesa de fermento químico em pó
- azeite de oliva para regar
- 1 copo de água quente

Numa vasilha, cobrir com água quente o *okara* e deixar de molho por 10 minutos.
Escorrer a água, espremendo bem.
Em uma vasilha, misturar o *okara* com a soja, o nabo, a cebola picada, o alho, o sal, o *shoyo*, a farinha de trigo e o óleo.
Deixar em repouso por 10 minutos, passar tudo por um processador de alimentos e então adicionar o fermento, misturar bem e formar os hambúrgueres com as mãos, arrumando-os, em seguida, em assadeira untada.
Cobrir com papel-alumínio, regar com azeite de oliva e levar ao forno preaquecido a 180º C.
A cada 10 minutos regar os hambúrgueres com azeite de oliva e retirar após 40 minutos.

HAMBÚRGUER COLORIDO

(10 a 15 pessoas)

- 1 copo de PVT
- 4 copos de água
- 1 copo de grão-de-bico bem cozido
- 1 copo de ervilhas frescas cozidas
- 1 copo de grãos de milho cozidos
- 2 pimentões vermelhos picados
- 1/2 copo de azeitonas pretas picadas
- 4 colheres de sopa de maisena
- 4 colheres de sopa de *shoyo*
- 2 colheres de sopa de *missô*
- 2 colheres de sopa de *tahine*
- 4 fatias de pão integral amolecidas em um pouco de água
- 1 cebola grande ralada
- 5 dentes de alho
- 1 colher de sobremesa de pimenta-do-reino moída na hora
- 1 colher de sobremesa de *zattar*
- farinha de rosca para trabalhar a massa

Deixar a PVT de molho em dois copos de água, por meia hora. Escorrer a água, espremendo com as mãos para retirar a água da PVT, colocar em uma tigela e reservar.
Levar ao fogo médio a maisena diluída em dois copos de água. Mexer sempre com colher de pau, até obter um mingau grosso. Retirar do fogo, juntar à tigela da PVT e adicionar todos os demais ingredientes. Mexer energicamente, até obter uma massa homogênea.
Fazer, com as mãos enfarinhadas, bolinhas de massa do mesmo tamanho e passar pela máquina de dar formato em hambúrguer ou pressionar com as mãos e em seguida achatar com um garfo. Arrumar os hambúrgueres em uma travessa, fazendo várias camadas, com papel-manteiga entre elas.
Levar ao *freezer* por um mínimo de 20 minutos.
Untar uma chapa para grelhar e levar ao fogo alto. Colocar os hambúrgueres e dourá-los dos dois lados, ou, se preferir, assar em temperatura alta, com óleo ou azeite por cima e com a travessa coberta com papel-alumínio.

HAMBÚRGUER COM TRIGUILHO E TOFU

(4 pessoas)

- 6 pães de hambúrguer
- 1 e 1/2 xícara de *tofu* firme
- 1/2 xícara de farinha de trigo integral
- 1/2 xícara de farinha de soja
- 1/4 de xícara de triguilho (trigo para quibe) fervido em água por 10 minutos
- 1 colher de chá de *missô*
- 1 cebola picada
- 1 colher de chá de caldo de vegetais em pó
- 2 colheres de sopa de óleo de milho para a massa do hambúrguer
- 2 colheres de sopa de óleo de milho para fritar o hambúrguer

Molho de Pepino com Chilli para Hambúrguer
- 1/2 pepino picadinho
- 1 colher de iogurte de soja com gotas de limão
- 1/2 colher de café de *chilli* em pó
- 1 pitada de páprica doce

Para o molho de pepino, misturar todos os ingredientes em uma tigela e manter em geladeira até a hora de servir.
Cortar o *tofu* em fatias e colocá-las em papel absorvente 1/2 hora antes de serem utilizadas. Amassar com um garfo em uma tigela e adicionar as farinhas, o *missô*, o triguilho e o caldo de vegetais em pó. Mexer até homogeneizar.
Em uma frigideira pequena, em fogo médio, colocar o óleo e dourar a cebola. Misturá-la com o *tofu*, mexendo bem. Fazer 6 hambúrgueres com esta massa e fritá-los em uma frigideira com óleo quente, de 10 a 15 minutos de cada lado ou até estarem dourados.
Colocar os hambúrgueres dentro dos pães e servir com o molho.

HAMBÚRGUER DE CASTANHA

(4 pessoas)

- 250 g de purê de castanha em lata, sem açúcar
- 1 colher de chá de sal
- 1 cebola picada
- 1 colher de sopa de óleo de milho
- 1 colher de sopa de fermento químico
- 2 xícaras de farinha de rosca integral
- 1/4 de xícara de farinha de soja
- 1/2 colher de sopa de ervas finas desidratadas
- 1 colher de chá de pimenta-do-reino moída
- 1 e 1/2 xícara de água quente
- farinha de rosca para passar os hambúrgueres
- 1/2 xícara de óleo de milho para fritar os hambúrgueres
- maionese para acompanhar
- tomate para acompanhar
- alface para acompanhar

Em uma frigideira em fogo médio, pôr o óleo e dourar a cebola. Colocá-la sobre o purê de castanha, adicionar o fermento, a farinha de rosca, a farinha de soja, as ervas finas e o sal. Ir colocando aos poucos a água quente até obter uma massa homogênea. Fazer 8 hambúrgueres com a massa, compactá-los bem e passar pela farinha de rosca. Fritar em uma frigideira com óleo quente, por 10 minutos de cada lado ou até estarem dourados.
Colocar os hambúrgueres dentro dos pães e servir com tomate, alface e maionese de soja a gosto.

HAMBÚRGUER DE LENTILHA

(6 pessoas)

- 3 colheres de sopa de óleo de milho
- 1 cebola roxa grande, cortada em pedaços pequenos e finos
- 1 dente de alho esmagado
- 1 cenoura grande ralada bem fina
- 1 colher de sobremesa de *curry*
- 1 copo de lentilhas lavadas
- 1 caixa de caldo de vegetais diluído em 500 ml de água fervente
- 250 g de *tofu* firme
- 1/2 copo de coentro fresco picado
- 2 copos de pão de fôrma cortado em cubinhos fritos em azeite

Aquecer uma colher de óleo de milho numa frigideira, colocar a cebola e cozinhar em fogo médio por 2 ou 3 minutos, até estar levemente dourada. Adicionar o alho, a cenoura e o *curry*, e cozinhar por mais 1 minuto. Adicionar a lentilha e o caldo de vegetais. Cozinhar mexendo de vez em quando, em fogo baixo, por 20 minutos, ou até que as lentilhas estejam macias. Deixar esfriar.
Colocar metade da mistura da lentilha no processador. Adicionar o *tofu* e o coentro. Misturar e transferir para uma tigela, adicionar os cubos de pão e a outra metade da lentilha que estava reservada.

...té a mistura ficar grossa.
...mbúrgueres bem prensados.
...colocar no *freezer* por uma hora.
Aquecer o restante do óleo numa frigideira. Fritar os hambúrgueres, por 3 ou 4 minutos, ou até estarem crocantes e dourados. Virá-los e deixar fritar por 3 ou 4 minutos.
Servir no pão redondo, colocando tomate, alface, pepino, rodelas finas de cebola e molhos a gosto.

HAMBÚRGUER DE LENTILHA COM TRIGUILHO

(4 pessoas)

- 1 xícara de lentilhas deixadas de molho por uma noite
- 1/2 xícara de grãos de soja cozidos e levemente amassados com garfo
- 5 xícaras de água
- 2/3 de xícara de triguilho (trigo para quibe)
- 1/2 colher de chá de caldo de vegetais em pó
- 1 colher de chá de sal
- 2 colheres de chá de purê de tomate
- 2 cebolas picadinhas
- 1 e 1/2 xícara de cogumelos picados
- farinha de trigo integral
- 1 colher de sopa de óleo de milho
- 1/2 xícara de óleo de milho para fritar os hambúrgueres
- alface para acompanhar
- rodelas finas de tomate para acompanhar

Escorrer as lentilhas, colocá-las em uma panela, cobrir com água e deixar levantar fervura. Abaixar o fogo e cozinhar por 15 minutos.
Adicionar o triguilho, o sal, o caldo de vegetais e cozinhar por mais 10 minutos, ou até que o triguilho e as lentilhas estejam macios e a água tenha sido absorvida.
Juntar os grãos de soja, o fermento e o purê de tomate e misturar bem.
Levar uma frigideira ao fogo médio, aquecer 1 colher de óleo e fritar a cebola e o cogumelo até estarem macios. Juntá-los então à panela da lentilha e misturar bem.
Formar com as mãos 4 hambúrgueres, passá-los pela farinha de trigo e fritar em óleo quente até estarem dourados. Servir os hambúrgueres com rodelas de tomate e alface.

HAMBÚRGUER DE PVT

(6 pessoas)

- 2 copos de PVT
- 2 cebolas roxas picadinhas
- 4 dentes de alho
- 1/2 xícara de salsa fresca picada
- 1/2 xícara de cebolinha verde picada
- 1 colher de sobremesa rasa de páprica picante
- 4 colheres de sopa de *shoyo*
- 1 colher de chá de sal
- 4 colheres de sopa de farinha de trigo
- óleo para fritar
- água fervente

Colocar a PVT numa tigela e cobrir com água fervendo. Deixar de molho por 5 minutos e então escorrer bem a água, pressionando bem numa peneira.
Colocar então a PVT numa tigela e adicionar os demais ingredientes.
Fazer, com as mãos enfarinhadas, bolinhas de massa do mesmo tamanho e passar pela máquina de hambúrguer, ou achatar com as mãos. Arrumar os hambúrgueres em uma travessa, fazendo várias camadas, com papel-manteiga entre elas.
Levar ao *freezer* por um mínimo de 20 minutos.
Os hambúrgueres que não forem consumidos poderão ser conservados no *freezer*.
Colocar óleo em uma frigideira, suficiente para cobrir-lhe o fundo. Levar ao fogo alto e quando estiver quente fritar os hambúrgueres.
Retirar com uma escumadeira e escorrer em papel absorvente.

HAMBÚRGUER DE SOJA COM BATATA

(10 a 15 pessoas)

- 4 copos de grãos de soja cozidos
- 4 batatas grandes
- 3 cebolas grandes
- 5 dentes de alho
- 1 xícara de salsa picada
- 1 colher de café de alecrim desidratado
- 1 colher de sobremesa de sal
- 2 copos de farinha de trigo
- 1/2 copo de farinha de rosca
- 5 castanhas-do-pará
- farinha de trigo para formar os hambúrgueres
- óleo de milho para fritar

Passar a soja, as batatas bem lavadas e sem descascar, as cebolas e os dentes de alho no processador de alimentos com a lâmina fina. Misturar numa vasilha e acrescentar os demais ingredientes. Mexer bem e passar novamente pelo processador.
Fazer, com as mãos enfarinhadas, bolinhas de massa do mesmo tamanho e passar pela máquina de dar formato em hambúrguer, ou pressionar com as mãos e em seguida achatar com um garfo. Arrumar os hambúrgueres em uma travessa, fazendo várias camadas, com papel-manteiga entre elas.
Levar ao *freezer* por um mínimo de 20 minutos.
Colocar óleo em uma frigideira, suficiente para cobrir-lhe o fundo. Levar ao fogo alto e quando estiver quente fritar os hambúrgueres.
Retirar com uma escumadeira e escorrer em papel absorvente.

HAMBÚRGUER DE SOJA COM CANJIQUINHA E REPOLHO

(10 a 15 pessoas)

- 2 copos de PVT deixadas de molho em água quente por 30 minutos
- 1 copo de grãos de soja deixados de molho e cozidos
- 1 copo de arroz branco cozido
- 1 copo de canjiquinha cozida
- 1 copo de *tofu* picadinho
- 4 cebolas médias
- 6 dentes de alho
- 1/2 copo de aneto fresco picado
- 1 copo de farinha de trigo integral
- 1 copo de *okara* torrado
- 1/2 copo de polvilho
- 4 colheres de sopa de azeite de oliva ou óleo
- 1 colher de sobremesa de sal
- 2 colheres de sopa de *shoyo*
- farinha de rosca para trabalhar a massa

Passar pelo processador de alimentos os grãos de soja, a PVT com a água bem escorrida (espremer com as mãos), o arroz integral cozido, a canjiquinha, o *tofu*, cebola, o alho e o aneto. Virar tudo em uma tigela, adicionar todos os demais ingredientes e passar novamente pelo processador.
Fazer, com as mãos enfarinhadas, bolinhas de massa do mesmo tamanho e passar pela máquina de dar formato em hambúrguer, ou pressionar com as mãos e em seguida achatar com um garfo. Arrumar os hambúrgueres em uma travessa, fazendo várias camadas, com papel-manteiga entre elas.
Levar ao *freezer* por um mínimo de 20 minutos.
Aquecer o forno a 200° C.
Untar uma assadeira com óleo e farinha de rosca e arrumar os hambúrgueres. Regá-los com azeite ou óleo e assar por 35 minutos, colocando um pouquinho mais de azeite, caso ressecar.

HAMBÚRGUER DE SOJA COM LEGUMES

(10 a 15 pessoas)

- 1 copo de PVT
- 2 copos de água quente
- 2 batatas médias
- 1 cenoura grande
- 1 beterraba grande
- 4 colheres de sopa de *shoyo*
- 2 colheres de sopa de *missô*
- 1 cebola média
- 1 colher de sobremesa de alho desidratado
- 1 colher de sopa de urucum em pó
- 1 colher de sopa de *zattar*
- 1 colher de sopa de gergelim
- 1 colher de chá de pimenta-do-reino moída
- 4 colheres de sopa de farinha de trigo integral
- 2 colheres de sopa de óleo
- farinha de rosca para trabalhar a massa

Deixar a PVT de molho na água, por meia hora. Escorrer a água, espremendo com as mãos para retirar a água da PVT e colocar em uma tigela, adicionando os demais ingredientes.

Passar tudo pelo processador de alimentos, duas vezes, até obter uma massa.

Fazer, com as mãos enfarinhadas, bolinhas de massa do mesmo tamanho e passar pela máquina de dar formato em hambúrguer, ou pressionar com as mãos e em seguida achatar com um garfo. Arrumar os hambúrgueres em uma travessa, fazendo várias camadas, com papel-manteiga entre elas.

Levar ao *freezer* por um mínimo de 20 minutos.

Untar uma chapa para grelhar e levar ao fogo alto. Colocar os hambúrgueres e dourá-los dos dois lados.

HAMBÚRGUER DE SOJA COM LINHAÇA

(10 a 15 pessoas)

- 2 copos de PVT
- 1/2 copo de farinha de linhaça
- 1 colher de sopa de sementes de linhaça
- 5 copos de água quente
- 1/2 copo de salsa fresca picada
- 1/2 copo de coentro fresco picado
- 1 colher de sopa de azeite de oliva
- 1 colher de sopa rasa de sal
- 2 colheres de sopa de *shoyo*
- 2 colheres de sopa de alho desidratado
- 1 cebola picadinha
- 1 colher de chá de gengibre em pó
- farinha de rosca para trabalhar a massa

Deixar a PVT e a farinha de linhaça de molho em 5 copos de água por 1 hora. Escorrer e juntar os demais ingredientes.

Fazer, com as mãos enfarinhadas, bolinhas de massa do mesmo tamanho e passar pela máquina de dar formato em hambúrguer, ou pressionar com as mãos e em seguida achatar com um garfo. Arrumar os hambúrgueres em uma travessa, fazendo várias camadas, com papel-manteiga entre elas.

Levar ao *freezer* por um mínimo de 20 minutos.

Colocar óleo em uma frigideira, suficiente para cobrir-lhe o fundo. Levar ao fogo alto e quando estiver quente fritar os hambúrgueres.

Retirar com uma escumadeira e escorrer em papel absorvente.

HAMBÚRGUER DE SOJA COM SALSÃO

(10 a 15 pessoas)

- 2 copos de PVT
- 5 copos de água quente
- 1 copo de salsão picadinho
- 1 pimentão verde picado
- 1 colher de sopa de alho desidratado
- 1 copo de temperos verdes frescos picados
- 3 colheres de sopa de *shoyo*
- 1 colher de sobremesa de sal
- 1 colher de chá de pimenta-do-reino moída na hora
- 1 colher de sopa de azeite de oliva
- 5 colheres de sopa de farinha de glúten
- farinha de rosca para trabalhar a massa

Deixar a PVT de molho em 3 copos de água, por meia hora. Escorrer a água, espremendo com as mãos para retirar a água, e colocar a PVT em uma tigela. Adicionar os demais ingredientes, misturando bem com uma colher de pau até obter uma massa.

Fazer, com as mãos enfarinhadas, bolinhas de massa do mesmo tamanho e passar pela máquina de dar formato em hambúrguer, ou pressionar com as mãos e em seguida achatar com um garfo. Arrumar os hambúrgueres em uma travessa, fazendo várias camadas, com papel-manteiga entre elas.

Levar ao *freezer* por um mínimo de 20 minutos.

Colocar óleo em uma frigideira, suficiente para cobrir-lhe o fundo. Levar ao fogo alto e quando estiver quente fritar os hambúrgueres.

Retirar com uma escumadeira e escorrer em papel absorvente.

HAMBÚRGUER DE SOJA COM TOMATE SECO

(10 a 15 pessoas)

- 2 copos de grãos de soja deixados de molho e cozidos
- 2 copos de PVT deixadas de molho em água quente por 30 minutos
- 1 copo de arroz integral cozido
- 1 copo cheio de tomate seco temperado e picado
- 1 copo de *tofu* picadinho
- 2 cebolas médias
- 5 dentes de alho
- 1/2 copo de manjericão roxo picado
- 1 copo de farinha de trigo integral
- 1 copo de farinha de soja
- 4 colheres de sopa de azeite de oliva ou óleo
- 1 colher de sobremesa de sal
- 2 colheres de sopa de *shoyo*
- farinha de rosca para trabalhar a massa

Passar pelo processador de alimentos os grãos de soja, a PVT com a água bem escorrida (espremer com as mãos), o arroz integral cozido, a cebola, o alho, o manjericão e o *tofu*. Virar tudo em uma tigela, adicionar todos os demais ingredientes e passar novamente pelo processador.

Fazer, com as mãos enfarinhadas, bolinhas de massa do mesmo tamanho e passar pela máquina de dar formato em hambúrguer, ou pressionar com as mãos e em seguida achatar com um garfo. Arrumar os hambúrgueres em uma travessa, fazendo várias camadas, com papel-manteiga entre elas.

Levar ao *freezer* por um mínimo de 20 minutos.

Aquecer o forno a 200° C.

Untar uma assadeira com óleo e farinha de rosca e arrumar os hambúrgueres. Regá-los com azeite ou óleo e assar por 35 minutos, colocando um pouquinho mais de azeite, caso ressecar.

HAMBÚRGUER DE SOJA E ABÓBORA KAMBUTIÁ

(10 a 15 pessoas)

- 1 copo de grãos de soja deixados de molho e cozidos
- 2 copos de abóbora do tipo *kambutiá*, cozida
- 1 copo de arroz integral cozido
- 1/2 copo de castanha-do-pará
- 2 cebolas médias
- 5 dentes de alho
- 1 talo de salsão
- 1/2 copo de farinha de trigo integral
- 1/2 copo de farinha de soja
- 1/2 copo de polvilho doce
- 4 colheres de sopa de azeite de oliva ou óleo
- 1 colher de sobremesa de sal
- 2 colheres de sopa de *shoyo*
- farinha de rosca para trabalhar a massa

Passar pelo processador de alimentos os grãos de soja, a abóbora cozida, os grãos de arroz integral cozidos, a cebola, as castanhas-do-pará, o salsão e o alho. Virar tudo em uma tigela, adicionar todos os demais ingredientes e passar novamente pelo processador.

Fazer, com as mãos enfarinhadas, bolinhas de massa do mesmo tamanho e passar pela máquina de dar formato em hambúrguer, ou pressionar com as mãos e em seguida achatar com um garfo. Arrumar os hambúrgueres em uma travessa, fazendo várias camadas, com papel-manteiga entre elas.

Levar ao *freezer* por um mínimo de 20 minutos.

Aquecer o forno a 200° C.

Untar uma assadeira com óleo e farinha de rosca e arrumar os hambúrgueres. Regá-los com azeite ou óleo e assar por 35 minutos, colocando um pouquinho mais de azeite, caso ressecar.

HAMBÚRGUER DE SOJA E BETERRABA

(10 a 15 pessoas)

- 4 copos de grãos de soja cozidos
- 2 beterrabas médias
- 1/2 copo de arroz branco cozido
- 1/2 copo de polvilho doce
- 1/2 copo de farinha de soja
- 1/2 copo de farinha de rosca
- 1/2 copo de castanha-do-pará
- 3 cebolas grandes
- 6 dentes de alho
- 1/2 xícara de manjericão fresco picado
- 1 colher de sobremesa de sal
- 1 colher de sopa de urucum em pó
- farinha de trigo para formar os hambúrgueres
- óleo de milho para fritar

Passar a soja, a beterraba bem lavada e sem descascar, o arroz, as cebolas e o alho no processador de alimentos com a lâmina fina. Misturar numa vasilha e acrescentar os demais ingredientes. Mexer bem e passar novamente pelo processador.

Fazer, com as mãos enfarinhadas, bolinhas de massa do mesmo tamanho e passar pela máquina de dar formato em hambúrguer, ou pressionar com as mãos e em seguida achatar com um garfo. Arrumar os hambúrgueres em uma travessa, fazendo várias camadas, com papel-manteiga entre elas.

Levar ao *freezer* por um mínimo de 20 minutos.

Colocar óleo em uma frigideira, suficiente para cobrir-lhe o fundo. Levar ao fogo alto e quando estiver quente fritar os hambúrgueres.

Retirar com uma escumadeira e escorrer em papel absorvente.

HAMBÚRGUER DE SOJA E CENOURA

(10 pessoas)

- 2 copos de grãos de soja cozidos
- 1 copo de arroz branco cozido
- 2 cenouras grandes
- 2 cebolas grandes
- 5 dentes de alho
- 1 copo de cebolinha verde picada
- 1 colher de sobremesa de sal
- 1 colher de sopa de urucum em pó
- 1 colher de sobremesa de açafrão em pó
- 1 colher de sobremesa de orégano desidratado
- 1 e 1/2 copo de farinha de trigo
- 1 copo de polvilho doce
- 1/2 copo de farinha de rosca
- farinha de trigo para formar os hambúrgueres
- óleo de milho para fritar

Passar a soja, as cenouras, as cebolas e os alhos no processador de alimentos com a lâmina fina. Misturar numa vasilha e acrescentar os demais ingredientes. Mexer bem e passar novamente pelo processador.

Fazer, com as mãos enfarinhadas, bolinhas de massa do mesmo tamanho e passar pela máquina de dar formato em hambúrguer, ou pressionar com as mãos e em seguida achatar com um garfo. Arrumar os hambúrgueres em uma travessa, fazendo várias camadas, com papel-manteiga entre elas.

Levar ao *freezer* por um mínimo de 20 minutos.

Colocar óleo em uma frigideira, suficiente para cobrir-lhe o fundo. Levar ao fogo alto e quando estiver quente fritar os hambúrgueres.

Retirar com uma escumadeira e escorrer em papel absorvente.

HAMBÚRGUER DE SOJA E COUVE

(10 a 15 pessoas)

- 4 copos de grãos de soja cozidos
- 5 folhas grandes de couve-manteiga
- 1 xícara de arroz integral cozido
- 1 xícara de feijão-preto cozido (sem o caldo)
- 3 cebolas grandes
- 5 dentes de alho
- 1 colher de sobremesa de sal
- 2 copos de farinha de trigo
- 1/2 copo de polvilho doce
- 2 colheres de sopa de *okara* torrado
- farinha de trigo para formar os hambúrgueres
- óleo de milho para fritar

Passar a soja, o arroz cozido, o feijão-preto, as cebolas e o alho no processador de alimentos com a lâmina fina. Misturar numa vasilha e acrescentar os demais ingredientes. Mexer bem e passar novamente pelo processador.

Fazer, com as mãos enfarinhadas, bolinhas de massa do mesmo tamanho e passar pela máquina de dar formato em hambúrguer, ou pressionar com as mãos e em seguida achatar com um garfo. Arrumar os hambúrgueres em uma travessa, fazendo várias camadas, com papel-manteiga entre elas.

Levar ao *freezer* por um mínimo de 20 minutos.

Colocar óleo em uma frigideira, suficiente para cobrir-lhe o fundo. Levar ao fogo alto e quando estiver quente fritar os hambúrgueres.

Retirar com uma escumadeira e escorrer em papel absorvente.

HAMBÚRGUER DE SOJA E ESPINAFRE

(10 a 15 pessoas)

- 3 copos de grãos de soja cozidos
- 2 maços de espinafre cozidos no vapor
- 2 cebolas grandes
- 4 dentes de alho
- 1 alho-poró
- 1 xícara de coentro picado
- 1 colher de sobremesa de sal
- 1 colher de sopa de espinafre em pó
- 2 copos de farinha de trigo
- 1 copo de polvilho doce
- farinha de trigo para formar os hambúrgueres
- óleo de milho para fritar

Passar a soja, o espinafre já cozido no vapor, as cebolas e os alhos no processador de alimentos com a lâmina fina. Misturar numa vasilha e acrescentar os demais ingredientes. Mexer bem e passar novamente pelo processador.

Fazer, com as mãos enfarinhadas, bolinhas de massa do mesmo tamanho e passar pela máquina de dar formato em hambúrguer, ou pressionar com as mãos e em seguida achatar com um garfo. Arrumar os hambúrgueres em uma travessa, fazendo várias camadas, com papel-manteiga entre elas.

Levar ao *freezer* por um mínimo de 20 minutos.

Colocar óleo em uma frigideira, suficiente para cobrir-lhe o fundo. Levar ao fogo alto e quando estiver quente fritar os hambúrgueres.

Retirar com uma escumadeira e escorrer em papel absorvente.

HAMBÚRGUER DE SOJA E FEIJÕES

(9 pessoas)

- 1/2 copo de grãos de soja cozidos
- 1/2 copo de PVT do tipo miúda
- 1/2 copo de arroz integral cozido
- 1/2 copo de azeitonas picadas
- 1 pimentão vermelho picado
- 1/2 copo de cebolinha verde picada
- 1 cebola grande picadinha
- 5 dentes de alho espremidos
- 1 colher de sobremesa de sal
- 5 colheres de sopa de *shoyo*
- 1/2 xícara de farinha de trigo integral
- 3 colheres de sopa de óleo de milho
- 1 colher de sobremesa de fermento químico em pó
- azeite de oliva para regar
- água quente

Numa vasilha, misturar a PVT com o triguilho, cobrir com água quente e deixar de molho por 15 minutos. Escorrer a água, espremendo bem.

Adicionar a soja cozida, o arroz integral, as azeitonas, o pimentão, a cebolinha, a cebola picada, o alho, o sal, o *shoyo*, a farinha de trigo e o óleo. Deixar em repouso por 20 minutos, passar tudo pelo processador de alimentos e então adicionar o fermento. Misturar bem e formar os hambúrgueres com as mãos, arrumando-os, em seguida, em assadeira untada.

Cobrir com papel-alumínio, regar com azeite de oliva e levar ao forno preaquecido a 180° C. A cada 10 minutos regar os hambúrgueres com azeite de oliva. Retirar após 40 minutos e servir.

HAMBÚRGUER DE SOJA E MILHO

(10 a 15 pessoas)

- 1 copo de PVT
- 2 copos de água quente
- 2 copos de milho cozido
- 1/2 xícara de farinha de trigo
- 2 colheres de sopa de *missô*
- 2 colheres de sopa de *shoyo*
- 1 cebola picadinha
- 2 colheres de sobremesa de alho desidratado
- 2 talos de aipo picadinhos
- 1 colher de chá de sal
- farinha de rosca para trabalhar a massa

Deixar a PVT de molho na água, por meia hora. Escorrer a água, espremendo com as mãos para retirar a água da PVT, e colocar em uma tigela, adicionando os demais ingredientes.
Passar tudo pelo processador de alimentos, duas vezes, até obter uma massa.
Fazer, com as mãos enfarinhadas, bolinhas de massa do mesmo tamanho e passar pela máquina de dar formato em hambúrguer, ou pressionar com as mãos e em seguida achatar com um garfo. Arrumar os hambúrgueres em uma travessa, fazendo várias camadas, com papel-manteiga entre elas.
Levar ao *freezer* por um mínimo de 20 minutos.
Colocar óleo em uma frigideira, suficiente para cobrir-lhe o fundo. Levar ao fogo alto e quando estiver quente fritar os hambúrgueres.
Retirar com uma escumadeira e escorrer em papel absorvente.

HAMBÚRGUER DE SOJA E PÃO

(10 a 15 pessoas)

- 2 copos de PVT
- 5 copos de água quente
- 4 fatias de pão integral
- 1 cebola picadinha
- 2 dentes de alho espremidos
- 2 colheres de sopa de *tahine*
- 4 colheres de sopa de *shoyo* sabor *champignon*
- 1 colher de chá de sal
- 1 colher de chá de molho de pimenta
- 1 colher de sopa de *zattar*
- 1 colher de sopa de sementes de gergelim
- 3 colheres de sopa de farinha de trigo
- 4 colheres de chá de sementes de cardamomo
- 2 colheres de sopa de urucum em pó (ou coloral)
- 1 colher de sobremesa de açafrão em pó
- 1 colher de chá de gengibre em pó
- farinha de rosca para trabalhar a massa

Deixar a PVT de molho na água, por meia hora. Colocar as fatias de pão em uma vasilha, cobri-las com água e deixá-las de molho até desmancharem-se com facilidade.
Escorrer a água da PVT, espremendo com as mãos para retirar a água, e colocar em uma tigela, adicionando os demais ingredientes, inclusive as fatias desmanchadas de pão. Misturar bem com uma colher de pau até obter uma massa.
Fazer, com as mãos enfarinhadas, bolinhas de massa do mesmo tamanho e passar pela máquina de dar formato em hambúrguer, ou pressionar com as mãos e em seguida achatar com um garfo. Arrumar os hambúrgueres em uma travessa, fazendo várias camadas, com papel-manteiga entre elas.
Levar ao *freezer* por um mínimo de 20 minutos.
Colocar óleo em uma frigideira, suficiente para cobrir-lhe o fundo. Levar ao fogo alto e quando estiver quente fritar os hambúrgueres.
Retirar com uma escumadeira e escorrer em papel absorvente.

HAMBÚRGUER DE SOJA E PLEUROTUS

(10 a 15 pessoas)

- 2 copos de grãos de soja deixados de molho e cozidos
- 1 copo de PVT
- 3 copos de água quente
- 2 copos de cogumelo fresco tipo *pleurotus*
- 2 cebolas médias
- 5 dentes de alho
- 1 alho-poró
- 1 copo de coentro fresco picado
- 1 copo de salsa fresca picada
- 1/2 copo de farinha de trigo integral
- 1/2 copo de polvilho doce
- 1/2 copo de *okara* torrado
- 2 colheres de sopa de óleo
- 1 colher de sobremesa de sal
- 2 colheres de sopa de *shoyo*
- farinha de rosca para trabalhar a massa

Deixar a PVT de molho na água quente por 30 minutos, escorrer a água e pressionar com as mãos para retirar a água.
Passar pelo processador de alimentos os grãos de soja, a PVT, os cogumelos frescos, a cebola e os alhos. Virar tudo em uma tigela, adicionar todos os demais ingredientes e passar novamente pelo processador.
Fazer, com as mãos enfarinhadas, bolinhas de massa do mesmo tamanho e passar pela máquina de dar formato em hambúrguer, ou pressionar com as mãos e em seguida achatar com um garfo. Arrumar os hambúrgueres em uma travessa, fazendo várias camadas, com papel-manteiga entre elas.
Levar ao *freezer* por um mínimo de 20 minutos.
Untar uma chapa para grelhar e levar ao fogo alto.
Colocar os hambúrgueres e dourá-los dos dois lados.

HAMBÚRGUER DE SOJA E TOFU

(10 a 15 pessoas)

- 2 copos de grãos de soja cozidos
- 2 copos de *tofu* cortado em quadradinhos
- 1 copo de arroz integral cozido
- 2 cebolas grandes
- 5 dentes de alho
- 1 colher de chá de cominho em pó
- 1 colher de sopa de urucum em pó
- 1 colher de sobremesa de sal
- 1 copo de *okara* torrado
- 1/2 copo de farinha de trigo
- 1/2 copo de fubá
- farinha de trigo para formar os hambúrgueres
- óleo de milho para fritar

Passar a soja, o *tofu*, o arroz cozido, a cebola e o alho no processador de alimentos com a lâmina fina. Misturar numa vasilha e acrescentar os demais ingredientes. Mexer bem e passar novamente pelo processador.
Fazer, com as mãos enfarinhadas, bolinhas de massa do mesmo tamanho e passar pela máquina de dar formato em hambúrguer, ou pressionar com as mãos e em seguida achatar com um garfo. Arrumar os hambúrgueres em uma travessa, fazendo várias camadas, com papel-manteiga entre elas.
Levar ao *freezer* por um mínimo de 20 minutos.
Colocar óleo em uma frigideira, suficiente para cobrir-lhe o fundo. Levar ao fogo alto e quando estiver quente fritar os hambúrgueres.
Retirar com uma escumadeira e escorrer em papel absorvente.

HAMBÚRGUER DE SOJA, FUBÁ E TOFU

(10 a 15 pessoas)

- 2 copos de soja deixada de molho por uma noite e cozida até estar macia
- 400 g de *tofu* firme cortado em quadrados
- 1 copo de fubá
- 1 cebola média
- 2 dentes de alho
- 1/2 copo de cebolinha verde picada
- 1/2 copo de salsa fresca picada
- 1 colher de chá de cominho em pó
- 4 colheres de sopa de aveia em flocos grossos
- 4 colheres de sopa de azeite de oliva ou óleo
- 1 colher de sobremesa de sal
- 2 colheres de sopa de *shoyo*
- farinha de rosca para trabalhar a massa

Passar pelo processador de alimentos os grãos de soja, o *tofu*, cebola, o alho, a cebolinha verde e a salsa. Virar tudo em uma tigela, adicionar todos os demais ingredientes e passar novamente pelo processador. Fazer, com as mãos enfarinhadas, bolinhas de massa do mesmo tamanho e passar pela máquina de dar formato em hambúrguer, ou pressionar com as mãos e em seguida achatar com um garfo.
Arrumar os hambúrgueres em uma travessa, fazendo várias camadas, com papel-manteiga entre elas. Levar ao *freezer* por um mínimo de 20 minutos. Aquecer o forno a 200° C.
Untar uma assadeira com óleo e farinha de rosca e arrumar os hambúrgueres. Regá-los com azeite ou óleo e assar por 35 minutos, colocando um pouquinho mais de azeite, caso ressecar.

HAMBÚRGUER DE SOJA, GRÃO-DE-BICO E TRIGUILHO

(10 a 15 pessoas)

- 1 copo de PVT
- 1 copo de grão-de-bico cozido e bem amassado
- 1/2 copo de trigo para quibe
- 8 copos de água
- 1/2 copo de *shoyo*
- 3 colheres de sopa de *tahine*
- 2 colheres de sopa de *zattar*
- 1 cebola picadinha
- 1 colher de sopa de alho desidratado
- 4 colheres de sopa de maisena
- 1 colher de chá de pimenta-do-reino moída na hora
- farinha de trigo para trabalhar a massa

Deixar a PVT de molho em 3 copos de água, por uma hora.
Deixar o trigo de quibe de molho em 3 copos de água por uma hora.
Levar ao fogo moderado a maisena com 2 copos de água, mexendo sempre, até obter um mingau. Retirar do fogo, virar em uma vasilha e juntar a PVT e o trigo de quibe escorridos e bem espremidos. Mexer bem e ir adicionando os demais ingredientes, misturando-os bem, até obter uma massa.
Fazer, com as mãos enfarinhadas, bolinhas de massa do mesmo tamanho e passar pela máquina de dar formato em hambúrguer, ou pressionar com as mãos e em seguida achatar com um garfo. Arrumar os hambúrgueres em uma travessa, fazendo várias camadas, com papel-manteiga entre elas.
Levar ao *freezer* por um mínimo de 20 minutos.
Colocar óleo em uma frigideira, suficiente para cobrir-lhe o fundo. Levar ao fogo alto e quando estiver quente fritar os hambúrgueres.
Retirar com uma escumadeira e escorrer em papel absorvente.

HAMBÚRGUER DE SOJA, MILHO E ARROZ

(10 a 15 pessoas)

- 3 copos de grãos de soja cozidos
- 2 copos de grãos de milho verde cozidos
- 1 copo de arroz integral cozido
- 1 cebola grande
- 2 dentes de alho
- 1 xícara de coentro fresco picado
- 1 colher de chá de páprica doce
- 1 colher de chá de urucum em pó
- 1 colher de sopa de sementes de papoula
- 1 colher de sobremesa de sal
- 1/2 copo de farinha de trigo
- 1/2 copo de fubá
- 1/2 copo de polvilho doce
- farinha de trigo para formar os hambúrgueres
- óleo de milho para fritar

Passar a soja, o milho, o arroz cozido, a cebola e o alho no processador de alimentos com a lâmina fina. Misturar numa vasilha e acrescentar os demais ingredientes. Mexer bem e passar novamente pelo processador.

Fazer, com as mãos enfarinhadas, bolinhas de massa do mesmo tamanho e passar pela máquina de dar formato em hambúrguer, ou pressionar com as mãos e em seguida achatar com um garfo. Arrumar os hambúrgueres em uma travessa, fazendo várias camadas, com papel-manteiga entre elas.

Levar ao *freezer* por um mínimo de 20 minutos.

Colocar óleo em uma frigideira, suficiente para cobrir-lhe o fundo. Levar ao fogo alto e quando estiver quente fritar os hambúrgueres.

Retirar com uma escumadeira e escorrer em papel absorvente.

HAMBÚRGUER DE SOJA, TRIGO E MANDIOCA

(10 a 15 pessoas)

- 1 copo de grãos de soja deixados de molho e cozidos
- 1 copo de grãos de trigo deixados de molho e cozidos
- 1 copo de mandioca ralada
- 4 colheres de sopa de *shoyo*
- 2 colheres de sopa de *missô*
- 3 cebolas médias
- 6 dentes de alho
- 1 copo de salsa fresca picada
- 1 pimentão amarelo
- 1 colher de sopa de urucum em pó
- 1/2 copo de farinha de trigo integral
- 1/2 copo de polvilho doce
- 2 colheres de sopa de óleo
- 1 colher de sobremesa de sal
- farinha de rosca para trabalhar a massa

Passar pelo processador de alimentos os grãos de soja, os grãos de trigo, a mandioca, a cebola, o alho, o pimentão. Virar tudo em uma tigela, adicionar todos os demais ingredientes e passar novamente pelo processador.

Fazer, com as mãos enfarinhadas, bolinhas de massa do mesmo tamanho e passar pela máquina de dar formato em hambúrguer, ou pressionar com as mãos e em seguida achatar com um garfo. Arrumar os hambúrgueres em uma travessa, fazendo várias camadas, com papel-manteiga entre elas.

Levar ao *freezer* por um mínimo de 20 minutos.

Untar uma chapa para grelhar e levar ao fogo alto. Colocar os hambúrgueres e dourá-los dos dois lados.

HAMBÚRGUER DE TOFU

(10 a 15 pessoas)

- 1 copo de proteína de soja hidrolisada, do tipo escura
- 3 copos de água morna
- 350 g de *tofu* firme amassado com um garfo
- 1 xícara de grão-de-bico cozido e batido no liquidificador com um pouco da água do cozimento (suficiente para formar um creme)
- 1/2 xícara de farinha de trigo branca
- farinha de trigo integral para formar os hambúrgueres
- 3 copos de água
- 1/2 xícara de *shoyo*
- 1/2 copo de cebolinha verde picada
- 3 dentes de alho esmagados
- 1 cebola pequena picada
- 1 colher de sobremesa de óleo de gergelim
- 1/2 colher de café de molho de pimenta
- 1 colher de chá de pimenta-do-reino moída
- 1 colher de chá de *zattar*
- 1 colher de chá de coentro desidratado em pó
- 1/2 colher de sobremesa de sal

Deixar a proteína de soja de molho na água morna por 20 minutos. Escorrer a água, juntar os demais ingredientes, deixando para o fim a farinha de trigo branca.

Retirar meia concha de massa e, com as mãos polvilhadas com farinha de trigo integral, formar as bolas, prensando em seguida com as mãos, ou com o fundo de um prato (o ideal é colocar na máquina própria de fazer hambúrgueres, que é pequena e prática de se ter em casa).

Separar um a um com papel-manteiga, colocá-los numa tigela grande e levar ao *freezer* por 3 horas.

Aquecer uma frigideira, ou grelha, untar e fritar os hambúrgueres ainda congelados.

Aquecer os pães, abri-los ao meio, arrumar os hambúrgueres dentro de cada um e adicionar rodelas de tomates, folhas de alface, molho de mostarda e *catchup*.

HAMBÚRGUER DE TOFU E NOZES

(6 pessoas)

- 1 e 1/2 xícara de *tofu* firme
- 1/2 xícara de farinha de trigo integral
- 1/2 xícara de nozes trituradas
- 1 cebola picada
- 1 colher de chá de caldo de vegetais em pó
- 2 colheres de sopa de óleo de milho para fritar os hambúrgueres
- 1/4 de xícara de farinha de rosca
- folhas de *radicchio* finamente cortadas
- rodelas finas de tomate-caqui para acompanhar

Chutney de Tâmara para Acompanhar

- 1/2 xícara de tâmaras picadas
- 4 colheres de glicose de milho
- 1 cebola picada
- 2 colheres de sopa de uvas passas sem sementes
- 2 colheres de sopa de vinagre de vinho branco
- 1/2 colher de chá de sal
- 1 colher de chá de pimenta-do-reino
- 1 colher de chá de gengibre ralado
- 1 pitada de raiz-forte em pó

Para o *chutney*, colocar em uma tigela todos os ingredientes e passar pelo processador de alimentos até obter uma mistura homogênea. Manter em geladeira até o momento de servir.

Para o hambúrguer, cortar o *tofu* em fatias e colocá-los sobre papel absorvente por 30 minutos.

Colocar o *tofu* em uma tigela, juntar a farinha, as nozes, a cebola e o caldo de vegetais, misturar amassando com garfo até obter uma massa homogênea.

Formar com as mãos 6 hambúrgueres, passá-los pela farinha de rosca e fritar em óleo quente até estarem dourados.

Servir os hambúrgueres com as folhas de *radicchio* cortadas em tiras finas e rodelas de tomate-caqui.

HAMBÚRGUER DE TRIGUILHO COM CARNE DE SOJA

(7 pessoas)

- 1 copo de PVT do tipo miúda
- 1 copo de triguilho (trigo para quibe)
- 1 cebola grande picadinha
- 5 dentes de alho espremidos
- 1 colher de sobremesa de gengibre ralado
- 1 colher de sobremesa de sal
- 4 colheres de sopa de *shoyo*
- 1/2 xícara de farinha de trigo integral
- 2 colheres de sopa de óleo de milho
- 1 colher de sobremesa de fermento químico em pó
- água fervente
- azeite de oliva para regar
- rodelas finas de tomate para acompanhar
- molho de mostarda a gosto

Numa vasilha, misturar a PVT com o triguilho, cobrir com água quente e deixar de molho por 15 minutos. Escorrer a água, espremendo bem. Adicionar a cebola picada, o alho, o gengibre, o sal, o *shoyo*, a farinha de trigo e o óleo. Deixar em repouso por 20 minutos e então adicionar o fermento, misturar bem e formar os hambúrgueres com as mãos, arrumando-os, em seguida, em assadeira untada.

Cobrir com papel-alumínio, regar com azeite de oliva e levar ao forno preaquecido a 180° C. A cada 10 minutos regar os hambúrgueres com azeite de oliva. Retirar após 40 minutos e servir com rodelas de tomate e molho de mostarda.

HAMBÚRGUER GRELHADO DE SOJA E FEIJÕES

(10 a 15 pessoas)

- 1 copo de PVT
- 2 copos de água quente
- 1 copo de feijões cozidos
- 1 colher de chá de *chilli* em pó
- 1 colher de chá de cominho em pó
- 1 colher de chá de louro em pó
- 3 colheres de sopa de *shoyo*
- 1 colher de chá de sal
- 1 colher de chá de pimenta-do-reino moída
- 1 colher de café de pimenta vermelha amassada
- 1 pimentão verde picadinho
- 1 cebola média ralada
- 1/2 xícara de salsa fresca picada
- 1/2 xícara de cebolinha verde picadinha
- 2 colheres de sobremesa de urucum em pó
- 1 colher de sopa de molho de mostarda
- 3 colheres de sopa de maisena
- 2 colheres de sopa de óleo de milho
- farinha de rosca para trabalhar a massa

Deixar a PVT de molho na água, por meia hora. Escorrer a água, espremendo com as mãos para retirar a água da PVT e colocar em uma tigela, adicionando os demais ingredientes.

Passar tudo pelo processador de alimentos, duas vezes, até obter uma massa.

Fazer, com as mãos enfarinhadas, bolinhas de massa do mesmo tamanho e passar pela máquina de dar formato em hambúrguer, ou pressionar com as mãos e em seguida achatar com um garfo. Arrumar os hambúrgueres em uma travessa, fazendo várias camadas, com papel-manteiga entre elas.

Levar ao *freezer* por um mínimo de 20 minutos.

Untar uma chapa para grelhar e levar ao fogo alto.

Colocar os hambúrgueres e dourá-los dos dois lados.

HAMBÚRGUER GRELHADO FÁCIL

(10 a 15 pessoas)

- 1 lata de carne de soja
- 4 fatias de pão integral amolecidos em água
- 1 cebola
- 1 colher de sobremesa de alho desidratado
- 1 colher de sobremesa de *zattar*
- 1 colher de chá de pimenta-do-reino
- 1 colher de sopa de óleo de milho
- 4 colheres de sopa de farinha de trigo
- 1 colher de sobremesa de sal
- farinha de rosca para trabalhar a massa

Passar a carne de soja, as fatias de pão e a cebola pelo processador de alimentos.

Virar tudo numa tigela, adicionar os demais ingredientes e passar tudo pelo processador de alimentos, até obter uma massa.

Fazer, com as mãos enfarinhadas, bolinhas de massa do mesmo tamanho e passar pela máquina de dar formato em hambúrguer, ou pressionar com as mãos e em seguida achatar com um garfo. Arrumar os hambúrgueres em uma travessa, fazendo várias camadas, com papel-manteiga entre elas.

Levar ao *freezer* por um mínimo de 20 minutos.

Untar uma chapa para grelhar e levar ao fogo alto.

Colocar os hambúrgueres e dourá-los dos dois lados.

HAMBÚRGUER KING

(10 a 15 pessoas)

- 1 copo de PVT
- 1/2 copo de aveia em flocos grossos
- 1/2 copo de flocos de trigo
- 1/2 copo de trigo-sarraceno
- 5 copos de água
- 4 colheres de sopa de *shoyo*
- 2 colheres de sopa de *tahine*
- 2 fatias de pão de fôrma amolecidas em água
- 1 copo de grãos de soja cozidos
- 1 colher de sobremesa de sal
- 1 colher de chá de orégano
- 1 colher de chá de gengibre em pó
- 1 colher de sopa de urucum em pó
- 1 colher de sopa de molho de mostarda
- 1 colher de sopa de *zattar*
- 1 colher de sopa de sementes de gergelim
- 1 cebola ralada
- 1 dente de alho espremido
- 1 colher de chá de pimenta-do-reino moída
- 1 pitada de pimenta calabresa
- farinha de trigo para trabalhar a massa

Deixar os 5 primeiros ingredientes de molho em 5 copos de água por 1 hora. Escorrer e misturar os demais ingredientes, inclusive com os grãos de soja cozidos e triturados.

Fazer, com as mãos enfarinhadas, bolinhas de massa do mesmo tamanho e passar pela máquina de dar formato em hambúrguer, ou pressionar com as mãos e em seguida achatar com um garfo. Arrumar os hambúrgueres em uma travessa, fazendo várias camadas, com papel-manteiga entre elas.

Levar ao *freezer* por um mínimo de 20 minutos.

Colocar óleo em uma frigideira, suficiente para cobrir-lhe o fundo.

Levar ao fogo alto e quando estiver quente fritar os hambúrgueres.

Retirar com uma escumadeira e escorrer em papel absorvente.

HAMBÚRGUER SIMPLES DE SOJA E ARROZ

(10 a 15 pessoas)

- 2 copos de grãos de soja cozidos
- 1 copo de arroz integral cozido
- 1 copo de polvilho doce
- 2 cebolas grandes
- 6 dentes de alho
- 1 colher de sobremesa de sal
- 2 colheres de sobremesa de urucum em pó
- farinha de trigo para formar os hambúrgueres
- óleo de milho para fritar

Passar a soja, o arroz, as cebolas e o alho no processador de alimentos com a lâmina fina. Misturar numa vasilha e acrescentar os demais ingredientes. Mexer bem e passar novamente pelo processador.
Fazer, com as mãos enfarinhadas, bolinhas de massa do mesmo tamanho e passar pela máquina de dar formato em hambúrguer, ou pressionar com as mãos e em seguida achatar com um garfo. Arrumar os hambúrgueres em uma travessa, fazendo várias camadas, com papel-manteiga entre elas.
Levar ao *freezer* por um mínimo de 20 minutos.
Colocar óleo em uma frigideira, suficiente para cobrir-lhe o fundo. Levar ao fogo alto e quando estiver quente fritar os hambúrgueres. Retirar com uma escumadeira e escorrer em papel absorvente.

HAMBÚRGUER SIMPLES DE SOJA E ABOBRINHA

(10 a 15 pessoas)

- 3 copos de grãos de soja cozidos
- 1 abobrinha italiana grande com casca
- 2 cebolas grandes
- 4 dentes de alho
- 1 colher de sobremesa de sal
- 3 colheres de sobremesa de urucum em pó
- 1 colher de sobremesa de temperos secos tipo *chimichurri*, ou algum outro
- 2 e 1/2 copos de farinha de trigo
- 3/4 de copo de farinha de rosca
- farinha de trigo para formar os hambúrgueres
- óleo de milho para fritar

Passar a soja, a abobrinha italiana bem lavada, as cebolas e o alho no processador de alimentos com a lâmina fina. Misturar numa vasilha e acrescentar os demais ingredientes. Mexer bem e passar novamente pelo processador.
Fazer, com as mãos enfarinhadas, bolinhas de massa do mesmo tamanho e passar pela máquina de dar formato em hambúrguer, ou pressionar com as mãos e em seguida achatar com um garfo. Arrumar os hambúrgueres em uma travessa, fazendo várias camadas, com papel-manteiga entre elas.
Levar ao *freezer* por um mínimo de 20 minutos.
Colocar óleo em uma frigideira, suficiente para cobrir-lhe o fundo. Levar ao fogo alto e quando estiver quente fritar os hambúrgueres. Retirar com uma escumadeira e escorrer em papel absorvente.

MASSAS DOCES

BARRINHA DE COCO COM AMÊNDOAS E AVELÃS

(4 a 6 pessoas)

- 3 colheres de sopa de xarope de *maple*
- 3/4 de xícara de margarina
- 1/2 xícara de açúcar mascavo
- 1/4 de xícara de amêndoas picadas
- 1/4 de xícara de avelãs picadas
- 1/4 de xícara de soja em grãos torrados e triturados
- 1 xícara de aveia integral
- 3 colheres de sopa de coco ralado
- 1 colher de sobremesa de gergelim

Calda de Chocolate para Barrinhas

- 60 g de chocolate amargo picado
- 1/4 de xícara de *tofu* macio
- 1 colher de chá de licor de laranja

Colocar os grãos de soja torrados e triturados de molho na água por 10 minutos e escorrer em seguida.
Em uma panela larga, derreter a margarina, adicionar o *maple,* o açúcar mascavo, e mexer até obter um creme homogêneo. Adicionar as avelãs, as amêndoas, a soja, o gergelim, a aveia e o coco, mexendo bem. Colocar tudo numa assadeira e levar ao forno preaquecido a 180° C por 20 minutos, ou até estar dourado.
Retirar, esfriar por 5 minutos e cortar em barrinhas do tamanho desejado.
Aguardar que esteja totalmente frio para desenformar.
Para a calda de chocolate, derreter o chocolate em banho-maria, adicionar o *tofu* e retirar do fogo, acrescentando o licor de laranja.
Mergulhar somente a metade de cada barrinha na calda de chocolate e em seguida deixá-las esfriar em uma travessa forrada com papel-manteiga. Levar à geladeira por 30 minutos para endurecer o chocolate e servir.

BARRINHA DE COCO COM CHOCOLATE

(4 a 6 pessoas)

- 1/2 xícara de margarina
- 1/2 xícara de açúcar cristal
- 1/4 de xícara de coco seco
- 1/4 de xícara de flocos de arroz (arroz inflado)
- 1 xícara de aveia integral
- 50 g de chocolate amargo picado
- 4 colheres de *tofu* macio
- 1 colher de sopa de margarina para o chocolate

Em uma panela larga, derreter a margarina, adicionar o açúcar, a aveia, o coco seco e mexer até obter um creme homogêneo.
Derreter o chocolate em banho-maria, adicionar o *tofu* e uma colher de margarina. Retirar do fogo, acrescentando os demais ingredientes, misturando bem.
Colocar a massa em uma assadeira e levar ao forno preaquecido a 180° C, por 40 minutos.
Retirar do forno e quando estiver morno cortar as barrinhas dentro da assadeira.
Aguardar esfriar para então desenformar e servir.

BARRINHA DE DAMASCO COM CASTANHA-DO-PARÁ

(4 a 6 pessoas)

- 3/4 de xícara de margarina
- 1/2 xícara de glicose de milho
- 100 g de damasco seco picado
- 8 colheres de sopa de castanha-do-pará picada ligeiramente
- 1 e 1/2 xícara de aveia
- 1/2 xícara de *okara*

Deixar os damascos já picados de molho em água filtrada por uma noite e escorrer.
Em uma panela larga, derreter a margarina, adicionar a glicose de milho, mexer bem e adicionar os damascos, a aveia, o *okara,* a castanha-do-pará e misturar com colher de pau.

Espalhar a massa em uma assadeira pequena e levar ao forno preaquecido a 180º C, por 40 minutos. Retirar do forno e quando estiver morno cortar as barrinhas. Aguardar esfriar para desenformar e servir.

BARRINHA DE UVAS PASSAS COM AVEIA

(10 pessoas)

- 3/4 de xícara de margarina
- 1/2 xícara de açúcar mascavo
- 1/2 xícara de nozes ligeiramente picadas
- 1 colher de sopa de melado de cana
- 1/2 xícara de uvas passas sem sementes
- 1 e 1/2 xícara de aveia em flocos grandes
- 1/4 de xícara de *okara*
- 1 colher de chá de casca de limão ralada
- 2 colheres de sumo de limão

Em uma panela larga, derreter a margarina, adicionar as passas, o açúcar mascavo e o melado de cana, mexer bem e adicionar as passas, a aveia, as nozes picadas, o *okara*, a casca e o sumo de limão.
Espalhar a massa em uma assadeira e levar ao forno preaquecido a 180º C, por 40 minutos.
Retirar do forno, e quando estiver morno, cortar as barrinhas na própria assadeira.
Aguardar esfriar para desenformar e servir.

BISCOITINHOS DE CHOCOLATE

(10 pessoas)

- 1 xícara de farinha de trigo
- 1/2 xícara de farinha de soja
- 1 colher de chá de fermento químico
- 1/3 de xícara de cacau em pó
- 1/2 xícara de nozes picadas
- 125 g de margarina cortada em quadradinhos
- 250 g de chocolate amargo picadinho
- 1 xícara de açúcar mascavo
- 150 g de *tofu* firme
- açúcar de confeiteiro para polvilhar

Aquecer o forno a 180º C. Forrar uma assadeira com papel-manteiga.
Peneirar as farinhas, o fermento e o cacau em pó numa tigela grande e adicionar as nozes.
Derreter em banho-maria a margarina, o chocolate amargo e o açúcar mascavo. Mexer com colher de pau fina, e assim que estiver cremoso retirar do fogo e aguardar ficar morno.
Amassar o *tofu* com um garfo e juntar à tigela das farinhas, assim como o chocolate derretido. Mexer bem com colher de pau.
Virar a massa na assadeira forrada e levar ao forno. Assar por 25 minutos e retirar quando estiver firme. Aguardar esfriar na própria assadeira. Retirar da assadeira e cortar em rodelinhas.
Polvilhar açúcar de confeiteiro e servir em seguida.

BISCOITO DE CHOCOLATE

(10 pessoas)

- 3 colheres de *tofu* firme
- 180 g de chocolate em barra
- 1/4 de xícara de margarina
- 250 g de biscoito de maisena sem leite
- 1 colher de sopa de casca de laranja ralada
- 150 g de uvas passas sem sementes
- 50 g de cerejas glaceadas e picadas
- 2 colheres de sopa de açúcar de confeiteiro

Derreter o chocolate em banho-maria. Adicionar a ele a margarina e o *tofu* e misturar até obter um creme homogêneo. Retirar do fogo e reservar.
Quebrar os biscoitos usando um rolo de madeira, deixando-os moídos de uma forma grosseira.
Adicionar ao chocolate os biscoitos moídos, a casca de laranja, as passas e as cerejas. Mexer bem e colocar em uma assadeira. Levar à geladeira por algumas horas, ou até estar num ponto que permita ser cortado com uma faca sem serra, em formatos quadrados.
Espalhar o açúcar de confeiteiro por cima e servir.

BISCOITO DE LARANJA E PISTACHE

(40 a 50 biscoitos)

- 2 xícaras de farinha de trigo
- 1/4 de xícara de farinha de soja
- 2 colheres de sopa de fermento químico
- 125 g de margarina
- 1 xícara de açúcar
- 1 colher de sopa de casca de laranja ralada
- 1/2 colher de chá de sal
- 1 colher de sopa de essência de baunilha
- 1 xícara de pistache sem casca e cortado em pedaços
- 2 colheres de sopa de açúcar de confeiteiro

Aquecer o forno a 180° C. Forrar duas assadeiras com papel-manteiga. Peneirar as farinhas, o fermento e o sal numa tigela.
Bater a margarina com o açúcar, a casca de laranja e a baunilha numa batedeira até ficar cremoso. Colocar esta mistura sobre as farinhas, acrescentar o pistache e mexer com colher de pau.
Dividir a massa em três porções. Peneirar o açúcar de confeiteiro sobre uma superfície lisa e enrolar cada porção, e formar uma "cobrinha" de 30 cm de comprimento por 4 cm de espessura. Arrumá-las na assadeira, deixando espaço entre elas. Assar por 25 minutos. Retirar do forno e aguardar ficar morno. Cortar cada "cobrinha" em fatias de 1,5 cm, com uma faca fina.
Colocar os biscoitos de volta na assadeira e assar por mais 15 a 20 minutos, ou até estarem dourados.

BOLINHO ASSADO PARA CHÁ

(10 bolinhos)

- 1 e 1/2 xícara de farinha de trigo
- 1/2 xícara de farinha de soja
- 1 colher de chá de farinha de glúten
- 1 colher de sopa de fermento químico
- 30 g de margarina congelada e picada
- 1 colher de sopa de açúcar mascavo
- 3/4 de xícara de leite de soja
- leite de soja para pincelar
- geléia de jabuticaba

Aquecer o forno a 200° C. Untar uma assadeira e peneirar a farinha de trigo, a farinha de soja, a de glúten e o fermento numa tigela grande.
Misturar a margarina, aos pedaços, à farinha, usando as pontas dos dedos. Adicionar o açúcar e misturar cuidadosamente.
Adicionar quase todo o leite de soja às farinhas e misturar cuidadosamente com uma colher de pau até a massa tornar-se macia. Adicionar o leite restante se necessário.
Virar a massa numa superfície lisa e enfarinhada e abri-la, deixando com aproximadamente 2 cm de espessura. Cortar a massa em formato redondo, com mais ou menos 4 cm de diâmetro (utilizar a boca de um copo).
Juntar a massa que sobrou e repetir a operação. Colocar a massa cortada na assadeira e pincelar sobre ela leite de soja.
No centro de cada bolinho, colocar uma colherada de geléia. Assar por 10 ou 12 minutos, ou até estar dourada.

BOLINHO DE CHOCOLATE COM MACADÂMIA

(10 pessoas)

- 1 xícara de macadâmias picadas grosseiramente
- 2/3 de xícara de margarina
- 1 e 1/2 xícara de açúcar demerara
- 1/4 de xícara de *tofu* firme
- 1 colher de chá de essência de baunilha
- 2 colheres de chá de leite de soja
- 1/2 xícara de chocolate em barra cortado em pedacinhos
- 2 xícaras de farinha de trigo branca
- 1 colher de chá de fermento químico em pó
- geléia de damasco sem açúcar para acompanhar

Bater em uma tigela grande a margarina, meia xícara de macadâmia e o açúcar, com batedeira manual, até obter uma mistura cremosa.
Adicionar o *tofu*, a essência de baunilha, a farinha de trigo, o fermento e mexer bem. Juntar o chocolate, o leite de soja e a macadâmia restante.
Forrar uma assadeira com papel-manteiga, colocar a massa às colheradas, deixando um espaço de 5 cm entre elas. Levar ao forno preaquecido a 180° C, e assar por 15 minutos, ou até estarem dourados.
Servir os bolinhos quentes com geléia de damasco.

BOLO COM COCO

(10 pessoas)

- 2 xícaras de farinha de trigo branca
- 1 xícara de maisena
- 1 colher de sopa cheia de fermento químico em pó
- 1 pacote de coco ralado
- 1 pitada de sal
- 1/2 xícara de açúcar
- 1/2 xícara de margarina
- 2 vidros de leite de coco
- 1 xícara de leite de soja

Peneirar a farinha de trigo com a maisena, o açúcar, o sal, o fermento e adicionar o coco ralado, misturando bem.
Bater na batedeira a margarina e ir adicionando a mistura de farinhas anteriormente misturadas, alternando, aos poucos, com leite de coco e o leite de soja. Bater até obter uma massa cremosa.
Colocar a massa numa assadeira untada e assar por aproximadamente 1 hora ou até que, ao espetar um palito, ele saia seco.

BOLO DE AMEIXA

(8 a 10 pessoas)

Massa
- 3 copos de farinha de trigo branca
- 1 copo de fibra de soja
- 1 copo de maisena
- 2 colheres de sopa de fermento químico (próprio para bolos)
- 1 colher de chá de sal
- 3 colheres de sopa de açúcar mascavo
- 1/4 de copo de óleo de soja
- 3 copos de leite de soja

Cobertura de Ameixas para Bolo
- 1 pacote de ameixas secas deixadas de molho por uma noite
- 2 colheres de sopa de maisena
- 1 copo de açúcar mascavo
- 1/2 copo de água

Retirar os caroços das ameixas e colocá-las numa panela com a água em que ficaram de molho. Reservar os caroços.
Juntar o açúcar mascavo, levar ao fogo alto, sem tampar, e assim que as ameixas estivem cozidas, adicionar a maisena diluída em meio copo de água.
Mexer delicadamente, com colher de pau, até engrossar. Dividir esta calda em três partes e reservar.
Misturar os ingredientes da massa numa tigela, deixando para o fim o leite, e mexê-los com uma colher de pau até ficar uma massa cremosa.
Colocar metade da massa numa fôrma redonda, larga, untada com óleo e farinha de trigo.
Espalhar uma parte da calda sobre essa massa e em seguida colocar o restante da massa. Cobrir com a segunda parte da calda de ameixas.

Levar o bolo para assar em forno preaquecido. Manter temperatura média e após 45 minutos verificar se já está assado.
Ao retirar o bolo do forno, desenformá-lo e espalhar a terceira e última parte da calda por cima.
Abrir cada caroço de ameixa com um quebra-nozes e enfeitar o bolo com as amêndoas retiradas do interior dessas sementes.

BOLO DE AMEIXA E COCO COM CREME DE BAUNILHA

(6 pessoas)

Massa

- 1 e 1/4 de xícara de farinha de trigo integral
- 1 colher de sobremesa de fermento químico
- 1/4 de xícara de açúcar mascavo
- 1/4 de xícara de farinha de aveia
- 6 colheres de sopa de margarina
- 150 g de ameixas-pretas sem caroço, picadas
- 1/2 xícara de leite de soja
- 1/4 de xícara de leite de coco
- 2 colheres de sopa de xarope de *maple* ou glicose de milho
- 1 pitada de sal

Creme de Baunilha

- 1 e 1/4 de xícara de leite de soja
- 1 colher de sopa de maisena
- 2 colheres de sopa de açúcar de confeiteiro
- 1 colher de sopa de margarina
- 1 colher de café de essência de baunilha

Aquecer o forno a 180°.
Untar uma assadeira.
Peneirar a farinha, o fermento e o sal numa tigela, juntamente com a aveia e o açúcar. Misturar com a margarina utilizando um garfo, adicionar as ameixas e um pouco de leite, até dar liga na massa. Juntar enfim todo o leite mais o leite de coco e mexer vigorosamente até ficar uma massa homogênea.
Colocar a massa na assadeira untada, espalhar o xarope por cima e levar ao forno. Assar por 30 minutos, ou até estar dourado.
Retirar do forno e esperar esfriar para desenformar.
Para o creme de baunilha, misturar a maisena com um pouco de leite de soja em uma panela, juntar o restante do leite e o açúcar e levar ao fogo baixo, sempre mexendo, até obter um creme. Adicionar a margarina e a essência.
Misturar bem e, quando esfriar, colocar na geladeira até o momento de servir sobre as fatias de bolo.

BOLO DE AMÊNDOA COM UVAS PASSAS E COULIS DE NECTARINA

(6 pessoas)

Massa

- 2 xícaras de farinha de trigo integral
- 1 xícara de uvas passas claras sem sementes
- 1/2 xícara de uvas passas pretas sem sementes
- 1 xícara de açúcar mascavo
- 1/2 xícara de suco de laranja
- 1/2 xícara de chá preto frio
- 1/2 xícara de amêndoas picadas
- 1/2 xícara de margarina
- 1 colher de sopa rasa de fermento químico em pó
- 1 colher de chá de noz-moscada ralada

Coulis de Nectarina

- 5 nectarinas maduras sem caroços
- 1 xícara de vinho branco doce
- 1/3 de xícara de açúcar cristal

Aquecer o forno a 180°.
Colocar todos os ingredientes do bolo em uma panela, exceto a farinha, o fermento e a noz-moscada. Ferver até derreter a margarina e cozinhar por mais 2 minutos. Deixar esfriar por 20 minutos, colocar a farinha e a noz-moscada e despejar tudo em uma fôrma pequena própria para pães, untada e forrada com papel-manteiga.
Levar ao forno e deixar por uma hora e meia, ou até estar dourado.
Retirar do forno e esperar esfriar. Desenformar e colocar na geladeira.
Para o *coulis,* colocar numa panela as nectarinas picadas, o vinho e o açúcar e ferver por 5 minutos.

Bater no liquidificador até obter um creme homogêneo. Retirar do fogo esfriar, e colocar no refrigerador por 2 horas para em seguida servir junto com o bolo, sobre cada fatia.

BOLO DE BANANA

(8 a 10 pessoas)

Massa

- 4 bananas-nanicas maduras
- 1/2 copo de óleo
- 1 copo de açúcar mascavo
- 1/2 copo de leite de soja
- 1 copo de farinha de trigo branca
- 1/2 copo de farinha de rosca
- 1/2 copo de farinha ou fibra de soja
- 1 colher de chá de fermento químico
- 1 colher de sobremesa de canela em pó
- 1/2 colher de café de essência de baunilha

Calda de Banana para Bolo

- 1/2 copo de açúcar
- 1/2 copo de água
- 2 bananas-nanicas picadas
- 1 cravo-da-índia

Derreter o açúcar em fogo baixo, e quando estiver caramelizado adicionar a água aos poucos e o cravo, sempre mexendo com colher de pau.

Manter o fogo baixo e ir mexendo até começar a engrossar. Adicionar então a banana picada e deixar ferver 5 minutos. Retirar do fogo e deixar reservado.

Para a massa, bater no liquidificador as bananas com o óleo, o açúcar mascavo, o leite de soja, a canela em pó e a essência de baunilha.

Misturar numa tigela os ingredientes secos e adicionar o creme do liquidificador.

Colocar a massa num pirex retangular, untado com óleo e farinha de trigo.

Deixar o bolo 15 minutos em potência 7 do microondas.

Aguardar 5 minutos antes de desenformá-lo e mais 5 minutos antes de servi-lo.

Colocar a calda sobre as fatias na hora de servir.

BOLO DE BANANA COM CHOCOLATE

(8 a 10 pessoas)

- óleo de milho para untar
- 2 colheres de sopa de cacau em pó sem açúcar
- 2 xícaras de farinha de trigo
- 1 colher de chá de bicarbonato
- 1 colher de café de sal
- 2 bananas-nanicas médias bem maduras
- 3/4 de xícara de iogurte de *tofu*
- 2/3 de xícara de açúcar cristal
- 1/4 de xícara de xarope de *maple* ou glicose de milho
- 3 colheres de sopa de óleo de milho
- 2 colheres de chá de essência de baunilha
- 1/2 xícara de granulado de chocolate
- 1/2 xícara de chocolate amargo ralado

Aquecer o forno a 180° C e untar a assadeira com óleo e farinha de trigo.

Numa tigela, peneirar a farinha de trigo, o cacau, o bicarbonato de sódio e o sal. Em outra tigela, colocar a banana amassada, o açúcar, o iogurte de *tofu*, o xarope de *maple*, ou glicose de milho, o óleo de milho e a essência. Adicionar a banana e mexer com colher de pau, até que os ingredientes estejam bem misturados.

Distribuir a massa uniformemente na assadeira, espalhar o chocolate granulado por cima e levar ao forno deixando por 30 minutos, ou até começar a dourar.

Retirar o bolo do forno. Derreter o chocolate amargo em banho-maria e servir quente, junto com o bolo.

BOLO DE BANANA E NOZES COM COULIS DE DAMASCO

(6 pessoas)

Massa
- 1 e 1/2 xícara de farinha de trigo
- 1 colher de sobremesa de fermento químico em pó
- 1/4 de colher de chá de bicarbonato de sódio
- 3 colheres de sopa de margarina gelada e picada
- 4 colheres de sopa de açúcar mascavo
- 1/2 xícara de uvas passas
- 1/2 xícara de nozes picadas
- 2 bananas-nanicas amassadas
- 2 colheres de sopa de glicose de milho
- 100 g de *tofu* firme
- 1 pitada de sal
- 1 colher de chá de canela em pó
- 1 colher de sopa de açúcar de confeiteiro

Coulis de Damasco
- 350 g de damasco seco
- 1 xícara de vinho branco doce
- 1/3 de xícara de açúcar cristal

Aquecer o forno a 180°.
Untar uma fôrma e forrá-la com papel-manteiga. Misturar numa tigela a farinha, o fermento, o bicarbonato e o sal. Aos poucos adicionar a margarina e trabalhar a massa com as pontas dos dedos. Adicionar o açúcar mascavo, as nozes e as passas. Colocar as bananas amassadas em uma tigela, adicionar a glicose de milho, o *tofu*, mexer até obter uma massa homogênea e despejar dentro da tigela da farinha. Mexer delicadamente, virar na fôrma untada e levar ao forno e assar por uma hora e meia, ou até estar dourado.
Retirar do forno e esperar esfriar, desenformar e espalhar açúcar de confeiteiro com canela por cima. Para o *coulis,* colocar o damasco numa panela junto com o açúcar e o vinho e ferver por 5 minutos até estarem macios. Bater no liquidificador até obter um creme homogêneo. Colocar no refrigerador por 2 horas para em seguida servir junto com o bolo.

BOLO DE CANELA E PASSAS

(6 pessoas)

- 1 xícara de uvas passas escuras sem sementes
- 1 xícara de leite de soja
- 1 xícara de açúcar mascavo
- 1/2 xícara de margarina
- 1/4 de xícara de *tofu*
- 2 xícaras de farinha de trigo integral
- 1 colher de sobremesa de fermento químico em pó
- 1 colher de sopa de canela em pó
- 1 pitada de sal
- açúcar de confeiteiro para polvilhar

Colocar em uma panela as passas, o leite de soja, o açúcar mascavo, a margarina e esperar levantar fervura, sempre mexendo. Retirar do fogo e quando estiver morno adicionar o *tofu*, a farinha de trigo, o fermento, a canela e o sal, e mexer bem. Colocar a massa em uma fôrma de pão untada. Espalhar açúcar de confeiteiro por cima e assar o bolo em forno a 180° C, uma hora, ou até estar dourado. Esperar o bolo estar morno para então desenformar e servir.

BOLO DE CENOURA COM CHOCOLATE E MORANGO

(6 pessoas)

Massa
- 250 g de cenouras tenras raladas
- 1 e 1/4 de xícara de açúcar
- 1 e 1/4 de xícara de óleo
- 1/4 de xícara de *tofu* macio
- 1 xícara de farinha de trigo integral
- 1 colher de chá de canela em pó
- 1 colher de chá de bicarbonato de sódio

Cobertura de Chocolate
- 50 g de chocolate amargo em barra
- 1/4 de xícara de nozes picadas
- 1 colher de sopa de margarina
- 1 colher de sopa de *tofu* cremoso

Creme de Morango para Acompanhar Bolo
- 300 g de morangos frescos e lavados
- 1/3 de xícara de açúcar cristal
- 3 colheres de sopa de sumo de limão
- 1 colher de chá de *tofu* cremoso
- alguns morangos inteiros para decorar

Aquecer o forno a 180º.
Untar uma assadeira e forrá-la com papel-manteiga.
Numa tigela, colocar o açúcar e bater lentamente com o óleo. Adicionar o *tofu*.
Em outra tigela misturar a farinha, a canela e o bicarbonato de sódio e em seguida virar tudo na tigela do açúcar com *tofu*. Adicionar as cenouras e bater tudo até obter uma massa homogênea. Virar na assadeira untada e levar ao forno. Assar por 15 minutos, ou até obter um creme firme.
Retirar do forno e esperar esfriar para desenformar.
Para a calda, derreter o chocolate com a margarina, retirar do fogo e adicionar o *tofu*. Mexer bem.
Para o creme de morango, bater todos os ingredientes no liquidificador até obter um purê.
Espalhar o creme de morango sobre o bolo, e sobre ele a calda de chocolate. Decorar com alguns morangos cortados ao comprido e algumas nozes.

BOLO DE CENTEIO COM MELADO

(6 pessoas)

- 3 colheres de sopa de *okara*
- 1 xícara de farinha de centeio
- 2 xícaras de farinha de trigo branca
- 1 xícara de farinha de soja
- 1 colher de sopa de fermento biológico
- 1 colher de chá de sal
- 5 colheres de chá de óleo de milho
- 3 colheres de chá de melado
- 1 e 1/4 de xícara de água quente
- 2 colheres de chá de leite de soja
- farinha de trigo para trabalhar a massa

Misturar a água com o melado.
Em uma tigela, misturar o *okara* com a farinha de trigo, a farinha de centeio, a farinha de aveia e o sal. Adicionar o óleo, o fermento, mexer com colher de pau e adicionar aos poucos a água com melado até obter uma massa macia. Trabalhar com as mãos sobre uma superfície lisa e enfarinhada até a massa estar elástica.
Colocar a massa em uma tigela untada e coberta, e aguardar, até dobrar de volume.
Trabalhar a massa novamente e formar uma bola.
Pincelar leite de soja sobre a massa e colocar em uma assadeira untada. Deixar crescer coberta, por 25 minutos.
Aquecer o forno a 200º C, assar o bolo por 30 minutos, ou até estar dourado.

BOLO DE CHOCOLATE

(8 a 10 pessoas)

Massa
- 2 copos de farinha de trigo integral
- 1 colher de sobremesa de bicarbonato de sódio
- 3 colheres de sopa de cacau em pó
- 1 copo de açúcar mascavo
- 2 copos de leite de soja

Cobertura de Chocolate para Bolo
- 4 colheres de sopa de margarina
- 1 copo de açúcar mascavo
- 1/2 copo de leite de soja
- 3 colheres de sopa de cacau em pó

Levar ao fogo baixo todos os ingredientes da cobertura e mexer constantemente até começar a aparecer o fundo da panela. Reservar.
Para a massa, bater todos os ingredientes no liquidificador, deixando por último o bicarbonato de sódio.
Untar uma assadeira com óleo e cacau em pó e despejar a massa.
Assar o bolo em forno médio por 40 minutos aproximadamente ou até estar bem seco (fazer o teste com um palito).
Espalhar toda a cobertura sobre o bolo e aguardar uns 5 minutos para então cortar em quadrados e desenformar.

BOLO DE FRUTAS SECAS COM COULIS DE AMEIXA

(6 pessoas)

Massa
- 200 g de frutas secas variadas e picadas
- 1/2 colher de chá de noz-moscada
- 1 colher de chá de canela em pó
- 4 colheres de sopa de óleo de milho
- 1 xícara de suco de laranja
- 1/2 xícara de água
- 1 colher de chá de casca de laranja ralada
- 1 e 1/4 de xícara de farinha de trigo
- 1/4 de xícara de farinha de soja
- 1/4 de xícara de açúcar mascavo
- 1/4 de xícara de *tofu* firme
- 1 colher de sopa de nozes picadas
- 2 colheres de chá de fermento químico em pó
- 5 colheres de sopa de óleo
- 1 colher de chá de canela em pó

Coulis de Ameixa
- 400 g de ameixas-pretas secas, sem caroços
- 1 xícara de vinho branco doce
- 1/3 de xícara de açúcar cristal

Aquecer o forno a 180º.
Untar uma fôrma e forrar com papel-manteiga.
Colocar em uma tigela as frutas secas, a casca de laranja e a canela. Misturar a água com o suco de laranja e juntar às frutas. Mexer e deixar em repouso por uma noite.
Em uma tigela, misturar as farinhas, o fermento, o açúcar, a canela e a noz-moscada. Adicionar o *tofu*, o óleo e a mistura de frutas, mexer até obter uma massa homogênea.
Levar ao forno e deixar por uma hora e meia, ou até estar dourado.
Retirar do forno e esperar esfriar. Desenformar e colocar na geladeira.
Para o *coulis,* colocar as ameixas picadas, o vinho e o açúcar e ferver por 5 minutos até as ameixas estarem macias. Bater no liquidificador até obter um creme homogêneo e servir sobre cada fatia de bolo.

BOLO DE IOGURTE COM XAROPE DE LIMÃO

(6 pessoas)

- 1 xícara de margarina
- 1 xícara de açúcar demerara
- 2 colheres de chá de casca de limão ralada
- 1/2 xícara de *tofu* firme
- 3 xícaras de farinha de trigo branca
- 1 colher de chá de fermento químico em pó
- 1 colher de chá de bicarbonato de sódio
- 1 xícara de iogurte de soja

Xarope de Limão
- casca de 1 limão cortada de uma só vez
- 2 colheres de chá de casca de limão ralada
- 1/2 xícara de sumo de limão
- 1 xícara de açúcar demerara
- 1/4 de xícara de água

Para preparar o xarope, misturar os ingredientes em uma panela, ferver por 10 minutos ou até obter um creme. Retirar a casca de limão inteira e reservar.
Em uma vasilha grande, misturar a margarina, o açúcar, as cascas de limão raladas e bater com batedeira manual até ficar cremoso. Adicionar o *tofu* e bater até obter uma mistura homogênea.
Separadamente misturar a farinha, o fermento e o bicarbonato de sódio e ir adicionando o iogurte de soja. Mexer até estar tudo bem cremoso.
Colocar a massa em uma assadeira forrada com papel e assar em forno preaquecido a 180º C, por 35 minutos. Cobrir com papel-alumínio e assar por mais 15 minutos.
Esperar o bolo estar morno, para fazer furos na parte superior do bolo com palito ou garfo, e espalhar o xarope. Cortar os quadrados e servir.

BOLO DE MAÇÃ COM TÂMARA

(6 pessoas)

- 3 maçãs sem sementes, descascadas e picadas
- 3/4 de xícara de tâmaras sem caroso picadas
- 3 colheres de sopa de água
- 1/4 de xícara de margarina
- 1/2 xícara de açúcar demerara
- 1 xícara de farinha de trigo integral
- 1/2 xícara de farinha de soja
- 1 colher de sobremesa rasa de fermento químico em pó
- 1 colher de chá de bicarbonato de sódio
- 1 colher de chá de canela em pó
- 1/2 colher de café de noz-moscada em pó

Em uma panela, colocar as maçãs, as tâmaras e a água. Levar ao fogo alto e quando levantar fervura abaixar o fogo. Cozinhar até as maçãs estarem macias, cerca de 10 minutos. Retirar a panela do fogo e, quando esfriar, bater no liquidificador.
Voltar o creme obtido ao fogo baixo, adicionar a margarina e mexer até ela derreter. Retirar do fogo, adicionar as farinhas, o açúcar, o fermento, o bicarbonato, a canela e a noz-moscada e misturar bem.
Aquecer o forno a 180°.
Colocar a massa em uma assadeira untada e assar por 40 minutos, ou até estar dourado.

BOLO DE MILHO

(6 pessoas)

- 2 xícaras de flocos de milho precozidos para polenta
- 3 colheres de sopa de farinha de trigo branca
- 2 colheres de sopa de maisena
- 2 colheres de sobremesa de fermento químico
- 2 pitadas de sal
- 1 xícara de açúcar
- 1/2 xícara de margarina
- 1 vidro de leite de coco
- 1 e 1/2 xícara de leite de soja

Aquecer o forno a 180° C.
Misturar numa tigela a farinha de trigo, os flocos de milho, a maisena, o sal, a margarina e o fermento. Bater no liquidificador o leite de coco com o leite de soja. Juntar as duas misturas e bater com batedeira. Colocar a massa numa assadeira untada e assar o bolo por 50 minutos.

BOLO FÁCIL

(6 pessoas)

- 2 xícaras de farinha de trigo branca
- 1/2 xícara de germe de trigo
- 1/2 xícara de farinha de soja
- 1 xícara de maisena
- 1 colher de sopa de fermento em pó
- 1 pitada de sal
- 1 xícara de açúcar
- 2 colheres de sopa de margarina
- leite de soja
- açúcar de confeiteiro

Aquecer o forno a 180° C.
Misturar todos os ingredientes numa tigela, deixando para o fim o leite de soja, que será acrescentado aos poucos, mexendo a massa sempre com uma colher de pau. Bater em batedeira até ficar uma massa cremosa. Colocar a massa numa assadeira pequena, untada, e levar ao forno por aproximadamente 40 minutos. Quando o bolo esfriar, polvilhar açúcar de confeiteiro peneirado.

BOLO FÁCIL DE TÂMARA E NOZ-PECÃ

(6 pessoas)

- 2 xícaras de tâmaras picadas
- 1/3 de xícara de noz-pecã picada
- 1/3 de xícara de margarina
- 1/3 de xícara de água
- 3/4 de xícara de uvas passas sem sementes
- 1/2 colher de chá de canela em pó
- 1/2 colher de chá de noz-moscada

- 1 e 1/2 xícara de farinha de trigo integral
- 1/2 xícara de farinha de soja
- 1 colher de chá de fermento químico
- 1 colher de chá de bicarbonato de sódio
- 4 colheres de sobremesa de geléia de damasco para acompanhar
- 4 colheres de sobremesa de iogurte de soja gelado para acompanhar

Misturar em uma panela grande as tâmaras, as nozes, a margarina e a água e ferver por alguns minutos. Retirar do fogo e adicionar as passas, a canela, a noz-moscada, a farinha de trigo, a farinha de soja, o fermento e o bicarbonato. Mexer bem com colher de pau até obter uma massa homogênea.
Colocar a massa em uma assadeira untada e assar em forno preaquecido a 180° C, por 45 minutos.
Esperar o bolo estar morno, para desenformar.
Servir as fatias de bolo acompanhadas de geléia de damasco e iogurte gelado.

BOLO TEMPERADO COM COBERTURA DE CHOCOLATE

(6 pessoas)

Massa
- 3/4 de xícara de óleo
- 2 xícaras de leite de soja
- 2 e 1/2 xícaras de farinha de trigo branca peneirada
- 1 colher de fibra de soja
- 1 xícara de açúcar mascavo
- 1/2 colher de sobremesa de sal
- 1 colher de sopa de fermento em pó
- 1 colher de chá de bicarbonato de sódio
- 1 colher de chá de canela em pó
- 1 colher de café de cravo em pó
- 1 colher de café de noz-moscada em pó

Cobertura de Chocolate Amargo para Bolo
- 1 barra de chocolate amargo
- 4 colheres de sopa de cacau em pó
- 4 colheres de sopa de açúcar mascavo
- 1/2 xícara de leite de soja

Aquecer o forno a 180° C.
Bater no liquidificador os ingredientes da massa na ordem descrita até ficar cremosa. Colocá-la numa assadeira média, untada, por 1 hora.
Retirar o bolo do forno e cobrir com a calda quente. Esperar que fique morno para então cortá-lo em quadrados e servir.
Para a calda, derreter o chocolate numa panela diretamente no fogo e acrescentar os outros ingredientes da cobertura. Não parar de mexê-la para não empelotar.
Deixar para fazer a cobertura em cima da hora de servir para poder colocá-la ainda quente sobre o bolo.

COOKIES DE SOJA

(12 cookies)

- 1/4 de xícara de margarina
- 1/4 de xícara de açúcar cristal
- 1/4 de xícara de grãos de soja torrados e moídos
- 1/2 colher de chá de essência de baunilha
- 3/4 de xícara de farinha de trigo branca
- 1 colher de sobremesa rasa de fermento químico em pó
- 2 colheres de sopa de suco de laranja

Em uma tigela, colocar a margarina e o açúcar e mexer até a mistura estar homogênea e cremosa.
Adicionar a soja moída, a baunilha, o suco de laranja, a farinha e o fermento. Mexer até virar uma massa e trabalhar com as mãos.
Dividir a massa em 12 partes iguais e fazer uma bolinha com cada uma delas. Em uma assadeira untada, colocar estas bolinhas e achatá-las com um garfo, formando pequenos discos. Levar ao forno preaquecido a 180° C por 12 minutos.
Servir e manter os *cookies* em potes bem vedados para permanecerem crocantes.

CRACKER DE SOJA TEMPERADO

(24 biscoitos)

- 1 e 1/4 de xícara de farinha de trigo
- 3/4 de xícara de farinha de soja
- 1/2 colher de sopa de páprica
- 1 e 1/2 colher de sopa de azeite de oliva
- 2 e 1/2 colheres de sopa de suco de limão
- 1/2 colher de chá de sal
- 100 ml de água

Colocar as farinhas, a páprica e o sal num processador de alimentos. Adicionar o azeite, o suco de limão e a água e misturar até formar uma bola. Cobrir e deixar no *freezer* por 1 hora.
Aquecer o forno a 180° C. Forrar 3 assadeiras com papel-manteiga.
Abrir a massa com aproximadamente 2 cm de espessura e cortar em quadrados de 8 x 8 cm. Cortar cada quadrado diagonalmente, obtendo triângulos.
Colocar os *crackers* na fôrma e assar por 20 minutos, quando deverão estar dourados.
Ao esfriar estarão bem crocantes. Servir com pastas e patês frescos.

CREPE COM FRAMBOESAS AQUECIDAS

(4 a 6 pessoas-12 crepes)

Massa para Crepe com Tofu
- 1 copo de farinha de trigo
- 1/2 copo de farinha de soja
- 1 colher de sopa de fermento biológico
- 2 colheres de sopa de açúcar
- 65 g de *tofu* macio
- 1 copo de leite de soja
- 50 g de margarina
- açúcar cristal para espalhar por cima
- 1/2 colher de chá de sal

Calda de Framboesa para Crepe
- 500 g de framboesas
- 1/2 copo de xarope de *maple*

Peneirar as farinhas de trigo, soja, o fermento e o sal numa tigela grande e adicionar o açúcar. Colocar o *tofu*, o leite de soja e 1 colher de margarina numa batedeira ou liquidificador e acrescentar os ingredientes secos já peneirados, até obter uma mistura homogênea.
Aquecer uma frigideira pequena com meia colher de chá de margarina, espalhando por toda a superfície. Colocar 2 colheres de sopa da massa, espalhando por toda a superfície da frigideira e fritar por 1 ou 2 minutos, ou até começar a levantar bolhas na superfície. Virar e fritar do outro lado por mais 1 minuto, ou até estar dourada.
Separadamente, colocar as framboesas numa panela pequena, cobrindo com o xarope de *maple*. Cozinhar por 2 ou 3 minutos.
Servir 2 ou 3 panquecas em cada prato, despejando cuidadosamente a calda sobre cada uma. Salpicar açúcar cristal por cima.

GRANOLA COM OKARA

(6 pessoas)

- 2 copos de *okara* seco
- 1 copo de aveia em flocos grossos
- 1/2 copo de castanhas-do-pará picadas
- 1/2 copo de amêndoas laminadas
- 1/2 copo de cereal matinal (cereal de milho)
- 1/2 copo de uvas passas sem sementes
- 1/2 copo de melado de cana ou glicose de milho
- 1/2 copo de açúcar mascavo

Colocar numa panela larga, o *okara* junto com a aveia, as castanhas-do-pará picadas, as amêndoas laminadas e os flocos de milho. Levar ao fogo alto, mexendo sempre com colher de pau, delicadamente.
Após 10 minutos, ou assim que começarem dourar, junte as uvas passas, o melado ou a glicose, e o açúcar mascavo. Mexer, delicadamente, até ficar homogêneo e mantenha o fogo alto por mais 7 minutos. Espalhar toda a granola dentro de uma assadeira seca. Levá-la ao forno preaquecido. Deixar com temperatura alta por 5 minutos.
Retirar a assadeira do forno e aguardar esfriar. Acon-

dicionar a granola dentro de um vidro com boa vedação, que não permita a entrada de ar, conservando assim a granola crocante por mais tempo.

PANQUECA NUTRITIVA

(10 a 12 panquecas)

- 1/2 xícara de fubá
- 1/2 xícara de farinha de cevada
- 1/2 xícara de aveia
- 1/2 xícara de farinha de trigo branca ou integral
- 1 colher de sopa rasa de fermento químico
- 1 colher de chá de sal
- 2 e 1/2 xícaras de leite de soja
- 200 g de *tofu* amassado
- margarina para untar a frigideira

Misturar numa tigela as farinhas, o fermento e o sal.
Adicionar 2 xícaras de leite de soja e bater com batedeira manual ou elétrica. Adicionar o restante do leite de soja e juntar o *tofu*, misturando bem. Aquecer uma frigideira com uma colher de chá de margarina. Assim que estiver derretida, adicionar uma concha de massa. Manter o fogo baixo e virar a panqueca quando estiver dourada, colocando outra colher de margarina na frigideira. Assim que os dois lados estiverem dourados, retirar a panqueca do fogo e servi-la com melado, ou geléias a gosto.

PANQUECAS MACIAS COM DOCE DE BANANA

(6 pessoas)

Massa para Panqueca Macia
- 2 copos de farinha de trigo
- 1 colher de sopa de fibra de soja
- 1 colher de sopa de fermento químico em pó
- 2 colheres de sopa de açúcar
- 1 colher de chá de sal
- 1/2 xícara de margarina amolecida
- 2 copos de leite de soja

Doce de Banana
- 15 bananas-nanicas bem grandes
- 1 xícara de açúcar mascavo
- 1 colher de sobremesa de *missô* escuro
- óleo de milho para untar a frigideira

Colocar as bananas cortadas ao meio numa panela de pressão com o *missô* e o açúcar, sem nenhuma água, e deixar no fogo por 35 minutos, a contar do início da pressão.
Transcorrido esse tempo, retirar a pressão da panela, abri-la e continuar o cozimento, sem a tampa e em fogo alto, até não haver mais água no fundo.
Mexer de vez em quando com uma colher de pau e, assim que começar a aparecer o fundo da panela, o doce estará pronto. Desligar o fogo e esperar esfriar para rechear as panquecas.
Para as panquecas, bater os ingredientes da massa no liquidificador.
Esquentar em fogo alto uma frigideira antiaderente pequena, untada com pouquíssimo óleo, e colocar nela 1 concha de massa, movimentando a frigideira para a massa se espalhar por toda a superfície quente. Manter o fogo alto e, quando um lado da panqueca estiver dourado, virá-la rapidamente com a ajuda de uma espátula de plástico. A panqueca se solta facilmente após dourar.
Empilhá-las à medida que forem ficando prontas para que, com o calor, fiquem mais úmidas e macias. Por serem mais grossas que o crepe, serão servidas abertas, com uma colherada de doce no centro.

PASTEL ASSADO DE PÊRA

(6 pessoas)

Massa para Pastel Assado
- 2 copos de farinha de trigo branca
- 2 colheres de sopa de farinha de soja
- 1 colher de sobremesa de fermento em pó
- 1/2 colher de sobremesa de sal
- 4 colheres de sopa de margarina
- 1/2 vidro de leite de coco
- 1/4 de copo de leite de soja

Recheio Doce de Pêra
- 3 xícaras de peras maduras descascadas e raladas
- 1 e 1/2 xícara de açúcar mascavo
- 2 xícaras de *tofu* amassado

Colocar o açúcar numa panela e levá-la ao fogo médio, mexendo sempre com colher de pau. Assim que estiver caramelizado, ir adicionando água aos poucos, sempre mexendo. Deixar a calda levantar fervura e adicionar a pêra ralada, mantendo em fogo brando por 10 minutos. Adicionar então o *tofu* amassado e deixar em fogo alto por mais 5 minutos. Retirar a panela do fogo e deixar o recheio reservado.
Misturar bem os ingredientes secos da massa e acrescentar por último o leite de coco misturado com o leite de soja.
Amassar a mistura e abri-la com um rolo.
Cortar a massa com a boca de um copo, colocar um pouco de doce dentro de cada disco e fechá-lo com os dedos ou com um garfo, como pastel.
Assar os pastéis em forno médio por 40 minutos ou até estarem dourados.

PUDIM DE PÃO

(6 pessoas)

- 1 tigela média de pão amanhecido picado (o equivalente a 5 ou 6 pratos de sopa)
- 1 xícara de passinhas sem sementes deixadas de molho por 30 minutos em rum
- 1/2 xícara de açúcar
- 1 vidrinho de leite de coco
- 350 ml de leite de soja
- 1 colher de sobremesa rasa de noz-moscada em pó
- 1 pitada de sal
- 1 colher de sopa cheia de margarina
- xarope de *maple* a gosto ou melado de cana

Colocar numa tigela grande o pão picado, o leite de coco e o leite de soja. Acrescentar o açúcar, as passinhas escorridas, a noz-moscada, o sal e a margarina amolecida.
Misturar tudo muito bem, primeiro com uma colher e depois com as mãos.
Espalhar a massa num pirex untado com óleo, regá-la com xarope de *maple*, ou então com melado, e levá-la para assar em forno médio por aproximadamente 1 hora. Esperar que o pudim esfrie para cortá-lo em quadrados.

PUDIM DE PÃO NO MICROONDAS

(6 pessoas)

- 6 fatias grossas de pão integral
- 4 colheres de sopa de margarina
- 1/2 xícara de passinhas sem sementes
- 1/3 de xícara de açúcar mascavo
- 4 colheres de sopa de água
- 2 colheres de sopa de farinha de soja
- 1/2 colher de chá de fermento químico
- 2 e 1/2 xícaras de leite de soja morno
- 1/2 colher de chá de noz-moscada

Passar a margarina nos dois lados das fatias de pão. Colocar as fatias em uma assadeira e cortá-las em tiras. Espalhar as passas e o açúcar por cima.
Numa tigela, misturar o fermento e a farinha de soja, adicionar a água e misturar com garfo até obter um creme, colocando em seguida o leite de soja morno.
Derramar esta massa sobre as fatias de pão da assadeira.
Salpicar com a noz-moscada e deixar descansar por 45 minutos.
Levar ao microondas por 12 minutos em potência máxima. Deixar descansar por 10 minutos e servir em seguida.

TORTA DE BANANA NO PIREX

(6 pessoas)

- 1 copo de farinha de trigo
- 1 copo de maisena
- 1 colher de sobremesa rasa de bicarbonato de sódio
- 1 dúzia de bananas
- canela em pó
- 1 xícara de açúcar mascavo
- 2/3 de xícara de margarina
- 1 e 1/2 copo de leite de soja
- 1/2 xícara de uvas passas do tipo escura e sem sementes

Misturar numa tigela as farinhas com o bicarbonato, o açúcar e a margarina, formando uma espécie de farofa.
Untar um pirex retangular fundo, e nele colocar uma camada dessa "farofa". Sobre essa massa colocar fatias de bananas cortadas ao comprido e passinhas, polvilhar canela, regar com o leite, e outra camada de massa, outra de bananas e a última de massa.
Levar a torta ao forno médio por aproximadamente 25 minutos e servir, quente ou fria.

TORTA DE MAÇÃ E TOFU

(6 pessoas)

Massa
- 1 pacote de massa folhada ou 4 folhas de massa folhada de tamanhos iguais

Recheio de Tofu para Torta Doce
- 2 copos de *tofu* fresco amassado com um garfo
- 1/2 copo de cerejas ao marasquino picadas
- 6 colheres de sopa de nozes picadas
- 2 colheres de sobremesa de frutose
- 1 pitada de sal

Recheio de Maçã para Torta Doce
- 3 maçãs grandes, maduras, descascadas e sem o miolo
- 1/2 copo de uvas passas sem sementes
- 4 colheres de sopa de açúcar mascavo
- 2 colheres de sopa de glicose de milho ou glicose de mandioca
- 1 colher de café de canela em pó

Retirar a massa folhada do *freezer* e deixar à temperatura ambiente para descongelar.
Abrir a massa folhada de forma que fique bem fina e cortar 3 retângulos iguais. Arrumá-los em assadeiras separadas e deixar na geladeira por 30 minutos.
Amassar o *tofu* com um garfo e adicionar os demais ingredientes do primeiro recheio, misturando bem com uma colher grande. Reservar.
Levar uma panela grande com água ao fogo alto, e assim que estiver fervendo, adicionar as maçãs, deixando que fervam por 5 minutos. Retirá-las da panela e cortá-las em fatias finas.
Em outra panela, derreter o açúcar mascavo e colocar as fatias de maçã e a canela em pó. Deixar 5 minutos em fogo alto, adicionar a glicose, ferver por mais 5 minutos e então retirar do fogo.
Aquecer o forno e assar as massas por 15 minutos em temperatura média. Ao retirar as massas do forno, arrumar numa travessa retangular uma das massas e por cima distribuir uma camada de recheio de *tofu*.
Arrumar em seguida outra massa e, por cima, espalhar o doce de maçã. Tampar com a última massa e servir a torta em seguida.

TORTA FÁCIL DE MAÇÃ

(6 pessoas)

Massa de Torta Doce com Aveia
- 1 e 1/2 copo de aveia em flocos finos
- 1 e 1/2 copo de farinha de trigo branca
- 1 colher de fibra de soja
- 1 colher de sobremesa de fermento em pó
- 1/2 copo de açúcar mascavo
- 5 colheres de sopa de margarina

Recheio
- 4 maçãs descascadas e raladas
- 1 xícara de *tofu* amassado
- 1 colher de sopa de aveia em flocos
- 1 colher de café de canela em pó
- 4 colheres de sopa de açúcar mascavo

Misturar os ingredientes da massa e reservar 1 xícara e meia dela para cobrir a torta. Com o restante, forrar o fundo de uma fôrma pequena quadrada, ou pirex, pressionando-a bem.
Misturar todos os ingredientes do recheio e colocá-lo sobre a massa. Distribuir, com uniformidade, a massa reservada sobre o recheio como uma farofa.
Assar a torta em forno médio preaquecido por aproximadamente 40 minutos.

TORTINHA DE TÂMARA
(aproximadamente 25 unidades)

Massa para Tortinha
- 1/2 kg de farinha de trigo integral
- 250 g de margarina gelada e picada
- 1 colher de sopa de castanha-do-pará picadinha
- 12 colheres de sopa de água gelada
- 1 colher de café de sal

Recheio para Tortinha de Tâmara
- 1/2 copo de tâmaras picadas
- 1/4 de xícara de uvas passas sem sementes
- 4 colheres de sopa de frutas cristalizadas
- 3 colheres de cerejas glaceadas picadas
- 4 colheres de sopa de amêndoas torradas em flocos
- 1 banana-nanica madura amassada
- 1 colher de sopa de *tofu* cremoso
- 3 colheres de sopa de uísque
- 1/2 colher de chá de gengibre
- 1/2 colher de chá de noz-moscada em pó
- 2 colheres de sopa de açúcar de confeiteiro

Numa tigela, misturar com uma colher de pau as tâmaras, as passas, as frutas cristalizadas, as cerejas, as amêndoas, a banana, o *tofu*, o uísque e o gengibre. Untar 25 forminhas individuais de tortinhas.
Peneirar a farinha com o sal dentro de uma tigela e adicionar a castanha-do-pará. Colocar a margarina e trabalhar a massa com as pontas dos dedos até estar semelhante a uma farinha de rosca. Adicionar a água gelada e trabalhar até a massa estar homogênea.
Preaquecer o forno a 180° C.
Abrir a massa com um rolo de madeira em superfície lisa e enfarinhada. Com a boca de um copo de aproximadamente 12 cm de diâmetro, cortar 25 discos de massa. Forrar as forminhas, acomodando-as com as mãos. Colocar uma porção do recheio em cada forminha, acomodando com uma colher. Com um copo de boca menor, cerca de 10 cm de diâmetro, cortar mais 25 discos de massa. Tampar cada forminha e fazer um furo no centro.
Levar as tortinhas ao forno por 25 minutos, ou até estarem douradas.
Retirar e aguardar esfriarem dentro da fôrma.
Assim que esfriar, desenformar e polvilhar açúcar de confeiteiro.

O uísque, assim como qualquer outra bebida alcoólica, perde seu teor alcoólico quando submetido a temperaturas altas, como por exemplo fervuras e assados.

DOCES

ARROZ-DOCE

(4 pessoas)

- 1 xícara de arroz branco cru
- 2 vidrinhos de leite de coco aquecido
- 5 colheres de sopa de açúcar
- 4 copos de leite de soja quente
- 2 pitadas de sal
- 2 paus de canela
- 2 cravos-da-índia
- 1 colher de sopa de margarina
- canela em pó a gosto

Derreter a margarina numa panela e fritar o arroz por 5 minutos em fogo alto. Adicionar o leite de soja quente, a canela e o cravo-da-índia, misturar bem e deixar a panela tampada em fogo médio.
Conforme for secando, adicionar o leite de coco aquecido em banho-maria.
Assim que os grãos estiverem bem macios, virar o arroz-doce numa travessa ou tacinhas, polvilhar canela em pó a gosto e manter em geladeira após esfriar.

ASSEMBLAGE DE AMEIXA E DAMASCO

(4 pessoas)

- 300 g de damascos secos
- 200 g de ameixas secas sem caroço
- 2 e 1/2 xícaras de suco de maçã
- 1 pitadinha de sal
- 1 colher de chá de açúcar mascavo
- 1 xícara de iogurte de soja com 4 gotas de limão

Farine de Avelãs

- 1 e 1/2 xícara de farinha de trigo integral
- 5 colheres de sopa de margarina gelada e picada
- 1/2 xícara de açúcar mascavo
- 1/2 xícara de avelãs trituradas

Colocar as frutas secas em uma tigela junto com o suco de maçã, o sal e o açúcar e deixar em repouso por uma noite. Após esse período, levar a uma panela e cozinhar por 12 minutos
Colocar as frutas cozidas em uma travessa refratária.
Para a preparação da farine de avelã, colocar em uma tigela a farinha de trigo integral e os pedaços de margarina. Misturar com as pontas dos dedos até obter uma farinha grossa semelhante a uma farinha de rosca. Adicionar o açúcar mascavo e a avelã triturada. Misturar bem e colocar em outra travessa refratária.
Preaquecer o forno a 180° C e assar por 25 minutos as duas travessas, a das frutas e a da farinha.
Ao servir, dividir a farinha e as frutas em 4 porções e servi-las em taças com um pouco de iogurte de soja.

ASSEMBLAGE DE MAÇÃ E FIGO

(4 pessoas)

- 300 g de maçãs secas
- 400 g de figos secos
- 2 e 1/2 xícaras de suco de maçã
- 1 pitadinha de sal
- 1 colher de chá de açúcar mascavo
- 1 colher de sopa de açúcar mascavo para polvilhar sobre as frutas
- 1 xícara de iogurte de soja com 4 gotas de limão

Farine de Castanha-do-Pará

- 1 e 1/2 xícara de farinha de trigo integral
- 5 colheres de sopa de margarina gelada e picada
- 1/2 xícara de açúcar mascavo
- 1/2 xícara de castanhas-do-pará trituradas

Colocar a maçã e o figo em uma tigela junto com o suco de maçã, o sal e o açúcar e deixar em repouso por uma noite. Após esse período, levar a uma panela e cozinhar por 10 minutos ou até as frutas estarem quase macias.
Colocar as frutas cozidas em uma travessa refratária e espalhar a colher de sopa de açúcar mascavo.
Para a preparação da farine de castanha-do-pará, colocar em uma tigela a farinha de trigo integral e os pedaços de margarina. Misturar com as pontas dos dedos até obter uma farinha grossa semelhante a uma farinha de rosca. Adicionar o açúcar e a castanha-do-pará e colocar em outra travessa refratária.

Preaquecer o forno a 180° C e assar por 25 minutos as duas travessas, a das frutas e a da farinha. Ao servir, dividir a farinha e as frutas em 4 porções e servi-las em taças, com um pouco de iogurte de soja.

CANJICA

(4 pessoas)

- 1/2 pacote de canjica
- 1 e 1/2 copo de leite de soja
- 1/2 xícara de açúcar
- 2 vidros de leite de coco
- 2 cravos-da-índia
- 1 pau de canela médio
- 1 colher de chá de sal
- canela em pó a gosto

Cozinhar a canjica em panela de pressão por 2 horas aproximadamente. Se os grãos forem deixados de molho por uma noite, cozinharão mais rapidamente. Escorrer a água e acrescentar o leite de soja, o açúcar, o leite de coco, a canela, o sal e o cravo-da-índia e deixar em fogo brando por 20 minutos, mexendo de vez em quando.
Colocar em travessa funda ou em taças individuais. Deixar esfriar e polvilhar canela em pó.

CEVADA COM MAÇÃ CARAMELIZADA

(4 pessoas)

- 1 e 1/2 litro de leite de soja
- 2 copos de cevada
- 4 maçãs
- 50 g de margarina
- 1/2 copo de uvas passas
- 1 colher de chá de canela em pó
- 1/4 de colher de café de noz-moscada ralada
- 1 pitada de cravo-da-índia
- 1 colher de chá de baunilha
- 1/2 copo de açúcar mascavo
- 1/2 copo de coco ralado
- 2 colheres de sopa de macadâmia torrada
- 1 pitada de sal

Colocar o leite de soja, a cevada e o sal numa panela. Levar ao fogo médio, por 30 minutos, mexendo de vez em quando, ou até a cevada estar macia. Separadamente descascar e cortar as maçãs em cubos de 2 cm. Derreter a margarina numa frigideira em fogo médio, adicionar as maçãs e fritar por 2 minutos. Adicionar as passas, a canela, a noz-moscada, o cravo-da-índia e a baunilha e cozinhar por mais 2 minutos. Juntar o açúcar e cozinhar por mais 10 minutos, ou até a massa estar caramelizada.
Adicionar a mistura de maçã à de cevada, e cozinhar em fogo médio por 1 ou 2 minutos.
Espalhar por cima o coco e a macadâmia picada e servir em seguida.

CREME DE ABACATE

(4 pessoas)

- 3 xícaras de polpa de abacate maduro
- 1 colher de sobremesa de açúcar refinado
- 1/2 xícara de *tofu* firme
- 3 colheres de sopa de suco de limão
- mel de uvas a gosto
- 4 colheres de sopa de flocos de cereais

Bater no liquidificador a polpa dos abacates com o *tofu*, o suco de limão e o açúcar até obter um creme. Colocar num pirex retangular, tampar e levar ao *freezer* por 1 hora.
Retirar do *freezer* e mexer novamente para homogeneizar. Servir em taças, com mel de uva e flocos de cereais a gosto.

CREME DE AMEIXA

(4 pessoas)

- 300 g de ameixas secas, sem caroços e picadas
- 1 xícara de iogurte de soja com 3 gotas de limão
- 1 colher de chá de licor de laranja
- 1 colher de chá de glicose de milho
- 2 colheres de sopa de nozes torradas e picadas

Em uma tigela, colocar as ameixas com água suficiente para cobri-las. Deixar de molho por 12 horas

e então colocar em uma panela e cozinhar por 25 minutos ou até estarem macias.
Bater no liquidificador até obter um creme homogêneo e colocar em uma tigela.
Adicionar o iogurte, a glicose, o licor de laranja e misturar bem com colher de pau. Colocar em taças e levá-las à geladeira.
Salpicar nozes sobre cada taça e servir gelado.

CREME DE COCO VERDE

(6 pessoas)

- 3 xícaras de polpa de coco verde
- 1/4 de xícara de *tofu* firme
- 1 colher de sopa de açúcar mascavo
- 1 xícara de ameixas em calda, escorridas
- 4 colheres de coco ralado e torrado

Bater no liquidificador a polpa de coco com o *tofu*, o açúcar mascavo e 1/2 xícara de ameixas em calda, até obter um creme homogêneo. Levar ao *freezer* por 1 hora antes de servir.
Retirar do *freezer*, distribuir em taças, espalhar o coco ralado e as ameixas restantes para enfeitar.

CREME DE DAMASCO

(4 pessoas)

- 300 g de damascos secos picados
- 1 xícara de iogurte de soja com 3 gotas de limão
- 1 colher de chá de licor de cereja
- 1 colher de sopa de xarope de *maple*
- 2 colheres de pistaches torrados e picados

Em uma tigela, colocar os damascos com água suficiente para cobri-los. Deixar de molho por 12 horas e então colocar em uma panela e cozinhar por 25 minutos ou até estarem macios.
Bater no liquidificador até obter um creme homogêneo e em seguida colocar em uma tigela.
Adicionar o iogurte, o xarope de *maple*, o licor de cereja e misturar com colher de pau. Colocar em taças e levá-las à geladeira.
Salpicar pistache sobre cada taça e servir gelado.

CREME DE MORANGO

(3 pessoas)

- 1 copo de *tofu* cremoso
- 1/2 copo de leite de soja gelado
- 1 copo de morangos frescos
- 2 colheres de sopa de frutose
- 8 folhas de hortelã
- mais folhas de hortelã para decorar

Bater todos os ingredientes no liquidificador e colocar o creme em tacinhas individuais. Manter em geladeira por 3 horas antes de servir, decorando com folhas de hortelã.

CREME DE PAPAIA COM CEREJA

(4 pessoas)

- 3 xícaras de polpa de papaia maduro
- 1 xícara de *tofu* firme
- 3 colheres de sopa de xarope de *maple*
- 1/2 colher de café de essência de baunilha
- 2 colheres de chá de licor de cerejas
- 4 cerejas em calda para decorar

Bater no liquidificador a polpa dos papaias com o *tofu* e adicionar o xarope de *maple*, a baunilha, até obter um creme homogêneo.
Levar ao *freezer* por 1 hora.
Retirar do *freezer* e bater no liquidificador. Distribuir em 4 taças, enfeitar cada uma com uma cereja. Servir com gotas de licor sobre cada taça.

CREME GELADO DE PAPAIA E CASSIS

(3 pessoas)

- 2 xícaras de *tofu* macio gelado
- 4 mamões papaias maduros deixados em geladeira por 2 horas
- 3 colheres de sopa de açúcar
- 1 colher de café de essência de baunilha
- licor de cassis a gosto

Bater o *tofu* com a polpa dos papaias no liquidificador e adicionar o açúcar e a essência, batendo por mais uns segundos.
Colocar em taças e servir em seguida com gotas de licor de cassis.

CURAU

(4 pessoas)

- 8 espigas de milho verde cruas
- 6 xícaras de leite de soja
- 8 colheres de açúcar
- 1/2 colher de sobremesa de sal
- canela em pó a gosto

Ralar os grãos de milho e passar por uma peneira, pressionando bem para retirar o máximo de caldo possível (utilizar o bagaço para bolinhos e croquetes).
Misturar o caldo do milho com o leite de soja, o sal e o açúcar. Levar ao fogo brando, mexendo sempre. Assim que estiver aparecendo o fundo da panela, retirar o doce do fogo e colocá-lo em tacinhas individuais ou num pirex maior. Polvilhar canela em pó a gosto, e assim que esfriar levar à geladeira até a hora de servir.

CUSCUZ DE TAPIOCA

(4 pessoas)

- 2 xícaras de tapioca
- 9 colheres de sopa de açúcar
- 1/2 colher de sobremesa de sal
- 1 coco seco sem a água
- 5 copos de leite de soja fervente

Bater no liquidificador a metade do coco seco com 2 xícaras de leite de soja fervente e coar a massa num pano de prato limpo, separando o bagaço do leite. Proceder da mesma forma com a outra metade do coco e as 3 xícaras restantes de leite de soja. Temperar o leite assim extraído com sal e açúcar e regar com ele a tapioca, que deverá estar num pirex. Deixar em geladeira por uns 40 minutos.
O bagaço do coco poderá ser utilizado para biscoitos e granolas.

DOCE CREMOSO DE CAFÉ E CACAU

(3 pessoas)

- 2 xícaras de leite de soja quente
- 1 colher de sobremesa de café solúvel em pó
- 2 colheres de sopa rasas de cacau em pó
- 1 copo de açúcar mascavo
- 1 cravo-da-índia
- 1 colher de café de essência de baunilha
- 4 colheres de sopa de rum
- cerejas ao marasquino

Numa panela, misturar o leite de soja com o café, o cacau, o açúcar, o cravo-da-índia, a essência e levá-la ao fogo alto até iniciar fervura.
Manter em fogo brando por 30 minutos, sempre mexendo com colher de pau. Quando começar a aparecer o fundo da panela, adicionar o rum. Mexer até estar cremoso e servir em tacinhas, com cerejas para enfeitar.

DOCE DE CACAU COM MORANGO

(4 a 6 pessoas)

- 1 e 1/2 caixinha de morangos lavados
- 3/4 de xícara de cacau em pó
- 1/2 xícara de açúcar demerara
- 2 colheres de sopa rasa de maisena
- 1 xícara de leite de soja
- 3 colheres de sopa de xarope de *maple*
- 1 colher de café de essência de baunilha
- 1 colher de sopa de açúcar de confeiteiro para espalhar sobre os morangos
- 1/2 xícara de iogurte de soja com gotas de limão

Colocar em uma panela o cacau, o açúcar e a maisena e levar ao fogo médio. Misturar bem até estar homogêneo. Ir adicionando aos poucos o leite de soja, a essência de baunilha e o xarope de *maple*. Deixar ferver, abaixar o fogo e cozinhar por 1 minuto. Retirar a panela do fogo.
Colocar os morangos gelados em taças e espalhar o açúcar de confeiteiro sobre eles. Cobrir com a calda de chocolate ainda quente.
Colocar uma colher de iogurte de soja gelado, com gotas de limão, e servir em seguida.

DOCE DE MAÇÃ E PASSA COM CREME DE OKARA

(4 a 6 pessoas)

- 500 g de maçãs descascadas, sem sementes e cortadas em fatias finas
- 200 g de uvas passas pretas sem sementes
- 1/4 de xícara de água
- 1 colher de sopa de glicose de milho
- 3 colheres de sopa de melado de cana
- 1/2 xícara de iogurte de soja com 4 gotas de limão

Crumbs de Okara

- 1 xícara de farinha de trigo integral
- 1/4 de xícara de *okara*
- 1/2 xícara de margarina
- 1/2 xícara de açúcar mascavo

Colocar as fatias de maçã e as passas de molho na água, com a glicose e o melado, por 12 horas.
Ferver por apenas 3 minutos, mantendo a maçã firme. Escorrer e colocar em um pirex.
Para a preparação do *crumb*, colocar em uma tigela a farinha de trigo integral, a margarina e trabalhar com as pontas dos dedos até estar com o aspecto de farinha de rosca. Adicionar o *okara* e o açúcar e amassar até obter uma massa homogênea.
Dispor o *crumb* por cima da camada de maçãs do pirex e levar ao forno preaquecido a 180° C.
Assar por 35 minutos ou até a massa estar dourada e crocante. Servir quente com 1 ou 2 colheres de iogurte de soja por porção.

DOCE DE PÊRA COM CRUMBS DE FARINHA DE ROSCA

(4 a 6 pessoas)

- 600 g de peras maduras descascadas, sem sementes e picadas
- 1 pêra descascada fatiada para decoração
- 4 colheres de sopa de água
- 2 colheres de chá de gengibre ralado
- 1 colher de chá de canela em pó
- 1 pitada de açúcar mascavo
- 1 pitadinha de sal
- 1 xícara de *tofu* cremoso para cobertura
- 200 g de geléia de cassis sem açúcar

Crumbs de Farinha de Rosca

- 1 xícara de açúcar demerara
- 1/2 xícara de margarina
- 1 xícara de farinha de rosca integral fresca

Em uma panela, colocar as peras, a água, o gengibre, o sal, o açúcar e a canela e cozinhar até estar macio.
Separadamente misturar o *tofu* com a geléia até obter um creme homogêneo.
Para a preparação do *crumb*, derreter a margarina e adicionar o açúcar e a farinha de rosca. Mexer até estar solta, porém sem perder seu encaroçamento característico.

Colocar as peras em um pirex redondo untado, formando uma camada. Por cima dispor o *crumb* de farinha de rosca. Levar ao forno preaquecido a 180° C, ou até estar dourado.
Decorar com as fatias de pêra e servir quente. Colocar em cada prato individual uma ou duas colheres de *tofu* e uma colherada de geléia de cassis.

DOCE DE RAPADURA COM UVA, SOJA E CASTANHA-DO-PARÁ

(10 pessoas)

- 1 copo de uvas frescas sem sementes e picadas
- 1 xícara de soja em grão torrada
- 1/2 xícara de castanhas-do-pará picadas e torradas
- 4 colheres de sopa de margarina
- 1 e 1/2 copo de rapadura ralada

Derreter a margarina em uma panela larga, adicionar a rapadura, mexendo sempre com colher de pau, e adicionar as uvas, os grãos de soja e as castanhas-do-pará picadas.
Mexer em fogo alto até dar ponto, cerca de 10 minutos.
Virar em uma pedra limpa e untada com margarina e nivelar.
Cortar em quadrados quando estiver morno e servir.

MAÇÃ COM MASSA FAROFA

(4 pessoas)

- 125 g de margarina
- 1 kg de maçãs descascadas e cortadas em fatias finas
- 100 g de ameixas secas, sem caroços (fervidas em água e açúcar por 7 minutos)
- 1 e 1/2 colher de chá de canela em pó
- 2 colheres de chá de casca de laranja ralada
- 1 e 1/2 xícara de açúcar mascavo
- 1/2 xícara de amêndoas laminadas
- 1/3 de xícara de aveia
- 1/2 colher de chá de fermento químico
- 1/2 xícara de farinha de trigo branca
- 1/3 de xícara de farinha de soja
- 1/2 colher de chá de farinha de glúten

Aquecer o forno em temperatura de 180° C.
Derreter 50 g de margarina numa panela. Adicionar a maçã e cozinhar por 10 minutos, ou até estar macia.
Adicionar as ameixas cozidas e picadas, a canela em pó, a casca de laranja e meia xícara de açúcar mascavo. Cozinhar por 2 ou 3 minutos.
Colocar a mistura num pirex de 15x25cm.
Misturar numa tigela a amêndoa, a aveia, o fermento e o restante do açúcar. Peneirar as farinhas em outra tigela separada. Picar o restante da margarina e adicionar às farinhas, misturando com os dedos de forma a ficar uma mistura homogênea. Despejar em seguida sobre a mistura de ameixas e amêndoas.
Despejar tudo sobre as maçãs e as ameixas. Assar por 20 a 25 minutos, ou até estar dourado. Servir com iogurte gelado ou sorvete.

MAÇÃ DO CÁUCASO

(6 pessoas)

- 200 g de *tofu* firme
- 1/3 de xícara de açúcar mascavo
- 1/4 de xícara de farinha de trigo integral
- 1 colher de chá de fermento químico em pó
- 2 maçãs descascadas e cortadas em fatias finas
- 1/2 xícara de nozes descascadas
- canela em pó a gosto

Aquecer o forno a 180° C.
Bater no liquidificador o *tofu*, o açúcar mascavo, a farinha de trigo integral e por último o fermento. Despejar numa tigela, adicionando as maçãs e as nozes. Untar uma assadeira redonda, com lateral removível, colocar a massa e polvilhar canela em pó a gosto por cima.
Assar por 50 minutos e servir em seguida, ainda quente, com geléia fresca.

MAÇÃS BRULÉS

(4 pessoas)

- 600 g de maçãs descascadas, sem sementes e cortadas em fatias finas
- 2 colheres de sopa de xarope de *maple*
- 2 colheres de sopa de licor de cereja
- 1 e 1/2 xícara de *tofu* firme amassado com gotas de limão
- 1 pitada de noz-moscada
- 1 colher de chá de canela em pó
- 2 cravos-da-índia
- 1/2 xícara de açúcar mascavo

Colocar as fatias de maçã em uma panela, cobrir com água e levá-la ao fogo médio até estarem macias.
Escorrer a água e arrumar as maçãs em um pirex. Adicionar o xarope e mexer delicadamente.
Em uma tigela, misturar o *tofu*, a noz-moscada, a canela, os cravos-da-índia, o licor de cereja e mexer até obter uma mistura homogênea. Colocar sobre as maçãs e por cima espalhar o açúcar mascavo.
Levar ao forno preaquecido a 200° C por alguns minutos ou até o açúcar estar caramelizado.
Servir em seguida.

MANGA ESPECIAL

(4 pessoas)

- óleo de soja para untar a frigideira
- 1 xícara de coco ralado
- 120 g de *tofu* macio
- 1/2 xícara de leite de soja
- 1/2 xícara de leite de coco
- 1 colher de sopa de maisena
- 125 g de macadâmias trituradas no copo bem seco do liquidificador
- 1/4 de xícara de glicose de mandioca ou de milho
- 4 bananas maduras
- 2 mangas sem fiapo, descascadas e cortadas em cubinhos
- 1/2 xícara de uvas passas brancas sem sementes (deixadas de molho por uma noite em rum ou água com açúcar)
- 1 colher de sopa de margarina
- 1 colher de café de noz-moscada moída

Forrar o fundo do pirex com papel-manteiga, untar e colocar a metade da manga picada, a metade das uvas passas e a metade do coco ralado espalhados no fundo.
Misturar numa panela o leite de coco com a maisena e levar ao fogo médio, mexendo sempre, até engrossar. Aguardar que esfrie.
Misturar no liquidificador o *tofu*, o leite de soja, o leite de coco engrossado, a macadâmia, a glicose e as bananas. Bater até obter um creme homogêneo e despejá-lo numa tigela, misturando com o restante da manga e das uvas passas. Virar este creme sobre as frutas. Espalhar o coco ralado restante e cobrir com um filme plástico. Congelar por 8 horas.
Antes de servir, descobrir e colocar em banho-maria por apenas 1 minuto.
Aquecer uma faca com água fervente e passá-la nas laterais, para que se solte.
Desenformar numa travessa e, para servir, cortar as fatias com a faca aquecida.

MANJAR DE COCO

(4 pessoas)

- 1 litro de leite de coco
- 1/2 copo de leite de soja
- 4 colheres de sopa de maisena
- 5 colheres de sopa de açúcar

Calda de Ameixas-pretas para Manjar

- 10 ameixas-pretas sem os caroços
- 4 ameixas picadinhas
- 1 xícara de água
- 2 colheres de sopa de açúcar mascavo

Diluir a maisena e 5 colheres de sopa de açúcar no leite de coco, acrescentar o leite de soja e levar a mistura ao fogo, mexendo-a sempre, até que se torne um creme bem grosso.
Virá-lo ainda quente numa fôrma com furo central, molhada, e esperar que esfrie para levá-la à geladeira, por duas horas.

Levar ao fogo as ameixas numa panela, junto com 2 colheres de açúcar mascavo e 1/2 xícara de água. Deixar a panela tampada e, após ferver, adicionar mais 1/2 xícara de água e misturar.
Assim que as ameixas estiverem cozidas, desligar o fogo. Despejar a calda de ameixas sobre o manjar após desenformado, decorando-o com as ameixas inteiras e cozidas. Servir gelado.

MUESLI

(6 a 8 pessoas)

- 1 copo de suco de laranja fresco
- 2 colheres de sopa de xarope de *maple*
- 1 colher de chá de essência de baunilha
- 100 g de *tofu* macio
- 1 e 1/2 copo de aveia em flocos grossos
- 1/2 copo de amêndoas torradas e picadas
- 1/2 copo de uvas passas brancas
- 1 copo de iogurte de soja
- 200 g de frutas frescas a gosto picadas

Misturar o suco de laranja, o *maple*, a essência de baunilha e o *tofu* num processador de alimentos, até que a mistura tenha um aspecto granuloso.
Colocar a aveia numa tigela grande e, sobre ela, a mistura granulada obtida. Cobrir com um plástico e levar à geladeira por 12 horas.
Retirar da geladeira, dispor o *muesli* em pratos individuais e, ao servir, espalhar sobre cada um as passas, as amêndoas, uma colher de iogurte de soja gelado e as frutas frescas.

PÉ-DE-MOLEQUE DE SOJA

(6 a 8 pessoas)

- 4 colheres de sopa de margarina
- 1 copo de rapadura picada
- 1 xícara de soja em grão torrada

Derreter a margarina em uma panela larga, adicionar a rapadura, mexendo sempre com colher de pau, e adicionar os grãos de soja. Mexer em fogo alto até dar ponto, cerca de 10 minutos.
Virar em uma pedra limpa e untada com margarina e nivelar. Cortar em quadrados quando estiver morno e servir quando esfriar.

PÊSSEGO BRULÉS

(4 pessoas)

- 600 g de pêssegos descascados, sem sementes e cortados em fatias finas
- 2 colheres de sopa de licor de laranja
- 1 e 1/2 xícara de *tofu* firme amassado com gotas de limão
- 1 pitada de noz-moscada
- 1 colher de chá de essência de baunilha
- 1/2 xícara de açúcar mascavo

Colocar as fatias de pêssego em uma panela, cobrir com água e levá-la ao fogo médio, até estarem macias. Escorrer a água, adicionar 1 colher de licor e arrumar os pêssegos em um pirex.
Em uma tigela, misturar o *tofu*, a noz-moscada, a baunilha e o restante do licor. Mexer até obter uma mistura homogênea. Colocar sobre os pêssegos e por cima espalhar o açúcar mascavo.
Colocar no forno preaquecido a 200° C por alguns minutos ou até o açúcar estar caramelizado.
Servir em seguida.

PÊSSEGO COM AMÊNDOAS

(6 a 8 pessoas)

- 400 g de pêssegos em calda
- 1/2 xícara de amêndoas laminadas (comprá-las já laminadas, ou passá-las por um processador)
- 1/3 de xícara de açúcar mascavo
- 1/3 de xícara de aveia em flocos
- 1/2 colher de sopa de fermento químico
- 1/2 xícara de farinha de trigo branca
- 1/3 de xícara de farinha de soja
- 1/2 colher de sopa de farinha de glúten
- 75 g de margarina
- chocolate amargo

Preaquecer o forno à temperatura de 180° C.
Colocar os pêssegos cortados em fatias finas, sem a calda, num pirex e reservar.
Numa tigela, misturar as amêndoas, o açúcar mascavo, a aveia e o fermento. Acrescentar as farinhas peneiradas e adicionar a margarina, em pequenos pedaços. Trabalhar com as pontas dos dedos e despejar sobre os pêssegos. Assar por 25 minutos ou até estar levemente dourado.
Derreter o chocolate em banho-maria e despejar por cima dos pêssegos.

PUDIM DE MAÇÃ COM CRUMBS

(6 pessoas)

- 1 kg de maçãs descascadas, sem o miolo, fatiadas
- 2 colheres de sopa de margarina
- 1 colher de sopa de licor de laranja
- 1 colher de açúcar mascavo para as maçãs
- 6 cerejas para decorar
- 1 xícara de iogurte de soja com gotas de limão

Crumb
- 1/2 xícara de açúcar cristal
- 1 xícara de farinha de trigo integral
- 1/4 de xícara de farinha de soja
- 1/2 xícara de margarina

Em uma panela, colocar as fatias de maçã com um pouco de água e o licor e cozinhar até estarem macias. Em seguida amassar com um garfo e adicionar 2 colheres de margarina e 1 colher de sopa de açúcar mascavo, mexer bem e levar à geladeira.
Para a preparação do *crumb*, derreter 1/2 xícara de margarina e adicionar o açúcar, a farinha de trigo e a farinha de soja. Cozinhar em fogo baixo, sempre mexendo, até as farinhas estarem douradas, e levar à geladeira.
Colocar nas taças 3 camadas. A primeira com *crumbs*, a segunda com maçã e a última com *crumbs* novamente.
Decorar com uma colher de sopa de iogurte de soja e uma cereja em cima.

PUDIM DE MACARRÃO

(4 pessoas)

- 700 g de *tofu* firme
- 1/2 xícara de creme azedo de *tofu*
- 1/2 xícara de açúcar cristal
- 1/2 colher de chá de sal
- 250 g de macarrão tipo fetuccini
- 4 colheres de sopa de cereal de milho sem açúcar
- 1/2 xícara de passas claras sem sementes
- 1 colher de chá de noz-moscada ralada
- óleo para untar

Aquecer o forno a 180° C.
Colocar no liquidificador 350 g de *tofu* com o creme azedo, o açúcar, o sal e a noz-moscada. Bater até formar uma mistura homogênea. Amassar o restante do *tofu* e juntar à mistura.
Cozinhar o macarrão numa panela com água e uma pitada de sal, pelo tempo recomendado na embalagem.
Escorrer o macarrão e juntar ao creme feito.
Untar uma assadeira e virar o macarrão misturado ao creme. Espalhar o cereal de milho por cima e assar por 30 minutos.

PUDIM DE PÃO COM MAÇÃ

(6 pessoas)

- 2 e 1/2 xícaras de leite de soja
- 4 fatias grossas de pão integral cortadas em cubos
- 1/2 xícara de uvas passas escuras sem sementes
- 1 xícara de purê de maçã sem açúcar
- 1/2 colher de chá de noz-moscada
- 1 colher de chá de essência de baunilha
- 1/3 de xícara de açúcar demerara

Molho de Chocolate Mandarim
- 300 g de *tofu* macio
- 3 colheres de sopa de açúcar de confeiteiro
- 2 colheres de sopa de cacau em pó
- 2 colheres de sopa de suco de laranja concentrado
- 4 colheres de sopa de amêndoas laminadas

Colocar o leite de soja no liquidificador, o purê de maçã, a noz-moscada, a essência de baunilha e o açúcar demerara e bater até estarem homogêneos. Adicionar as passas e reservar.
Colocar os cubos de pão em uma travessa untada, sobre eles adicionar o creme do liquidificador e deixar descansar por 20 minutos.
Preaquecer o forno a 180° C e assar por uma hora.
Para o molho, bater todos os ingredientes, exceto as amêndoas, no liquidificador até estarem homogêneos e levar à geladeira por algumas horas.
Cortar o pudim em 8 pedaços e servir com o molho de chocolate e amêndoas laminadas por cima.

PUDIM DE TOFU, TÂMARA E COCO

(6 pessoas)

- 1/4 de xícara de *tofu* firme
- 2 xícaras de tâmaras picadas
- 1 xícara de coco seco ralado
- 1 colher de chá de margarina para untar
- 1/4 de xícara de *tofu* firme
- 1/3 de xícara de leite de coco
- 3 colheres de sopa de glicose de milho
- 1 colher de chá de ágar-ágar
- 1 colher de chá de canela em pó
- 1 e 1/2 xícara de água fervente

Em uma assadeira pequena, untada com margarina, colocar a tâmara e o coco. Bater em liquidificador o leite de coco, o *tofu*, o ágar-ágar, a glicose de milho, a canela e a água fervente até obter uma mistura homogênea.
Colocar a mistura obtida sobre a tâmara e o coco.
Levar ao forno preaquecido a 150° C e assar por 30 minutos, ou até estar dourado.

SORVETE DE CAFÉ

(4 a 6 pessoas)

- 1 copo de leite de soja gelado
- 1 colher de sobremesa de café solúvel
- 2 colheres de sopa de farinha de trigo integral
- 1/2 copo de açúcar mascavo
- 3 colheres de sopa de margarina ou óleo de soja
- 1/2 copo de amêndoas

Bater no liquidificador o leite de soja com os demais ingredientes, exceto as amêndoas.
Levar ao fogo baixo até engrossar.
Embrulhar as amêndoas num pano de prato e bater com um martelinho de cozinha de modo que fiquem apenas quebradas e não trituradas.
Colocar toda a mistura numa sorveteira (aparelho próprio para fazer sorvetes), inclusive as amêndoas.
Levar ao *freezer* e servir após 8 horas.

SORVETE DE CHOCOLATE E AMÊNDOA

(6 a 8 pessoas)

- 250 g de gordura vegetal hidrogenada ou margarina
- 2 xícaras de leite de soja quente
- 1 xícara de açúcar mascavo
- 3 colheres de sopa de cacau em pó
- 1/4 de uma barra de chocolate amargo picadinho
- 1/2 xícara de amêndoas picadinhas

Bater todos os ingredientes no liquidificador por uns 5 minutos, exceto o chocolate picado e as amêndoas, que deverão ser colocados no fim, sem utilizar o liquidificador e sim uma colher.
Colocar a mistura num recipiente e levá-la ao *freezer* por 3 horas no mínimo.

SORVETE DE COCO

(2 a 4 pessoas)

- 1/2 copo de leite de soja gelado
- 1/2 copo de leite de coco
- 2 colheres de sopa de farinha de trigo
- 4 colheres de sopa de açúcar demerara
- 2 gotas de essência de baunilha
- 1/2 copo de coco picadinho

Bater todos os ingredientes no liquidificador, exceto o coco picadinho, colocar numa panela larga e levá-la ao fogo baixo até engrossar.
Colocar o coco picadinho numa panela seca e torrar até dourá-lo.
Juntar tudo numa sorveteira (aparelho próprio para fazer sorvetes) e seguir as instruções da máquina.
Ao ficar pronto, servir o sorvete com geléia, granola e biscoito.

SORVETE DE MILHO VERDE

(2 a 4 pessoas)

- 1 copo de leite de soja gelado
- 1 copo de milho verde em conserva (use uma latinha)
- 5 colheres de gordura vegetal hidrogenada
- 1 gota de essência de baunilha
- 3 colheres de sopa de açúcar demerara

Bater todos os ingredientes no liquidificador e colocar numa sorveteira (aparelho próprio para fazer sorvetes).
Assim que estiver pronto, servir o sorvete acompanhado de granolas, frutas frescas e melado de cana.

TORRE DE BANANA COM FRAMBOESA

(4 pessoas)

- 4 bananas-nanicas grandes e maduras
- 1 colher de sopa de licor de cassis
- 1 colher de sopa de açúcar demerara
- 50 g de chocolate amargo em barra, picadinho
- 3 colheres de sopa de *tofu* cremoso
- 200 g de geléia de framboesa sem açúcar

Farine de Noz-pecã
- 1 e 1/2 xícara de farinha de trigo integral
- 5 colheres de sopa de margarina gelada e picada
- 1/2 xícara de açúcar mascavo
- 1/2 xícara de noz-pecã triturada

Colocar as bananas numa travessa refratária, espalhar o açúcar demerara por cima, cobrir com filme plástico e levar ao microondas por 3 minutos em potência máxima. Retirar, amassá-las com um garfo, adicionar o licor em seguida e reservar.
Colocar uma travessa refratária em banho-maria (dentro de uma panela com água) e levar ao fogo para derreter o chocolate, mexendo com colher de pau. Adicionar o *tofu*, mexer até estar homogêneo e reservar.
Para a preparação da farine, colocar em uma tigela a farinha de trigo integral e os pedaços de margarina. Misturar com as pontas dos dedos até obter uma farinha grossa semelhante a uma farinha de rosca. Adicionar a noz-pecã e o açúcar mascavo e levar ao forno preaquecido a 180° C por 20 minutos. Retirar, mexer, deixar esfriar e mexer novamente.
Dividir as bananas, o *tofu* com chocolate, a geléia e a farine em 4 porções que serão colocadas em copos compridos com paredes paralelas na seguinte ordem: uma camada de banana, outra de geléia, a terceira de cacau e, por último, a farine. Servir com colheres de cabos longos.

TORRE DE DAMASCO COM CACAU E GELÉIA DE LARANJA

(4 pessoas)

- 600 g de damascos secos
- 500 ml de suco de maçã
- 50 g de chocolate em barra picado
- 3 colheres de sopa de *tofu* cremoso
- 200 g de geléia de laranja sem açúcar
- 2 colheres de sopa de xarope de *maple*
- 4 cerejas em calda

Farine de Castanha de Caju

- 1 e 1/2 xícara de farinha de trigo integral
- 5 colheres de sopa de margarina gelada e picada
- 1/2 xícara de açúcar mascavo
- 1/2 xícara de castanha de caju

Deixar os damascos em uma tigela com o suco de maçã por uma noite. Após isso fervê-los numa panela por 10 minutos, ou até estarem macios. Escorrer e adicionar o xarope de *maple*. Levar ao *freezer* por 20 minutos.

Colocar uma travessa refratária em banho-maria (dentro de uma panela com água), e levar ao fogo para derreter o chocolate, mexendo com colher de pau. Adicionar o *tofu*, mexer até estar homogêneo e reservar.

Para a preparação da farine, colocar em uma tigela a farinha de trigo integral e os pedaços de margarina. Misturar com as pontas dos dedos até obter uma farinha grossa semelhante a uma farinha de rosca. Adicionar a castanha de caju e o açúcar mascavo e levar ao forno preaquecido a 180° C por 20 minutos. Retirar, mexer, deixar esfriar e mexer novamente.

Dividir o damasco, o *tofu* com chocolate, a geléia e a farine em 4 porções que serão colocadas em copos compridos com paredes paralelas na seguinte ordem: uma camada de damasco, outra de geléia, o cacau e a farine.

Servir as taças com cerejas enfeitando e com colheres de cabos longos.

TORRE DE MORANGO COM CACAU E AMORAS SILVESTRES

(4 pessoas)

- 1/2 kg de morangos lavados e cortados em quatro partes
- 50 g de chocolate em barra picado
- 3 colheres de sopa de *tofu* cremoso
- 200 g de geléia de amoras silvestres sem açúcar
- 4 morangos médios para enfeitar
- 2 colheres de sopa de xarope de *maple*

Farine de Amêndoas

- 1 e 1/2 xícara de farinha de trigo integral
- 5 colheres de sopa de margarina gelada e picada
- 1/2 xícara de açúcar mascavo
- 1/2 xícara de amêndoas trituradas

Deixar os morangos em uma tigela com o xarope de *maple* por 1 ou 2 horas.

Colocar uma travessa refratária em banho-maria (dentro de uma panela com água) e levar ao fogo para derreter o chocolate, mexendo com colher de pau. Adicionar o *tofu*, mexer até estar homogêneo e reservar.

Para a preparação da farine, colocar em uma tigela a farinha de trigo integral e os pedaços de margarina. Misturar com as pontas dos dedos até obter uma farinha grossa semelhante a uma farinha de rosca grossa. Adicionar as amêndoas e o açúcar mascavo e levar ao forno preaquecido a 180° C por 20 minutos. Retirar, mexer, deixar esfriar e mexer novamente.

Dividir os morangos, o *tofu* com chocolate, a geléia e a farine em 4 porções iguais, que serão colocadas em copos compridos com paredes paralelas, na seguinte ordem: uma camada de morango, outra de geléia, o cacau e a farine.

Servir as taças com morangos enfeitando e com colheres de cabos longos.

SUCOS, VITAMINAS E IOGURTES

BANANA CREMOSA

(2 copos grandes)

- 2 copos de leite de soja gelado
- 1 colher de sopa cheia de extrato de soja
- 3 bananas-nanicas maduras
- 1 colher de sobremesa de frutose
- 4 pedras de gelo
- xarope de *maple* ou melado de cana

Bater o leite de soja no liquidificador com o extrato de soja e a frutose. Adicionar as bananas picadas e as pedras de gelo.
Espalhar xarope de *maple* ou melado de cana nas paredes de copos altos, enchê-los com o creme de banana e servir em seguida.

BEBIDA DE MAÇÃ E LEITE DE SOJA

(3 copos)

- 2 maçãs vermelhas grandes lavadas
- 2 copos de leite de soja gelado
- 1/2 xícara de água
- 6 colheres de sopa de açúcar

Descascar as maçãs, picá-las e colocar numa panela com o açúcar e a água. Tampar e levar ao fogo baixo por 20 minutos, ou até as maçãs estarem cozidas.
Retirar a panela do fogo e esperar esfriar.
Bater as maçãs com o leite de soja gelado e passar por uma peneira, servindo em seguida.

IOGURTE DE SOJA COM ABACAXI

(2 copos)

- 1 e 1/2 copo de iogurte de soja gelado
- 1/2 copo de abacaxi descascado e picado
- 1 colher de sobremesa de açúcar demerara

Colocar o iogurte de soja gelado no liquidificador e bater com o abacaxi e o açúcar.
Passar o iogurte batido por uma peneira e servir em seguida, em copos altos.

IOGURTE DE SOJA COM AMEIXA FRESCA

(2 copos grandes)

- 2 copos de iogurte de soja gelado
- 1 e 1/2 copo de ameixas frescas picadas
- 3 colheres de sopa de glicose de milho ou mandioca
- 1 colher de café de essência de baunilha

Colocar os pedaços de ameixa fresca, a glicose de milho e a essência numa panela, tampar e levar ao fogo alto por 7 minutos. Destampar a panela, mexer com colher de pau por mais 10 minutos.
Retirar a panela do fogo, aguardar que esfrie e então bater com o iogurte gelado.
Servir em seguida em copos finos e altos.

IOGURTE DE SOJA COM KIWI

(3 copos grandes)

- 3 copos de iogurte de soja gelado
- 4 kiwis maduros, descascados
- 5 colheres de sobremesa de açúcar

Cortar os kiwis em fatias finas, colocá-las numa panela e juntar o açúcar. Levar a panela ao fogo alto, tampada, e aguardar cerca de 15 minutos. Retirar a panela do fogo, esperar esfriar para então bater no liquidificador com o iogurte de soja gelado. Servir em copos altos com canudos grossos e biscoitos frescos para acompanhar.

IOGURTE DE SOJA COM MARACUJÁ

(2 copos)

- 1 e 1/2 copo de iogurte de soja gelado
- 1/3 de copo de polpa de maracujá do tipo azedo
- 1 colher de sobremesa de germe de trigo
- 1 colher de sobremesa de açúcar mascavo

Colocar o iogurte gelado no liquidificador e bater com a polpa do maracujá. Passar por uma peneira e voltar o iogurte ao liquidificador. Bater novamente, adicionando o germe de trigo e o açúcar mascavo. Servir em seguida.

IOGURTE DE SOJA COM MORANGO

(2 copos)

- 1 copo de leite de soja gelado
- 1 copo de morango picado
- 1/2 copo de suco de laranja
- 1 colher de sobremesa de açúcar demerara

Bater o iogurte de soja no liquidificador e adicionar os morangos bem lavados e picados. Por último, adoçar o iogurte com o açúcar demerara. Misturar com o suco de laranja e mexer delicadamente.
Servir o iogurte em seguida, em copo alto e decorado, acompanhado de biscoitos ou pãezinhos frescos.

IOGURTE DE SOJA COM UVA FRESCA

(2 copos grandes)

- 2 copos de iogurte de soja gelado
- 2 copos de uvas sem os cabinhos e sem sementes
- 1 colher de fibra de soja
- 1 colher de sobremesa de frutose em pó
- 1/2 colher de café de essência de baunilha
- mel de uvas

Bater no liquidificador o iogurte de soja com as uvas, a frutose e a essência. Passar por uma peneira, voltar ao liquidificador e bater com o germe de trigo.
Passar mel de uvas pelas paredes de 2 copos altos e colocar o iogurte batido. Servir em seguida.

IOGURTE NA TIGELA

(4 tigelas)

- 2 copos de iogurte de soja
- 1/2 copo de pêssegos frescos picados
- 1/2 copo de maçãs frescas picadinhas
- 1/2 copo de granola
- 1 colher de sopa de uvas passas sem sementes
- 1 colher de sopa de açúcar mascavo escuro
- 1/2 colher de café de essência de baunilha
- mel de uva a gosto

Cortar os pêssegos e as maçãs em tamanhos iguais e colocar numa tigela, junto com as uvas passas e o açúcar mascavo. Adicionar o iogurte e depois a essência de baunilha. Misturar delicadamente e colocar em tigelinhas individuais. Distribuir porções de granola sobre cada uma e em seguida despejar um pouco de mel de uvas.

LEITE DE SOJA COM CACAU

(1 copo grande)

- 1 copo de leite de soja gelado
- 1 colher de cacau em pó
- 2 gotas de essência de baunilha
- 1 colher de sobremesa de açúcar demerara

Preparar o leite de soja como sugerido, a partir dos grãos, ou diluir 2 colheres de sopa de leite de soja em pó em 1 copo de água gelada.
Colocar no liquidificador o leite, o cacau, a essência de baunilha e o açúcar. Bater até o leite ficar espumante e servir em seguida, num copo alto e bonito.

LEITE DE SOJA COM FRUTAS

(2 copos grandes)

- 1 e 1/2 copo de leite de soja gelado
- 1 banana-prata
- 1/2 maçã
- 1/2 pêra
- 1/2 papaia
- 3 folhas de hortelã
- 3 colheres de sopa de melado de cana ou açúcar mascavo

Preparar o leite de soja como sugerido.
Colocar o leite de soja gelado no liquidificador e adicionar as frutas descascadas e picadas (a maçã e a pêra podem ser batidas com casca).
Bater tudo no liquidificador e adicionar o melado de cana ou o açúcar mascavo. Passar por uma peneira e servir em seguida em copos altos.

LEITE DE SOJA COM MAÇÃ

(2 copos)

- 1 copo de leite de soja gelado
- 2 maçãs vermelhas maduras
- 1 colher de sobremesa rasa de açúcar

Lavar bem as maçãs, utilizando uma esponjinha e sabão de coco. Cortá-las em fatias e passá-las pela centrífuga.
Preparar o leite de soja como sugerido, a partir dos grãos, ou diluir 2 colheres de sopa de leite de soja em pó em 1 copo de água gelada.
Bater o leite de soja no liquidificador com o açúcar e depois adicionar o suco de maçã. Caso não seja possível utilizar a centrífuga, bater as maçãs junto com o leite, passando em seguida por uma peneira.
Servir em seguida, num copo alto e bonito, acompanhado por pãezinhos frescos ou fatias de bolo.

LEITE DE SOJA COM MAMÃO

(2 copos)

- 1 copo de leite de soja gelado
- 1/2 copo de mamão picado ou 1 papaia inteiro
- 1/2 copo de suco de laranja
- 2 colheres de sopa de aveia em flocos finos
- 1 colher de sobremesa de açúcar mascavo demerara

Preparar o leite de soja como sugerido, a partir dos grãos, ou diluir 2 colheres de sopa de leite de soja em pó em 1 copo de água gelada.
Colocar no liquidificador e adicionar a aveia, o mamão e o açúcar.
Bater até desaparecerem os pedaços de mamão. Misturar com o suco de laranja e servir em seguida num copo alto, com canudos grossos.

LEITE DE SOJA COM UVA

(4 copos)

- 3 copos de leite de soja gelado
- 2 copos de uva vermelha bem lavada
- 1/2 xícara de açúcar
- 2 copos de água

Lavar bem as uvas, colocá-las numa panela com o açúcar e a água e deixar em fogo brando por 30 minutos. Retirar do fogo, bater no liquidificador ainda quente e passar por uma peneira.
Ao esfriar, misturar esse suco de uva com o leite de soja gelado, bater com gelo e servir em seguida.

MILK-SHAKE DE ABACAXI COM CEREJAS

(2 copos grandes)

- 3 xícaras de leite de soja quase congelado
- 1 e 1/2 xícara de abacaxi picadinho e bem gelado
- 8 cerejas em calda
- 1 colher de sopa da calda da cereja
- 1 colher de sopa de xarope de *maple*
- rodelas de abacaxi bem finas e cortadas ao meio para decorar o copo

Bater bem no liquidificador todos os ingredientes. Servir o *milk-shake* em seguida, em copos altos, decorados com as rodelas finas de abacaxi.

MILK-SHAKE DE BANANA COM GROSELHA

(3 copos grandes)

- 3 bananas-nanicas maduras e picadas
- 1/4 de xícara de groselha em calda
- 3 xícaras de leite de soja quase congelado
- 1 pitada de canela em pó
- 1/2 colher de chá de casca de limão
- 1 colher de sopa de açúcar demerara

Bater no liquidificador os ingredientes até estarem homogêneos.
Servir em seguida, em copos altos.

MILK-SHAKE DE CAFÉ

(4 copos)

- 4 xícaras de leite de soja quase congelado
- 2 colheres de sopa de cacau em pó
- 1 colher de sopa de café solúvel
- 5 colheres de sopa de água fervente para dissolver o cacau e o café
- açúcar demerara a gosto
- 1/2 colher de chá de essência de baunilha

Dissolver o cacau e o café na água quente até estarem homogêneos. Deixar gelar e bater com os outros ingredientes no liquidificador.
Servir em seguida, em copos altos.

MILK-SHAKE DE CAFÉ COM LARANJA

(4 copos)

- 4 xícaras de leite de soja quase congelado
- 2 colheres de sopa de cacau em pó
- 1 colher de sopa de café solúvel
- 5 colheres de sopa de água fervente para dissolver o cacau e o café
- 1 colher de sobremesa de casca de laranja ralada
- 1/2 colher de chá de canela em pó
- açúcar demerara a gosto
- 1/2 colher de chá de licor de chocolate

Dissolver o cacau e o café na água quente até estarem homogêneos. Deixar esfriar, gelar, e bater com os outros ingredientes no liquidificador.
Servir em seguida, em copos altos.

MILK-SHAKE DE MORANGO

(3 copos grandes)

- 2 xícaras de morangos lavados, sem os talos, picados e gelados
- 3 colheres de sopa de iogurte de soja gelado
- 1 e 1/2 copo de leite de soja quase congelado
- 3 colheres de glicose de milho
- 2 gotas de essência de baunilha

Bater no liquidificador os ingredientes até estarem homogêneos.
Servir em seguida, em copos altos.

MILK-SHAKE DE PAPAIA COM SORVETE DE LIMÃO

(4 copos)

- 2 e 1/2 xícaras de leite de soja quase congelado
- 2 picolés de limão
- 1 papaia grande descascado e sem semente
- 1 copo de suco de laranja doce
- 1 colher de chá de folhas de menta picadas
- 4 rodelas de laranja para decorar
- algumas folhas de menta para decorar

Retirar os palitos dos picolés, picá-los e bater tudo no liquidificador com o leite de soja, o papaia e as folhas de menta picadas.
Em copos altos colocar 1/3 de suco de laranja, completar com o *milk-shake*, decorar com uma rodela de laranja e folhinhas de menta. Servir em seguida com canudos grossos.

SUCO GASOSO DE GROSELHAS PRETAS COM MENTA

(4 copos)

- 1 e 1/2 xícara de groselha em calda gelada (utilizar tanto a groselha quanto a calda)
- 1 colher de iogurte de soja
- 2 colheres de açúcar demerara
- 2 colheres de sopa de menta fresca picada
- 1 litro de água mineral com gás
- gelo picado

Bater no liquidificador a groselha, o iogurte e a menta, até estarem homogêneos.
Passar por uma peneira e adoçar com o açúcar demerara.
Servir em copos altos, deixando 1/3 do copo vazio. Completar com 1 colher de gelo picado e a água gasosa.

SUCO GASOSO DE MAÇÃ

(6 copos)

- 600 g de maçãs com cascas e sem as sementes, cortadas em fatias bem finas
- 1 colher de sopa de *tofu* cremoso
- 1 colher de sopa de casca de limão ralada
- 2 colheres de sumo de limão
- 2 xícaras de água para fervura
- 5 colheres de glicose de milho
- 1 litro de água mineral gasosa
- rodelas finas de maçã para decorar o copo

Colocar em uma panela as maçãs, a casca de limão ralada, a água, e levar ao fogo. Ferver por 2 minutos, escorrer a água e passar as maçãs por um espremedor de batatas.
Colocar o purê de maçã em um jarro e misturar o *tofu* e a glicose de milho. Mexer bem até estar homogêneo. Levar à geladeira até o momento de servir. Em copos altos, colocar 2/3 desse creme, gotas de limão e a água com gás para completar. Decorar o copo com rodelas finas de maçã e servir em seguida.

VITAMINA COM ABACAXI, CENOURA E MAÇÃ

(2 copos grandes)

- 2 copos de água gelada
- 4 colheres de sopa de extrato de soja em pó (leite de soja em pó)
- 3 copos de abacaxi picado
- 1 cenoura picada
- 1 maçã picada
- 1/2 colher de sobremesa de frutose
- 1 colher de chá de *okara* em pó

Bater todos os ingredientes no liquidificador, até ficar uma vitamina cremosa.
Servir em copos altos.

VITAMINA COM BETERRABA

(2 copos grandes)

- 2 copos de leite de soja gelado
- 1 xícara de beterraba ralada
- 2 colheres de sopa de melado de cana
- 1/2 copo de folhas de hortelã
- 3 bananas-nanicas maduras
- xarope de *maple* ou glicose de milho

Bater o leite de soja no liquidificador com a beterraba e em seguida passar por uma peneira.
Voltar ao liquidificador, bater com o melado, as folhas de hortelã e as bananas.
Espalhar xarope de *maple* ou melado de cana nas paredes de copos altos, enchê-los com a vitamina e servir em seguida.

VITAMINA CREMOSA DE MORANGO

(2 copos grandes)

- 1 e 1/2 copo de leite de soja gelado
- 2 colheres de sopa de extrato de soja (leite de soja em pó)
- 2 xícaras de morangos bem lavados
- 1 colher de sobremesa de frutose
- 1/2 colher de café de essência de amêndoas
- 4 pedras de gelo
- xarope de *maple* ou glicose de milho

Bater o leite de soja no liquidificador com o extrato de soja, a essência e a frutose. Adicionar os morangos e as pedras de gelo.
Espalhar xarope de *maple* ou melado de cana nas paredes de copos altos, enchê-los com o creme de morangos e servir em seguida.

VITAMINA ENERGÉTICA

(2 copos)

- 1 copo de leite de soja bem gelado
- 1 banana-nanica
- 4 colheres de sopa de abacate maduro
- 1/2 mamão papaia
- 1 colher de sopa de germe de trigo
- 1 colher de sopa de aveia em flocos finos
- 1 colher de sobremesa de açúcar demerara
- 1 castanha-do-pará picada
- 2 folhas de hortelã

Preparar o leite de soja como sugerido, a partir dos grãos, ou dilua 2 colheres de sopa de leite de soja em pó em 1 copo de água gelada.
Colocar o leite de soja no liquidificador e bater com o germe de trigo, a aveia, o açúcar, a castanha-do-pará e a hortelã. Adicionar a banana, o abacate, o papaia, e bater novamente.
Servir imediatamente, acompanhada de biscoitos frescos, pãezinhos de gergelim ou ainda nozes e amêndoas torradas e salgadas.

VITAMINA NUTRITIVA COM SOJA E ARROZ

(6 copos)

- 2 copos de grãos de soja cozidos
- 1 copo de arroz integral cozido
- 4 copos de água quente
- 1 copo de morangos lavados e picados
- 2 colheres de sopa de açúcar demerara
- cubos de gelo

Bater os grãos de arroz com 2 copos de água, passar por peneira e reservar o leite obtido.
Bater os grãos de soja com 2 copos de água, passar por peneira e reservar o leite obtido.
Misturar os leites e levar ao fogo alto por 30 minutos. Retirar do fogo, deixar esfriar e depois gelar.
Bater o leite de cereais com o morango, o açúcar e cubos de gelo e servir em copos altos.

BIBLIOGRAFIA

1- Craig W. Phytochemicals: Guardians of Our Health. J. *Am Diet Assoc* 97 (Suppl 2): S 199, 1997 in Krause

2- King A., Young G. *Characteristics and Occurrence of Phenolic Phytochemicals*. J. Am Diet Assoc. 99: 213, 1999 in Krause

3- Mahan L., Kathleen, Escott-S., Sylvia. Krause's *Food, Nutrition & Diet Therapy*, Editora Roca, 9º edição, 2000

4- Dillman, Erika. *The Little Soy Book*. A Time Warner Company, 2001

5- Lampe J. Functional Foods and Health Claims: *Separating the Wheat from the Chaff.* Presentation at the Annual Meeting, Washington State Dietetic Association, 1997

6- De Angelis, Rebeca Carlota. *Importância de Alimentos Vegetais na Proteção da Saúde*. Editora Atheneu, São Paulo, 2001

7- Serraino M., Thompson Lu. Flaxseed Supplementation and Early Markers of Colon Carcinogenesis. *Cancer Lett* 63: 159, 1992

8- Messina, M. et al. Soy Intake and Cancer Risk: A Review of the In Vitro and In Vivo Data, *Nutrition and Cancer* 21(1994): 113-31

9- Tyrer, Polly. Leith's Vegetarian Bible. Bloomsbury Publishing Plc, London, 2002

10- Holford, Patrick. *Diga Não ao Câncer*. Editora Cultrix, São Paulo, 1999

11- LU, L. J. et al., *Altered Time Course of Urinary Diadzein and Genistein Excretion During Chronic Soya Diet in Healthy Male Subjets*, Nutr Cancer vol. 24, pp. 311-23 (1995) in Holford, Patrick. *Diga Não ao Câncer*. Editora Cultrix, São Paulo, 1999

12- Ingram, D. et al., *Case-Control Estudy of Phyto – Oestrogens and Breast Cancer*, Lancet, vol. 350, pp. 990-94 1997

13- Williams, Sue Rodwell. *Fundamentos de Nutrição e Dietoterapia*. Porto Alegre: Art Med Editora, 6ª edição 1997

14- Grundy S.M.: *Cholesterol and Coronary Hearth Disease*: A New Era, JAMA, 256: 2849, 1986 in Williams, Sue Rodwell. *Fundamentos de Nutrição e Dietoterapia*. Art Med Editora, Porto Alegre, 6ª edição 1997

15- Carrol K.K. Hypercholesterolemia and Atherosclerosis: Effects of Dietary Protein. Fed proc, v 41, n. 2792-2796, 1982 in De Angelis, Rebeca Carlota. *Importância de Alimentos Vegetais na Proteção da Saúde*. Editora Atheneu, São Paulo, 2001

16- Melina, Vesanto. *Becoming Vegetarian*, Book Publishing Company, Summertown, Tennesee, 1995

17- Potter S.M, Baum JA., Teng H et al. *Soy Protein and isoflavones: Their effects on blood lipids and bone density in post menopausal women*. Am. J. Clin Nutr, v 68, pp 1375 S – 1379 S, 1998 in De Angelis, Rebeca Carlota. *Importância de Alimentos Vegetais na Proteção da Saúde*. Editora Atheneu, São Paulo, 2001

18- Barnes, S. Evolution of the history of soy and genistein. *Proceedings of the Society for Experimental Biology and Medicine*, v. 217, pp. 386-392, 1998 in De Angelis, Rebeca Carlota. *Importância de Alimentos Vegetais na Proteção da Saúde*. Editora Atheneu, São Paulo, 2001

19- De SS. Technology of production of edible flours and protein products from soybean. *Agric Serv Bull*, v. 12, pp. 1-158, 1978

20- Murkies AL, Lombard C, Strauss BJ et al. Dietary flour supplementation decreases post-menopausal hot flushes: *Effect of Soy and Wheat*. Maturitas, v. 21, pp. 189-195, 1995 in Dillman, Erika. The Little Soy Book. A Time Warner Company, 2001

21- Messina, M. and V. Messina, *The Simple Soybean and your Health*. Garden City Park, N.Y.: Avery Publishing Group, 1994 in Dillman, Erika. The Little Soy Book. A Time Warner Company, 2001

22- Aejmandi, H. G et al., Dietary Soybean Protein Prevents Bone Loss in na Ovariec Tomized Rat Model of Osteoporosis, *Journal of Nutrition*, 126 (1996): 161-67

23- Messina, M., S. Barnes, The Role of Soy Products in Reducing Risk os Cancer, *Journal of the National Cancer Institute* 83, no. 8 (1991): 541-46.

24- Alfonso, Eduardo, *Curso de Medicina Natural*, 11ª edição, Editorial Kier, Buenos Aires, 1995

25- Lawson, Jame. *The Soy Alternative*. Murdoch Books. UK, 2001

26- Champe, Pamela C. *Bioquímica Ilustrada*. Porto Alegre: ART MED, 1996

27- Sorensen, Karen SRD., Guy's and St. Thomas Hospital in Tyrer, Polly. *Leith's Vegetarian Bible*. Bloomsbury Publishing Plc, London, 2002

28- World Health Organization (WHO). Technical report 797, In Melina, Vesanto. *Becoming Vegetarian*. Book Publishing Company, Summertown, Tennesee, 1995

29- Franco, Guilherme. *Tabela de Composição Química dos Alimentos*. Editora Atheneu, São Paulo, 2001

30- Kerstetter JE, Allen LH. *Dietary Protein Increases Urinary Calcium*. J nutr 120: 134, 1990 in Mahan L., Kathleen, Escott-S., Sylvia. Krause's *Food, Nutrition & Diet Therapy*. Editora Roca, São Paulo, 9º edição, 2000

31- Simopolus AP. Omega-3 *Fatty acids in health and disease and in growth and development*. Am J Clin Nutr 54: 438, 1991 in Mahan L., Kathleen, Escott-S., Sylvia. Krause's *Food, Nutrition & Diet Therapy*. Editora Roca, São Paulo, 9º edição, 2000

32- Havalla, Suzanne, MS., RD, *Vegetarian Cooking for Dummies*. N.Y. Hungry minds Inc. 2001

33- Lewis, Sara. *Veggie Food for Kids*. Octopus Publishing Group Limited, 2001

34- Woollet LA, et al. *Satured and Unsatured Fatty Acids Independently Regulate Low Density Lipoprotein Receptor Activity and Production Rate*. J Lipid Res 33:77, 1992 in Mahan L., Kathleen, Escott-S., Sylvia. Krause's *Food, Nutrition & Diet Therapy*. Editora Roca, São Paulo, 9º edição, 2000

35- Hu, J et al., Diet and Cancer of the Colon and Rectum: A Case-Control Study in China, *International Journal of Epidemiology* 20 (1991): 362-67

36- Dunn, JE., Cancer Epidemiology in Populations of the United States with emphasis on Hawaii, California, and Japan, *Cancer Research* 35 no 11 (1975): 3240-45

37- Knight, D.C., and J. A. Eden, A review of the clinical effects of Phytoestrogens, *American Journal os Obstetrics and Gynecology* 87, no 5 (1996): 897-904

38- Heaney, R. P. 1993. Protein Intake and the Calcium Economy. *J.Am. Diet. Assoc*. Commentary vol. 93: 1250-1260

39- Willet, Walter C. O guia de Alimentação da Harvard Medical School, *Coma, Beba e Seja Saudável*. Editora Campus, São Paulo, 2002

40- Johnson, Rachel K. in Mahan L., Kathleen, Escott-S., Sylvia. Krause's *Food, Nutrition & Diet Therapy*. Editora Roca, São Paulo, 9º edição, 2000

ÍNDICE REMISSIVO DAS RECEITAS

OBRAS DO
DR. JOSÉ MARIA CAMPOS
(CLEMENTE)

A cura verdadeira nada mais é do que a unificação da vontade superficial com a vontade profunda do indivíduo, correspondendo, portanto, à ligação daquela com os níveis superiores do próprio ser. É somente a partir do momento em que essa ligação interior ocorre que a cura pode dar-se, atingindo também, eventualmente, o plano físico.

Trecho extraído do livro
Curas pela Química Oculta
Dr. José Maria Campos
(Clemente)

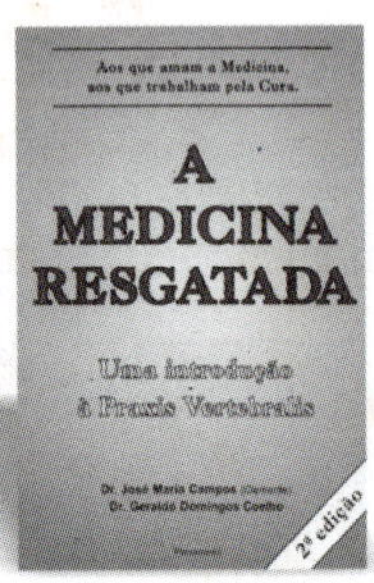

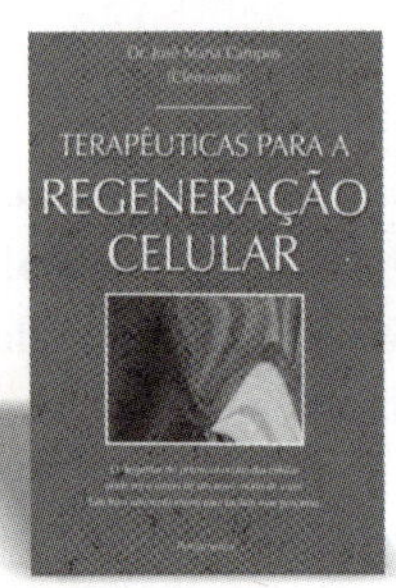